缅晗集

张海瀛谱牒研究文选

张桂萍 编

山西出版传媒集团
山西人民出版社

图书在版编目（CIP）数据

缅晗集：张海瀛谱牒研究文选／张桂萍编．—太原：
山西人民出版社，2012.11
ISBN 978 - 7 - 203 - 07929 - 3

Ⅰ.①缅… Ⅱ.①张… Ⅲ.①谱牒学－文集
Ⅳ.① K 810. 2 - 53

中国版本图书馆 CIP 数据核字（2012）第 250566 号

缅晗集：张海瀛谱牒研究文选

编 者：张桂萍
责任编辑：蒙莉莉

出 版 者：山西出版传媒集团·山西人民出版社
地 址：太原市建设南路 21 号
邮 编：030012
发行营销：0351 - 4922220 4955996 4956039
0351 - 4922127（传真） 4956038（邮购）
E - mail：sxskcb@163.com 发行部
sxskcb@126.com 总编室
网 址：www.sxskcb.com

经 销 者：山西出版传媒集团·山西人民出版社
承 印 者：山西出版传媒集团·山西新华印业有限公司

开 本：787mm×1092mm 1/16
印 张：27.5
字 数：400 千字
印 数：1 - 2 000 册
版 次：2012 年 11 月第 1 版
印 次：2012 年 11 月第 1 次印刷
书 号：ISBN 978 - 7 - 203 - 07929 - 3
定 价：50.00 元

如有印装质量问题请与本社联系调换

张海瀛 汉族，1933年生，山西盂县人。研究员。1959年毕业于首都师范大学历史系。吴晗研究生。曾任山西省社会科学院副院长，当选为中国谱牒学会副会长兼秘书长，中国明史学会副会长，吴晗研究会副会长。国务院政府特殊津贴专家。任副院长期间，主持创建了20世纪90年代我国最大的家谱资料研究中心。1986年9月，应邀赴法国进行学术交流；1991年3月，应邀赴美国参加亚洲学年会，并访问了美国国会图书馆、国家档案局、哈佛大学、哥伦比亚大学、犹他家谱学会等；1989年4月，应邀赴香港参加亚太地区文献研讨会；1992年4月，应邀率团赴香港参加"中华族谱特展"，并发表《关于大陆家谱收藏及研究状况》等演讲；1993年12月，应邀率团赴新加坡参加"世界郭氏宗亲团体联谊会"，并发表《郭子仪与山西》的演讲。代表著作：《张居正改革与山西万历清丈研究》、《中华姓氏·张姓卷》、《太原王氏史略》、《太原张氏史略》、《姓氏族谱研究集》等；牵头主编《中华族谱集成》16开双栏影印本，首批100册，是列入国家古籍整理出版规划的大型史籍；合作主编《傅山全书》、《中国十大商帮》、《三晋历史人物》、《中国名书大观》等。代表论文有《略论明代流民问题的社会性质》、《明代谱学概说》等数十篇。

吴 晗

北京市原副市长、首都师范大学历史系名誉教授

　　1991年4月3日于盐湖城，美国犹他家谱学会克拉克会长接见张海瀛、刘贯文、武新立

　　1993年8月，郭裕怀副省长接见新加坡郭氏宗亲会代表郭明星（左三）、郭祖荫（左五）

2004年8月，张海瀛、崔耀先、康泠在首都师范大学建校50周年校庆时留影

1985年10月，张显清、张海瀛于黄山

自 序

1959 年夏，我于首都师范大学历史系毕业留系工作，做了宁可教授的助教。后经宁可教授推荐，于1964年初考取为吴晗先生的研究生。从1964年 8 月在《光明日报》发表第一篇论文至今已48年了，48年来先后发表各类文章百余篇，其中族谱类文章占了一多半。我对族谱的重视，直接来自吴晗先生的教诲。所以从族谱类文章中遴选出30余篇结为一集，取名《缅晗集》，借以表达我对恩师吴晗先生的崇敬和思念。

说到族谱，我就想起了吴晗恩师的谆谆教诲："顾颉刚先生说过，我国的历史资料浩如烟海，但尚有两个金矿未曾开发，一为方志，一为族谱。方志和族谱对于明史研究来说，犹如两座金矿。只要挖掘，定有收获。"恩师的这段至理名言，早已渗透到我的心灵深处和行为规范之中，制约并影响着我的学习、研究和工作，一遇机会，就会顽强地表现出来。

1978 年，党的十一届三中全会的召开，迎来了社会科学的春天，也为方志和族谱研究提供了广阔天地。尽管如此，人们对于族谱的收集、整理和研究，依然顾虑重重，心有余悸。

我于1983年担任山西省社会科学院副院长后，遵照吴晗恩师挖掘金矿的教诲，上马了整理、点校《山西通志》课题。经过六年多艰苦卓绝的奋战，终于按计划脱稿。院长知道我北京熟人多，为提高知名度，整理、点校后的《山西通志》要求在中华书局出版发行。但当时中华书局对于山西

的点校质量很不放心，不予接收。其后，经过多方协商，由宁可教授以中国敦煌学会秘书长身份充任学术担保后，中华书局才收下书稿。经有关专家分别审核，修改合格后，中华书局才于1990年出版发行。整理点校后的《山西通志》为32开精装本，共22册，1000余万字，校勘文字多达120万。我在主持收集、复制有关《山西通志》资料过程中，顺便收集、复制了一批家谱。

　　1985年6月，"缅甸太原王氏家族会"致函太原市王茂林市长，要求查找开族始祖王子乔的资料；1986年，国务院侨办又转给太原市一封"泰国王氏宗亲会"来信，说他们的始祖有南京和太原两说（其实是始祖与始迁祖的区别而已），要求查证哪一说可靠。这两封来信引起了山西省和太原市领导的重视，为回复来信，组织了专门班子，收集资料，查阅家谱。这样，我主持收集、复制的一批族谱，就受到青睐，发挥了作用。当时我已经复制回了《裴氏世谱》等几部名谱，于是就萌发了编辑出版毛泽东主席赞誉过的河东裴氏家族《裴氏世谱》的想法。在我同中华书局联系编辑出版《中华名人谱》过程中，又同正在编纂《中国家谱综合目录》的国家档案局、中国社科院以及南开大学取得了联系，在他们的影响和劝导下，我把注意力又转向了编纂家谱目录、摸清家谱收藏情况方面。当他们得知山西省和太原市领导十分重视家谱的收集与研究后，在当时国家档案局作为一级国家级机关还不便于公开牵头筹建中国谱牒学研究会的特定历史条件下，他们就建议由山西社科院牵头，筹建中国谱牒学研究会。我当然非常愿意，所以很快就以山西社科院的名义起草了一个筹建中国谱牒学研究会的方案，送给刘贯文院长审阅，并请他出任会长候选人。刘贯文院长认为此事关系重大，要我亲自向白清才副省长汇报，白清才副省长听完汇报后，同意了这个方案。这样，我就理直气壮地以山西社科院的名义同有关方面协商、联系，在中国社科院历史所林甘泉所长和图书馆武新立馆长、国家档案局郝存厚司长以及中华书局的大力支持下，经过一番紧锣密鼓的筹备，中国谱牒学研究会筹备会议，终于于1988年3月在太原胜利召开。按照筹备工作进程，首届中国谱牒学研讨会亦按计划于1988年7月11日，

在风景秀丽的五台山正式举行。来自北京、上海、天津、西安、广州、成都、沈阳、保定等地高等院校、科研机构的代表近100人出席了会议。出席会议的还有美国犹他家谱学会会长斯考特先生、亚太地区负责人沙其敏先生，有澳门学者赵文房先生等贵宾。山西省白清才副省长亲自出席了开幕式，并给予大力支持。台湾学者陈大络教授还为大会发来了贺词。会议期间，通过民主选举，成立了中国谱牒学研究会。山西省社会科学院刘贯文院长当选为会长，我当选为副会长兼秘书长。《光明日报》1988年9月21日刊出中国谱牒学研究会成立的消息后，在国内外特别是海外学者中引起很大反响。我的《族谱与修志》一文，就是在澳大利亚侨胞马纪行热情洋溢的来信推动下撰写而成的。

中国谱牒学研究会成立后，以会刊《谱牒学研究》为阵地，组织和团结全国广大学者和会员，揭开了征集、复制、整理和研究族谱的新局面。从1989~1995年间，共编辑出版了4辑，由北京书目文献出版社出版，国内外发行。在此期间，由于广大学者和会员的大力协助与积极配合，经过几年的努力，很快便征集、复制、整理出了2000多部族谱。1990年底，通过《山西社科通讯》向全国宣布："中国家谱资料研究中心"业已建成，并由我兼任主任，向国内外学者正式开放。《人民日报》（海外版）1991年2月23日报道称："我国最大的中国家谱资料中心在山西省社会科学院建成。"其时，该"中心"收藏有拍摄家谱的胶卷708盘，每盘6000页码，总计达8亿多字。同年，我应邀赴美国参加了亚洲学年会，并访问了哈佛大学、哥伦比亚大学、美国国会图书馆、犹他家谱学会、英格兰家谱学会等，《美国收藏中国方志族谱访问记》，就是根据这次出访写成的。

1992年4月，我应邀率团赴香港参加了"中华族谱特展"，我们带去陈列的展品计有：第一，《中国家谱目录》，由山西人民出版社1992年4月出版发行，该书就是为参加这次展出突击编印出来的，收录了山西社科院"家谱资料研究中心"所收藏的2565部族谱，著录姓氏251个。该书是新中国成立后，中国大陆正式出版的第一部中国家谱目录，首次在香港展出，就引起了人们的极大关注。第二，王氏族谱255部，均为缩微胶卷，在宽

阔的展厅中当众演示，参观者、阅读者络绎不绝。第三，《谱牒学研究》第一辑、第二辑，巨幅太原王氏世系图表、太原王氏迁往各地的始迁祖画像等等。这一部分展品，由于陈列艺术，位置显要，气势宏伟，画功独特，特别受欢迎。第四，《中国大陆家谱收藏与研究概况》、《张氏源流初探》等演讲稿。该展览会设有专供演讲的报告厅，参观者看完展览后，还可到报告厅里听演讲。我所作的题为《中国大陆家谱收藏与研究概况》的演讲（配有广东话翻译），引起了很多听众特别是专家学者的高度重视。因为他们原以为经过"土地改革"和"文化大革命"后，大陆上的家谱早已荡然无存了，没想到山西社科院竟然收藏有这么多家谱，而且都是大部头、高质量的。香港《快报》、《华侨日报》都报道了这次展出。上海《社会科学报》1992年6月11日，刊登了张正明写的题为《大陆家谱展令港人大吃一惊》的通讯，报道了这次展出情况。我的演讲稿《中国大陆家谱收藏与研究概况》在《山西档案》刊登后，被选入《中国档案管理精览》第4卷。

1991年8月，中国谱牒学研究会举行第二届年会期间，我们接受了为新加坡郭氏公会"寻根"的任务。随即便展开了"寻根"研究。1992年12月，我们向新加坡通报了进展情况后，会长郭明星、秘书长郭祖荫立刻赶到太原，要我们陪同他们到汾阳亲自考察。当他们在汾阳亲眼看到明万历年间修建的"汾阳王庙"遗迹时，高兴地跳了起来。次日，在山西社科院"家谱资料研究中心"查到他的先祖"郭仲远"的名字时，再次高兴地跳了起来。他们说："你们的资料太珍贵了，真棒。"临别时，他们要求把有关资料汇编成册，寄给郭氏公会。随后，我们与汾阳县合作，录制了《汾阳与汾阳王》录像带，编辑了《汾阳与汾阳王考证资料汇编》，并于1993年春，寄给了新加坡郭氏公会。新加坡郭氏公会又将这些资料与录像带转交给海外郭氏宗亲社团传阅，最后他们议定：1993年12月，在新加坡召开"世界郭氏宗亲团体联谊会"，特邀山西社科院"家谱资料研究中心"组团赴会，报告查证情况。1993年12月18日，我在新加坡举行的"世界郭氏宗亲团体联谊会"上所作的论证报告，引起了各国代表团的高度重视。

最后他们议定：以"世界郭氏宗亲团体联谊会"名义，组织世界各国的郭氏宗亲社团，于1994年10月回山西汾阳寻根谒祖。1994年秋，为迎接世界各国郭氏宗亲团体的到来，我们将三年来的研究成果编写成《汾阳王郭子仪谱传》一书，由山西人民出版社正式出版，赠送各国郭氏宗亲社团，深受他们的欢迎。他们反映，该书中有三件珍品吸引力极大。其一是，故宫南薰殿珍藏的"唐郭子仪像"影印件，这是唐代宗赐绘、凌烟阁所珍藏的故物，到了清代为南薰殿所珍藏；其二是，郭子仪的墨宝——"唐郭汾阳书诸葛亮后出师表"影印件；其三是，唐朝宰相杨绾为汾阳王妻霍国夫人王氏撰写的神道碑全文。这三件珍品，海外郭氏都是第一次见到，因而倍感珍贵。所以《汾阳王郭子仪谱传》的馈赠，极大地增强了海外郭氏与山西的深厚感情。

从1988年至1993年间，我们还为海外王氏"寻根谒祖"提供了咨询服务。当时，为回答缅甸"太原王氏家族会"提出的关于开闽王氏的情况以及历史渊源等问题，由我执笔撰写了《试述开闽王及其源流》一文。1989年4月，我将该文在香港召开的"亚太地方文献研讨会"上宣讲后，在与会代表特别是中国台湾和东南亚国家的王姓代表中，引起了很大反响，从而进一步扩大了太原王氏在海外的影响。为适应海外王氏回太原来寻根谒祖的需要，太原市决定，在晋祠的晋溪书院内，修建太原王氏始祖——王子乔祠。由"海外太原王氏联谊后援会"负责这项工作，我以山西社科院副院长兼"家谱资料研究中心"主任的身份，承担了编写《太原王氏源流》和《太原王氏历史名人传》两书的任务，并负责为拍摄《太原王氏》电视片提供文献资料。1992年8月6日至8日，在太原举行了"海外太原王氏联谊筹备会"。当海外太原王氏宗亲会的代表聚集一堂，一边观看《太原王氏》电视片，一边翻阅《太原王氏源流》和《太原王氏历史名人传》时，显得格外高兴。他们参观了山西社科院"家谱资料研究中心"以后，更深信这些资料是确凿无疑、真实可靠的。1993年6月，"世界王氏恳亲联谊暨经贸洽谈会"在太原正式举行。这次会议对太原市的改革开放、招商引资，起了极大的推动作用。会后，"海外太原王氏联谊后援会"特别

为我颁发了"荣誉证"书，并推举我为太原王氏研究会会长。

1992年，我与巴蜀书社签订了编辑出版《中华族谱集成》的合同，这是列入国家古籍整理出版规划的重点项目。经过三年苦战，终于脱稿。1995年12月由巴蜀书社正式出版，限量印制，编号发行。该书为16开双栏影印精装本，外加锦盒函套包装，首批100册，每册900页，收录李、王、张、刘、陈五姓，近百部族谱，对每部族谱都做了介绍。该书装帧典雅，印制精美，百册并立，宏伟壮观。每套定价89 000元，主要销售于国内外各大图书馆。同时也是巴蜀书社陈列部、上海图书馆"家谱资料中心"、北京中国书店门市部等部门陈列的门面书。2003年2月，中央电视台10台播出的百家姓系列专题片，在介绍上海图书馆"家谱资料中心"时，陈列的门面书，也是这部《中华族谱集成》。可以说，《中华族谱集成》是20世纪90年代中华族谱整理和出版的代表作。

由于"家谱资料研究中心"名扬海内外，所以不断有记者来采访。1992年8月4日，《人民日报》（海外版）以《联系海外侨胞的一条纽带》为题，发表了关于我的采访记。《今日中国》1995年第9期，刊登了题为《华胄归宗，寻根有路》访问记，用英、法、德、西班牙、阿拉伯五种文字，向全世界介绍了山西社科院"家谱资料研究中心"关于族谱收藏、整理以及为海外华侨寻根谒祖提供咨询服务等情况。《山西政协报》1996年3月15日，以《为海外游子圆梦》为题，向省内全面介绍了山西省社会科学院"家谱资料研究中心"的情况。

回顾二十多年来所走的道路，不难看出，起初完全是按照恩师的教诲，是把征集、复制、整理和研究族谱，当作研究明史的金矿来挖掘的。但由于征集、复制、整理和研究族谱，恰好适应了改革开放、招商引资以及海外华人寻根谒祖的迫切需要，特别是通过咨询服务赢得海外侨胞赞许和信任后，在国内外引起了极大关注，取得了始料不及的经济效益和社会效益，从而使中国谱牒学研究会和山西社科院"家谱资料研究中心"名声大振，享誉海内外。吴晗恩师如有在天之灵，当他得知他所说的金矿在改革开放的形势下，得到如此巨大的开发和利用时，一定会含笑于九泉之

下。重温这段如火如荼的奋斗史，我特别怀念恩师吴晗先生，于是秉笔直书，是为《缅晗集》自序。

张海瀛2012年6月28日

于太原山西省社科院336室

目　　录

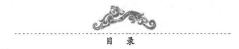

缅怀我受益终生的吴晗导师

——纪念吴晗先生诞辰100周年

我是1964年初，拜吴晗先生为师攻读明史的。同年10月，我因下乡参加"四清"中断了正常的学习生活。按照吴晗先生的安排，我夜以继日地攻读明史，虽说仅仅8个月，但它却确立了我学习和研究明史的方向，并在吴晗导师的指引下进入了攻读明史的殿堂，使我受益终生。2009年9月24日，是吴晗先生诞辰100周年。在这令人回首往事的时刻，吴晗先生循循善诱、亲切教诲我的音容笑貌，潮水般地涌上我的心头。兹遴选一些印象极深的片断，联系我的感受和体会，梳理成文，以资纪念。

当时，吴晗先生招有两个研究生。除我以外，另一位是中国科学院哲学社会科学部的张显清同志。吴晗先生考虑到我们两人的学习进度不同，便让我们分别求教，每周一次，我被安排在每星期五的下午。先生为了使我能够有一个较好的学习环境，又同院、系领导商定，除保证我每星期要有六分之五的业务学习时间外，还在院图书馆内给我开辟了一个研究室。从那以后，我就整天钻在这个研究室里攻读先生指定的书籍。吴晗先生对我每星期五的登门求教，十分重视。记得，有一次先生告诉我他要去西藏，下星期五不要来了。但到时候先生又打电话叫我去。我见到先生时顺便问了一句："先生没有去西藏？"先生谈笑风生地说："哪里！去了两

天，总书记（指邓小平）找我有事，就把我叫回来了。我既已回来，你还是按时来为好，要不学习进度就受影响。"吴晗先生为开阔我的视野，还给我办理了北京市政府的介绍信，要我去温泉明清档案馆（那时不对外开放），查看明代档案，并要我定期汇报查阅情况和收获。

吴晗先生指导我读书时，多次告诫我说，学习明史一定从基本书读起，在基本书上下工夫，花力气。他说，《明史》、《明史纪事本末》、《明实录》，这些都是学习明史的基本书，非读不可。先让我读了一遍《明史·本纪》和《明史纪事本末》，接着就让我读《太祖实录》和《太宗实录》。当我读完《太宗实录》时，先生又教了我一种读书方法。他说，现在你要改变一下读书方法，要按列朝顺序，以朝为单元，从洪武朝开始，一朝一朝地读。比如说洪武朝吧，先读《明史·太祖本纪》，对洪武朝有个总的了解；再读《明史纪事本末》卷一至十四(洪武朝纪事本末)，这样你对洪武朝的重大事件就知道得详细多了。因为《明史纪事本末》不是抄撮《明史》写成的。《明史纪事本末》成书在前，《明史》成书在后。这是《明史纪事本末》与其他纪事本末不同的地方。《明史纪事本末》中涉及到的人很多，你再回头去参看有关的《明史·列传》，这样就把人与事联系在了一起，既便于掌握，又便于记忆。《明实录》量很大，材料非常丰富，是研究明史的主要史料来源。万斯同最推崇《明实录》,他撰写明史底本时就是以实录为指归的。明列朝实录，万斯同几乎可以背诵。王鸿绪的明史稿，不过是万斯同明史底本的改头换面。康熙十八年(1679)后，万斯同又以平民身份参加《明史》编纂，他不列名次，不拿薪俸，但却出力最大。在万斯同以前明代的一些史学家，对实录则有很多批评。《太祖实录》纂修过三次，这是批评的一个重要内容。《太祖实录》初修于建文之世，再修于永乐初年，三修于永乐九年。其实再修和三修的用意,就在于证明燕王朱棣确为高后所出,故懿文太子死后,伦序当立。现在我们又不去考证这些问题，其他部分的记载还是可信的。万历时把建文元年至四年的纪事附于洪武朝后，采用洪武纪年，这就是洪武朝只有三十一年而太祖实录中却出现了洪武三十二年至三十五年的由来。吴晗先生要求我读《太祖

实录》时做两件事：一是编写洪武朝大事记，二是选择一两个题目抄录一些卡片。后来，先生审阅我编写的大事记时，首先肯定我踏实认真，但同时又指出，太烦琐了，很多不该写的都写了进去，已经不成其为大事记了。对我抄录的卡片，还比较满意。

我以朝为单元读完太宗朝时，先生让我作了一次全面汇报。随后说，读书一定要从基本书入手，但只读基本书还远远不够，从现在起再给你增加两部参考书，一是《国榷》，二是《明经世文编》。《国榷》是谈迁根据明代列朝实录、崇祯邸报以及百余种诸家著述写成的。谈迁编撰《国榷》的一个重要意图，就在于纠正明代列朝实录中的失实和错误之处，所以读《明实录》时，不能不认真去看它。由于《国榷》这部书没有刊行，所以也没有经过四库馆臣的胡乱删改，史料价值很高。《太祖实录》不承认建文朝的存在，《国榷》不但恢复了建文年号，而且还站在建文帝立场上纪事，如建文帝削除燕王号位后，《国榷》直呼永乐为燕庶人。《太祖实录》对杀戮诸将记载极为简单，只录某年某月某日某人死，不说是怎样死的。而《国榷》则不加隐讳地把事实记录了下来。通过这些不同记载的对照，就可使我们对某些史实的了解更接近或符合当时的历史实际。《明经世文编》是一部从历史实际出发，总结明代统治经验，经世致用的书。这部书现在不必全读，你看一下序言、影印附记、分类目录就可以了。你在读基本书时，也可围绕一两个问题，参看一下其中的有关疏奏，熟悉熟悉这部书，懂得这部书的编辑情况和使用方法即可，这对你以后的研究工作大有好处。

吴晗先生听了我阅读《国榷》和《明经世文编》的汇报后，又说，你翻阅这两部书后，收获很大，弄清了许多错综复杂的史实，这是很自然的事。要知道记载明代历史的书还多得很哪！要真正弄清许多错综复杂的史实，还需要翻阅很多很多的书。诸如傅维麟的《明书》、陈鹤的《明纪》、查继佐的《罪惟录》、张岱的《石匮遗书》、沈节甫的《纪录汇编》等等。若要了解明代的典章制度，就非读《明会典》、《明会要》不可。各种专著，如徐光启的《农政全书》、宋应星的《天工开物》等，也相当多。有

关明代历史的野史笔记多达千种以上，如若把各种文集和方志也算上，因为那里面保存了不少有价值的史料，简直是浩如烟海了。正因为书很多，读起来有点像老虎吃天，没法下口。所以我才再三强调，一定要从基本书读起，在基本书上下工夫。读了基本书，你就有了主心骨；有了主心骨，你再翻阅其他书时，才能够选取和驾驭那些有价值的史料。这就是开始阶段我只让你读基本书的原因所在。至于说到研究，基本书以外的书不是不重要，而是很重要。有时甚至比基本书更有用、更直接、更重要。但追根溯源，对这些书的阅读和使用，都不能不以基本书为依据。

吴晗先生在指导我搜集和掌握史料过程中，首先特别重视提高我的认识，培养我搜集和掌握史料的主动性、自觉性。先生经常说，不论做教学工作还是研究工作，都必须掌握充分的经过严格审查和鉴别的史料。史料是研究历史的基础，要弄清一个哪怕是很细小的问题，也必须掌握充分的史料，不然就没有说服力。文学家可以凭灵感，而史学家则只能靠史料。自古以来没有不搜集和掌握史料的史学家。其次，先生告诉我搜集和掌握史料时一定要注意广度。所谓广，就是要对明代列朝的历史，比如洪武、建文、永乐……都要有个基本的了解，这样才能掌握明史的全貌。这个工作可通过写读书提要、心得笔记、编制大事记或年表来完成。第三，先生要求我搜集和掌握史料时还必须注意深度。所谓深，就是对一些重大事件、具体问题、历史常识都要深入钻研，反复推敲，真正搞清楚。然后，再通过写摘要、抄卡片，加深理解，帮助记忆，把它变成自己的知识。在说到抄写卡片时，先生再三强调，抄写卡片一定要标明分类，加上标题，注明出处，一张卡片就记一件事。先生拿起我抄的一张卡片说，像这张卡片，把致仕还乡官员免除徭役和序尊卑的规定抄录在一起就不妥当，最好把它抄成两张卡片。遇到一条材料讲两个问题的情况时，你就要把它分别抄作两张卡片，既锻炼你分析史料的能力，又便于分类保存。在谈到卡片分类时，先生说，保存卡片要有个固定的总的分类法，不然就会乱套。但在使用时，则可根据需要临时再分成若干类。用毕，一定要按固定的分类归还原处，以便检阅。

在我积累了一些资料的基础上，先生又引导我沿着训练研究的方向前进了。先生让我选择个题目练习研究。那时我抄录的资料大部分是洪武朝的，再加上我对先生写的《朱元璋传》看过多次，还写了两三万字的笔记，所以拟就朱元璋由农民起义领袖蜕变为封建皇帝的历史过程进行一些探讨，先生同意了我的选题。先生在指导我练习这个选题时，首先，要我做朱元璋年表，对于朱元璋思想发生变化的重要年代，比如从龙凤元年(1355)到洪武初年，纪事要力求具体、全面；其次，要我着重探讨儒士对朱元璋的直接影响，从李善长、李习、陶安到刘基、宋濂、叶琛、章溢，逐个进行具体的探讨；第三，要认真阅读有关研究朱元璋的文章和著作，从王崇武的《论明太祖起兵及其政策之转变》(见《历史语言研究所集刊》1941年第10本)到近年来出版的一些著作和文章，都要认真去读，要写读书提要和笔记，还要把发现的问题和自己的一些想法记录下来；第四，用最简洁的语言把自己要写的文章的中心思想写出来，按照文章的中心思想再编写写作纲目。先生强调指出，完成上述任务的过程，就是培养和训练研究能力的过程；一个人的研究能力，只有在完成研究任务的实践中，才能逐步培养和训练出来。在谈到怎样写学术论文时，先生说，好的学术论文必须具备两条：一是要观点明确，材料丰富，有独到见解；二是要结构谨严，语言精练，通过史实讲道理，以理服人。这两条说起来很容易，做起来就难得多了。因为这里既包含着研究能力的严格训练，又包含着撰写文章的基本功力。在谈到怎样练习写作时，先生说，练习写作的最好办法就是多读书、多写作、多修改。学会自己修改自己的文章，这是练习写作的一个基本功。自己的文章写成后，要回过头来再读书，再看别人的文章，从中吸取营养，提高认识。认识提高后，再看自己的文章，再找漏洞，挑毛病，进行修改。有时小改，有时大改，有时甚至还得推倒重来。自己修改自己的文章，一定要有推倒重来的勇气，否则就改不下去。推倒重来不是做无用功，而是更上一层楼。不这样，写不出好文章来。很多好文章，不是妙手写出来的，而是妙手改出来的。

原先我只读基本书时，进度较快，每周都能完成读书计划。翻阅《国

権》和《明经世文编》以来,就出现了完不成计划的现象。选择题目练习研究以后,完不成计划的现象日益严重。于是我就向先生如实做了汇报。先生说,这我清楚,近来我就没有检查你的读书进度。读基本书也要波浪式前进,有高有低,有快有慢。现在你已读了一些基本书,可以暂停一下。在翻阅史籍,积累资料,训练研究能力和写作能力方面,多下些工夫。这样,不仅对你提高业务水平大有好处,而且对你今后再读基本书也大有帮助。正当我在先生指引下跨入学习和训练基本功的时候,"四清"运动开始了。学校要我去参加"四清",吴晗先生同意了学校的安排。我把前一阶段的学习情况写个小结,就参加"四清"运动去了。1965年6月第一期"四清"结束后,我被留到顺义李桥"四清"留守组,一面工作,一面学习,并利用每月返京休假的机会,到吴晗先生家里汇报学习情况。

1965年11月10日,反动文痞姚文元抛出批判海瑞罢官的黑文后,因乡下没有《文汇报》,我未曾及时看到。《北京日报》转载后,使我大吃一惊。我看了好几遍,越看越觉得不是滋味。我读了《文汇报》12月1日刊载的蔡成和同志题为《怎样更好地评价历史人物和历史剧》一文后,特别振奋,特别激动!因为这篇文章说出了我的心里话。蔡成和同志义正词严地揭露了姚文元全盘否定海瑞和《海瑞罢官》的卑劣伎俩。作者反问姚文元说,广大群众对海瑞这样的历史人物评价很高,印象很好,你为什么独独要说得海瑞一无是处,甚至是封建统治阶级的帮凶和走狗呢?照你这样的理解,那么,人们又怎样区别岳飞、海瑞、文天祥和秦桧、严嵩等人之间的巨大差别呢?你是不是要打破他们之间的差别,要人们对他们一视同仁呢?作者愤怒地指出,姚文元的批判文章是"别有用心地硬要把封建统治和社会主义制度等同起来","硬要把'退田'理解成瓦解人民公社,把'平冤狱'理解成无法想象的东西"。作者质问姚文元,"你果真是这样想的吗?这是什么居心?"我百读不厌,爱不释手。接着,12月2日的《文汇报》又刊登了燕人同志写的题为《对历史剧〈海瑞罢官〉的几点看法》一文,作者引证了大量的铁一般的史实,对剧中的海瑞和历史上的海瑞进行了具体的分析和比较,指出,剧中的海瑞是符合历史事实的真海瑞。从而有力地批驳了姚文元胡说的剧中的海瑞是一个不符合历史事实的假海瑞的谬论。我仔细读完后，还写了笔记和摘要。随后，我带上这两张《文汇报》，专程返京去见吴晗先生。先生如同往常一样，热情地把我接到书房里。先生问我说，"你还在乡下吗？"我说还在。接着，我就把《文汇报》上批判姚文元的文章递给先生看。先生说："姚文元根本不懂历史，不懂还要装懂。不顾起码的史实，捕风捉影，胡乱联系，无限上纲，那样能说服了谁呢！"我问先生是否准备写篇回敬的文章，先生说："准备写，问题是怎么个写法。"先生问我有何看法？我说："我看和郭沫若替曹操翻案差不多"。先生说："不好类比，恐怕不那么简单，看来很有来头"。随后，我又说了些乡下的事，就告辞了。

12月30日，《人民日报》登出先生的自我批判后，我读了一遍又一遍，感到先生的检讨是十分诚恳的，很有说服力的。时逢新年休假，我又去拜访了先生。先生问我："看报了没有？"我说："拜读过了，而且读了好多遍"。先生问我："你听到些什么反映和说法？"我说："反映很多，说法不一。有的说，《人民日报》发表先生的自我批判，说明这场争论快要收场了；有的说，不像收场的信号，更像升级的信号。"先生说："要是辩论升级，事态恶化，你的学习就有中断的危险。不过事在人为，有志者，事竟成。"说着先生拿来《朱元璋传》、《读史札记》、《学习集》、《灯下集》、《投枪集》、《海瑞集》，分别在封面上写上："送给海瀛同志，吴晗一九六六年元旦"，然后送给我，最后又把先生在高级党校讲授明史的讲稿，共四讲，也拿过来给了我。我含着泪花，抱着先生赠送的宝书，深深地鞠了个躬，告别了先生。

1966年1月26日，春节后，我同往年一样，去先生家拜年，先生热情地接待了我。先生问我，还去顺义吗？我说，还去，计划明天走。先生说："现在上面情况错综复杂，你在乡下还好，那里比较平静。"随后，又说了一些勉励我的话，我就告辞了。万万没想到这次告别，竟成了我和先生的永别！

1972年夏，我由北京调回山西工作。"文化大革命"后，吴晗先生的

冤案终于得到平反昭雪。1979年9月14日，我应邀专程赴京参加了吴晗先生的追悼会。站在先生的遗像前，许许多多的往事涌上心头，我终于失声痛哭起来！会后，谢承仁先生说，他要整理吴晗先生在高级党校讲授明史的讲稿。我说，1966年元旦我去看吴晗先生时，先生把这个讲稿全部（共四讲）送给了我，很快我把这个讲稿送回了山西盂县老家，这是我保存下来的唯一的吴晗先生的遗物。后来，我从山西盂县老家取回这个讲稿，交给《北京师院学报》编辑部的杨生民同志。《北京师院学报》1978年第2期，以《明史简述》为题，署名吴晗遗稿，刊登了第一讲，《明太祖的建国》，并加了如下一段编者按：

前北京市副市长、杰出的历史学家吴晗同志生前曾任我院历史系名誉教授，对我院和我院历史系的工作十分关怀，并经常来院讲学。一九六二年吴晗同志曾在中央高级党校讲授明史，他把这个讲稿交给我院谢承仁、张海瀛同志请他们帮助整理。"文化大革命"中，这两位同志把吴晗同志的遗稿妥善地保存了下来。吴晗同志是受林彪、"四人帮"残酷迫害含冤而死的。他的去世，是我国史学界的重大损失。为了悼念吴晗同志，现将吴晗同志遗稿照原文分期发表。

这期学报，我保存至今。《北京师院学报》将这四讲连续刊登后，1980年又以丛书形式，印成单行本行世，并送给我一本，在书的背面用铅笔写有"张海瀛提供"五个大字。学报编辑部总共给了400元稿酬，我收到这笔稿酬后，托张显清同志（他知道吴彰住处）将这400元稿酬全部转交给了吴晗先生之子吴彰。我知道当时吴彰穷困潦倒，这笔稿费对他而言犹如雪中送炭，可解燃眉之急。1980年，中华书局亦以《明史简述》为题，出版单行本，在全国发行。北京出版社1988年出版的《吴晗文集》，并未将《明史简述》收入。仅在《吴晗文集》第四卷《吴晗著作目录编年》一文中有这样一段记载："《明史简述》，写作日期，1962，11；北京师范学院出版，1980；中华书局出版，1980，9。"看来，还有必要具体说

明吴晗先生遗稿《明史简述》的保存情况和发表过程，以便引起史学界同仁的关注。

1983年夏，我被任命为山西省社会科学院副院长，获得了一个展现从吴晗先生那里所学本领的机遇和平台。我在主持科研工作期间，创建了上世纪末全国第一个家谱资料研究中心。我之所以重视家谱，就来源于吴晗先生的谆谆教诲，先生曾经多次告诫我："族谱和方志，对于研究明史来说，犹如两座尚未开发的金矿。只要挖掘，定有收获。"所以我在主持点校《山西通志》过程中，顺便就征集、复制了一批家谱。1985年6月，"缅甸太原王氏家族会"致函太原市王茂林市长，要求查找开族始祖王子乔的资料；1986年，国务院侨办又转给太原市一封"泰国王氏宗亲会"来信，说他们的始祖有南京和太原两说，要求帮助查证哪一说可靠。这两封来信引起了山西省和太原市领导的重视，为回复这两封来信，组织专门班子，收集资料，调查研究。这样，收集与研究家谱遂被提上议事日程。其后，我又与国家档案局、中国社科院、南开大学、中华书局取得联系。在他们的大力支持下，由山西省社会科学院发起，成立了中国谱牒学研究会，从此揭开了家谱收集、整理和研究的新篇章。1991年2月23日《人民日报》海外版报道称："我国最大的中国家谱资料中心在山西省社会科学院建成。"吴晗先生如有在天之灵，当看到被他视为金矿的家谱，在改革开放条件下得到如此规模巨大的开发和利用，一定会含笑于九泉之下。

（原载《吴晗全集》第1卷，中国人民大学出版社2009年版）

一部填补明清史料空白的鸿篇巨制

——读吴晗编著《朝鲜李朝实录中的中国史料》

　　《朝鲜李朝实录中的中国史料》，吴晗先生编著,中华书局1980年出版发行，大32开本，全书5314页，分装12册。上起高丽恭愍王，即元至正十四年（1354），下迄朝鲜李朝高宗三十一年，即清光绪二十年（1894），辑录了540年间《高丽史》和《朝鲜李朝实录》中有关中国明清两代的许多史料。《朝鲜李朝实录中的中国史料》一书，是一部完整系统、填补明清史料空白、价值连城的鸿篇巨制，被史学界誉为编辑整理史料的典范和楷模。

　　1964年我在做吴晗先生研究生期间，曾目睹过先生从《朝鲜李朝实录》中抄录的史料，很厚的笔记本，就有七八十本。此外，还有许许多多卡片。我深知《朝鲜李朝实录中的中国史料》，是先生几十年辛勤劳动的结晶。所以出版后，我认真加以拜读，受益匪浅，眼界大开，进一步领略到了先生深厚的学术功底、坚忍不拔的治学精神和严肃认真的治学态度。

　　《朝鲜李朝实录中的中国史料》一书分为前编、上编、下编三大部分。前编含上中下3卷，上卷为恭愍王，中卷为辛祸，下卷为恭让王，该编纪录了元至正十四年（1354）至明洪武二十五年（1392）前有关中国的史料。该编是吴晗先生1961年前后定稿时，为补充元末至明初这段空白，从

《高丽史》中抄录而来的。高丽于1259年臣服于蒙古，1356年，取得反抗蒙古的胜利。1369年，高丽臣服于中国明朝，与明朝交往日益增多。1374年高丽恭愍王死后，无子，由外姓嗣子辛禑即位。辛禑荒淫无道，因划界与明朝失和，遂派都统使李成桂率兵进攻明朝的辽东，李成桂不愿与明为敌，遂废辛禑而立恭让王。其后，又经过几年战乱，李成桂取得胜利，恭让王让位于李成桂。李成桂即位后，去掉高丽国号，恢复朝鲜古名，定都汉阳（汉城）。1392年，明太祖朱元璋册封李成桂为朝鲜王，此即朝鲜李氏王朝之崛起。

上编58卷，收录了《朝鲜李朝实录》中从太祖至仁祖期间，相当于明洪武二十五年（1392）至清顺治六年（1649）间，有关中国的史料。其中：太祖1卷，太宗2卷，世宗3卷，世祖（含睿宗）2卷，成宗2卷，燕山君1卷，中宗10卷（含仁宗），明宗2卷，宣祖22卷，光海君5卷，仁祖7卷。其中，从太祖至世宗期间（1392—1450），是李氏王朝最强盛的时期。上编的史料是吴晗先生于1932年至1936年间，从北平图书馆抄录的。

下编17卷，收录了《朝鲜李朝实录》中从孝宗至高宗期间，相当于清顺治七年（1650）至清光绪二十年（1894）间，有关中国的史料。其中：孝宗1卷，显宗1卷，肃宗4卷，景宗1卷，英宗2卷，正宗3卷，纯宗1卷，宪宗1卷，哲宗1卷，高宗2卷。该编纪录的史料又分为前后两种情况，前一种情况，即从孝宗至哲宗，相当于从清顺治七年（1650）至清同治二年（1863），是吴晗先生于1932年至1936年间，从北平图书馆抄录的；后一种情况，即纯宗和高宗两朝实录，是吴晗先生1961年前后定稿时，补充抄录的。

朝鲜的李朝（1392—1910），约相当于我国的明清时代（1368—1911）。李氏王朝是朝鲜历史上统治时间最长的王朝，自太祖至高宗，历时540年。除纯宗和高宗外，每个王朝都沿袭传统，特设机构，编修实录。修成后，一式五份，分藏五处：庆尚道奉化郡太白山、江原道平昌郡五台山、平安道宁边郡妙香山、江华岛摩尼及鼎足山、金罗道茂朱赤裳山。从太祖到哲宗（1392—1863）编修的实录，总计1893卷。这1893卷实录，纪录了李氏

朝鲜时代政治、经济、军事、外交等方面的情况，被视为研究朝鲜史的基本史籍。这部编年体史籍，在记述朝鲜历史的同时，保存了从明洪武二十五年到清朝末年有关明清两代的许多重要史料，其中关于建州女真的记载尤为翔实、具体，而这些史料很多都是明清两代史籍中所没有的，因而特别珍贵。吴晗先生重视《朝鲜李朝实录》，就是由这一部分史料引起的。他在《朝鲜李朝实录中之李满住》一文中说："最近北平图书馆得到一部影印本《朝鲜李朝实录》，记建州初期史实极详尽，从此我们可以拿中国、朝鲜两方实录来对勘会证，重新来写明清史中关于建州的一部分记载了。过去我曾把这书中涉及中国、朝鲜和朝鲜与建州、建州与明的史料辑录为《朝鲜李朝实录中之中国史料》一书,体例一仍原书"，这段话清楚地说明了吴晗先生编辑《朝鲜李朝实录中的中国史料》一书之缘起和由来。

朝鲜李氏王朝从太祖到哲宗所编修的1893卷实录，在日本吞并朝鲜后，汉城帝国大学于1930年7月至1932年间，以太白山本为主（小部分采用江华岛本），影印出版。虽说仅印了30部，但毕竟是公开出版物，看到的人日益增多。吴晗先生1932年在北平图书馆看到的，就是这种版本。而这种版本的《朝鲜李朝实录》，纯宗实录和高宗实录，均为空缺。直到1953年，日本东洋文化研究所影印《朝鲜李朝实录》时，依然没有纯宗实录和高宗实录。纯宗实录和高宗实录，是朝鲜李朝灭亡后，在日本统治期间编修的。尽管日本编修这两朝实录的立场和用意，与朝鲜李朝迥然不同，但所依据的史料以及编修体例均与李朝实录并无差别。1958年8月至1959年间，中朝两国科学院通力合作，才影印了纯宗实录和高宗实录。这样，一部完整的《朝鲜李朝实录》才正式问世。1961年前后，《朝鲜李朝实录中的中国史料》一书定稿前夕，吴晗先生才将纯宗实录和高宗实录中有关中国的史料补充进去，下限才辑录到1894年中日甲午战争时期。这样，一部上起高丽恭愍王，即元至正十四年（1354），下迄朝鲜李朝高宗三十一年，即清光绪二十年（1894），完整系统、价值连城的鸿篇巨制——《朝鲜李朝实录中的中国史料》，才展现在世人面前。

由此可见，吴晗先生为使《朝鲜李朝实录中的中国史料》一书成为一部完整系统的史籍，付出了长期的、艰苦卓绝的努力。如果从1932年吴晗先生抄录《朝鲜李朝实录》中中国史料算起，到1980年出版发行，历时近半个世纪。

吴晗先生在开始抄录《朝鲜李朝实录》中有关中国的史料时，就写了一篇题为《关于东北史上一位怪杰的新史料》的文章，发表在《燕京学报》1934年第17期上。1953年收入《读史劄记》时，改名《朝鲜李朝实录中之李满住》。1988年收入北京出版社出版的《吴晗文集》第一卷，全文两万余字，分为：李满住之家世、李满住之住地及建州左卫之西徙、明与朝鲜两属下之李满住、李满住之灭亡，共四个部分，全面记述了李满住的家世和业绩。该文认为，李满住是建州史上一位著名的领袖。假如把整个建州史划分为两个时期的话，那么，李满住就是前期的代表人物，而努尔哈赤则是其后期的代表人物。该文的发表，不仅填补了努尔哈赤之前关于建州研究的空白，而且通过具体史实有力地说明了《朝鲜李朝实录》中的中国史料，对于研究明清史的极端重要性。

吴晗先生抄录《朝鲜李朝实录》中有关中国的史料，在史学界传为佳话。尽管吴晗先生的国学根底极其深厚，对文献内容十分精通，但他的治学态度却一丝不苟，十分严谨。比如，《朝鲜李朝实录中的中国史料》第一册133页上，（明洪武二十八年）十二月癸卯条，有吾郎哈水吾狄介等四人来。朝鲜太祖对他们发表一番议论，谈到一些女真人投奔朝鲜的情况，又列举了那些来自不同部落、不同地区的女真人的姓名、官名、籍贯等，由于译音等原因，难以断句，吴晗先生就对这一大段长达五行的汉字，未加标点，都是照录原文，以备有识之士酌读、研究。又如，先生对于所抄录《高宗实录》中有几年空缺，都做了具体说明。先生在《高宗实录》开篇云，由于《高宗实录》缺卷20、卷21、卷25、卷29、卷34、卷36、卷37、卷43、卷45，所以与此相应的有关中国史料，亦为空缺。

综上所述，《朝鲜李朝实录中的中国史料》，乃是吴晗先生长期挖掘、遴选、点校、抄录的结晶，是一部收录宏富、审核精细，资料翔实、出处确凿、详略得体、取舍得当，纲目清晰、层次分明的鸿篇巨制。清代学者

赵翼评价《明史》时写道："执笔者不知几经审订而后成篇，此《明史》一书，实为近代诸史所不及。非细心默观，不知其精审也。"[1]我觉得,用这段评语来表达"细心默观"吴晗先生编著的《朝鲜李朝实录中的中国史料》一书的"精审"，是十分恰当的。

（原载《怀念吴晗百年诞辰纪念》，中国社会出版社2009年版）

---

①《四部备要》史部，台湾中华书局版《二十二史札记》卷3，第3册，第4页。

族谱与修志

古代记述氏族世系的史籍称曰谱牒。我国谱牒源远流长。早在西周时代，已广为流行。记载上自黄帝下迄春秋时帝王公侯卿大夫世系的《世本》，号称谱牒之祖。西汉后期刘向编校命名的《世本》是二卷，东汉初宋均注的《帝谱世本》是七卷，东汉末宋衷注的《世本》是四卷，通称为古本。《隋书·经籍志》、《唐书·艺文志》均有著录。北宋编定的《崇文总目》已不见著录，可见到北宋时已经散失。今本《世本》是后人辑佚而成的。南宋高似孙是第一个辑佚《世本》的学者。清代辑佚《世本》的学者很多，重要辑本有八种。1957年中华书局出版的《世本八种》，已全部收录。

从各书征引《世本》的材料看，古《世本》有纪，有传，有表，有世系，有作篇（纪事物起源），有居篇（纪古地理）等，内容相当全面。

《汉书·司马迁传》云：

司马迁据《左氏》、《国语》，采《世本》、《战国策》，述《楚汉春秋》，接其后事，讫于天汉。

《后汉书·班彪传》云：

孝武之世，太史令司马迁采《左氏》、《国语》，删《世本》、《战国

策》，据楚汉列国时事，上自黄帝，下迄获麟，作本纪、世家、列传、书、表凡百三十篇。

《梁书·刘杳传》引桓谭《新论》云：

太史《三代世表》，旁行邪上，并仿周谱。

这些记载表明，司马迁撰写《史记》时，是吸取了当时谱牒学的成果的。应当注意的是，其时《世本》尚未问世。司马迁参阅和吸收的是谱牒成果，并非《世本》。

《史记·自序》云：

维三代尚矣，年纪不可考，盖取之谱牒旧闻，本于兹，于是略推，作《三代世表》。

《史记·三代世表序》云：

余读牒记，黄帝以来皆有年数。稽其历谱牒终始五德之传，古文咸不同，乖异。

《史记·十二诸侯年表》云：

太史公读《春秋历谱牒》，至周厉王，未尝不废书而叹也。

可见，司马迁自己也说他写《史记》时是吸收了谱牒成果的。不仅如此，《史记》三家注，即南朝宋裴骃《史记集解》、唐张守节《史记正义》、司马贞《史记索隐》也都引用了大量的谱牒资料。这些资料主要出自《世本》。《史记索隐》因避李世民之讳，改《世本》为《系本》。

正因为司马迁吸取了当时的优秀文化遗产（包括谱牒），所以他的《史记》，才成为千古不朽的世界名著。

郑樵《通志·总序》云：

司马迁世司典籍，工于制作，故能上稽仲尼之意，会《诗》、《书》、

《左传》、《国语》、《世本》、《战国策》、《楚汉春秋》之言，通黄帝尧舜至于秦汉之世，勒成一书，分为五体，本纪纪年，世家传代，表以正历，书以类事，传以著人，使百代而下，史官不能易其法，学者不能舍其书，《六经》之后，惟有此作。

到了唐代，谱牒又称族谱。宋代称家谱。钟健群《宗谱学略论》说："至唐代名为族谱。族谱者，氏族之谱系也"。又说："宋代时名为家谱。家谱者，家乘也。为记载一家世系及事实之书"。宋代《鹤林玉露》记载："山谷晚年作日录，题曰家乘，取孟子晋之乘之义。"士大夫修家谱，名曰家乘，始源于此。一家别子为宗，徙居他乡，其异地分居者另修之家谱，称曰支谱或房谱。综合各支谱、房谱而修之谱，称曰总谱或通谱。

自宋以后，私修族谱之风兴盛起来，至清代达于鼎盛时期。现存族谱，主要是明代和清代编修的。每部名谱，大都由谱系、朝廷恩荣、祠宇、家墓、传志、艺文等部分组成。谱系为主要部分，包括族姓源流、世系谱表、移住始末等。清代的方志学家都十分重视族谱。

我国的方志出现很早。但方志学之创建，则是从清代章学诚开始的。章学诚(1738—1802)，字实斋，浙江会稽人。27岁时就随父纂修《天门县志》。此后，陆续纂修或参修《和州志》、《永清县志》、《亳州志》、《大名县志》、《麻城县志》、《石首县志》、《常德府志》、《荆州府志》、《广济县志》、《湖北通志》等。并有《方志辨体》、《方志立三书议》、《记与戴东原论修志》、《修志十议》等专论。他在长期的修志和评志的实践中，对方志的源流、利弊得失以及方志的性质、含义、范围、要领、体例、章法、文辞等，都进行了深入研究，成一家之言，创立了方志学的理论体系，使方志学成为一门重要学科。梁启超说："'方志学'之成立，实自实斋始也"。

方志学的奠基者章学诚，很重视族谱。他在《州县请立志科议》中，提出各州县应有专门机构和人员，负责收集资料，为修志创造条件。他说："州县之志，不可取办于一时。平日当于诸典吏中特立志科，金典吏

之稍明于文法者,以充其选。而且立为成法,俾如法以记载。"所谓成法,即指按照规定的类别和格式收录资料。收录哪些资料呢?章学诚归纳为六类:六科案牍、职官治绩、谱牒、经史诗文、金石拓片、乡饮宣讲闻见录。①在这里,章学诚把谱牒列为六类之一,是很有见识的。梁启超对章氏的主张,倍加赞许:"实斋之意,欲将此种整理资料之方法,由学者悉心订定后,著为格式,颁下各州县之'志科',随时撮录,则不必高才之人亦可从事,而文献散亡之患可以免。此诚保存史料之根本办法,未经人道及也。"②

章学诚编撰的《永清县志》就立有《士族表》一目。其意在于"以世族率齐民,以州县领士族"。他规定"生员以上之族始入录"③。章氏的这个主张,是仿欧阳修《新唐书·宰相世系表》而来的。只著录生员以上之士族,自然有很大的局限性。余绍宋的《龙游县志》则力矫此弊。其言曰:"余今所为考则不然,不问其是否著姓,是否大族,抑有无生员以上之人,但使有谱而合于编体例者,罔不著录。故不称士族而称氏族。"又云:"凡氏族必冠地名,重其所居也。亦有冠以郡望者,从其谱也。来自何处,何年始迁,必详记之,重其所始也。同宗异派或分迁者,则汇记之,明源流也。同姓不宗,则以迁来先后为次,别新旧也。族中知名人有可考者,择要记之,著其望族也。谱之卷数必记,创修谱者必记,重修年份必记,氏族所重,重在谱牒也"。余绍宋《龙游县志》著录的族谱,不论是范围还是内容,都较章学诚的《永清县志》更为扩大和充实了。

吴汝纶《深州风土记》更创人谱一例,进而把对族谱的研究提到了一个新的高度。著名方志学家瞿宣颖《方志考稿》对此评价很高。他说:

> 征之于古,则秦代之徙民实蜀、实咸阳、开五岭,此以政治之压迫而迁徙者也。王莽之乱,开辟地江南之渐;建安之乱,洛都转致空虚;永嘉

---

① 参见《章氏遗书》卷十四,方志略例一。

② 《清代学者整理旧学总成绩——方志学》。

③ 《永清县志·士族表序例》。

之乱，士族相携南渡；此以戎马之变而迁徙者也。至于饥馑之徙民，更史不绝书矣。验之于迹，则江南巨族多托始于赵宋；湘蜀大姓，多启业于清初；黔滇人士，多衍支于流宦。故欲推知近代史迹，即私家谱牒而了然，不待他求矣。核而言之，人民里贯是政治社会制度所从出也，其迁徙之迹，又文化升降所从显也。自汉以来，历世久远，苟能举诸强宗巨族，溯其渊源，踪其分合盛虚往来久暂，斯诚治史者之一伟绩，足令吾曹深明历来社会组织之进化情状且布露吾民族精神与世共见也。惜乎昔之治方志者，多忽视谱牒为无从重轻，而私家谱牒又秘不可见，散不可纪。汝纶独以卓然远到之识，创人谱一例，网罗散逸，详而不冗，可以垂为法式，其所举安平崔氏，自汉至五代千有余年，斯实北方文化史中心问题矣。

瞿宣颖从人口迁徙与文化传播的相互关系入手，阐明了研究族谱的极端重要性。正如瞿氏所说，通过族谱研究，如若把自汉以来，北方强宗巨族迁徙、分合、盛衰的历史与文化传播、升降的关系研究清楚，那将是历史研究的一大伟绩。吴汝纶《深州风土记》创立人谱一例，"网罗散逸，详而不冗"的重大意义即在于此。事实上，在很多旧志中，都保存了不少有关家族的资料。诸如，河北《曲阳县志》载，石工杨氏，为元以来之世业；陕西《同州府志》载，柳子镇有铁匠千家，为明以来之世业；陕西《定远厅志》载，乾隆五十年(1785)，贵州遵义迁来苗民熊、陶、李、吴、杨、马六姓，等等，这些资料都是很宝贵的。

我们现在编修新方志，都在不同程度上采用了旧方志所提供的资料和族谱资料，这是大家都很熟悉的。现在的问题是，我们在某些新志中，可不可另立姓氏大族一目，叙述本地有重大影响的某几个姓氏大族的由来、衍派呢？例如，太原王氏，是不是应该写入太原志？大家知道，近年来随着对外开放的发展，海外侨胞回国"寻根谒祖"的呼声越来越强烈。1985年6月，缅甸太原王氏家族会致函太原市王茂林市长："我们缅甸太原王氏家族会在缅甸创立至今已有七十多年，会员达数千人。原籍包括闽、粤、滇等各省市。现在虽然多数已成为当地公民，但仍是王氏后裔，都是

炎黄子孙。我们没有忘记祖先"。还说："我们缅甸的王氏后裔大多是福建人，是五代时闽王王审知(862—925)的后代。王审知是从河南固始县迁到福建的，我们希望今后有条件时能赴太原寻根谒祖"。

1986年5月，泰国中国旅行社有限公司又致函国务院侨办、全国侨联，要求查证王氏祖祠在太原还是在南京，并说："若他们获悉他们的祖祠确切地点，王氏宗亲学会理事长王捷枝先生，将亲自带团去"。此函亦转太原市人民政府。

山西省和太原市人民政府，对缅甸和泰国的来函十分重视。太原市成立了"太原王氏研究会"，省政府拨款资助，组织人力，先后到江苏、福建、浙江、广东等地以文献记载为线索进行社会调查。回答了来函提出的问题。1988年11月26日，泰国王氏宗亲会代表团终于回到太原，实现了"寻根谒祖"的夙愿。

对于远离祖国的海外侨胞来说，家谱就成了他们同祖国保持联系的纽带。爱国主义的核心是对祖国的忠诚和热爱，这是"千百年来巩固起来的对自己祖国的一种最深厚的感情"[①]。族谱在形成和巩固人们对祖国的这种深厚感情过程中，发挥了难以估计的巨大作用。从这个意义上来看待族谱，来研究一些姓氏大族的源流和衍派，其意义是十分深远的。在新编地方志中给予一席之地，也是理所当然的。让我们听听海外侨胞的呼声吧！

1988年10月，澳洲侨胞马氏致函中国家谱研究会说："于九月二十一日《光明日报》上看到'首届中国家谱研讨会'的报道，不胜欢耀！家谱对于我们华裔来说，非常重要。先生亦知澳大利亚之'白澳'思想近来又被无耻政客从垃圾堆中重拾起来，大力鼓吹、宣传'一个澳洲'，即白种人之澳洲。完全漠视当今世界民族大融合之潮流。可悲者是在民意测验中，竟有七成以上之民众，赞成减收亚裔移民。考我华族移民澳洲已有百多年之历史。最高峰时期，华人曾占居民总数四分之一。今日之澳洲人，其实许多人是有我中国人血统的，可惜多不自知，有些知道自己有中国血

---

①《列宁全集》卷28，第168~169页。

统的人，对我华裔特别好感，亦反对种族歧视。前澳大利亚总理惠特拉姆，其祖母亦系中国人。正是此君任总理时，澳大利亚与中国建立了外交关系。"

显而易见，研究族谱对于发展海外联谊具有十分重大的意义。如果我们把族谱研究的成果，把具有较大影响的一些姓氏大族的源流、衍派写入新志，那我们的新志就会受到海外侨胞的欢迎。这对于我们方志工作者来说，是完全能够做到，也是应该做的事，为什么不去做呢！

族谱和方志，都是中华民族的文化遗产。它们在形成中华民族共同心理素质方面都发生过很大的作用。随着族谱研究的开展和新志质量的提高，它们在"两个文明"的建设中，必将发挥越来越大的作用。

（原载《山西地方志通讯》1989年第1期）

中国大陆家谱收藏与研究概况

一、收藏概况

中国家谱源远流长，现存家谱主要是明清时期及其以后编修的，很多散藏于民间。失传、毁弃数量亦当不少。1984年，国家档案局、文化部、教育部、中国社会科学院曾多次发出通知，要求各省、市、县档案馆，博物馆，文管会，文化馆，图书馆以及各高等院校、科研单位的图书馆，填表上报所藏家谱目录。根据上报材料，国家档案局郝存厚、中国社会科学院武新立、南开大学冯尔康联合编纂了一部《中国家谱综合目录》。著录该目录的中国家谱收藏情况有如下表：

各省、市收藏家谱调查统计表

地　　区	藏　数（部）
北　京	4769
河　北	892
吉　林	600
甘　肃	32
江　苏	1682
江　西	100
湖　北	611

（续表）

地　区	藏　数（部）
广　西	170
贵　州	6
上　海	562
山　西	117
黑龙江	139
宁　夏	8
浙　江	2903
福　建	482
湖　南	1354
四　川	743
天　津	409
辽　宁	605
陕　西	33
山　东	270
安　徽	1005
河　南	225
广　东	433
云　南	74
合　计	18 224

以上调查统计表所提供的18 244部这个数据，当然有很大的局限性。仅就收藏家谱的单位而言，有的虽有收藏，但并未填表上报，例如：山西闻喜县档案馆收藏46部，太谷县图书馆收藏30多部，阳城方志办收藏44部等，均未上报。有的虽然上报了，但与实际收藏出入很大。例如，上海图书馆上报数字是562种，但据本馆人员说，实际收藏达万种之多，只是尚未整理编目而已。特别值得注意的是18 244种这个统计数据，并未包括散于民间一家一户收藏的家谱，特别是手抄本家谱。据行家调查推测，散藏于民间的家谱当在10 000种以上，再加上调查统计的18 244种和上海图书馆的实际收藏，大陆家谱收藏总数至少在38 000种以上。

"家谱资料研究中心"从1985年起，就在山西省社会科学院原来收藏家谱的基础上，进行征集和复制。经过多年努力，现已将整理编目的家谱编纂成书，由山西人民出版社出版发行。著录这部目录的家谱有251姓，2565部，总计24 562册。其中超过50部的姓氏，依次为：王氏，255部；陈氏，126部；张氏，114部；李氏，85部；吴氏，77部；刘氏，75部；黄氏，69部；徐氏，63部；朱氏，60部；周氏，59部。超过200部的省（市）依次为：江苏，605部；浙江，488部；福建，295部；湖南，279部；安徽，200部。

此外，近年来许多报刊不断有新发现的名人家谱的报道。例如，《光明日报》1982年6月17日，刊登了江西吉安县发现文天祥家族的《富田文氏族谱》的消息；1983年5月13日，刊登了江苏发现岳飞家谱的消息；1985年9月8日，报道了抚顺发现了王安石族谱的消息。《中国历史年鉴》1983年，刊登了发现南宋理学家朱熹家谱——《紫阳朱氏建安谱》的消息。《学习与探索》1984年第4期，登载了黑龙江发现孟子家谱的消息。1992年又在山东阳谷发现了战国军事家孙膑的家谱，等等。这些新发现的藏于民间的家谱，自然都没有包括在调查统计数之内。山西省社会科学院"家谱资料研究中心"由民间征集的许多家谱，也未包括在调查统计数之内。

二、研究概况

从本世纪20年代起，以潘光旦、杨殿珣为代表的学者，采用现代方法对我国的家谱进行研究，发表了一批具有很大影响的论著。此后，国内学者除了对少数名人家谱进行微观研究外，主要是利用家谱资料来进行关于政治史、经济史、文化史、民族学、遗传学、人口学等方面的专题研究的。专门研究家谱的论著，寥若晨星。80年代以来，逐步改变了这种局面，其主要表现是：

1. 成立了"中国谱牒学研究会"

这是中华人民共和国民政部正式批准并颁发有证书的全国性学术团体。这个学会成立于1988年7月，是在山西五台山举行的"首届中国谱牒学研讨会"上，由到会代表民主选举产生的。这个学会的成立，把国内的谱牒研究者和爱好者组织了起来，有力地推动了家谱整理和研究工作的开展。1991年8月，又在山西太原召开了"中国谱牒学研究会第二届学术讨论会"。到会代表80多人，收到论文40多篇。研究的深度和广度，同第一届相比，有了很大的提高。其突出的特点，就是把谱牒学作为一门独立的学科进行了研究。论文目录如下：

作 者	论 文 题 目
王衍村	《浅谈中国姓氏堂号》
沙其敏〔美国〕	《春秋时代楚国宗族制度》
李裕民	《北魏家谱研究》
王大良	《琅琊王氏与六朝谱学》
周征松	《河东裴氏谱牒知见录》
常建华	《元代族谱研究》
张海瀛	《明代谱学概说》
冯尔康	《清代谱牒学家朱次琦》
戎济方	《海外华人与中国谱牒》
片弘基〔韩国〕	《从族谱学看韩中交流史》
萧国健〔香港〕	《广东中山小榄家族之入迁》、《广东东莞地区家族之入迁》
李德超〔台湾〕	《粤东族谱所载南雄珠玑巷故事与宋季岭南移民》
王剑霓	《关于太原王氏考查情况的报告》
沈明光	《东阳家谱资料琐论》
张耀宗	《东林党人高攀龙的家谱》
魏连科	《从方志族谱看永乐初年小兴周移民》
易邵白	《谱牒编修之奇葩和谱系寻根之硕果》
吴砾星	《湖南〈韶山毛氏族谱〉述略》
胡心鼎	《湖北孝感胡氏族谱探微》
李 豫	《盂县〈张氏族谱〉一世祖张士贵扭曲形象之驳正》
张正明	《从族谱看山西商人家世》
刘志盛	《中华〈刘氏族谱〉概述》

（续表）

作　者	论 文 题 目
张仲荧	《四川腹地族谱及其迁徙史料发掘举隅》
吴壮程	《曾国藩与族谱》
邹文程	《湖南双峰县姓氏概说》
田武雄〔美国〕	《中国人口增长的因素——中国氏族集团人口的统计》
姚恩荣	《关于大丰县已发现的34种民间家谱和76处宗祠遗址的情况介绍》
殷光中	《镇江望族宗谱的若干特色》
欧阳宗书	《祠联——祠堂文化的多面镜》
常士晔	《山西榆次车辋常氏家乘介绍》
李荣海	《浅谈山西临县崔家坪嘉靖石塔家谱》
刘伯伦	《家谱的现状与出路》
陈　蕾	《安徽省族谱概况及使用价值》
邢永川	《试论谱牒序跋的文献价值》
张绪伯	《紫岩字辈谱及其爱国之思》
黎小龙	《从民族学资料看家谱的起源》
苏子仪	《介绍谱书〈王氏立姓开族百世谱〉》
王泉根	《木本水源心系华夏》
岳德庄	《岳飞家谱叙略》
汪根年　毛策	《郑氏家谱及其教育制度》
张志清	《北京图书馆藏中国家谱述略》
雷忠勤　尹协理	《关于番禺霍氏源流的初步考察》
王国坚	《人口质量与血缘婚姻行为的思考》
王树人	《开展谱牒研究与弘扬民族文化》

2. 创办了《谱牒学研究》辑刊

该刊于1989年12月正式创刊，武新立教授任主编，由北京书目文献出版社出版发行。创刊号刊登文章19篇，作者、篇名如下：

作　者	论　文　题　目
刘贯文	《谱牒学研究的任务》
常建华	《试论中国族谱的社会史料价值》
冯尔康	《宗族制度对中国历史的影响——兼论宗族制度与谱牒学之关系》
欧阳宗书	《从字辈谱透视中国传统文化的内涵》
杨冬荃	《中国谱牒起源研究》
李文治	《西周宗法制释义——论西周典型宗法制从属于封建领主制》
许水涛	《从桐城望族的兴盛看明清时期的宗族制度》
张显清	《封建家法是封建国法的补充——读〈孔氏族规〉》
林金枝	《闽粤侨乡族谱研究》
萧国健〔香港〕	《广东深圳陈氏源流及其发展》
郭松义	《孔氏宗谱和孔氏家族组织——介绍曲阜孔府所藏家谱资料》
武新立	《福建莆田〈九牧林氏家乘〉介绍》
张正明	《襄汾县丁村〈丁氏家谱〉抄本研究》
马纪行〔澳大利亚〕	《赵氏马氏嬴姓十四氏及族谱感言》
马纪行〔澳大利亚〕	《应以"武服"释"马服"》
常建华	《中国族谱收藏与研究简说》
陈捷先〔台湾〕	《台湾地区近年族谱的修纂与研究》
沙其敏〔美国〕	《犹他家谱学会的中国收藏品》
杨宝华	《北京图书馆藏家谱简介》

《谱牒学研究》的创刊，为海内外谱牒研究者提供了一个阵地，深受大家的欢迎。第一辑出版后，《光明日报》（1991年1月2日）和上海《社会科学报》（1992年2月13日）先后发表了张锡禄和方治的评介文章，引起了学术界的关注。

1991年7月，《谱牒学研究》第二辑由北京文化艺术出版社出版发行，

刊登文章20篇，其作者与篇名如下：

作　者	论 文 题 目
周绍泉	《明清徽州祁门善和程氏仁山门族产研究》
杨冬荃	《周代家谱研究》
马纪行〔澳大利亚〕	《中国最早的姓氏记录——从谱牒学观点看龙虎古墓的发现》
张海瀛	《福建〈忠懿王氏族谱〉介绍》
欧阳宗书	《孔子与字辈》
刘国伟	《试论古代家族人口过程及其观念——〈李氏族谱〉仲温支世系之研究》
张锡禄	《南诏大理城河蛮名家大姓世系考——大理喜洲白族十大姓家谱研究》
萧国健〔香港〕	《香港及深圳地域之家族入迁研究》
毛　策	《浙江浦江郑氏家族考述》
松浦章〔日本〕	《山西商人范毓馪家族的谱系和事迹》
段国超	《鲁迅家世概探》
沙其敏〔美国〕	《爱达华亚芳氏起源初探》
王剑霓	《"太原王"始祖考》
王希古	《略谈黔北、渝南的王阳明宗亲后裔》
何兆麟	《邓氏家族根在新野》
何兆麟	《从一则传说看"莫李"家的来历》
殷光中	《〈洞州包氏宗谱〉考略》
杨志清	《〈旌德板桥汪三晖堂家乘〉介绍》
苏子仪	《〈王氏立姓开族百世谱〉简介》
刘伯伦	《山西阳城县家谱调查之收获》

　　第二辑出版后，很快被一抢而空，现在书目文献出版社正考虑重印第一辑和第二辑。在国内图书疲软的情况下，这种情况是少有的。

　　值得注意的是，近年来国内很多报纸刊物不断发表研究谱牒的文章。例如，《光明日报》1985年5月27日，刊登了白钢《要重视谱牒学的研究》一文；《历史研究》1988年第6期，刊登了武新立《中国的家谱及其学术价值》一文，长达两万余字，《新华文摘》1989年第2期，摘登了万余字，引起了国内学者的关注，等等。

3. 开展了谱牒研究的学术活动和对外交流

近年来，山西对家谱研究相当重视。早在1985年6月，缅甸太原王氏宗亲会就致函山西太原市王茂林市长，索要有关太原王氏开族始祖资料，并要求"寻根谒祖"。1986年5月，泰国中国旅行社有限公司，又致函国务院侨办、全国侨联，要求查证王氏祖祠在山西太原还是在江苏南京。此函亦转给太原市政府承办。山西省人民政府和太原市人民政府，对缅甸和泰国的来函十分重视。太原市成立了"太原王氏研究会"，省政府拨款资助，组织人力，先后到江苏、福建、浙江、广东等地，以文献记载为线索，进行了广泛的社会调查，回答了来函提出的问题。1988年11月26日，泰国王氏宗亲会代表团终于回到太原，实现了他们多年来梦寐以求的"寻根谒祖"的夙愿。发生在山西的这一连串的事件，有力地推动了太原王氏研究活动的开展。

另外，1991年12月，在河南南阳召开了"中国谢氏源流首次学术讨论会"。这次会议是由河南省社会科学院主办的，到会学者从历史学、考古学、人口学等方面，探讨了谢氏的起源，并专程到南阳县金华乡东谢营村进行了实地考察。《光明日报》（1991年12月18日）对这次学术活动进行了报道。

"中国谱牒学研究会"成立后，1989年4月，会长刘贯文，副会长冯尔康、张海瀛（兼秘书长）、《谱牒学研究》主编武新立，副秘书长高可，应邀参加了在香港举行的"亚太区地方文献国际会议"，揭开了对外学术交流的新篇章。1991年4月，刘贯文、张海瀛、武新立又应邀参加了在美国新奥尔良举行的"亚洲学年会"。会议前夕，还到波士顿访问了"新英格兰历史家谱学会"，该会创办于1845年，是美国成立最早的家谱学会，主要是为由英格兰迁往美洲的移民"寻根"服务的。又到华盛顿访问了"美国国家家谱学会"，该会成立于1909年，会员达万人之多。该会负责人希望"中国谱牒学研究会"能为美国华侨"寻根"提供方便。还到犹他州盐湖城访问了"犹他家谱学会"，参观了该会收藏的中国家谱以及存放胶

卷的洞库。此外，还考察了哈佛大学燕京图书馆、哥伦比亚大学东亚图书馆、美国国家档案馆、美国国会图书馆所收藏的中国家谱。

"中国谱牒学研究会"成立后，我们同港、澳、台学者，同美国、日本、新加坡、泰国、马来西亚、澳大利亚等国的学者建立了广泛的联系。

（原载《山西档案》1994年第2期；入选《中国档案管理精览》第4分卷，1996年出版）

炎黄二帝——中华姓氏之根

在中华民族发展史上，中华儿女都以炎黄子孙自称，都把炎黄二帝视为自己的祖先。因为追根溯源，炎黄二帝就是中华姓氏之根。这个发端于炎黄二帝、绵延五千多年的中华姓氏，就是把炎黄二帝与每一个中华儿女联系起来的桥梁和纽带；而这个桥梁和纽带的核心，就是枝相连、气相投、一脉相承的血缘关系。中华民族巨大的向心力、凝聚力和稳定性，就是建立在这个基础之上的，因而是坚不可摧的，是忘不掉、批不倒、割不断的。

相传炎帝号神农氏，是我国上古时代农业的发明者、创立者，是姜姓部落的始祖，生于姜水、长于姜水，故以"姜"为姓。《新唐书·宰相世系表》云："姜姓本炎帝，生于姜水，因以为姓。其后子孙变易他姓。"姜姓是我国最古老的姓氏之一，相传少典娶有蟜氏女，游华阳，感生炎帝。《帝王世纪》云："神农氏，姜姓也。母曰任姒，有蟜氏女，登为少典妃，游华阳，有神龙首，感生炎帝。人身牛首，长于姜水。有圣德，以火德王，故号炎帝。""人身牛首"表明，炎帝所在的姜姓部落是以牛为图腾的。而牛又与农耕紧密相连，这与炎帝教民耕作是完全一致的。相传炎帝族的一支名曰烈山氏，就在今湖北随州一带种植谷物和蔬菜。然而，在姓氏发展演变的历史长河中，由于种种原因，炎帝的子孙许多都改变成

了其他姓氏。因此，所有出自姜姓的其他姓氏，他们全都是炎帝的后裔。

《世本·氏姓篇》曰："炎帝，姜姓。许、州、向、申，姜姓也，炎帝后。"许、州、向、申，是西周初年周武王分封的四个姜姓侯国。

许姓，出自姜姓，以国为氏，为炎帝后裔。《新唐书·宰相世系表》载："许氏出自姜姓。炎帝裔孙伯夷之后，周武王封其裔孙文叔于许，后以为太狱之嗣，至元公结为楚所灭，迁于容城，子孙分散，以国为氏。"许氏乃是尧舜时四岳之首的后裔。周武王将四岳后裔文叔，封于许地（河南省许昌），建立许国，为侯爵，世称许侯。春秋时为郑、楚等国所逼，于前576年，许灵公被迫南迁到叶地（河南叶县西南),成为楚国的附庸；前534年，许悼公又被迫迁到城父(安徽亳县东南)；前538年，再迁于荆山（属湖北）；前506年，再迁至容城（河南鲁山东南）。春秋战国之际，许国终于被楚国所灭。原许国君臣后裔，散居各地，以原国名为姓，是为许氏。

州姓，出自姜姓。据史游《急就篇》、邓名世《古今姓氏书辩证》记载，周武王分邦建国时，将州邑（故址在今山东安丘东北之淳于城）封给淳于公，建一小国，称州国。《世本》载："州国，姜姓"。其后州国子孙以国为氏，是为州姓。

向姓，出自姜姓。据史游《急就篇》记载，春秋时,姜姓裔孙建有向国，故址在今山东莒县南。向国灭亡后，王宫贵族及其族人以国为姓，是为向姓。

申姓，出自姜姓，其始祖为炎帝后裔伯夷。伯夷曾佐尧掌礼，又佐禹治水有功，其子孙被封于申，建立申国，封为伯爵，史称申伯。《通志·氏族略》云："姜姓,炎帝之裔,申伯以周宣王舅受封于谢。"又曰："申，伯爵，姜姓，炎帝四岳之后，封于申，号申伯,周宣王元舅也。"申伯因是周宣王的元舅而被视为股肱之臣，宣王为了加强对南方的控制，特将古谢国地封给申伯，并派召公到谢地为申伯营建新都，还赏赐申伯车马、圭璧、朝板等象征身份地位的器物，周宣王亲自到离都城五六十里以外的眉（陕西眉县）为他送行，宰辅大臣尹吉甫为此特作《崧高》一首，后被收入《诗经·大雅》中。从此，徙居新都的申伯，就成了周王朝统率南方诸国的方伯大员和捍卫王室的屏障。不仅如此，申伯还嫁女于宣王之子幽王，生有太子宜臼。后来，幽王改立宠妃褒姒之子伯盘为太子，宜臼被废，遂投奔舅父申侯求救。申侯联合缯侯、犬戎，攻入京城，杀幽王于骊山之下，拥立宜臼登基，是为平王，并迁都洛邑，史称东周。申侯以拥戴之功，受到平王奖赏，国势达于鼎盛。其后，楚国兴起，申国被楚国所灭。原申国臣民以国为姓，是为申姓。

除以上许、州、向、申四个封国外，出自姜姓的姓氏还有很多，诸如：

吕氏，出自姜姓，其始祖与申姓一样，也是炎帝后裔伯夷。伯夷被封于吕，建立吕国，称为吕侯。《新唐书·宰相世系表》云："吕者，膂也，谓能为股肱心膂也。"膂，脊梁骨；股，大腿；肱，手臂。股肱，比喻辅佐的大臣，有赞誉褒奖之义。吕国历夏、商，世有其国，至周穆王时，吕侯入为司寇。周宣王时所说的"甫"，指的就是"吕"，或曰宣王称"吕"曰"甫"。《元和姓纂》注吕，为"今南阳宛县西吕亭"，即古"吕"所在地，春秋初，被楚国所灭。《古今姓氏书辩证》注"吕"地为"蔡州新蔡"。据学者考证，周代确实有一个吕国，就在今河南新蔡，是南阳吕国分出的一支，史称东吕，春秋初为宋国所并（又说被蔡国所并），其地后来为蔡平侯所居。《史记·齐太公世家》云："太公望吕尚者，东海上人，其先祖尝为四岳，佐禹平水土甚有功。虞夏之际封于吕，或封于申，姓姜氏。夏商之时，申、吕或封枝庶子孙，或为庶人，尚其后苗裔也。本姓姜氏，从其封姓，故曰吕尚。"吕尚，亦说字子牙，因周文王得之渭滨，云"吾先君太公望子久矣"，故号太公望。盖牙是字，尚是其名，后被封于齐，为齐国始祖。齐国第二代国君是吕尚之子吕伋，以后世代相传，至19世康公贷，于公元前391年被田和迁于海上，姜姓齐国被田氏所取代。原南阳吕国、新蔡吕国先继灭亡后，子孙以国为氏，成为吕姓的两大来源，再加上姜姓齐国灭亡后，吕尚后裔中以吕为姓的一支，这样就构成了吕姓的三大来源。南阳吕国灭亡后，部分遗民被迁至今湖北蕲春；新蔡吕国亡国后，

遗民主要分布于今河南南部及安徽北部；齐国吕氏在康公失国前已散居韩、魏、齐、鲁之间(今河南、山东境)。齐康公七世孙吕礼，于秦昭襄王十九年(公元前288年)自齐奔秦,任柱国、少宰，封北平侯，其子孙主要分布在今陕西、甘肃境内。两汉时期，吕氏族人已遍布今河北、山西、内蒙古各地。

齐姓，《新唐书·宰相世系表》载："齐氏出自姜姓。炎帝裔孙吕尚后封于齐，因以为氏。"吕尚，本姓姜，因封于齐，是为齐国始祖，子孙以国为姓，是为齐姓。

甫姓，《国语·郑语》载，周宣王改"吕邑"为"甫邑"，建立甫国，为侯爵，伯夷之后，遂称甫侯，春秋时，甫国为楚国所灭，子孙后代以国为姓，是为甫姓。

卢姓，出自姜姓，炎帝后裔。春秋初期,齐太公之后，即齐文公之子名高，高之孙傒任齐国正卿，因迎立齐桓公有功，被封于卢地（今山东长清县西南），子孙以邑为氏，是为卢氏。《新唐书·宰相世系表》载："卢氏出自姜姓。齐文公子高，高孙傒为齐正卿，谥曰敬宗，食采于卢，济北卢县是也，其后因以为氏。"此时齐国任用管仲进行改革，国力富强，成为霸主，疆土扩张到今山东东部。春秋末年，君权逐渐为大臣田氏所夺。卢氏后裔遂逃离齐国，散居于燕、秦之间，主要是今陕西、河北、山西等省境内。秦代有博士卢敖，曾避难于卢山，子孙家于涿水之上，遂为范阳涿人。范阳卢氏裔孙卢植，东汉时历任九江太守、庐江太守、北中郎将、尚书，其子卢毓，三国时任魏司空，封容城侯。另据《通志·氏族略》记载，以"卢蒲"为姓的一支，亦出自姜姓。传自"九合诸侯，一匡天下"的齐桓公时，改为单字卢姓，居住在今河北大兴一带，后来发展为扬名天下的范阳卢氏。

崔姓，出自西周时姜姓齐国。齐国是周武王分封的重要诸侯国之一，建都于营丘,开国君主是吕尚。吕尚本姓姜，因其先祖被封于吕（今河南南阳），从其所封，故称吕尚。吕尚的儿子名公伋，是齐国的第二代国君，周成王时为朝廷重臣，康王时为顾命大臣，死后谥曰丁公。丁公的嫡子叫季子,本应继承君位,但却让位给弟弟叔乙(即乙公得),而自己则食采于崔邑(今山东章丘县西北),后以邑为氏,是为崔氏。《新唐书·宰相世系表》云:"崔氏出自姜姓。齐丁公伋嫡子季子让国叔乙,食采于崔,遂为崔氏。济南东朝阳县西北有崔氏城是也。"季子的后代一直是齐国的卿大夫,其九世孙崔杼,为齐正卿,一度执掌国政。其后,崔氏在争权斗争中失利,崔杼幼子崔子明逃奔鲁国,生子曰良。十五世孙崔意如,为秦朝大夫,封东莱侯,有二子:伯基、仲牟,此后分支繁衍,人丁兴旺。崔氏自汉至宋,官宦不绝。崔伯基为西汉东莱侯,居清河东武城(今河北清河县东北),其八世孙崔殷有七子:长子崔双,为东祖;次子崔邯,为西祖;三子崔寓,为南祖,亦号中祖。崔寓四世孙崔林,官魏司空、安阳孝侯。曾孙崔悦,前赵司徒、左长史、关内侯。有三子:浑、潜、湛。崔湛子凯,后魏平东府咨议参军,生蔚,自宋奔后魏,居荥阳(今属河南),号郑州崔氏。崔伯基的后代还有鄢陵(今属河南)、南祖、清河大房、清河小房、清河青州房等支派;崔意如次子崔仲牟,居博陵安平(今属河北),其后代又分为博陵安平房、博陵大房、博陵第二房、博陵第三房。魏晋至唐初,按士族门第排姓氏,或称"崔、卢、王、谢",或称"崔、卢、李、郑",均把崔氏列为一等大姓。《唐贞观八年条举氏族事件》称,贝州清河郡七姓之首为崔氏;《新集天下姓望氏族谱》称,定州博陵郡五姓之首为崔氏。所以,宋代的《广韵》说崔氏"出清河、博陵二望"。此外,东汉末年,战乱不止,平州刺史崔毖率族人千余避乱入朝鲜,后发展成为朝鲜族大姓;西晋至唐代,崔氏遍及今江西、浙江、江苏、广西、安徽、陕西、甘肃等地;宋代以后,特别是明清时期,崔氏族人不断移居海外及东南亚一些国家。

丁姓,出自姜姓,是以谥号为姓的姓氏。齐国的开国君主吕尚,原本姓姜,吕尚的儿子名公伋,是齐国的第二代国君,周成王时为朝廷重臣,康王时为顾命大臣,公伋死后,谥号丁公,子孙以谥号为氏,是为丁氏,这支丁氏被奉为丁氏正宗。

此外,还有雷、方、井、山、丘等许多姓氏,也都出自姜姓,此不赘

述，凡是出自姜姓的姓氏，他们都是炎帝的后裔。

在绵延数千年的中华姓氏中，除出自炎帝的姓氏外，其余的姓氏主要出自黄帝。我国的史学名著《史记》就是以黄帝开篇写起的，司马迁的这种谋篇布局充分说明黄帝在中华文明史上的重要地位，姓氏文化也不例外。据《史记·五帝本纪》记载，黄帝，少典之子，生于寿丘，长于姬水，因以为姓，是为姬姓。黄帝居轩辕之丘，因以为名，又以为号。国于有熊（今河南新郑），故亦称有熊氏。相传黄帝曾在阪泉打败炎帝，又在涿鹿之野击杀蚩尤，得到各部落的拥戴，由部落首领而成为部落联盟首领，被诸侯尊为天子，以代神农氏，因有土德之瑞，土色黄，故称黄帝。相传黄帝时，发明舟车衣服，建筑宫室房屋，制造弓矢杵臼，用玉(硬石)作兵器，嫘祖（黄帝之妻）养蚕，仓颉造字，等等。就是说，黄帝时在农业发展的基础上发明创造或制造了人们生活所必需的房屋、衣服、食物、舟车、各种器物、用具以及文字等，极大地改善了人们的生存条件和生活条件，促进了人类的文明和进步。所以，轩辕黄帝被尊为文明始祖。不仅如此，轩辕黄帝时期随着氏族制度的瓦解，"胙土命氏"现象日益频繁，因而涌现出了大批的"氏"。《国语·晋语》云："黄帝之子二十五宗，其得姓者十四人，为十二姓，姬、酉、祁、己、滕、箴、任、荀、僖、姞、儇、依是也。"黄帝这十四个得了十二姓之子，又直接或间接地衍生出许许多多的姓氏。据《大戴礼记·帝系》、《世本·氏姓篇》、《史记·五帝本纪》记载，不论是尧、舜、禹，还是夏、商、周，他们都是黄帝的后裔，而尧、舜、禹以及夏、商、周，他们又都分别派生出许多个姓氏，这样，出自黄帝的姓氏，犹如滚雪球一样，越滚越大，越来越多。与此相反，在原先出自姜姓的许多姓氏中，又先后出现了非姜姓的支派。诸如，据《急就篇注》记载，许姓中还有一支是许由之后，上古尧时，有贤人许由，字武仲，隐居于沛泽之中，尧曾欲以天下让给许由，许由不就，隐退于中岳、颍水之阳，许由之后，以许为氏；据《风俗通》记载，州姓中还有以邑为氏的一支，周邑后属晋，食采于此邑者，因以为氏，是为州氏；据《古今姓氏书辩证》记载，申姓中也有以邑为氏的一支，春秋时楚国有一大夫，食采于

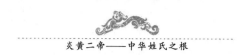
申邑，其后子孙以邑为氏，是为申氏；据《元和姓纂》记载，向姓中还有出自子姓的一支，春秋时宋桓公之后，公子肸，字向父，其孙以王父字为氏，是为向氏，宋桓公是子姓后裔，所以这支向姓出自子姓。如此等等，不一而足。这样一来，就极大地冲淡了炎帝与出自姜姓的许多姓氏的关系。一方面是出自黄帝的姓氏越来越多，而另一方面是炎帝与许多出自姜姓姓氏的关系越来越淡薄，所以到了明代就出现了天下姓氏出黄帝之说。

需要说明的是，从炎黄二帝到夏、商、周三代，"姓"与"氏"是有严格区别的。"姓"产生于母系氏族社会，是同一个老祖母传留下来的有共同血缘关系的族群之称号，同族则同姓，在同族中还没有世系绵延观念；而"氏"则产生于父系氏族社会，是由姓派生出来的分支，这些分支的特点就是肯定了父亲在生殖繁衍过程中的重要作用，并进而确立了以父系为主线的世系传承关系，从而形成了父系宗族制度。从炎黄二帝到夏、商、周三代，他们都是以父系为主线计算世系传承关系的。他们都各有自己的姓，后来又从各自的姓中分出若干分支散居各地，这样就又形成了许多新的氏。比如，炎帝为姜姓，黄帝为姬姓，后来炎帝的姜姓和黄帝的姬姓又都派生出许许多多的氏。清代学者袁枚撰《随园随笔》云："礼疏云：天子赐姓赐氏，诸侯赐氏不赐姓。贵有氏，贱无氏；男称氏，女称姓。姓者，所以统系百世而不变也；氏者，所以别子孙所自出，一传而变也。"《通鉴外纪》亦云："姓者，统其祖考之所出；氏者，别其子孙之所自分。"姓为氏之本，氏由姓所出；姓代表血缘，氏代表权力。姓用以别婚姻，故有同姓、异姓、庶姓之说；氏则用以别贵贱，贵者有氏，贫贱者有名而无氏。氏同而姓不同，婚姻可通；姓同而氏不同，婚姻不可通。随着历史的发展与嬗变，至春秋战国时期，则血缘与权力业已完全归属于父系，所以姓与氏已无实质性的差别，仅只所指范围大小不同而已。到了西汉时期，姓与氏的区别更是微乎其微，所以司马迁作《史记》时，干脆就把姓与氏混而为一。正如清初学者顾炎武在《日知录》所说："姓氏之称自太史公始混而为一。"从此"姓"与"氏"完全合而为一，"姓"与"姓氏"成为同一个概念，即统一指姓。

自曹魏黄初元年（220）颁行九品中正制度后，"姓"又与九品中正制结合起来，形成了等级森严的门阀士族，出现了"上品无寒门，下品无士族"的现象。其时的族谱，全都是按照门第等级编写的，是姓氏郡望的等级纪录。诸如，晋贾弼撰《十八州百一十六郡谱》、南朝宋刘湛撰《百家谱》、南朝齐贾希鉴撰《氏族要状》等等，都是这种族谱。这种族谱，就是当时政府选官、士族婚姻的凭据。郑樵《氏族略》指出："自隋唐而上，官有簿状，家有谱系。官之选举，必由于簿状；家之婚姻，必由于谱系。历代并有图谱局，置郎、令史以掌之，仍用博通古今之儒，知撰谱事。凡百官族姓之有家状者，则上之官，为考定翔实，藏于秘阁，副在左户；若私书有滥，则纠之以官籍，官籍不及，则稽之以私书。此近古之制，以绳天下，使贵有常尊，贱有等威者也。所以人尚谱系之学，家藏谱系之书。"由此可见，记载姓氏郡望等级的《百家谱》，在九品中正制度下就是政府选官和士族婚姻的凭据。只要是士族门阀的子弟，不论其才华如何，他们都可以通过选举做官，他们就有政治地位和社会地位；如果不是士族门阀的子弟，即使再有才华，亦被选举拒之门外。在这里，世代相传的血缘关系起着决定性的作用。到了隋唐时期，随着科举制度的确立与推行，情况发生了重大变化，破天荒地出现了"朝为田舍郎，暮登天子堂"的现象，从而引起政府官员结构的深刻变化，而且随着时间的推移，这种变化日趋剧烈。到了宋代，科举取士成为政府选用官员的主要途径，即便是士族门阀的子弟，不通过科举考试，也不得入仕做官。这样就从根本上改变了"士庶之际，实自天隔"、"有司选举，必稽谱牒"的格局，在这样的历史条件下，《百家谱》也就失去了划分政治地位和社会地位的作用。在宋代，由于切断了血缘关系与政治地位和社会地位的必然联系，从而清除了笼罩在血缘宗族关系上的政治阴影，这样就唤醒了人所固有的骨肉之情。因此，宋代兴起的新型的血缘宗族，特别重视血缘亲情，也可以说，宋代的新型的血缘宗族完全是建立在血缘关系基础之上的。因而"尊祖收族"也就成了他们联络宗支和族人的主要形式。所以，作为宗族记录的族谱，便广泛流行开来。早在北宋，政府就撤销了主管族谱编修的谱局，取消了对修谱的各种限制，每个宗族都可自行修谱，政府不加干涉。许多文人学士挺身而出，带头修谱。诸如，欧阳修撰有《欧阳氏谱图》，苏洵撰有《苏氏族谱》，曾肇有《曾氏谱图》等等，其中欧阳修和苏洵所创立的编修体例，对后世影响很大，被称为"欧苏谱例"。欧苏谱例，重在图表之创新，都是五世则迁的小宗谱法。每图只谱五世，即上自高祖，下至玄孙。五世以后，格尽另起。在形式上，欧体是横行的，每图五栏；苏体是上下直行的，每图列五世。其实都是由《史记·三代世表》演化而成的。即或是宋代，许多族谱的编修，都突破了这种五世一图的格式。到了明代，完全不受欧苏谱例束缚的大宗谱日益兴盛，随着修谱规模的扩大和宗族人口的繁衍，这种大宗谱越编规模越大，涵盖的范围越广。至明中叶，"会千万人于一家，统千百世于一人"的统谱逐步流行起来。

统谱，全称为统宗世谱，亦称会通宗谱，或通谱，或统宗正脉等。统谱是打破地域界限，把分布于各地的同族各宗支统贯于一的宗谱，故名统宗世谱。例如，弘治十四年(1501)编修的《新安黄氏统谱》,以东晋时黄元集出任新安太守定居新安为始迁祖记起，记载了由新安支出的二十五个支派，即石岑支派，芝黄支派，祁门左田支派，石山支派，休宁西涌支派，凤阳盱眙支派，婺源、横槎支派，浮梁勒功支派，德兴茗园支派，乐平兰溪支派，乐平鸣琴里支派，鄱阳庐山支派,休宁五城颈支派，休宁溪口支派，休宁岭南支派，休宁里洲支派，休宁龙湾支派，休宁北郭支派，浮梁石斛支派，休宁商山支派，绩溪晕岑支派，休宁汉口支派，休宁潜川支派，休宁陈村支派，休宁闵口支派。将二十多个支派总归于一，真可谓是"合千万人于一家，统千百世于一人"了。正如该谱谱例所说："会通之要，所以审迁派，究源流，归万殊于一本也。"

明代中叶以后，这种统宗世谱越编时间跨度越大，涉及范围越广。明廷下诏准许一般民户独立建造家庙后，又极大地推动了这一趋势的迅猛发展。按明制，一般民户包括官僚士大夫在内，只能在居室内祭祀祖先，不准在居室之外独立建造家庙。成化十一年(1475),国子监祭酒周洪谟上疏请求准许一品至九品的官员，各立一庙祭祀祖先。虽然得到了宪宗的允准，

但并未实行。嘉靖十五年(1536)，礼部尚书夏言的《令臣民得祭始祖立家庙疏》再次得到世宗允准后，才真正付诸实施。所以嘉靖十五年后，家庙的建造日益兴盛。而家庙的独立建造，就为祭祀活动提供了广阔的场所。随着家庙的建立与祭祀场所的扩大，祭祀规模也日益扩大。与此相适应，统宗世谱的编修规模也越来越大，涉及范围越来越广。例如，嘉靖十六年(1537)，张宪、张阳辉主修的《张氏统宗世谱》从时间跨度来说，由黄帝之子少昊青阳氏第五子挥公记起，一直记到嘉靖年间，上下长达五千年，在"内纪"部分，记载了源于黄帝之孙挥公的张氏衍派达117个之多。从记载范围来说，《张氏统宗世谱》几乎遍及明代全国各地，在该谱中绘制有《张氏古今迁居地舆图》，在这个迁居地舆图中张氏的居民点遍及全国15个省，达1470个之多，记载范围之广，实属罕见。

随着统谱的广泛流行和不断发展，万历年间汇总统谱的统谱也问世了，这就是凌迪知撰修的《古今万姓统谱》。明万历工部员外郎凌迪知在万历七年(1579)的自序中写道：

余读眉山苏氏族谱引，感而辑姓谱云。……苏氏自谓观谱者，油然而生孝弟之心焉。夫天下，家积也。谱可联家矣，则联天下为一家者，盖以天下之姓谱。

又云：

……岂知万干一本，万派一源也。考之《世谱》曰，五帝三王，无非出于黄帝之后，黄帝二十五子，而得姓者十四，德同者姓同，德异者姓异。则知凡有生者，皆一人之身所分也。……知此，则联天下为一家反掌耳。故观吾之姓谱者，孝弟之心或亦可以油然而生矣，此余辑谱意也。

由上引自序可知，凌氏是读苏洵的谱引而产生辑天下姓谱之念头的，天下是由家集而成的，谱可以联家，亦可以联天下；考之《世谱》，五帝三王乃至天下万姓，皆黄帝一人之身所分也，故联天下为一家，易如反掌。观吾之姓谱者，孝弟之心可油然而生矣，此之作谱之意也。

明万历嘉议大夫、前都察院右副都御史、著名学者王世贞，对《古今万姓统谱》十分推崇，进一步扩大了该谱的影响。随着《古今万姓统谱》的反复刊行和广泛传播，古今万姓出自黄帝一人的观点家喻户晓，妇孺皆知。这样，在许多中华儿女的心目中，黄帝就是中华万姓之始祖。

综上所述，中华儿女的姓氏，追根溯源，全部出自炎黄二帝，炎黄二帝就是中华姓氏之根。在我国古代，寻根问祖的历史特别悠久。早在西周时代，伴随宗法制度的盛行，寻根问祖就已规范化、制度化。我国谱牒的开山之作——《世本》，就记录了上自黄帝下迄春秋时期帝王、公侯卿大夫的世系，成为寻根问祖的第一部代表作。其后，随着各种谱牒著作、史籍文献以及私修族谱的问世，又为寻根问祖提供了极其丰富的资料和十分可靠的依据。世代相传的寻根问祖活动，构成了中华民族优良传统的一个重要组成部分。实际上寻根问祖的过程，就是增强民族向心力和凝聚力的过程。而这个过程，完全是自觉自愿的，潜移默化的，入情入理的，最深层次的，可以说是润物无声、渗物无痕、耳濡目染、不知不觉的，因而是最具有感染力的。世代相传的寻根问祖活动，用姓氏把炎黄二帝与遍布海内外的中华儿女联系起来，大家就成了同祖同根的一家人、就成了亲如手足的兄弟姐妹。这就是中华民族的向心力和凝聚力之所以是忘不掉、批不倒、割不断的最为深刻的原因所在，也是中华儿女之所以能够逾越各种障碍，相互沟通，团结合作，求同存异，共同为中华民族的伟大复兴努力奋斗的最为深厚的思想基础。

（原载《炎黄文化研究》第6辑，大象出版社2009年出版）

明代谱学概说

我国现存的族谱，绝大多数是明、清两代编修的。就编修数量而言，清代最多；就研究修谱的宗旨、修谱的体例以及族谱的功能而言，明代的族谱价值很高。因为以"三纲五常"（君为臣纲，父为子纲，夫为妻纲；仁、义、礼、智、信）为修谱宗旨，是明代确立的，把正史体裁全部引入修谱，是明代完成的；族谱功能的强化以及族权的正式形成，是明代实现的。本文拟就明代的修谱宗旨、修谱体例以及族谱功能之强化，作些粗略的探讨，只能算是提出问题，以就教于诸位学者。

一、修谱宗旨之演变

明代的修谱宗旨，是在宋、元修谱宗旨的基础上发展演变而来的。宋、元时代的修谱宗旨，主要是"尊祖收族"，进行"尊尊亲亲之道"的伦理教育；而明代的修谱宗旨，则主要是宣扬与实践"三纲五常"。这是一个重大而深刻的变化。探讨这个变化的由来和发展，不能不从宋代谈起。

北宋建立后，彻底改变了魏晋以来那种"士庶之际，实自天隔"、"有司选举，必稽谱牒"的局面，谱牒已不再是划分政治地位和社会地位的依据了。宋代新兴的宗族势力与以往的"世族高门"相比，最大的区别就在于这种新兴的宗族势力基本上是以血缘关系为纽带而形成的宗族集

团，同政治地位和社会地位的划分已无必然的联系了。所以他们特别注重"骨肉之亲"。《南史》云：

北土同姓，并谓之骨肉，有远来相投者，莫不竭力营赡。若有一人不至者，以为不义，不为乡邑所容。①

由于这种"以同族为骨肉"观念的流行，同居义门之风极盛。据史传所载，《南史》13家，《北史》12家，《唐书》18家，《五代史》2家，《宋史》50家。在宋代尽管这种同居义门的大户最多，但也不过才50家。在宋代4600多万人口中，只是一个微不足道的少数。而大量的和普遍的依然是不同居义门的民户。因此，"尊祖收族"就成为"以同族为骨肉"的主要联系形式。所以，作为宗族记录的族谱，便广泛流行开来。北宋时，政府已罢谱局，每个宗族都可自行修谱，政府不加干涉。所以，许多文人学士都亲自主持修谱。诸如，欧阳修撰有《欧阳氏谱图》，苏洵撰有《苏氏族谱》，曾肇有《曾氏谱图》，王安石有《许氏世谱》等等，其中欧阳修和苏洵所创立的谱例，对后世影响很大，并称为"欧苏谱例"。然就修谱宗旨而言，二者基本一致。

欧阳修(1007—1072)在《衡阳渔溪王氏谱序》中说：

余惟族谱之作，所以推其本、联其支，而尊尊亲亲之道存焉。②

苏洵(1009—1066)在《苏氏族谱序》中说：

呜呼！观吾之谱者，孝弟之心，可以油然而生矣。情见于亲，亲见于服。服始于衰，而至于缌麻，而至于无服。无服则亲尽，亲尽则情尽，情尽则喜不庆，忧不吊。喜不庆，忧不吊，则途人也。吾之所与相视如途人者，其初兄弟也，兄弟其初一人之身也。悲夫！一人之身，分而至于途人，此吾谱之所以作也。其意曰，分而至于途人者，势也。势吾无如之何

①《南史》卷25，《王懿传》。
②《衡阳渔溪王氏谱序》，见《古今图书集成·氏族典》。

也。已幸未至于途人也，使之无至于忽忘焉可也。呜呼！观吾之谱者，孝弟之心可以油然而生矣！

又说：

今吾族人犹有服者，不过百人。而岁时蜡社，不能相与尽其欢欣爱洽。稍远者至不相往来，是无以示吾乡党邻里也。乃作苏氏族谱，立亭于高祖墓茔之西南而刻石焉。既而告之曰：凡在此者，死必赴，冠娶妻必告，少而孤，则老者字之；贫而无归，则富者收之。而不然者，族人之所共诮让也。①

可见，欧阳修和苏洵都主张修谱的宗旨在于"尊祖收族"，对宗族成员进行"尊尊亲亲之道"的伦理教育。这是与魏晋时期"唯崇门第"的谱牒大不相同的。把对宗族成员进行伦理教育作为修谱的宗旨，这是欧苏谱学的一个基本特点。欧苏以后，随着理学的形成，伦理学走上哲学化道路，情况发生了很大变化。

北宋理学的主要奠基人程颢(1032—1085)和程颐(1033—1107)认为，在物质世界与人的意识之外独立地存在着一个最高精神实体，这就是所谓"理"，亦称"天理"或"道"。这个"理"就是世界万事万物之本源和创造者，一切伦理道德"三纲五常"都是"理"。如二程云：

父子君臣，天下之定理。无所逃于天地之间。②
忠者，天理。
道之外无物，物之外无道，是天地之间无适而非道也。即父子，而父子在所亲；即君臣，而君臣在所严；以至为夫妇、为长幼、为朋友，无所为而非道，此道所以不可须臾离也。③

①《苏氏族谱序》，见《嘉祐集》卷13。
②《二程全书》，《遗书》卷5、卷11、卷4。
③《二程全书》，《遗书》卷5、卷11、卷4。

宋代理学集大成者朱熹(1130—1200)，进一步发展了二程的学说，称为朱学。在朱学的整个体系中，伦理思想为其核心。在伦理思想中，"三纲五常"又是其中心内容。正如朱熹自己所说，他一生所读、所学，所遵循、所讲明宣传者，归结到一点，即是"三纲五常"。

"三纲五常"古已有之，并非宋代理学家的创造，但对"三纲五常"的阐述与宣传，宋代理学家们却远远超过了他们的先辈。朱熹把"三纲五常"看作决定国家和社会治乱的根本所在。因此，不仅要一般臣民共同遵守，而且要皇帝强制推行。他还进一步提出把"存天理、去人欲"作为实施"三纲五常"的大纲。尽管他的这些主张适应了封建社会后期强化中央集权的需要，但南宋统治者并没有认识到这一点。所以，仍被宣布为"伪学"，不准传播。他的学生蔡元定还被诬为"妖人"，流放道州，一年后又死在那里。当时凡应科举考试的文人，必须声明并非朱学信徒，否则，不准参加考试。朱学被视为"伪学"遭受禁锢的局面，从朱熹晚年一直延续到他死后二十多年。直至南宋末年，情况才稍有变化。但仍非显学，影响并不很大。

元代，在异族统治下，族人联合的要求更为迫切，所以修谱之风日益盛行。其时，虽然在修谱体例方面打破了欧苏所创立的小宗谱法的限制，但其修谱的宗旨却仍以"尊祖收族"进行"尊尊亲亲之道"的伦理教育为主要内容。

明朝建立之初，明太祖还无一本像样的朱学经典可读。有鉴于此，解缙上书请求官修程朱理学著作，这是有明一代确立程朱理学统治地位的开始。另外，明太祖又采纳刘基建议，决定沿用元仁宗延祐二年(1315)推行的以朱学为主的科举考试，规定以朱熹的《四书集注》和理学家注释的《五经》命题试士。这样，朱学便成为统一全国思想的官学。明成祖即位后，又于永乐十二年(1414)下诏纂修《五经大全》、《四书大全》、《性理大全》，次年告成，刊赐天下，并对纂修者胡广等42人赐宴于礼部。3部大全的颁行，标志着朱学统治地位的正式确立。从此以后，一直延续到清末。

明代在强化中央集权的同时，也强化了以宗子和族长为中心的宗法制度。被朱学强化了的"三纲五常"，便是维系封建宗法关系的主要链条。"父为子纲"、"夫为妻纲"，就是以父子和夫妻为中心的宗法关系，它是以血缘关系为基础而建立起来的封建等级关系，即"父权"以及由此而引申出来的"族权"和"夫权"。"君为臣纲"则是以父子为中心的宗法关系的延续和扩大，即"政权"或"皇权"。这样，便构成了以君臣、父子、夫妇的等级关系为主轴，以宗法关系为基础的封建政治制度。"五常"便是这种关系的体现和保证这种关系实行的道德伦理行为规范。朱学把"三纲五常"之伦理哲学化，把它升华为"天理"，使它既具有至高无上的绝对性、永恒性，又具有囊括一切的广泛性和普遍性，致使任何人都逃不出"三纲五常"的天罗地网。

在明代，随着朱学统治地位的确立、巩固和发展，"三纲五常"犹如水银泻地，无孔不入。它不仅渗透并支配了意识形态的各个领域，而且普及到社会生活的各个方面。从中央国子学到地方书院，以致乡村社学，都成了直接灌输"三纲五常"的阵地。族谱也变成了在社会上、宗族内、家庭里传播"三纲五常"的工具。从此，宣扬和实践"三纲五常"，便成为修谱的宗旨。表彰、颂扬"存天理，去人欲"的忠臣孝子、义夫节妇，便成了修谱的首要任务和中心内容。此即明代修谱宗旨发生重大变化之由来。

明儒宋濂《俞氏宗谱序》云：

为士者布海内而无救于俗，由是知为士者多无志也。吾尝损益周制，可以化同姓者：凡月之吉，少长咸会于先祠。拜谒毕，齿坐，命一人庭诵古训及拜法。诵已，长且贤者，释其义而讽导之。书会者于名册。再会，使互陈其所为。其行有孝悌忠信者，俾卑且幼者旅拜之而著于名之下；有悖戾之行者，命遍拜群坐之尊者以愧之，而亦著于其名下。逾月而能改者，如初。否则摈不使坐。逾年而不改者，斥勿齿同姓之人。①

---

①《俞氏宗谱序》，见《宋文宪集》卷7。

在这里，宋濂所说的"有志之士"和"贤者"，都是能够"存天理，去人欲"的"三纲五常"的躬行者。所谓有"悖戾之行者"，就是不能"存天理，去人欲"躬行"三纲五常"者。对于后者，要通过先祠集会教育之，并限期改正，否则就要从同族中开除出去。

宋濂弟子方孝孺在《童氏族谱序》中曰：

> 孝弟忠信以持其身，诚恪祠祭以奉其祖，谱牒叙长幼亲疏之分以睦其族，累世积德以求无获罪于天，修此则存，废此则亡，此人之所识也。而为家者鲜或行之，当其志得意满。田园不患其不多，而购之益力；室庐不患其不完，而拓之益广。至于子孙久远之计所虑者，则弃而不省，以为可委之于命而非人之所为。嗟乎！夫岂知礼义不修，子孙不贤，吾所欲富贵之者，适所以祸之也，而岂足恃哉！①

他在《谨行》篇中又云：

> 君臣、父子、兄弟、夫妇、朋友五者，天伦也。斁天伦者，天之所诛，人之所弃，生不齿，死不服，葬不送，主不入祠，谱不书其名。行和于家，称于乡，德可为师者，终则无服者，为服缌麻，有服者如礼。祭虽已远者犹及，虽无主祭者犹祭。如是而不能为君子，则非方氏之子孙也。告于祠，而更其姓，不列于谱。②

在这里，方孝孺同宋濂一样，都是积极推行"三纲五常"，并把它当作修谱宗旨的。王绅仲在《逊志斋集原序》中，推崇方孝孺说：

> 嗟乎！圣贤之不作久矣。斯道之微，若晨星之在太空，光彩不耀者数千百年，至宋诸大儒出，始续其不传之绪而继之，然后学者有所宗师。今去宋又二三百年矣。斯道之晦亦久矣，天之闵斯民而望后人者亦甚矣。方君以出类之才，如此其意必有在矣，而君又乌可自不力也。③

①《童氏族谱序》，见《逊志斋集》卷13。
②《宗仪九首·谨行》，见《逊志斋集》卷1。
③王绅仲：《逊志斋集原序》，见《逊志斋集》。

在序中，王绅仲把方孝孺比作明代的朱熹，不免言过其实，但方孝孺是朱学的继承者和躬行者，则是事实。方氏正是在"忠臣不事二主"的思想的支配下，拒绝为明成祖起草登极诏书而被杀害，并株连十族（九族及方氏的学生）的。方氏的谱学思想对后世影响甚大。

宋濂和方孝孺所阐述的以传播朱学和"三纲五常"为宗旨的族谱，在明代特别是明中叶以后，广为流行。例如：

万历四十八年(1620)，朱莹纂修的《紫阳朱氏建安谱》①就是一部为朱熹和朱学树碑立传的族谱。该谱作者朱莹，自称是朱熹嫡传十五世孙。该谱《郡望》条云：

宋朱夫子居新安之紫阳山，遂以紫阳为望。

《建安修谱议》条又云：

文祖生三子，长曰塾公，先文祖卒，世居霞洲；次曰埜公，世居考亭；末曰在公。

该谱是以文祖朱熹为"始祖"，以朱熹长子塾公为一世祖纂修的。从取名"紫阳朱氏"到以"塾公"为一世祖，表明这是一部朱熹的嫡系长房谱，是朱熹的正宗。

朱莹在《建安修谱议》中还说：

近代王谢欧苏之谱，虽是夸美一时，然不若紫阳之朱与孔氏之家并传不朽。

又云：

我文祖诞生婺之井，虹光不散，定世之符。

在这里，朱莹不仅把朱家与孔家并提，把朱熹与孔子并列，而且把朱

---

① 《紫阳朱氏建安谱》，山西省社会科学院收藏，以下凡不注出处之"族谱"，均为山西社会科学院收藏。

熹完全神化了起来，犹如皇帝降生那样，"虹光不散"，与众不凡。

福建按察司副使蔡善继在首篇《紫阳朱氏建安谱序》中云：

> ……孔子生于周东迁，朱子生于宋南渡，厥有以也。周不能用孔子而率并为秦，宋不终用朱子而终变为元。然天实以道传之，而道不绝，则乱可复，故秦元未几而亡。而后无藉此道以长治说者。以朱子独嗣孔传，非诬也。历代尊崇孔教，褒封其后以至今，兹报德报功之无尽焉。我明太祖高帝首即位，诏免四姓子孙户役，朱氏与焉，特祠奉祀，布之令甲。

在这里，蔡善继更进了一步。蔡氏不仅把孔子生于东周，朱子生于南宋，周不用孔子并于秦，宋不用朱子并于元相提并论，而且认为天实以道体传之，而道体不绝，故乱可复。朱熹"独嗣"孔传，是正统的道学。只要采用朱学即可治国兴邦。这些说教是万历年间广为流传的朱学的观点。这些说教的流传，充分说明了朱学的普及程度。此外，蔡氏把历代尊孔、褒封孔子后裔与明太祖诏免朱氏子孙户役并列，从一个侧面说明了明太祖对朱学的重视。

该谱《九世祖文公真像赞》栏下，书有明景帝钦颁的赞词，其词曰：

> 德盛仁熟，理明义精，布诸方策，启我后人。

其后，有明丘浚和杨四知的赞词，丘浚的赞词是：

> 全体大用之学，继往开来之儒，析之极其精而不乱，合之尽其大而无余。

杨四知的赞词是：

> 道衍濂洛，统承洙泗，集诸儒之大成，阐六经之精义。

明景帝的赞词表明，在景泰年间(1450—1456)，朱熹的地位已经十分高贵了。连皇帝都赞扬他是"德盛仁熟"之"圣人"。丘浚、杨四知的赞词表明，一般的文人学士对朱学的推崇也已经达到了顶点。

在明代，特别是明代中叶以后，所有的族谱都是以宣扬"三纲五常"，表彰和颂扬"存天理，去人欲"的"忠臣孝子"、"义夫节妇"为宗旨的，这里就不一一列举了。

二、修谱体例之发展

在明代，确立以宣扬和实践"三纲五常"为修谱宗旨后，记载光宗耀祖的"恩荣"业绩，颂扬"忠臣孝子"、"义夫节妇"的不凡行实，构成了族谱的重要组成部分，族谱的记载范围和记事内容进一步扩大、增多起来。为适应这种需要，修谱体例也得到相应的发展。

1.欧苏体例之进一步发展

欧苏体例，重在图表之创新，都是五世则迁的小宗谱法。每图只谱五世，即上自高祖，下至玄孙。五世以后，格尽另起。在形式上，欧体是横行的，每图五栏；苏体是上下直行的，每图列五世。其实都是由《史记·三代世表》演化而成的。早在宋元时期，已经打破了这种五世一图的格式，明代更是如此。明初谱学家方孝孺(1357—1402)对"谱"和"宗族"的解释，又为进一步打破欧苏体例提供了理论依据。他说：

> 谱者，普也，普载祖宗远近、姓名、讳字、年号。又云：谱者，布也，敷布远近，百世之纲纪，万代之宗派源流。序述姓名，谓之谱系；条录婚宦，谓之簿状。天子书之谓之纪，诸侯书之谓之史，大夫书之谓之传，总而言之谓之谱。谱者，补也，亡遗者治而捕之。故曰：序得姓之据源，记世数之远近，父昭子穆，百代在于目前。郑玄曰，谱之于家，若网在纲，纲张则万目具，谱定则万枝在。

方氏解释宗族时又说：

> 宗者，总也，总统相连。族者，聚也，非类不聚，各相尊荣。①

方氏对于"谱"和"宗族"的解释清楚地说明，方氏不仅主张书五

---

① 《族谱序》，见《逊志斋集》卷13。

世之近亲，而且还书五世以外之远亲，要由亲及疏，由近及远，一体共载，使谱成为百世之纲纪。万历《虎墩崔氏族谱》就是这样。该谱谱例云：

一系谱依欧阳氏、苏氏及近代名家谱例，酌以时宜，或增或损，参错用之，以备一家体制。

一系谱当断自所知者始，其所不知及知而涉于疑似无所考据者，咸缺之。故元三公以上无述焉。

一叙谱必以始祖为主，统其子孙，曾玄是为五世，五世派尽，仍以第五世抬头复统五世，自五而九，九而十三，例而衍之。

一祖虽以元三公为始，而世则以九六公为一，盖庶人以始迁之祖为世故也。

一系谱自始祖而下必以嫡长相承，支庶别出，长子一支派尽，然后支子以次序派庶伦序相当，支派不紊。

崔氏谱例的上述规定，表明该谱例虽然仿效欧苏谱例，断自可知之世，五世为图，书实传信，但却又将欧苏体例扩而大之，五世之外，远近均书，一体共载，使之成为百世之纲纪。该谱例以"始迁祖"为大宗，源于南宋，明代修谱大多宗之。

欧苏谱例，不书生女，不书继娶，不书妾。明代的体例则扩而大之，不但书生女，而且书生女出嫁之夫名与官爵，不但书继娶，书妾，而且妻妾并书，如若妾子长，必位于嫡子之前。如万历《余姚孙氏宗谱》凡例规定：

书娶某氏继某氏，明先后也。娶某氏生子某，妾某氏生子某，明嫡庶也。妾子长，其本图必位于嫡子之前，序长幼也。再娶皆生子必书其所出，示各有本也。凡女子适人，必书其族里，识姻党也。又必书其夫之名与爵，或祖父著闻者，或甥之显达者亦书之，重贵姻也。其书娶者，亦如之。

明代编修的族谱，不但妻妾并书，而且书及妻妾之外家，"其书娶者，亦如之"指的就是这种状况。很显然，这些规定，完全冲破了欧苏谱例之狭隘界限，是欧苏谱例的发展和扩大。

至于在族谱中书善与书恶的问题，欧苏两人就不一致。方孝孺力主苏氏主张，强调善恶并书，贵贱平等。但从明代的谱例来看，并非如此。《新安琅琊王氏统宗世谱》之世谱凡例明确规定："书善而不书恶。"其理由是：

> 修谱与史笔不同，史以明治乱，垂法戒，故善恶并书。谱以正宗派，笃恩义，故书善而不书恶，为亲者讳也。

《余姚孙氏世谱》亦云：

> 旧谱各有褒贬，愚间存其褒者而删削其讥刺，亦隐恶之意也。

有的族谱采取折衷办法，虽善恶并书，但书恶甚简，且不书其名。如《虎墩崔氏族谱》之凡例规定：

> 秽德彰闻干犯刑辟，人所羞称者，不书其名，所以惩恶也，而不详其实，为亲者讳。其子犹书之，罪不及孥也。

崔氏族谱是主张书恶的，尽管不书其名，不详其实，但还是要书的。该谱在《族谱约戒引》中说：

> 夫曰约者，示以善之当为也，曰戒者，示以恶之不当为也。且善者有劝而恶者有惩，使子孙知所警惧。

2.统谱之流行

明代在扩展欧苏谱例基础上编修的族谱，多半是大宗谱。随着修谱的普及和宗族人口的繁衍，这种大宗谱越编越大。至明中叶，"会千万人于一家，统千百世于一人"的统谱逐渐流行起来。

统谱，全称为统宗世谱，亦称会通宗谱，或通谱，或统宗正脉等。统

谱是打破地域界限，把分布于各地的同族各宗支统贯于一的宗谱，故曰统宗世谱。例如，弘治十四年(1501)编修的《新安黄氏统谱》，以东晋时黄元集出任新安太守、定居新安为始迁祖记起，记载了由新安支出的25个支派，即石岭支派、芝黄支派、祁门左田支派、石山支派、休宁西涌支派、凤阳盱眙支派、婺源横槎支派、浮梁勒功支派、德兴茗园支派、乐平兰溪支派、乐平鸣琴里支派、鄱阳庐山支派、休宁五城颈支派、休宁溪口支派、休宁岭南支派、休宁里洲支派、休宁龙湾支派、休宁北郭支派、浮梁石斛支派、休宁商山支派、绩溪晕岑支派、休宁汉口支派、休宁潜川支派、休宁陈村支派、休宁闵口支派。将20多个支派总归于一，真可谓是"合千万人于一家，统千百世于一人"了。正如该谱谱例所说："会通之要，所以审迁派，究源流，归万殊于一本也。"

伴随这种跨邑连郡的统宗世谱的编修，自然难免出现鱼目混珠的现象，所以辨别真伪就成了一个特别重要的问题。隆庆四年(1570)编修的河南洛阳《汪氏统宗正脉》就反映了这种情况。该谱谱序云：

> 统宗名盖取礼制大宗合祖之义而与各谱其宗者不侔也。宗以正脉名，盖取春秋嗣统谨严之义而与冒录其宗者有别也。是谱作而昭穆叙，伦纪正，木本水源之念以之油然而兴，仁孝亲睦之意以之蔼然而洽。上有以觐祖宗功德之光，下有以续云仍脉络之统，厥惟盛哉！

该谱之所以命名以统宗正脉，盖取礼制大宗合祖之义与春秋嗣统谨严之义，以同冒录其宗者相区别。该谱修成后，于隆庆四年十一月初一，集中各衍派代表，由汪鸿儒、汪浚、汪锴主持，举行了非常隆重的告庙仪式。该谱全文收录了"统宗正脉告庙文"。

明代中叶，这种统宗世谱越编时间跨度越大，涉及范围越广，编修人员越多。嘉靖十六年(1537)，张宪、张阳辉主修的《张氏统宗世谱》就是其代表。从时间跨度来说，《张氏统宗世谱》从黄帝时赐姓记起，一直记到嘉靖年间，上下长达数千年。其中"本源纪"一卷，记载了尹城、鲁国、曲沃、廪延四派。

　　"本源纪"载，张氏出自姬姓。黄帝子少昊青阳氏第五子挥为弓正，始制弓矢，子孙赐姓张氏。挥子昧为玄冥师司水正，封尹城。即明代太原府属之太原县，故曰尹城派。五传至钦，会禹王于涂山受典，则世居鲁国之防山，是为鲁国派始祖。周宣王时有卿士张仲，其后裔事晋为大夫。晋平公即位之初，中军司马张君臣改服修官蒸于曲沃，是为曲沃派始祖。至三卿分晋，张氏仕韩，韩相张开地，居河南开封府西北之廪延，是为廪延派始祖。据此，尹城派乃是张氏之源头。

　　"本源纪"之后为"内纪"。在"内纪"中记载了张氏117个支派。这些支派是：陈留派、大梁派、杜陵派、沛国派、武阳派、南阳派、襄国派、龙虎山派、细阳派、范阳派、下邳派、吴郡派、清河派、江左派、襄阳派、洛阳派、昌乐派、金华派、赤山镇派、润田派、新庄派、塘头派（直隶徽州府）、邑北派、湘溪派、黄金坦派、宜化坊派、甲路派、游汀派、东溪派、碧山派、环珠派、渔滩派、万安派、水南派、水阁派、南园派、料头派、临溪派、满田派、左汉派、薛坑派、岑山派、石岑派、右汉派、汉口派、东源派、武阳派、黄备派、绍前派、佳口派、邵村派、斾田派、定潭派、漳潭派、朱方派、上路派、白塔派、河东派、郭村派、进坊派、嘉会派、许冲派、省潭派、石山派、西马头派、西门派、白沙派、曹泾派、仓坞派、车阪派、中田派、凤栖派、中京派、小港口派、章坑派、流口派、梁潭派、玉京派、潭西派、朱村派、中京派、梅湖派、新屋派、荆潭派、芭园派、彭车派、南湖派、西充派、插木坞派、王家源派、蒿子埠派、吴园派、水车派、窑畈派、塘头派（江西饶州府）、上禾派、梅林派、投田派、候田派、黄岗派、大园派、界溪派、索梓源派、大舟派、鲤瑞陵派、岛湾派、呈田派、港东派、东湖派、翻蟹源派、马潭派、曲江派、成都派、绵竹派、定兴派，崇化派、绣林派。

　　从记载范围来说，《张氏统宗世谱》几乎遍及全国各省。该谱绘制有《张氏古今迁居地理图》，这个迁居地理图绘制了北京所属120多个点，南京所属170多个点，江西所属90多个点，浙江所属80多个点，湖广所属140多个点，四川所属140多个点，陕西所属130多个点，河南所属110多个点，

山东所属100多个点，山西所属100多个点，福建所属60多个点，广东所属70多个点，广西所属70多个点，云南所属80多个点，贵州所属10多个点。总计15省，共1470多个点。记载范围之广，实属罕见。

从参与编修人员来说，《张氏统宗世谱》也是十分可观的。该谱主修二人，即张宪、张阳辉，同修32人，编次29人，校对38人，誊对22人，倡首75人，协赞16人，董治11人，图绘2人，镌刻15人，印刷3人，装订3人。总计共248人。

随着统谱的广泛流行和不断发展，万历年间汇总统谱的统谱也流行开来，凌迪知撰修的《古今万姓统谱》①就是这种汇总统谱的集中代表。明万历工部员外郎凌迪知在万历七年(1579)的自序中说：

> 余读眉山苏氏族谱引，感而辑姓谱云。引之言曰，凡人情见乎亲，亲见乎服，至无服而遂途人焉。其初兄弟也，一人分焉者也。又曰一人分而至途人势，吾如之何也。先其势而图之，使无忽忘焉可也。夫即其言而绎之，将以联苏氏一家之心已也。然握其机以联之者庸他术乎，仅惟族谱之一书。苏氏自谓观谱者，油然而生孝弟之心焉。夫天下，家积也。谱可联家矣，则联天下为一家者，盖以天下之姓谱。

又云：

> ……岂知万千一本，万派一源也。考之《世谱》曰，五帝三王，无非出于黄帝之后，黄帝二十五子，而得姓者十四，德同者姓同，德异者姓异。则知凡有生者，皆一人之身所分也。……知此，则联天下为一家反掌耳。故观吾之姓谱者，孝弟之心或亦可以油然而生矣，此余辑谱意也。

由上引自序可知：第一，凌氏是读苏洵的谱引而产生的辑天下姓谱之念头；第二，天下是由家集而成的，谱可以联家，亦可以联天下；第三，考之《世谱》，五帝三王乃至天下万姓，皆黄帝一人之身所分也，故联天

---

①《古今万姓统谱》，山西省社会科学院收藏，《明史》卷97《艺文志·谱牒类》著录：凌迪知《万姓统谱》140卷，不确。查原著，书名为《古今万姓统谱》，150卷。

下为一家，易如反掌。观吾之姓谱者，孝弟之心可油然而生矣，此之作谱之意也。

明万历嘉议大夫、前都察院右副都御史、著名学者王世贞，对《古今万姓统谱》十分推崇，他在为该谱而作的序中云：

盖自唐宋而来，其谱姓勿虑数千家，而吴兴凌大夫始合而为一，其源别、郡望，条著胪列，而诸能以姓显者成或附焉。凌大夫之言曰，我非以眩靡也，将使夫探源者，油然而勿胥戕贼也，介然而毋至为禽乱也，于世道将小补哉！

《古今万姓统谱》之刊行，把天下万姓皆出自黄帝一人之身的观点，普及于千家万户，几乎是无人不知，无人不晓。这同《古今万姓统谱》的刊行是分不开的。正因为《古今万姓统谱》产生了广泛而深远的社会影响，所以，为《明史·艺文志》所著录。

3.记事范围之扩大

元代修谱，早已不受欧苏体例小宗谱法的限制，出现了由亲及疏、由近及远、一体共载的现象。有的族谱记载条目已有姓源、正谱、支谱、遗文、遗事、碑碣、传记、祭田、墓地等项，这些内容的记载，事实上就揭开了仿照正史体裁编纂族谱的序幕。

明初谱学家宋濂，不仅为文人学士、达官贵人写了大量的传记（如太白文人传等）和家传（如杨氏家传等），而且还为"贞妇烈妇"撰写了大量传记，诸如《郑节妇黄氏传》、《柳氏二节妇传》、《王节妇汤氏传》、《周节妇传》、《谢节妇传》、《韩节妇传》，《赵节妇传略》、《王贞妇传》、《徐贞妇郑氏传》、《蒋贞妇传》、《王媛贞妇传》、《宋烈妇传》、《谢烈妇传》[1]等传记，特别是"贞妇烈妇"传，后来很多都被录入同姓族谱，使族谱的传记体裁逐渐强化起来。此外，在修谱过程中，书写《姓源》都用纪事本末体，排列科第、遗文、碑碣多用编年体，这样便把编修正史所用的几种体裁全部引入修谱，使族谱的记事范围日益扩大起来。例

---

① 宋濂：《宋文宪集》卷10、卷11。

如，万历末年修成的休宁《曹氏统宗世谱》，记事范围之广，是十分可观的。该谱共8册，15卷，1037页。该谱凡例云：

> 谱自宋至元初壬子（仁宗皇庆元年，1312年），为弘斋公辑，自壬子至国初，由伯昌、明远、静庵公继辑，亦仅详祖本支耳，未统宗也。自国初至嘉靖初，为高州公笔，自嘉靖初至万历戊寅（六年，1578年），为先人大笔，统宗之业成矣。其于选本人物，此又先人遗意，业垂成而即世，亦未梓也。自兹以后，轩窃补而梓之，以成先志，敢谓继续云。

由上可知，该谱始于弘斋公辑宋至元初之曹氏家录，其后，伯昌、明远、静庵继辑其祖支、本支，至明万历先大夫修成统宗世谱，最后由曹轩补齐付印，前后历时三百余年。

又弘斋公曹泾《曹氏家录总集序》云：

> 吾家家录，所谓起嘉祐丙申（北宋仁宗嘉祐元年，1056年）者，屯田之笔也，屯田生于宋太宗朝至道丁酉（至道三年，997年），距休宁始祖止五世，宜无落事。第二录为屯田之侄十内舍之笔，在崇宁甲申（崇宁三年，1104年），仅隔四十九年。至第三录为屯田之孙十九主簿之笔，在绍兴甲寅（绍兴四年，1134年），亦仅隔三十年。自是至绍熙辛亥（绍熙二年，1191年），凡五十八年，而归耕老人九公第四录成，以迄于今甚矣。

可见，弘斋公曹泾之前曾四次编修过曹氏家录，而且每次编修都未出五服，是为"可知之世"，所录可信。曹泾将四次所修家录，汇总为一，自然也是可信的。在此基础上重修的宗谱家录，也是有确凿根据的。这些资料对于研究北宋至明中叶的历史，当然是十分珍贵的。

《曹氏统宗世谱》凡15卷，内容极其丰富。兹分类列举要目如下：

第1卷，主要是序和题辞，其中序凡37章，题辞凡6章。此外，还有谱引、谱歌、谱诗等。

第2卷，主要是曹氏家族历代恩荣录，凡31章。

第3卷，主要是曹氏先达，其中进士凡3章，17人；举人凡2章，30余

人；荐辟4人，漕举5人，贡士30余人，例贡15人，封赠20余人，命妇20余人，思荫14人，武功16人，集科40余人，太学40余人，庠序200余人，忠臣3人，孝子6人，隐逸7人，文苑5人，宦业10人，义善6人，贞节30人。

第4卷，主要是迁徙源流、坟墓、后序、跋、谱约、支谱图等。

第5卷，主要是统宗谱系小叙、凡例、各房目录、家传、小传、始祖事略等。

第6卷至第14卷，主要是各支谱谱叙、系图、事略等。其中，第6卷，49章；第7卷，63章；第8卷，60章；第9卷，56章；第10卷，51章；第11卷，42章；第12卷，37章；第13卷，25章；第14卷，103章。总计486章。这是该谱的主要部分。

第15卷，主要是重修族谱叙略、家乘序、诗集序、遗嘱、跋等，共128章。

通过上述简要介绍，可以知道《曹氏统宗世谱》搜罗资料之宏富和记载范围之广泛。明中叶以后，类似的族谱日益增多，使它成为保存古代文化遗产的一大宝库。方志学的奠基者章学诚，就非常重视族谱资料，他在《州县请立志科议》中，提出各州县应设专门机构和人员收集资料，为修志创造条件。他列举了六类资料，族谱便是其中之一。他编撰的《永清县志》就立有《士族表》一目。梁启超对章学诚的这一主张，倍加赞许。瞿宣颖又从人口迁徙与文化传播的相互关系入手，阐述了研究族谱的极端重要性。他认为，通过族谱研究，如若把自汉以来，北方强宗巨室迁徙、分合、盛衰的历史与文化传播、升降的关系搞清楚，将是历史研究的一大伟绩。事实上，在很多旧方志中，保存了大量的族谱资料。诸如，河北《曲阳县志》载，石工杨氏，为元以来之世业；陕西《同州府志》载，柳子镇有铁匠千家，为明以来之世业；陕西《定远厅志》载，乾隆五十年(1785)，贵州遵义迁来苗民熊氏、陶氏、李氏、吴氏、杨氏、马氏六姓，等等。这些资料对于研究经济史、民族史自然都是十分珍贵的。然而，这些家族资料之所以能够载入族谱并保存下来，是同明代扩大族谱的记事范围直接相关的。

三、族谱功能之强化与族权之形成

族谱作为"三纲五常"的载体和宣传工具，对宗族和家庭的影响是巨大而深远的，族谱功能的发挥直接推动了族权的形成和发展，族权的形成和发展反过来又促进了族谱功能的强化。二者相辅而行，互相促进，成为束缚族人的一大绳索。

族权，是以血缘关系为纽带而形成的一种社会权力。早在西周时代就已存在。但是，作为封建社会秩序支柱的那种族权，则是在明代形成的，它是明初确立"朱学"统治地位后的产物。

族权是从大家长的权力中引申出来的。大家族制度，在宋代已广为流行。欧苏谱例推广后，祭祀高、曾、祖、祢的祠堂日渐增多。有的家族，例如宋代江西抚州陆氏义门家族，已有家族的共有财产，称曰"公堂"。[①]范仲淹于故里买田千亩，号曰"义田"，以赡其族。[②]在宋元时代，也出现了把"祠堂"和"祭田"相结合的现象。例如，金华张氏在元代就曾根据朱熹所定《家礼》，建先祠，置祭田，"以供孝祀燕私之事"[③]。不过，这时依然旨在"尊祖收族"，还谈不上像后来的那种族权。

元代谱学，很注重"骨肉之亲"，只要是同族人，不论贫富，平等记载。袁桷在引《临川危氏族谱序》中说：

> 吾于危氏之谱其殆庶几矣。夫远而不可明者，理之常也。究其初以合乎贵贱贫富，其心博，其旨微。将使夫困者通，盈者持，危氏之盛，循环无穷，于是乎有考焉。[④]

①〔宋〕罗大经：《鹤林玉露》卷5。
②〔宋〕李元纲：《厚德记》卷2。
③《金华张氏先祠记》，见《宋文宪集》卷2。
④《临川危氏族谱序》，见《清客居士集》卷22。

元代谱学，尤重恤族之典。戴表元在《富春孙氏族谱序》中说：

> 其族人有老疾孤寡不能自立，婚嫁葬埋之不能举者，又皆为条画以周恤之，孙氏之义风殆方兴未已也。①

正由于元代谱学盛行"尊祖收族"，注重"骨肉之亲"，恤族之典的风气笼罩了整个社会，所以就形成了重"亲族观念"的社会思潮。生活在这种社会环境中的每一个人，特别是汉人和南人，无不受其影响。朱元璋当然也不例外。

朱元璋17岁那年，淮北大旱，继以瘟疫，父母和长兄不到半个月内先后死去，家里停着尸首，手头没有一文钱，他何曾不想得到族人的资助呢！只是因为距祖籍句容朱家巷太远，且已几代没有往来了，难以如愿以偿。35年后，朱元璋写《皇陵碑》回忆往事时还伤心地说："殡无棺椁，被体恶衣，浮掩三尺，奠何淆浆！"这不正是"骨肉之亲"的感情吗！朱元璋投奔郭子兴后，获得子兴赏识，又被招为上门女婿，元璋把子兴夫妇称为再生父母，并要为之出死力，这不也正是其时盛行的亲族义门之风的表现吗！朱元璋平定浙东，刘基、宋濂、叶琛、章溢先后投入其幕府后，他又系统地接受了程朱理学的熏陶，使他对"骨肉之亲"的认识获得理学的论证。

《明史》载：

> 明太祖起布衣，定天下，当干戈抢攘之时，所至征召耆儒，讲论道德，修明治术，兴起教化，焕乎成一代之宏观。虽天宣英姿，而诸之功，不为无助也。制科取士，一以经义为先，网罗硕学，嗣世承平，文教特盛，大臣以文学登用者，林立朝右。②

龙凤九年(1363)，朱元璋迎小明王移居滁州时，就对他的曾祖、祖父和父亲追封了爵位。洪武元年(1368)称帝后，解缙上万言书，建议以关、

---

①《富春孙氏族谱序》，见《剡源文集》卷10。
②《明史》卷282《儒林传序》。

闽、濂、洛，上接唐、虞、夏、商、周、孔，"勒成一经"，作为"太平制作之一端"，从而便拉开了明代官修朱学的帷幕。

早在吴元年(1364)十月，朱元璋就任命左丞相李善长为总裁官，参照唐律制定明律。《明史·刑法志》云：

> 盖太祖之于律令也，草创于吴元年，更定于洪武六年，整齐于二十二年，至三十年始颁示天下。

明律从吴元年草创，到洪武三十年（1397）颁示天下，前后经历了34年。在此期间，进行了3次修订。值得重视的是，这30多年间，正是朱元璋确立朱学统治地位的时期。3次修订明律的过程，实质上就是按照朱学的要求来规范明律的过程，也就是把朱学注入明律的过程。将《名例律》冠于《明律》篇首，便是其集中的表现。

《名例律》即《道德律》。在中国古代，儒家的伦理思想始终是制定封建法律的思想基础。"德主刑辅"始终是统治人民的基本方法。所以，一般法律与道德律之间并没有严格的界限。早在汉代，儒家经义就已成为断狱的依据，作为伦理范畴的"不孝"，就已被国家法律规定为十恶不赦的大罪。到宋代，朱熹则又进一步发挥并强化了儒家的伦理学说，形成为朱学。在明代，朱学则是朱元璋制定和修改法律的依据。所以，"三纲五常"在《明律》中占有更加突出、更加重要的地位。《明律》篇首就载有丧服图。按照这个丧服系统，凡属五服之内的亲属，都是最近的血缘亲族。洪武二十二年（1389），朱元璋曾就新修订的《明律》谕太孙曰：

> "此书首列二刑图，次列八礼图，重礼也。顾愚民无知，若于本条下即注宽恤之令，必易而犯法，故以广大好生之意，总列《名例律》中。善用法者，会其意也。"太孙请更定五条以上，太祖览而善之。太孙又请曰："明刑所以弼教，凡与五伦相涉者，宜皆屈法以伸情。"乃命改定，戒七十三条。①

_____

① 《明史》卷93《刑法志一》。

这一记载表明,无论是太祖朱元璋还是太孙朱允炆,都是遵照朱学的要求改定《明律》的。这里虽然没有记载改定的具体条款,但其基本原则都在于强化朱学在《明律》中的地位。修订《明律》的过程,就是强化朱学历史地位的过程。在朱学的支配下,"立宗原以佐治"成为《明律》的基本原则,不孝、不睦、不敬祖,都被定为重罪。随着族谱的大量编修,"三纲五常"通过"家规"、"族训"等形式,进入千家万户,这样就有力地推动了族权的形成和强化。

明初,出现了将祠堂迁出室外、独立建筑的现象。例如,福建莆田国清林氏,其先祠旧址甚狭,九世孙比部主事衡,"患祠之规制卑狭,不足以交神明,乃与从子厚谋,共白于宗长伯济,而改图之。即大理故宅之基,建屋三楹间,蔽以外门。"[1]这种把祠堂从居室中迁出来、单独建造的现象,明中叶以后日益普遍。这种单独建造的祠堂称曰"家庙"。按明制,一般人家包括官僚士大夫在内,是不准立庙祭祀其祖先的。成化十一年(1475),国子监祭酒周洪谟曾上疏请求:"令臣庶祠堂之制悉本家礼……令一品至九品各立一庙"[2]。虽然得到宪宗的允准,但并未实行。嘉靖十五年(1536),礼部尚书夏言上《令臣民得祭始祖立家庙疏》,其文曰:"臣民不得祭其始祖先祖,而庙制亦未有定则,天下之为孝子慈孙者尚有未尽申之情。……乞诏天下臣民冬至日得祭始祖……乞诏天下臣民建立家庙"[3]。

夏言的奏疏不仅得到世宗的允准,而且付诸了实施,所以嘉靖十五年(1536)之后,家庙的建造日益兴盛。例如,嘉靖十九年(1540),王维桢在《祠堂成祭告文》中说:"考君既殁,而仕礼得立庙祀先"[4]。嘉靖二十四年(1545),俨山先生致仕后,"循古制,立家庙"[5]。

祠堂独立建造发展为家庙,这就扩大了宣扬"家规"、"族训"的场

---

①《国清林氏重建先祠堂记》,见《宋文宪集》卷2。

②《明宪宗实录》卷137。

③《令臣民得祭始祖立家庙疏》,见《桂州文集》卷11。

④《祠堂成祭告文》,见《王氏存笥稿》卷12。

⑤夏言:《翰林院学士赠礼部右侍郎谥文裕陆公墓志铭》,见《桂州文集》卷16。

所。这是宗族组织扩大、宗族活动频繁的反映，它对族权的形成至关重要。因为族长是"家规"、"族训"的宣扬者和执行者，而祠堂或家庙则是族长宣扬和执行的场所。场所的扩大和成员的增多，正是族长权力加强的具体表现。而这些活动又都是以族谱为依据的。所以说，族谱功能的发挥，直接推动了族权的形成和发展。

景泰（1450—1456）、天顺（1457—1464）、成化(1465—1487)期间，族长的权威还主要是依靠其德行来树立的。例如，溧阳缙绅史埙，其"厚德"传闻乡里，"族人推其行，惟其言是遵。有违其教者，与众共责之，不少恕。"①其后，族长和成文的"族规"、"族训"、"族约"、"族戒"相继出现。嘉靖以后，"族规"、"家训"、"祠堂"、"家庙"、"祭田"、"坟墓"等日益完备，族长的权力日益强化，以致成为维护封建等级秩序的支柱。例如，万历四十年(1612)纂修的江苏海安《虎墩崔氏族谱》中书有《族约》和《族戒》。《族约》规定：

立族长，推择宗中齿德并隆者一人为之，主祀事，统宗人，宗中事无巨细咸听命焉。立族正族副，谨择宗中德器宏深、行谊夙著、精力未衰、才堪负荷、素为乡间所推崇者一人为正，一副之。以礼教率宗人、理庶务、代族长之劳，宗中之事，事无巨细咸以咨之。若有才子弟克勤德业者，族正以告族长与众，旌异之，以示劝。其或有不才子弟，违犯约戒者，族正以告族长与众责罚之，以示惩，甚则告之先祖而痛惩之，三犯不悛，黜约除名，与众绝之。

宣宜圣谕：

圣谕曰：孝顺父母，尊敬长上，和睦乡里，教训子孙，各全生理，勿作非为。此六事乃太祖高皇帝曲尽做人的道理，件件当遵守，能遵守的便是好人，有一件不曾遵守，便是恶人。愿我一族长幼会集祠中，敬听宣读，悉心向善，皆作好人。有过即改，共为盛世良民，贻子孙无穷福泽。

---

①吴宽：《封奉议大夫户部郎中史公墓志铭》，见《匏翁家藏集》卷65。

这些规定表明：第一，族长在宗族中有处理一切事务的权力，大小事情都可裁决，族正、族副是辅助族长行使其权力的。第二，褒善罚恶是族中的大事，也是族长最基本的权力。第三，划分善恶的标准就是圣谕，凡做到圣喻规定的六项要求者，即为善；有一项做不到，即为恶。

此外，《族约》还规定了"敦族义"、"创祠宇"、"置祭田"、"守坟墓"、"重谱牒"、"立宗会"、"叙伦理"、"正闺门"、"端蒙养"、"供赋役"、"勤职业"、"尚节俭"、"谨储积"等项内容。其中，

"创祠宇"条规定：

尊祖敬宗，建祠为重。制虽不古，事亦可以义起者。吾家居此二百余年，祠宇未建，奉先无所，聚拜无地，人心涣散。怕以为戚，今议欲于宗中极为处分。

祠堂和家庙是尊祖敬宗的活动场所。崔氏由于"奉先无所，聚拜无地"，致使"人心涣散"，所以把创建祠宇当作族中一件大事来对待。

"置祭田"条规定：

有祠则当有祭，有祭不可无田。吾宗原先之祠未建，而虑议及田何？也盖图大者功繁费重，苟不循序渐就，终鲜有成。今宜置膏肥田数百亩，俾公而勤者经理之。岁收其入，不特足以供祭，亦且借以建祠。祠建祀举，稍有余蓄，他日周恤婚丧，教养子弟，诚莫大之利也。

明代中叶以后，祠堂（或家庙）是与祭田紧密联在一起的。

"有祠则当有祭，有祭不可无田"，正是这种把"祠堂"和"祭田"联在一起的社会习俗的写照。祠堂是族人聚众活动及族长行使其权力的场所，祭田则是支撑族人活动和族长权力的物质墓础。崔氏宗族尽管祠宇未建，但已先置膏田数百亩，借以支撑其宗族的活动。

"立宗会"条规定：

……约我族人每月于朔望日齐集祠中宣读圣谕毕，以卑逮尊各令自陈半月内所行事体曾有庋于戒约否？善者褒之，不善者抑之。如隐讳不陈

者，众攻之。若有强辩饰非稔恶不悛者，不许入祠与祭。又择春冬暇日，敦请行谊表著一人者为盟主，或同宗或异姓，期以五七日而解，务尽考德问业之功。每岁或二会或三会，庶理学明而生不虚负矣！若朔望不赴会者，量其居之远近，以示之罚。

宗会，就是同宗人的集会。崔氏宗族规定，每月初一、十五各举行一次。令宗人汇报半月内所行事体，善者褒之，恶者罚之。如有隐匿，则"众攻之"。如有强辩饰非稔恶不悛者，不许入祠与祭。在这里，族长的权力已经相当强大了。

"正闺门"条规定：

夫妇人道之始，闺门万化之源，是不可以不正也。故生女者，幼必传之女训，长必责之女工，务令端庄。他日适人，自闲妇道，而择妇者必须门第清白，父母贤淑，女性贞静，方可纳聘。……娶妇庙见后，即当责以妇仪，令其精五饭，幂酒浆，养舅姑，缝衣裳。有闺门之修，而无境外之游。

对于女子的这些束缚和规定，就是要女子从小养成受人摆布的习惯，遵守封建伦理，接受"夫为妻纲"。充满族谱中的烈女节妇传，正是为理学所强化了的封建礼教吃人的铁证。

"供赋役"条规定：

……夫有丁则有课，有田则有粮。此其分内事也。须当以时办纳，勿肆延推逋负，以贻累于总里。总里亦当以法自守，勿多收，勿花费，以自祸其身家。但总有风雨消折之患，里有安保书皂之需，吾族人亦当量为津贴，以助其使用之费。

在这里，族长利用宗族组织宣扬封建法纪，把"供赋役"当作天经地义的分内之事，必须按时办纳。甚至连总里的加耗，也要求族人"量为津贴"。这样，族长又扮演了胥吏的角色，有些是胥吏办不到的，族长都办到了。

通过以上对《虎墩崔氏族谱》中《族约》的简要述评，不难看出：

第一，族长的权力是载入族谱的，族长依据族谱而行使其权力，族谱则通过族长而发挥其功能。族长的权力越大，族谱的功能越强。明中叶以后，在封建官府的大力支持下，随着时间的推移，族长的权力越来越大，族谱的功能亦越来越强，以致成为维护封建秩序的主要支柱之一。

第二，族长按照族谱的规定，以圣谕为是非标准，以宣扬和实践"三纲五常"为己任，这些正是封建统治者所殷殷乐道、梦寐以求的。在这里，族长的权力和作用，是基层胥吏根本无法取代的。

族谱作为"三纲五常"的载体和族长行使其权力的根据，在明中叶以后，对维护封建统治秩序发挥了极其重要的作用，成为束缚人民特别是农民群众的一大绳索。愚忠、愚孝，节妇、节烈之事，层出不穷，愈演愈烈。"饿死事小，失节事大"的软刀子，不知杀害了多少青年男女。因此，在反封建斗争中，打倒族权，批判族谱，是理所当然的，这是民主革命的起码要求。但是，在总结我国古代文化遗产的过程中，对于族谱的功能和作用，则必须进行历史的、全面的、具体的分析。

任何事物都是"一分为二"的，族谱也不例外。族谱在促进族权形成和发展的同时，也增强了宗族内部的向心力和凝聚力，这也是一个不容忽视的客观事实。以历史虚无主义的态度来对待族谱，显然是站不住脚的。以形而上学的片面观点来对待族谱，也是难以令人信服的。在这里，还需要说明的是，在族权形成以前的族谱，它也是形成宗族内部向心力和凝聚力的纽带。因为不论任何时代，宗族都是以血缘关系为基础而形成的，族谱都是以血缘关系为基础而编修的。尽管在不同的历史阶段，修谱的宗旨各不相同，但族谱在形成宗族内部的向心力和凝聚力方面，则是一脉相承、一以贯之的。中华民族巨大的向心力和凝聚力，正是由无数个家族一以贯之的向心力和凝聚力汇聚而成的。中华民族的爱国传统，也是在这个基础上形成和发展起来的。许多爱国志士，都是热爱家族、热爱家乡的典范。例如，爱国英雄林则徐(1785—1850)，在道光五年(1825)公葬其母于金

狮山以后，拿出大批金钱资助亲族，并且亲自书写资助亲族清单①，可见，在林则徐身上，热爱祖国是和热爱亲族、热爱家乡铸为一体的。因此，关于族谱与中华民族的向心力、凝聚力以及爱国传统之间的相互关系，是很值得研究和探讨的一个重大课题。

（原载《谱牒学研究》第3辑，书目文献出版社1992年出版）

---

①林则徐：《林文忠公手写资助亲族清单》，山西省社会科学院收藏。

修谱宗旨的演变与明代的"亲亲之恩"

　　明代重"亲亲之恩"的社会风气是前所未有的。这种社会风气的形成，原因固然是多方面的，但修谱宗旨的演变，无疑是其中一个重要方面。

　　我国的谱牒源远流长。早在西周时代已经广为流传，其后，又不断发展和演变。在不同的时代，修谱的宗旨是各不相同的。

　　在周代宗法制度下，从天子、诸侯到卿大夫，王位都是由嫡长子继承的。其时，姓氏宗支的亲疏及其祭祀关系，直接关系着统治权力的继承和分配。所以辨姓氏、详昭穆、严上下嫡庶之分，就成为头等大事。上自天子，下至卿大夫，莫不以修谱为当务之急。这时，修谱的宗旨，就是为天子、诸侯和卿大夫的王位继承服务的。因此，周代的谱牒是与统治权力相结合的贵族谱牒，一般平民是没有这种谱牒的。周亡，宗法制度废，这种贵族谱牒也就寿终正寝了。秦始皇焚书，这种贵族谱牒自然首当其冲。不过西汉司马迁撰《史记》时，也还看到一些残存下来的谱牒。《史记·自序》云："维三代尚矣，年纪不可考，盖取之谱牒旧闻，本于兹，于是略推，作《三代世表》"。《史记·三代世表序》又云："余读牒记，黄帝以来皆有年数。稽其历谱牒终始五法之传，古文咸不同，乖异。"可见，司马迁在撰《史记》时是参考并使用了谱牒资料的。

在魏晋门阀制度盛行的时代，门阀势力凭借其经济上和政治上享有的特权，垄断着整个国家政权。在九品中正制度下，论才取士必征于谱，官级铨衡必征于谱，士族婚嫁亦必征于谱。这样便形成了"士庶之际，实自天隔"、"上品无寒门，下品无士族"的格局。其时，谱牒就成为划分政治地位和社会地位的凭据。正如郑樵所说："自隋唐而上，官有簿状，家有谱系。官之选举，必由于簿状；家之婚姻，必由于谱系。"①这时修谱的宗旨，"惟崇门第"而已，完全是为门阀势力服务的。经过隋末农民战争的沉重打击，门阀势力大大衰落。唐王朝建立后，兴科举、废九品，至唐代中叶，世风日变，崇尚门第的谱学衰落了下来。

宋王朝建立后，出现了一批新的土著豪族。这些新兴的土著豪族与魏晋时代的世族豪门相比，最大的区别就在于这些宗族基本上是以血缘关系为纽带而形成的宗族集团，与政治地位和社会地位的划分已没有直接的必然联系了。宋初为了稳定社会秩序，大力提倡宗族聚居和宗族收合，借以约束宗族人口的流散和豪富巨室的兼并。所以，有宋一代，同居义门之风极盛。据史传所载，《南史》13家，《北史》12家，《唐书》18家，《五代史》2家，《宋史》则多达50家。尽管如此，在宋代4000多万人口中仍然是极少数。而大量的和普遍的依然是不同居共财的民户。由于社会上"以同族者为骨肉"的观念的流行，同族联合之风日益兴盛。族谱作为家族的记录，自然会受到人们的关注。在宋代，政府已罢图谱之局，每个宗族都可自行修谱，政府不加干预。许多文人学士都亲自主持修谱。诸如，欧阳修有《欧阳氏图谱》，苏洵有《苏氏族谱》，曾肇有《曾氏谱图》，司马光有《臣僚家谱》，王安石有《许氏世谱》等等。其中欧阳修和苏洵创立的谱例，对后世影响很大，并称为"欧苏谱例"。从修谱宗旨来说，二者基本一致。欧阳修在《衡阳渔溪王氏谱序》中说："余惟族谱之作，所以推其本、联其支，而尊尊亲亲之道存焉。"②苏洵在《苏氏族谱序》中

---

①《氏族序》，见《通志》卷25。
②《衡阳渔溪王氏谱序》，见《古今图书集成·氏族典》。

说："呜呼！观吾之谱者，孝弟之心可以油然而生矣。情见于亲，亲见于服。服始于衰，而至于缌麻，而至于无服。无服则亲尽，亲尽则情尽，情尽则喜不庆，忧不吊。喜不庆，忧不吊，则途人也。吾之所与相视如途人者，其初兄弟也。兄弟其初一人之身也。悲夫！一人之身，分而至于途人，此吾谱之所以作也。"①可见，欧苏二人修谱的宗旨，都在于"尊祖收族"，对宗族成员进行"尊尊亲亲之道"的伦理教育，这与魏晋时期"唯崇门第"的谱牒大不相同。把对宗族成员进行伦理教育作为修谱的宗旨，是欧苏谱学的基本特点。欧苏以后，随着理学的形成，伦理学走上哲学化道路，情况发生了很大变化。

北宋理学的主要奠基人程颢和程颐认为，在物质世界和人的意识之外独立地存在一个最高的精神实体，这就是"理"，亦称"天理"。这个"理"就是世界万事万物之本源和创造者。一切伦理道德、"三纲五常"都是"理"。如说："父子君臣，天下之定理。"②"忠者天理。"③"礼即理也。"④宋代理学的集大成者朱熹，进一步发展了二程的学说，称为朱学。在朱学的整个体系中，伦理思想为其核心。而在伦理思想中，"三纲五常"又是其中心内容。正如朱熹自己所说，他一生所读、所学、所遵循、所讲明宣传者，归结到一点，即是"三纲五常"。"三纲五常"古已有之，并非宋代理学家们所创造，但对"三纲五常"之阐述和宣传，宋代的理学家远远超过了他们的先辈。朱熹把"三纲五常"看作决定国家和社会治乱的根本所在。因此，不仅要一般臣民共同遵守，而且要皇帝强制推行。他还进一步提出，把"存天理，去人欲"，作为实施"三纲五常"的大纲。尽管他的这些主张适应了封建社会后期强化中央集权的需要，但南宋统治者并未认识到这一点，所以，当时仍被宣布为"伪学"，不许传播。他的学生蔡元定还被诬为妖人，流放道州，一年后就死在那里；当时凡属

①《苏氏族谱序》，见《嘉祐集》卷13。
②《二程遗书》卷5。
③《二程遗书》卷11。
④《二程遗书》卷15。

应科举考试的儒生，先要声明并非朱学信徒，否则，不准考试。朱学被禁锢的局面，从朱熹晚年一直延续到他死后20多年。直至南宋末年，情况稍有变化，但仍非显学，影响也不很大。

元代，在异族统治下，同族人联合的要求更为迫切，所以修谱之风日益盛行。修谱的宗旨依然是"尊祖收族"，对宗族成员进行"尊尊亲亲之道"的伦理教育。但在修谱的体例方面，却打破了欧苏所创立的小宗谱范围，主张远近皆书，不厌其详。谱学家黄潜指出："凡为图谱之法，亲者宜详，疏者宜略，为子孙者各详其亲，则其可略者，自可互见。今不以亲疏为间而有所详或遗者，恐诸房子孙不必人人能有其图谱，而于所亲各致其详也。来者当思补其所未备，而无厌其伤于繁哉！"①黄潜所主张的修谱要"远近皆书"，不厌其烦，恰好适应了当时扩大联族范围的需要，所以多为元代修谱所遵循。

元代谱学，很注重"骨肉之亲"，只要是同族人，不论贫富，平等记载。袁桷在《临川危氏族谱序》中说："吾于危氏之谱其殆庶几矣。夫远而不可明者，理之常也。究其初以合乎贵贱贫富，其心博，其旨微。将使夫困者通，盈者持，危氏之盛，循环无穷，于是乎有考焉。"②元代谱学，尤重恤族之典。戴表元在《富春孙氏族谱序》中说："其族人有老疾孤寡不能自立，婚嫁葬埋之不能举者，又皆为条画以周恤之，孙氏之义风殆方兴未已也。"③正由于元代谱学盛行"尊祖收族"、注重"骨肉之亲"、尤重恤族之典的风气，所以就形成了重"亲族观念"的社会思潮。生活在这种环境中的每一个人，特别是汉人和南人，无不受其影响。朱元璋当然也不例外。

朱元璋17岁那年，淮北大旱，继以瘟疫，父母和长兄不到半个月内先后死去，家里停着尸首，手头没有一文钱，他何曾不想得到族人的资助呢！只是因为距祖籍句容朱家巷太远，且已几代没有往来了，难以如愿以

---

① 《族谱图序》，见《文献集》卷6。
② 《临川危氏族谱序》，见《清客居士集》卷22。
③ 《富春孙氏族谱序》，见《剡源文集》卷10。

偿。35年后，朱元璋写《皇陵碑》回忆往事时还伤心地说："殡无棺椁，被体恶衣，浮掩三尺，奠何淆浆！"这不正是"骨肉之亲"的感情吗！朱元璋投奔郭子兴后，获得子兴赏识，又被招为上门女婿，元璋把子兴夫妇称为再生父母，并要为之出死力，这不也正是其时盛行的亲族义门之风的表现吗！朱元璋平定浙东，刘基、宋濂、叶琛、章溢先后投入其幕府后，他又系统地接受了程朱理学的熏陶，使他对"骨肉之亲"的认识获得理学的论证。《明史》载："明太祖起布衣，定天下，当干戈抢攘之时，所至征召耆儒，讲论道德，修明治术，兴起教化，焕乎成一代之宏观。虽天亶英姿，而诸儒之功，不为无助也。制科取士，一以经义为先，网罗硕学，嗣世承平，文教特盛，大臣以文学登用者，林立朝右。"①

龙凤九年(1363)，朱元璋迎小明王移居滁州时，就对他的曾祖、祖父和父亲追封了爵位；洪武元年(1368)称帝后，解缙上万言书，建议以关、闽、濂、洛，上接唐、虞、夏、商、周、孔，"勒成一经"，作为"太平制作之一端"，从而便拉开了明代官修朱学的帷幕。另外，朱元璋又采纳刘基的建议，决定沿用元仁宗延祐二年(1315)推行的以朱学为主的科举考试，规定以朱熹的《四书集注》和理学家注释的《五经》命题试士。这样，朱学便成为统一全国思想的官学。

朱元璋在确立朱学统治地位的同时，又制定了诸王封建之制。规定除嫡长子继承皇位外，其余诸子，例封为王，年长建藩就国，称为藩王或亲王。亲王长子继承王位，其余诸子，例封为郡王。亲王和郡王皆世世袭封。郡王长子继为郡王，其余诸子，皆授镇国将军，从一品；孙授辅国将军，从二品；曾孙授奉国将军，从三品；玄孙授镇国中尉，从四品；五世孙授辅国中尉，从五品；六世孙授奉国中尉，从六品。亲王之女封为郡主，孙女封为县主，曾孙女封为郡君，玄孙女封为县君，五世孙女封为乡君。亲王、郡王的女婿，称仪宾。仪宾品位自从二品至六品有差。皇帝依据他们的封号和品级爵位，每年给予俸禄。洪武九年(1376)

①《明史》卷282《儒林传序》。

又规定了诸王公主岁供之数：亲王岁支米5万石，郡王6000石，镇国将军1000石，辅国将军800石，奉国将军600石，镇国中尉400石，辅国中尉300石，奉国中尉200石。此外还有钞、锦、纻丝、纱罗、绢、布、绵等给予，各按其品级有差。其他郡主、县主、郡君、县君、乡君其岁禄分别为800石、600石、400石、300石、200石。由此可见，朱元璋给予其先世和子孙后代的待遇，都是异常优厚的。这不能不说是他重"亲亲之恩"的具体表现。

朱元璋是打天下的皇帝，从元至正十二年(1352)投郭子兴部下为兵参加农民起义，到洪武元年(1368)止，整整打了16年仗。洪武元年称帝后，又打了22年才统一全国。所以他特别重视军权。朱元璋称帝后，对跟随他南征北战的元勋宿将很不放心，认为只有自己的亲生儿子才可信赖。于是便让他们"据名藩，控要害，以分制海内"。洪武二十三年(1390)，晋、燕、齐诸王督师北征，燕王获乃儿不花，标志着诸王已独立承担起"慎固边防，翼卫王室"的任务了。所以洪武二十六年（1393）便兴"兰玉党狱"；二十七年（1394），又赐颖国公傅友德死；二十八年（1395），又赐宋国公冯胜死。不难看出，朱元璋让自己的儿子"秉钺部兵，崇权握势"，杀害元勋宿将，这正是他重"亲亲之恩"的另一表现形式。

燕王朱棣援引《祖训》，以诛讨齐泰、黄子澄为名夺取皇位后，彻底改变了朱元璋封藩建国"慎固边防，翼卫王室"的局面；特别是齐王图谋不轨被废为庶人，谷王谋逆被革其护卫之后，诸王兵权尽释，但诸王优厚的经济待遇却依然保留了下来。朱棣虽然是通过皇室内战爬上皇帝宝座的，但他对程朱理学的重视却继承了其父的遗志。永乐十二年(1414)，诏令胡广等人编修《五经大全》、《四书大全》、《性理大全》。次年修成进览，成祖亲自作序，颁行天下。三部大全的颁行，标志着程朱理学统治地位的正式确立，从此以后，一直延续到清末。

永乐年间，一方面由于宗室内战后的政治形势，明成祖不得不改变诸王"秉钺部兵，崇权握势"的局面；另一方面由于尊崇程朱理学，强调"三纲五常"，又不能不重"亲亲之恩"、亏待诸王，所以便从经济方面给

予优惠。永乐二十二年(1424)，明成祖亲自决定，把周府岁供由一万石增加为两万石，把汉府、赵府的岁供由一万石增加到3万石。这样便开创了经济上加倍优惠诸王的先例。从此以后，随着社会经济的发展和"三纲五常"的广泛传播，诸王在经济方面的要求越来越高。从诸王通过建藩就国发展为家业庞大的庄田地主的历程来看，自仁宗诸子到神宗诸子，可谓一代胜过一代。

仁宗十子，宣宗外，建藩就国者五，他们都发展成了家业庞大的庄田地主，嫡五子襄王瞻墡，宣德四年(1429)就藩长沙府，正统元年(1436)徙襄阳府，仅正统二年（1437）和景泰三年(1452)两次赏赐，就获得良田496顷并山两座。①

英宗九子，宪宗外，建藩就国者五，他们也都获得了巨额赐田。英宗庶二子德王见潾，成化四年(1468)正月，宪宗一次就赐给他良田四千一百余顷。②仅据《明宪宗实录》记载，德王庄田多达6520余顷。

宪宗十四子，孝宗外，建藩就国者九，他们所得庄田较之英宗诸子数量更多，规模更大。宪宗庶四子兴献王祐杬，就藩湖广安陆州时，孝宗先赐他郑王梁王香火地449顷，继而又把郑梁二府（无子封除）遗下的3839顷庄田全部给了兴献王。③正德十六年(1521)三月，武宗死后，兴献王之子厚熜入继皇位，兴府遗下有正式记载的庄田就达8300余顷。

厚熜即位，是为世宗嘉靖帝。为了巩固封建秩序，推行了限制王府庄田的所谓"庄田改革"，被誉为"中兴圣主"。然而正是这个早年推行庄田改革的嘉靖皇帝，到他晚年却成为明代第一个赏赐最滥的皇帝。

世宗八子，穆宗外，建藩就国者一，即梁王载圳。嘉靖四十年(1561)，景王就藩湖广德安府时，世宗钦赐景王规模之大、数量之巨都是空前的，这次赏赐包括了土地、湖池、盐店、盐税、煤锡鱼舫等等。据明臣叶向高

---

① 《明英宗实录》卷36。
② 《明宪宗实录》卷50。
③ 《明孝宗实录》卷92、卷129。

说，世宗赐给景王庄田达4万顷之多①，开创了明代赏赐最多、规模最大的先例。

穆宗四子，神宗外，建藩就国者一，即潞简王翊镠，万历十七年(1589)，潞简王就藩河南卫辉府时，神宗将景府（无子封除）遗下的4万顷庄田全部赐给了潞简王，且谕户部诸臣："再察相应土地，不妨数外加给"②。

神宗八子，光宗外，建藩就国者四，即福王常洵、瑞王常浩、惠王常润、桂王常瀛。万历四十二年(1614)，福王常洵就藩河南府。行前福王以潞王为例，奏请庄田4万顷，"群臣力争，乃减其半。"③河南土地不足，遂坐派山东湖广协济。天启七年(1627)，瑞王、惠王、桂王就藩，熹宗钦赐庄田各3万顷，并诏令陕西、湖广等地拨给。④

有明一代，诸皇子受封为亲王者共62人，建藩就国者50人，除以罪夺爵或无子封除者外，有28个王府与明王朝同时告终。这些皇子皇孙，养尊处优，繁衍很盛，且多高寿。如晋府庆成王生有100个儿子，并都长大成人，除长子继承郡王位外，其余99个都封为镇国将军，每会，紫玉盈坐，至不能相识。有明一代亲王寿过70者15人，郡王寿过80者16人。其中庆成王寿87、安惠王91。⑤据礼部侍郎戚元佐说，嘉靖、隆庆年间，登入"玉牒"的郡王、将军、中尉等项，共计45 115人，见存的尚有28 452人，郡主、县主等还不包括在内。⑥曾参加纂修《玉牒》的张萱说，截至"万历二十二年止，属籍者已十有万人"⑦。

在我国封建社会里，按照亲亲原则，皇室亲王分享一定的名位、财富和权力，是历代王朝一贯奉行的国策，而有明一代则在"三纲五常"空前

①《明经世文编》卷462。

②《明神宗实录》卷202。

③《明史》卷77《食货志一》。

④《明熹宗实录》卷81。

⑤王世贞：《弇山堂别集》卷1、卷5。

⑥《议处宗藩事宜疏》，见《明经世文编》卷388。

⑦〔明〕张萱：《疑耀》卷3。

普及的推动下,把这一国策推到了前所未有的高峰。正如明人陈建所说:
"我朝亲亲之恩,可谓无不用其厚,远过前代矣。"①致使宗室问题成为明
代的一大沉重包袱。

(原载《晋阳学刊》1991年第6期)

①〔明〕张萱:《西园闻见录》卷46。

《中华族谱集成》序

　　中华民族是一个历史悠久、文化昌盛的伟大民族，中华文化博大精深，内涵丰富，在人类文明史上占有极其重要的地位。我国的史籍大厦是由正史、方志、族谱(俗称家谱)以及其他史籍共同构成的。族谱是以特殊形式记载的关于家族和宗族起源、迁徙、分布、盛衰历程的史籍。它记录着各大家族和宗族祖祖辈辈创业的经过，记录着中原文化形成、发展、传播以及各地区之间经济文化交流的丰富内容，折射着中华民族灿烂的文化之光。其数量之巨大，内容之丰富，并不亚于正史和方志。它是研究历史学、方志学、社会学、人口学、人才学、民族学、遗传学等学科极为珍贵的资料宝库。但是，由于宋代以来编修的族谱，大量散存于民间，且秘不示人，所以能够提供给专家学者查阅和研究的族谱，为数甚少。目前我国的各种类型的古籍集成都已问世，唯独没有族谱集成。随着改革开放的发展和对于我国国情研究的不断深入，为有效地抢救族谱资料、利用族谱资料，填补古籍整理和出版的空白，为弘扬中华文化，编纂族谱集成已成为一项刻不容缓的历史任务。鉴于此，在邀请国内专家反复论证的基础上，国家古籍整理出版规划小组将《中华族谱集成》正式列为规划项目。由山西省社会科学院"家谱资料研究中心"主持编纂，巴蜀书社出版发行。

　　山西省社会科学院"家谱资料研究中心"经过多年的努力，征集、拍

摄了大量的族谱。现藏有经过编目整理的族谱缩微胶卷近千盘，每盘3000画幅(一画幅为两页)，近3000万画幅。著录姓氏270个，族谱近3000种。1991年2月23日《人民日报》(海外版)报道称该"中心"为"我国最大的中国家谱资料中心"。1992年4月，该"中心"应邀参加了在香港举办的"中华族谱特展"。受到观众的热烈欢迎和普遍赞扬。目前，该"中心"已同香港、澳门、台湾地区以及法国、美国、日本、韩国、新加坡、泰国、缅甸、菲律宾、印度尼西亚、澳大利亚等国家的学者及有关机构，建立了广泛的联系。该"中心"还备有一整套现代化的设备，诸如拍摄机、冲洗机、拷贝机、超声波接片机、缩微阅读还原复印机等等。还有受过专门培训的技术人员。读者可在该"中心"查阅或复制所需要的家谱资料。所有这些，都为主持编纂《中华族谱集成》提供了得天独厚的优越条件。

巴蜀书社是以出版大型古籍图书闻名国内外的专业出版社，该社相继推出的《古今图书集成》、《道藏辑要》、《藏外道书》、《佛藏辑要》、《中国野史集成》、《全宋文》等大型古籍，受到国内外专家学者的普遍赞扬。他们多年来出版大型古籍名书的实践，为出版《中华族谱集成》积累了极其宝贵的经验。

族谱，是人类血缘世系的记录和反映，是人类社会的一种文化现象。随着人类社会的发展，族谱所记载的内容越来越丰富多彩。我国的族谱源远流长。殷商时代的甲骨文中，就已出现了用文字记载的家族世系。到了西周时期，周王朝在家族世系的基础上，又建立了一整套严密而系统的宗法制度。在宗法制度下，天子和诸侯的权位，只能由嫡长子继承。基于这种需要，记载家族世系的谱牒，得到了长足的发展。周代的官府均设有史官，掌谱牒，定世系，辨昭穆。各诸侯国亦设有官员，掌管诸侯国王族事务及谱牒，以防宗族昭穆的错乱，确保宗法制度的推行。当时世系(谱牒)之学，还被列为官府之学的必修课，用以教育贵族子弟。可惜，这些谱牒早已亡佚。在传世的古籍中，我们只能从史学大师司马迁的《史记》中看到较为完整和系统的关于先秦时代家族谱牒的记载。例如，《史记》中的《五帝本纪》、《夏本纪》、《殷本纪》、《周本纪》以及《三代世表》等，

这些关于帝王家族世系的完整记载，都是依据谱牒文献编修的。东汉时，桓谭的《新论》记载："太史公三代世表，旁行邪上，并效周谱。"司马迁在《史记》中亦多次提到"余读牒记"、"读春秋历谱牒"之事。可见，在西汉时还能看到先秦谱牒。梁启超在《中国历史研究法》一书中指出，司马迁的"十表"，是"稽牒作谱，印范于《世本》"。《世本》是中国谱牒的开山之作。据《汉书·艺文志》记载："《世本》十五篇，古史官记黄帝以来讫春秋时诸侯大夫。"《世本》在唐代已残缺，南宋亡佚。《世本》的注本，有刘向、宋衷、宋均、王氏、孙氏等多种。这些注本，都是推广《世本》之作，亦在南宋以后相继亡佚。最早辑录《世本》的人，应推南宋高似孙，他的辑本早已不存。清代中叶，辑佚之风大盛，从事《世本》纂集工作的，不下十余家。现存清人辑本，共有八种。全部收入商务印书馆1957年出版的《世本八种》一书。

秦统一六国后，制度多不师古。两汉时期，编修谱牒之风又开始盛行起来。除帝王谱外，应劭的《士族篇》，颍川大守的《聊氏万姓谱》，扬雄的《家谱》等，都是比较著名的。魏晋南北朝时期，是谱牒之学发展的黄金时代。由于九品中正制度的推行和门阀制度的形成，在选官、婚姻方面，无不以谱牒为凭。郑樵《通志·氏族略》指出："自隋唐而上，官为簿状，家有谱系。官之选举，必由于簿状；家之婚姻，必出于谱系。"出现了"人尚谱系之学，家藏谱系之书"的局面。谱牒作品大量涌观。诸如晋挚虞《族姓昭穆记》10卷，晋贾弼《十八州百一十六郡谱》720卷，南朝宋何承天《姓苑》10卷、《后魏河南宫氏志》若干卷，南朝宋刘湛《百家谱》2卷，南朝齐王俭《百家集谱》10卷、《新集诸州谱》12卷、《诸姓谱》116卷，南朝齐贾希鉴(又作镜)《氏族要状》15卷，南朝梁王僧孺《百家谱》30卷、《百家谱集(抄)》15卷、《东南谱集抄》10卷、《梁武帝总责境内十八州谱》690卷、《范氏谱》若干卷、《徐义伦家谱》1卷，南朝梁徐勉《百官谱》20卷，南朝梁贾执《百家谱》20卷、《百家谱抄》5卷、《姓氏英贤谱》100卷，等等。南朝梁刘孝标为《世说新语》作注。引用了《王氏谱》、《谢氏谱》、《庚氏谱》、《刘氏谱》、《羊氏谱》、《桓氏谱》、

《许氏谱》、《殷氏谱》、《温氏谱》、《袁氏谱》、《陈氏谱》、《华侨谱》、《周氏谱》、《挚氏谱》、《顾氏谱》、《魏氏谱》、《郡氏谱》、《吴氏谱》、《孔氏谱》、《冯氏谱》、《陆氏谱》、《诸葛氏谱》、《杨氏谱》、《傅氏谱》、《虞氏谱》、《卫氏谱》、《曹氏谱》、《李氏谱》、《索氏谱》、《戴氏谱》、《贾氏谱》、《郝氏谱》、《韩氏谱》、《张氏谱》、《荀氏谱》、《王氏家谱》、《祖氏谱》、《阮氏谱》、《司马氏谱》等39种族谱资料，达106条之多。而刘孝标所引用的这些族谱早已亡佚，所以他的注就特别珍贵。这一时期还出现了许多谱学世家。例如贾弼，东晋太元中，做官员外散骑侍郎，谱学作品，名扬天下；其子贾匪之，继承家学，官大宰参军；其孙贾希鉴撰《氏族要状》；其四世孙贾执，谱学著作甚多；其裔孙贾冠，又是隋初谱学名家；贾氏自贾弼至贾冠，由东晋至隋，王朝更替五次；而一门家学始终不坠，是一个典型的谱学世家。

唐代是谱学由盛到衰的转折时期。唐王朝的建立，使陇西李氏成为天下皇族，打破了魏晋以来世族门阀垄断政权的格局。经过隋末战乱，一方面士族门阀势力大为衰落，另一方面魏晋以来以血统来划分尊贵卑贱的习惯势力依然有很大市场，即使是当朝皇帝也不能摆脱这种影响。所以，贞观五年(631)，唐太宗令高士廉、韦挺、岑文本、令狐德棻编修贞观《氏族志》。该志以皇族为第一等，后族为第二等，全书"合二百九十三姓，千六百五十一家，分为九等"，贞观十二年（638）书成，凡一百卷，诏颁天下，藏为永式。这是唐代第一部大型官修谱牒。随着唐代科举制度的确立和发展，越来越多的庶族寒门出身的知识分子踏入仕途，官居要职。因此，《氏族志》所规定的等第状况，越来越不符合新贵们的意愿。唐高宗永徽六年(655)，出身商人之家的武则天被立为皇后，参与朝政，与高宗并称"二圣"。武则天为了巩固自己的政治地位，积极主张修改《氏族志》。修改的政治原则是"以仕唐官至五品者皆升士流"，即是说，姓氏等级"各以品位高下叙之"。故虽出身士族而品位低下者亦不得入谱；反之，虽出身庶族而官位至五品以上者，则可入谱。修改后的《氏族志》，更名为《姓氏录》，高宗显庆四年(659)，即贞观《氏族志》成书后的第二十一年，

颁行天下。从谱学的变化来看，《氏族志》与《姓氏录》都是将当朝官高者收入谱牒，混士(魏晋以来旧家)、庶(唐代新起豪门)于一书，反映了唐代士庶合流的客观趋势。半个世纪以后，士、庶力量的消长，又发生了一系列的大变化。自玄宗开元二年(714)，柳冲等人继承《氏族志》和《姓氏录》的遗风，遵循"叙唐朝之崇，修氏族之谱"的原则，又编修了一部名曰《姓族系录》的大型官修谱牒，这是唐朝开国以来，地主阶级内部各种矛盾、斗争反映到谱学上的一个总结。此后，士、庶界限日益模糊，官修谱牒作为士、庶斗争的工具，已逐渐失去它的重要作用，从而走向衰落。《姓族系录》既是唐代官修谱牒发展到全盛时期的主要标志，同时也是唐代官修谱牒走向衰落的界碑。到唐宪宗时，仅是为了封邑的需要，才命太常博士林宝撰《元和姓纂》，元和七年(812)书成，凡10卷。唐代宗永泰二年(766)编修的，《皇室永泰谱》及唐文宗开成四年(839)编修的《续皇室永泰谱》，从其编修的范围和内容来看，已经由原来"刊正天下姓氏"、区分门第高下的合修总谱变成了李唐王朝的皇家谱，这是唐代官修谱牒的尾声。

在唐代谱学著述中，除官修谱牒外，还有不少私家编修的谱牒，其中多以家谱为主。例如，王方庆著《王氏家牒》15卷、《家谱》20卷，刘知几著《刘氏家史》15卷及《谱考》3卷等等，这些私家著述与官修总谱是大不相同的。因为私家著述都不是划分姓氏等级的凭据，只是家族世系的考订与记载而已。

唐代谱学与唐以前之谱学有一个显著的不同点，这就是唐代的谱学家多为史官，而在唐以前魏晋南北朝时期的谱学家多为选官。例如，南朝宋初，王弘任尚书仆射加散骑常侍，是著名的谱学家，曾因"日对千客而不犯一人讳"传为美谈。王僧绰继承家学，"尝掌选事"，其子王俭既是谱学大家，著作甚多，又掌选事，影响极大。而唐代的谱学家，几乎无一不是当时之史官。例如，路敬淳、柳冲、韦述、柳芳、吴兢、萧颖士等，都以修国史扬名天下，而他们又都是影响巨大而深远的谱学家。路敬淳还被誉为唐代谱学宗师。

到了宋代，族谱的性质、作用、内容、体例以及编纂与管理都发生了巨大而深刻的变化。这些变化主要表现在以下几个方面：

首先，宋代及其以后的族谱，已不再是划分社会政治地位的依据了。六朝以来，用血统的尊卑来划分社会政治地位高下的历史，一去不复返了。所以，魏晋以来的那种百家合谱的修谱体例被以宗族或家谱为对象的修谱体例所取代，官府中掌管考定监理之责的图谱之官、谱牒之局亦随之而俱废。

其次，宋代及其以后的族谱，已不再是"家之婚姻"的依据。随着旧的士家大族的没落和科举取士的发展，士、庶界限日益模糊，"家之婚姻，必由谱系"的状况亦随之而改变。

第三，宋代及其以后的族谱，以"敬宗睦族"、"尊祖收族"为宗旨，记载内容亦以宗族内部之事为主。诸如世系图表、谱系本纪、恩荣宦迹、忠臣孝子、家规族训、祠堂族产、坟茔墓志等等，这是修谱史上的一个重大转折。这类族谱的形成和发展，极大地强化了宗族内部的向心力和凝聚力，同时也促进了族权的形成和发展。现存的族谱，主要是明清以来编修的这种类型的族谱。《中华族谱集成》所收录的也全部是这种族谱。

《中华族谱集成》首批推出100册，16开精装双栏影印本，每册约900页，共收录族谱(含统谱、房谱、支谱、家乘等)93种。

前两册，收录了明代凌迪知编修的古今《万姓统谱》。其后是李、王、张、刘、陈五个大姓之族谱选辑。其中，李氏族谱17种，分装20册；王氏族谱20种，分装20册；张氏族谱21种，分装20册；刘氏族谱20种，分装18册；陈氏族谱14种，分装20册。就修谱时代而言，收录的93种族谱中，有明代编修的4种，清代编修的52种，民国年间编修的38种。就地域分布而言，收录的93种族谱，囊括了河北、山西、陕西、甘肃、山东、河南、湖北、湖南、四川、江西、安徽、江苏、浙江、福建、广东、广西、云南等省。根据历次人口普查资料，将姓氏按所占人口比例大小依次排列，李、王、张、刘、陈，名列前五位。所以，《中华族谱集成》首批就推出了这五个大姓。

李、王、张、刘、陈五姓，是我国人口众多、分布极广、历史悠久的大姓，编纂出版这五个大姓的族谱，对于研究这五个大姓的起源、迁徙、分布、盛衰的历史，对于研究中原文化的传播以及各地区之间的经济文化交流的历史，具有十分重要的意义。清末吴汝纶（1840—1903）于同治年间撰写了一部《深州风土记》，该书创立人谱一篇，专门记载各姓氏来自何处，何年迁入;何姓不宗，各明源流;族中名人，择要记之;各姓盛衰，历历在目。人谱篇的创立，引起了方志学界的高度重视。方志学家瞿宣颖在他编撰的《方志考稿》（1930年铅印本）中，对吴汝纶的创举给予了极高的评价。他说:

征之于古则秦代之徙民实蜀、实咸阳、开五岭，此以政治压迫而迁徙者也。王莽之乱，开辟地江南之渐;建安之乱，洛都转致空虚;永嘉之乱，士族相携南渡;此以戎马之变而迁徙者也。至于饥馑之徙民，更不绝书矣。验之于迹，则江南巨族，多托始于赵宋;湘蜀大姓，多启业于清初;黔滇人士，多衍之于流宦。故欲推知近代史迹，即私家谱牒而了然，不待他求矣。核而言之，人民里贯是政治社会制度所从出也。其迁徙之迹，又文化升降所从显也。自汉以来，历世久远，苟能举诸强宗巨族，溯其渊源，踪其分合盛虚往来久暂，斯治史者之一伟绩，足令吾曹深明历来社会组织之进化情状，且布露吾民族精神与世共见也。惜乎昔之治方志者，多忽视谱牒为无从重轻，而家谱又秘不可见，散不可纪。汝纶独以卓然远到之识，创人谱一例，网罗散逸，详而不冗，可以垂为法式。其所举安平崔氏，自汉至五代千有余年，斯实北方文化史中心问题矣。

瞿宣颖从人口迁徙与文化传播的相互关系，阐述了研究姓氏起源、迁徙、分合、盛衰的重大意义。正如瞿氏所说，如若把自汉以来，北方强宗巨室迁徙、分合、盛衰的历史与文化传播升降的关系搞清楚，那将是历史研究的一大伟绩。这也正是编纂《中华族谱集成》的用意所在。

明清以来编修的族谱，其内容极为丰富，大致说来主要有谱序、谱论、恩荣录、遗像及像赞、姓族源流、先世考、世系图表、世系考辨、家

传、仕宦录、科第录、著述录、艺文志、祠宇志、家墓志、族规家法、五服图、族产、派语、领谱号等等，这些记载比较真实地反映了历史面貌、时代精神和社会风尚，是研究社会历史的资料来源。梁启超对族谱的史料价值评价很高。他在《中国近三百年学术史》中写道：

> 族姓之谱……实重要史料之一。例如欲考族制组织法，欲考各时代各地方婚姻、平均年龄、平均寿数，欲考父母两系遗传，欲考男女产生比例，欲考出生率与死亡率比较……等等无数问题，恐除族谱家谱外，更无他途可以得资料。我国乡乡家家皆有谱，实可谓史界瑰宝。将来有国立大学图书馆，能尽集天下之家谱，俾学者分科研究，实不朽之盛业也。

著名史学家顾颉刚指出：我国的历史资料，浩如烟海。但尚有两个金矿未曾开发，一为方志，一为族谱。"[1]对于身居异国他乡的炎黄子孙来说，族谱是把他们与祖国连接起来的桥梁和纽带，是他们"寻根谒祖"、"认祖归宗"的凭据。诺贝尔奖获得者、著名美籍华人学者李远哲博士，万里迢迢来寻故地，几经周折，最后还是凭借族谱的记载，在明代思想家李贽的故乡——南安县格桥村，找到了自己的"根"。世居新加坡的郭子仪后裔郭明星先生，在山西省社会科学院"家谱资料研究中心"查到自己始迁祖的名字时，高兴地跳了起来。

综上所述不难看出，《中华族谱集成》的问世，确实是我国学术界的一件盛事，它为我国的文献宝库又增添了一部大型补白史籍。《中华族谱集成》以古今《万姓统谱》打头，意在统率全书。古今《万姓统谱》是明万历年间工部员外郎凌迪知编修的。其时，统谱已相当流行。古今《万姓统谱》乃是汇总统谱的统谱，凌迪知在自序中写道：

> 余读眉山苏氏族谱引，感而辑姓谱云。……苏氏自谓观吾谱者，油然而生孝悌之心焉。夫天下，家积也。谱可联家矣，则联天下为一家者，盖以天下之姓谱。

---

① 转引自朱士嘉：《中国地方志综录·序》。

又曰：

……岂知万千一木，万派一源也。考之《世谱》曰，五帝三王，无非出于黄帝之后，黄帝二十五子，而得姓者十四，德同者姓同，德异者姓异。则知凡有生者，皆一人之身所分也……知此，则联天下为一家，反掌耳，故观吾之姓谱者，孝悌之心或亦可以油然而生矣，此余辑谱意也。

由此可见，凌迪知编修古今《万姓统谱》的宗旨，就是要联天下为一家的。这种说法，虽然古已有之，但把天下万姓用世系形式说明皆出自黄帝一人之身，并把这种观点普及于千家万户，几乎是家喻户晓，无人不知，则是同古今《万姓统谱》的编修和刊行分不开的。正因为古今《万姓统谱》产生了广泛而深远的影响，所以它极大地增强了中华民族的向心力和凝聚力。

《中华族谱集成》在编纂过程中，山西省社会科学院的领导和图书馆有关部门，巴蜀书社的领导和有关方面，都给予了极大的支持和帮助，在此一并致以衷心的感谢。

由于我们是首次编纂大型的族谱集成，没有先例可资借鉴，加之水平有限，时间仓促，不妥和疏漏之处，恳请海内外大方之家批评指正。

（原载《中华族谱集成》，巴蜀书社1995年版。与武新立、林万青合作）

王氏族谱编选说明

王氏为姓，意指"帝王之裔"或"王家之后"。自黄帝子孙而言，王姓有三大系列：其一是子姓之王，出自殷王子比干之后，居于汲郡（河南卫辉）等地。其二是妫姓之王，出自帝舜之后，居于陈留（河南）、北海（山东）等地。其三是姬姓之王，出自周天子之后，又分三派：（一）周文王第十五子毕公高之后裔毕万，封于魏，为晋国诸侯，至王假为秦所灭，子孙分散，时人号曰"王家"，是为王氏，居于京兆（西安）、河间（河北）等地；（二）周考王封其弟揭，于河南王城，是为王氏；（三）周灵王太子晋之后裔，居于太原（山西）、琅琊（山东）、固始（河南）以及福建等地。这一派人数最多，分布最广，影响最大，王姓人口中十之七八属于这一派。所以，宋代欧阳修《新唐书·宰相世系表》曰："王氏出自姬姓。周灵王太子晋以直谏废为庶人，其子宗敬为司徒，时人号曰'王家'，因以为氏。"

现存的私修族谱，是自宋代开始按照欧阳修（1007—1072）和苏洵（1009—1066）创立的"欧苏谱例"编修的，绝大多数王氏族谱都尊奉周灵王太子晋为王氏开宗立姓之始祖。

王姓在我国历史上是一个人才辈出的大家族。据统计，在一百个大姓中，王姓家族历代所涌现出的名人总数，居于各姓氏之首。

　　早在西汉昭宣时期，博士谏大夫、经学名家王吉，就为琅琊王氏的显贵奠定了基业。王吉祖孙三代，禄位弥重，"有累世之美"称号，开创了琅琊王氏显贵的先河。到了西晋，王祥位居三公，王戎、王衍先后出任宰相，大大提高了琅琊王氏家族的声望。东晋初，由于王导功勋卓著，担任宰相居中秉政，形成了"王与马，共天下"的局面，这是琅琊王氏势力达到顶峰的标志，同时也是琅琊王氏成为天下第一望族的标志。

　　太原王氏也是特别显赫的。早在北朝以至隋唐时期，太原王氏就与清河崔氏、范阳卢氏、陇西李氏、荥阳郑氏，合称天下五大望族。在唐代，又有"钑镂王家"之称。由于太原王氏名声显赫，历史悠久，很多其他支系的王氏后代，也将自己的家世归系于太原王氏之下，以至形成"天下王姓出太原"之说。太原王氏主要有祁县和晋阳两支。王霸长子名殷，后汉时任中山太守，食邑祁县，是为祁县王氏。殷五世孙王允，汉献帝时任司徒、守尚书令。王允兄子王凌，显贵于三国曹魏之时。王玄谟在南朝宋孝武帝时，官至顾命大臣，其后家世相传，显于南朝。在北朝，祁县王氏有历仕西魏、北周以及隋朝的王庆父子，王庆父王因，魏州刺史。王庆，隋上柱国，封平昌郡公。隋代还有著名儒学家王通，唐初有著名文学家王绩、王勃等。太原王氏晋阳支，在东汉灵帝时，王柔、王泽兄弟，分别官至北中郎将和代郡太守，奠定了晋阳王氏显贵的基业。王柔子王机，仕魏，官至东郡太守；王泽子王昶，仕魏，官至司空。西晋时，王柔之孙王沈，官至司空，封博陵郡公；沈子浚，官至大司马。父子皆登三公之高位。王昶之子王浑，官至司徒；王浑子王济，被晋武帝召为驸马，官至骠骑将军。西晋时期是太原王氏晋阳支的黄金时代。东晋时，晋阳王氏依然是名门望族。例如，王述，官至散骑常侍、尚书令；王坦之，官至中书令；王蕴，官至尚书左仆射；王国宝，官至中书令、尚书左仆射；王恭，官至中书令，领太子詹事，诏赠侍中、太保，谥曰忠简，等等。在唐代，太宗时，有宰相王珪；玄宗时，有宰相王晙；代宗时，有宰相王缙；宪宗时，有宰相王涯；文宗时，有宰相王播；僖宗时，有宰相王铎；昭宗时，有宰相王溥。在宋代，有步军副都指挥王信，秘书监王子韶。在明代，有

吏部尚书王琼，等等。

开闽王氏，是闽、粤、港、台以及海外王氏所共祖的东南巨族。开闽王氏都尊王审知为"开闽第一人。"王审知当权期间，为开发闽地作出了杰出贡献，去世后，谥为"忠懿"。后来，其子建号称帝，建立闽国，追认王审知为昭武孝皇帝，庙号太祖。宋太祖得天下后，十分敬仰王审知的德政，御笔亲题"八闽人祖"四字庙额。从此，闽人对王审知更加推崇。不论王氏宗祠还是私人宅第，所悬门灯，都写"开闽第一"。民间崇拜王审知的建筑，犹如雨后春笋，所在多有，视之如神。由福建徙居港、台以及东南亚各地的王氏后裔，都尊奉王审知为他们之先祖。

三槐王氏，是以堂号闻名天下的王氏宗族中最为显赫的一支。三槐王氏兴起于唐末五代之世，初居大名府莘县。王彻之子王祐（亦作王祐），字景叔，北宋初，历仕宋太祖、太宗两朝。宋太祖时，王祐任监察御史。太祖委派他查处原大名镇守符彦卿图谋不轨事，并许诺事成回朝后升任宰相。王祐经过认真调查后，竟以一家百口担保符彦卿无罪。不料，宋太祖大怒，立即降他为行军司马，安置华州。宋太宗即位后，又重新起用他，并拜他为兵部侍郎。王祐在所居庭院中，亲手种植了三棵槐树，并预言："吾之后世，必有为三公者，此其所以志也。"其后，他的次子王旦，果然做了宋真宗的宰相，位居三公之首。从此，王祐子孙，居官要职，成为宋代一大贵族。宋代以后，三槐王氏更是枝繁叶茂，子孙遍布海内外，成为王氏家族中赫赫有名的一支。

《中华族谱集成》收入具有代表性的王氏族谱二十种，编为二十册，兹简介如下：

王氏第一册，收录明嘉靖《新安琅琊王氏统宗世谱》十卷首一卷、清同治《太原王杨氏支谱》首一卷至九卷。

《新安琅琊王氏统宗世谱》十卷首一卷，明王应斗修，嘉靖三十九年（1560）刻本，原装五册。该谱以璧为一世祖。璧公，字大献，生于唐武宗会昌五年（845），以金紫光禄大夫检校兵部尚书，出为祁门令，遂由江左徙居新安，是为祁门新安王氏始迁祖。璧公乃晋丞相王导之后裔。璧公有九子二十三孙，人才辈出，徙居他乡。徽州、池州、饶州、九江、安庆等地之王氏名门望族，多属其后裔。江左王氏自导公始，而王导又是琅琊王氏之后裔，所以该谱取名《新安琅琊王氏统宗世谱》。

《太原王杨氏支谱》二十五卷首一卷末一卷，本册收录首一卷及第一至第九卷。该谱由清代王际春等修，同治五年（1866）敦睦堂刻本，原装二十八册。该谱以富春公为始迁祖。富春公，太原王氏之后裔。隋文帝时，富春公先祖王杰以开国勋封安康侯，赐国姓曰杨，遂称王杨氏。称"王"者，不忘其祖；称"杨"者，不背其君。王杰之十世孙王允，由太原迁居豫章。传至富春公，徙居鄱阳瓦屑坝。富春生昌国，昌国生自戌、得戌，从此鄱阳王杨氏遂分为两支。元末战乱，陈友谅肆毒鄱阳，遂渡江来皖（汉置皖县，元改置潜山县，清属安徽安庆府），祖二公徙居潜之东关，祖五公徙居西门，其余侄子兄弟亦相继而来，或分居六皖，或散处邻邦。明嘉靖间，藻公出任江西新奉令，过旧宗庙，携旧谱归，与大仕公始修支谱。其后，康熙、嘉庆、道光、同治间，又多次重修。王杨氏徙潜之后，以忠信仁厚著称，文章之士亦代不乏人，遂为潜之望族。

王氏第二册，接前册收录《太原王杨氏支谱》第十卷至二十五卷及末一卷。

王氏第三册，收录清道光《王氏家谱》六卷、清嘉庆《洪洞薄村十甲王氏族谱》二十七卷首末各一卷、清乾隆《王氏族谱》二十卷。

《王氏家谱》六卷，清王道隆、王道彰等修，道光二十八年（1848）抄本，原装六册。该谱以奎公为一世祖。王奎于元世祖年间由洪洞迁居寿阳上谷村（后改上峪镇），生有三子：长曰义、次曰和、三曰顺。后长子义公复归原郡，和公、顺公世居上谷。历三世而修坟建塔，刻碑立石，世系宗图，俱刻于上。乾隆五十五年（1790），始修家谱。道光年间，王道隆、王道彰兄弟复聚宗人，远搜近考，十易寒暑，修成是谱。

《洪洞薄村十甲王氏族谱》二十七卷首末各一卷，清王楷苏、王楷欧等编修，嘉庆二年（1797）刻本，原装十册。该谱以子文公为一世祖。子文公于明初自陕西西安府三原县徙居山西平阳府洪洞县涧水东南汉太后故

里薄村。该谱据旧谱而续修。而旧谱由十世祖维垣公所修，十一世祖懋公增而刊之。王楷苏采辑先人轶事及世系图，参阅史籍加以考订，数易其稿，始成此谱。

灵石《王氏家谱》二十卷，清王梦鹏、王中极父子修，乾隆五十五年（1790）存厚堂刻本。该谱以诚斋公为一世祖。诚斋公，名实，字诚斋，元仁宗时人。望出太原，世居灵石沟营村，元仁宗皇庆年间（1312—1313）迁本邑静升村。宗支繁衍，渐成巨族，遂尊诚斋公为一世祖。康熙二十七年（1688），十三世孙王尔康始修其谱。乾隆十九年（1754），十五世孙王梦鹏以康熙本为蓝本，编修族谱，并令其子王中极抄录。不幸谱未竣，梦鹏病逝。中极继承父业，详加考订，乾隆五十年（1785）刻印问世。从康熙时王尔康始修到乾隆末王中极定稿刻印，历时一百余年。

王氏第四册，收录明天启《王谢世家谱》六册、民国《牛皋岭下王氏宗谱》第一至第十二册。

《王谢世家谱》六册，明韩昌箕纂，天启二年（1622）刻本。该谱以人物传记为主，系据多种史籍辑录而成。王谢两族是六朝时代的名门望族，爵位蝉联，文武相继，东南半壁，力保正始。两家私谱，具存国史，有很高的史料价值。

《牛皋岭下王氏宗谱》二十六册，本册收录第一至十二册。民国王念学等修，民国二十五年（1936）刻本。该谱以周灵王太子晋为开宗立姓之始祖，以汉五公为牛皋岭下王氏一世祖。明永乐年间，汉五公奉太夫人由梓里迁居牛皋岭，其时此地荒无人烟，不通舟楫。经数代开垦，始成沃土。该谱为第八次续修宗谱。谱序、传记、行述、墓志、祭文、杂记等占了很大部分，资料丰富，内容翔实。

王氏第五册，除收录《牛皋岭下王氏宗谱》第十三至二十六册外，还收录了清宣统《黄县太原王氏族谱》。《黄县太原王氏族谱》六册，清王基鸿、王慕增等修，宣统元年（1909）刻本，原装八册。该谱以二公（失名）为一世祖。二公乃太原王氏后裔，徙居直隶长芦。元朝末年，二公与胞兄大公同迁黄县，后大公怀旧土旋归，二公居黄县创业。二公生敬礼，

敬礼生胜，胜生友、信、忠、诚四子。该谱即以友、信、忠、诚为四大支，分别编修。明中叶始修传抄谱，乾隆二十一年（1756）付梓，嘉庆二十一年（1816）重修。同治间再修中辍，光绪三十二年（1906），王基鸿等续修，越二年谱成，宣统元年（1909）刻印。

王氏第六册，收录清光绪《高仓王氏族谱》十卷、清道光《开闽忠懿王氏族谱》不分卷。

《高仓王氏族谱》十卷，清王佐柳、王佐基等修，光绪二十二年（1896）三槐堂刻本，原装十册。该谱以仕魁公为一世祖。仕魁公乃三槐王氏始祖王祐之后裔。王祐，字景叔，唐末宋初时人，历事后晋、后周和北宋。祐公曾亲植三槐于庭院，象征子孙必有为三公者。其子王旦，果为宋真宗时宰相；其孙王素为宋仁宗时工部尚书；其曾孙王巩，文采风流，为时尚所宗，与苏轼友善。苏轼遂作《三槐堂铭》，自此，"三槐王氏"扬名天下。仕魁公生于元末，明洪武时，自江西泰和徙居高仓，其后子繁衍，星居而为五族。清乾隆年间，始草修宗谱，道光二十二年（1842）刻印，光绪时续修，是为刻谱。

《开闽忠懿王氏族谱》不分卷，清道光六年（1826）王以镜等修，咸丰六年（1856）王嵩龄增补、刻印。该谱以王审知为一世祖。王审知，字信通，其先世为琅琊人，系周灵王太子晋之后裔。王审知高祖晔公，因做官徙居光州固始，三传至恁公，生三子，长曰潮，次曰审邦，再次曰审知。唐末，审知公随其兄入闽，他在开发和治理福建期间，贡献突出，被尊为"开闽第一"。其后，审知公子孙先后称闽国皇帝，并追谥审知公为开国之君，故后人尊审知公为开闽王氏之祖。其后裔遍布福建、广东、香港、台湾等地以及泰国、缅甸、新加坡、马来西亚等国，成为东南沿海及海外侨胞中影响很大的一个王氏宗族。

王氏第七册，收录清光绪《延政王氏宗谱》十四卷首一卷，清王庆洪等修，光绪十九年（1893）昆陵西宅刻本，原装二十七册。该谱以希古公为一世祖。希古公，名贤，字希古。时值元末战乱，隐居不仕。明洪武初，以布衣献太平策，被器重，命入应天府儒学，授安东知县。希古系三

槐始祖王祜之后裔。王祜，字景叔，有三子：长曰懿、字文德，知袁州，有政绩；次曰旦，字子明，宋真宗时宰相；三曰旭，字仲明，由兵部郎中出知应天府。旭之后裔随宋高宗南渡，路经常州武进，喜该地民风醇厚，遂定居武进县延政郑墅里。王希古，即旭公之后裔。《延政王氏宗谱》即三槐堂旭公派之宗谱。该谱对三槐名人，记载甚详。明正德十五年（1520），六世孙王忱首次编修，其后明嘉靖十四年（1535）、万历十年（1582）、崇祯十年（1637）、清康熙三十二年（1693）、雍正十一年（1733）、乾隆四十六年（1781）、嘉庆十六年（1811）、道光二十五年（1845），以及光绪十九年（1893），又先后九次重修。该谱保存了历次修谱的珍贵资料。

王氏第八册，收录民国《暨阳梓里王氏宗谱》八卷、清宣统《凤林王氏宗谱》九卷。

《暨阳梓里王氏宗谱》八卷，民国王春校等修，民国五年（1916）三槐堂铅印本，原装八册。该谱以混公为暨阳王氏一世祖。混公是世居琅琊历封嘉国公王融之后裔。王融，字子春。宋太祖建隆元年（960），混公官江东大将军，自山阴徙居暨阳，是为暨阳一世祖。混公九世孙文炳，字伍四，南宋宝祐进士，任潼州刺史，致仕归家，览胜九江，卜居中段，是为梓里王氏之祖。文炳公兄弟七人，该谱所载仅文炳公和文焴公两派之后裔。

《凤林王氏宗谱》十卷，清王宅心、王纲华等修，宣统二年（1910）铅印本，原装十册。该谱以彦超公为一世祖。王彦超，其先世为太原人，五代时仕吴越，为越州节度使，封邠国公。因避乱，由会稽徙居义乌凤林，世称凤林王氏。彦超公，有三子：长曰棣，次曰标，三曰集。次子标再传而徙居浦江，三子集再传而徙居金华。长子棣居凤林，六传而徙沙溪，十四传至南陵公时，彦超公后裔已析为八派，南陵派为八派之长。南陵公，名炎泽，字威仲，号南陵。仕元，为书院山长，后弃官而归。据沙溪谱系及所辑资料，修为谱图一卷。此即《凤林王氏宗谱》编修之始。其后，明清两代，多次重修。宣统《凤林王氏宗谱》，集历次修谱之大成，

分类甚详，计有谱序类、封诰类、像赞类、祝吊类、铭记类、疏议类、诗赋类、约札类、杂著类、祭产类、墓图类等。

王氏第九册至十三册，收录清光绪《王氏三沙全谱》，不分卷，清王钟、王承烈、王锡骥等编修，光绪五年（1879）三槐堂铅印本，原装一百二十二册。该谱以皋公为一世祖。王皋（1081—1146），字子高，宋宰相王旦之曾孙，懿敏公王素之孙，诗人王巩之第四子。世居汴东开封府。建炎初，王皋扈宋高宗南渡有功，拜殿帅府太尉。因与时政不合，遂隐居苏之荻扁，是为南迁第一世祖。皋公三子：长曰易，字吾置，袭授殿帅府太尉，徙居昆山沙头，是为东沙王氏始祖，子孙散居海虞、太仓、澄江等处，旧谱称公有启圣开灵之德，耕钓不求闻达，坦然有肥遁之风；次曰铎，字吾伍，官尚书郎，守太傅公遗业，居苏荻川，为中沙王氏始祖；三曰胤，亦作允，字吾曾，官礼部尚书、集贤殿大学士，徙居无锡沙头，是为西沙王氏始祖。东沙、中沙、西沙，合称三沙王氏。故该谱名曰《王氏三沙统谱》，亦称《王氏三沙全谱》。该谱始修于咸丰五年（1855），历时二十余年，光绪五年（1879）告成。该谱规模宏大，取材广泛，支系繁多，内容翔实。其要目有谱序、世宝、名贤、凡例、谱跋、像赞、祠堂图、坟图、诰敕、家传、史传、支谱序、支系表、世表总目、支派目录、东沙记派、中沙记派、西沙记派等，其中，载有东沙王氏五十一支，中沙王氏二十七支，西沙王氏一百五十二支。

王氏第十四至十五册，收录民国《润东苦竹王氏族谱》三十二卷，民国初王振泽等修，民国二年（1913）宗德堂铅印本，原装三十二册。该谱以六一公为润东苦竹一世祖。六一公，乃唐末王璧（字大献）之十世孙。王璧世居徽州祁门苦竹港，迄宋高宗南渡，六一公迁居京江润东，但仍用旧居原名苦竹，是为润东苦竹王氏一世祖。该谱以周灵王太子晋为王氏开宗立姓之始祖，自晋公至五十六世以上即六一公以上，列为外纪，并有世系图及谱传；自六一公始，列为内纪。其后，子孙繁衍，支派增多，遂以"勤学扬名力田务本"八字分为八派，各题一字，记载宗谱，世系分明，序次井然。第十四册收录卷之一至卷之十五，第十五册收录卷之十六至三

十二。

王氏第十六册及第十七册前部，收录清宣统题名《太原家谱》，实为《洞庭王氏家谱》二十八卷首末各一卷，清末王熙桂、叶耀元等修，宣统三年（1911）铅印本，原装三十册。该谱以百八公为洞庭王氏一世祖。宋高宗南渡，百八公卜居洞庭东山，是为洞庭王氏始祖。溯其渊源，乃太原王氏后裔，故谱名曰《太原家谱》。百八公十传至王鏊。王鏊（1450—1524），字济之，明成化进士，正德初，官户部尚书兼文渊阁大学士。时刘瑾用事，大学士焦芳趋附，乃去官。家居十四年，廷臣交荐不起。博学有识，尚经术，文章明畅，使弘治、正德向文体为之一变。嘉靖三年（1524）卒，赠太傅，谥文恪。其父名琬，字朝用，官湖广光化县尹，始倡修其家谱，王鏊继之。《洞庭王氏家谱》，即是王氏鏊之后裔以王鏊为轴心编修的，王鏊之曾祖伯英、祖父惟道、父亲朝用，皆以王鏊显贵赠光禄大夫、柱国、少傅等头衔。清末东阁大学士陆润庠，还为该谱撰序。第十六册收录该谱卷首及卷一至卷十七，第十七册收录卷十八至卷二十八及卷末。

王氏第十七册后半部，收录民国《晋陵夹城王氏五修宗谱》八卷，民国王家璞、黄绮等同修，民国三十七年（1948）继序堂刻本，原装六册。该谱以东岭公为一世祖，东岭公，名有亨，字世伯，号东岭，宋高宗南渡，东岭公徙居常州，是为迁常始祖。东岭公十三传，至思莱公。思莱公，名准，字思莱，由垂虹徙居东郊之夹城，是为迁夹城之祖。思莱公有三子：长曰模，次曰柬，三曰棠，是为夹城王氏之三派。其后，又以居地分为五大支：即后卷、下塘、上塘、前卷、杏圩，该谱即是按此五大支编修的。该谱卷一为谱序，卷二为始迁祖世系图、表，卷三为后卷世系图、表，卷四为下塘世系图、表及上塘世系图、表，卷五为前卷世系图、表，卷六为杏圩世系图、表，卷七为祠事志，卷八为杂录。层次分明，纲目清晰。

王氏第十八册，收录民国《双杉王氏支谱》二十卷，民国王申农等修，民国三十五年（１９４６）孝睦堂铅印本，原装十六册。该谱以双杉

公为婺邑王氏一世祖。双杉公，名瑜，字信之，号双杉居士，唐左散骑常侍、江南西道观察使王仲舒之孙、郎中知制诰贞公之子。双杉公自幼从祖父宦游江南，与江南诗人结为社友。唐末，双杉公由宣州徙居婺邑，是为迁婺始祖。双杉公四传，分为四派，其后又各分为若干支。该谱按世系、分支派进行编修。卷一为序和凡例，卷二为始祖迁婺本末，卷三为世派祖源及一世至二十世，卷四为二十一世至二十五世，卷五、卷六、卷七、卷八为二十六世至三十世，卷九、卷十、卷十一、卷十二、卷十三、卷十四为三十一世至三十五世，卷十五为三十六世至四十世，卷十六为祠规，卷十七为文汇总览，卷十八为敕谕，卷十九为像赞、神道碑、墓志铭等，卷二十为茔墓图等。

王氏第十九册及二十册前部，收录清光绪《留田王氏五修族谱》三十四卷，清王序畲、王序敏等修，光绪六年（1880）刻本，原装三十四册。该谱以子名公为中湘留田王氏始祖。子名公，名祥，字子名，吉安府太和县人。明洪武间，徙居湖广长沙府湘潭留田，是为留田王氏始祖。子名公有一子，名俊，字远万。俊生四子：长曰景铭，做官四川，遂徙居四川；次曰景章，字明表，居留田；三曰景春，徙居南京；四曰景华，字祝康，居留田。留田王氏，实系景章、景华两房之后裔。五世之后，生齿日繁，人才辈出，成为湘潭之望族。该谱卷一为序、目录、条例、宗祠图、留田全图、燕子巖图、寿考、科名、义举、庙宇等，卷二为溯源记及一至十二派齿录，卷三至卷三十三，为十二世以下各房世系齿录，卷三十四为宗祠、契据、跋。

王氏第二十册之后半部，收录民国《王氏宗谱》七卷首三卷，民国王家宾等修，民国二十九年（1940）三槐堂刻本，原装十册。该谱传宗公为一世祖。王传宗，三槐堂王氏后裔，原籍江西吉安府吉水县，元末战乱，传宗公由江西迁楚北汉川，是为楚北汉川三槐王一世祖。传宗公有三子：长曰瀛洲，次曰洋宝，三曰允槐。洋宝居官湖广，居兴家村；瀛洲徙居养鱼铺；允槐徙居曾家泾，鼎足分居。其后，子孙繁衍，支派日多。瀛洲公后裔由养鱼铺有迁赵家山者，有迁前河岭者，有迁小湾与喝城者，此即大

房之分支；洋宝公后裔有迁郭家岭者，有迁三屋湾者，有迁七屋湾与涢口者，此即二房之分支；允槐公后裔历十四传自恩公分支，迁居高岭村。该谱卷首又分上中下三部分，备载谱序、凡例、宗约、宗派、家传、修祠、纂谱、服制、艺文等项，卷一至卷七，备载各房世系。

（原载《中华族谱集成》王氏谱卷第一册，巴蜀书社1995年出版）

张氏族谱编选说明

张姓是我国人数众多、分布极广的大姓之一。据统计，约一亿人左右，相当于英、法两国人口之总和。就起源而言，长达五千多年，其间，迁徙、变化错综复杂。流行较广的是始祖挥公说。唐代林宝《元和姓纂》载：

黄帝第五子少昊青阳生挥，为弓正，观弧星，始制弓矢，因姓张氏。

北宋欧阳修主修的《新唐书·宰相世系表》载：

张氏出自姬姓。黄帝子少昊青阳第五子挥为弓正，始制弓矢，子孙赐姓张氏。周宣王时有卿士张仲，其后裔事晋为大夫。张侯生老，老生趯，趯生骼。至三卿分晋，张氏仕韩。韩相张开地，生平，凡相五君。平生良，字子房，汉留文成侯。

欧阳修(1007—1072)是著名的史学家、文学家、谱学家，他和苏洵(1009—1066)创立的"欧苏体例"，为后世修谱所效法。挥公为张氏开宗立姓之始祖说，同欧阳修的名字一起，伴随私修族谱的盛行，便广泛流传开来。现存的张氏族谱，基本上都是明清时期编修的，大都尊奉挥公为张氏开宗立姓之始祖，是汉留文成侯张良之后裔。到汉代，张氏已发展成为人口众多、地位显贵的巨族大姓。在唐代，被列为十大"国柱"之姓。明代嘉靖年间，张宪、张阳辉主修《张氏统宗世谱》之《本源纪》载："尹城

派，始祖挥公，受封之国在山西太原府属之地……鲁国派，在山东兖州府曲阜所蜀之地……派出尹城。曲沃派，在山西平阳府城南一百二十里，古冀州之域……派出鲁国。禀延派，在河南开封府城西北九十里……派出曲沃。"

上述记载表明，鲁国派源于尹城派，曲沃派又源于鲁国派，禀延派则源于曲沃派。可见，太原尹城即是张氏开宗立姓之处，挥公即为张氏开宗立姓之始祖。明嘉靖《张氏统宗世谱》在《内纪》中记载了直接或间接源于太原尹城的衍派达117支之多。列为《内纪》之首的《元会》共18派。其后便是按地域分布记载的迁往安徽、江西、江苏、湖广、四川、浙江等地的衍派。清乾隆《清河张氏宗谱·古今世表图》载："挥，封国尹城，在山西太原府。"嘉庆《张氏合修家谱·宗庙》载："始赐姓张挥公，庙在山西太原府太原县尹城里。"《旌阳张氏通修宗谱·本源宗支》载："尹城派始祖挥公，所居之地在山西太原府太原县，有庙存焉。"该谱《本源纪》又载："受姓始祖挥，黄帝第三妃彤鱼氏所生，为弓正，观弧星始制弓矢，赐姓张氏。居尹城，国封青阳。"光绪《清河张氏宗谱》亦载，张氏源于太原尹城，挥公乃尹城派之始祖。该谱按地域记载了源于太原尹城，其后辗转迁居各地之衍派231个，较之明嘉靖《张氏统宗世谱》所举之117派，增加了近一倍。

在我国历史上，张姓没有建立统一的国家政权，因而不像汉、唐、宋、明王朝那样，将刘、李、赵、朱"国姓"作为一种荣耀赏赐给他姓之人，使其归附于"国姓"旗帜下。仅祇在特殊情况下，或因勇猛赐姓为"张"，如朱元璋赐伯颜帖木儿为张姓；或因特殊需要更姓为"张"者，例如，第十三至十四册所收录的《横峰张氏宗谱》，始祖长乙公，原本姓胡，明洪武初由饶州鄱阳徙居桐西横峰后，因编户受田时，寄籍清河张氏户下，遂更姓曰张。此外，北朝胡姓在改为汉姓过程中，亦有更姓为"张"者，但为数并不很多。

在人数众多的张氏家族中，养育了无数的杰出人物，诸如赵之张孟谈，韩之张开地、张平，汉代之留侯张良、宰相张苍、张安世、张纯、张

醑，唐代之宰相张柬之、张说、张嘉贞、张延赏、张弘靖、张九龄、张仁愿、张镒、张锡、张文瓘、张文蔚、张浚、张行成、张大安、张镐，宋代宰相张齐贤、张知白、张士逊、张商英、张浚，金代宰相张浩，明代宰相张居正，清代宰相张玉书等。历朝忠义名臣，层出不穷。诸如，百折不挠开通西域之张骞，桃园三结义中的张飞，岳家军名将张宪，宁死不屈的张世杰等等。此外，以孝著称的张仲，发明地动仪的张衡，"医圣"张仲景，天文学家张子信，画家张择端，理学家、"关中学派"创始人张载，湖湘学派大师张栻，史学家张廷玉等等，都是名垂青史的人物。

《中华族谱集成》收录张姓族谱22种，编为20册。兹将各册所收录的张氏族谱介绍如下：

第一册，收录明嘉靖《张氏统宗世谱》21卷，张宪、张阳辉主修，明嘉靖十四年（1535）刻本，原装10册。该谱以汉留侯张良为一世祖，上溯张氏开宗立姓之始祖张挥，下迄明中叶播迁各地之衍派117支。从地域分布来看，主要集中于江西和南直隶。其中江西44支，南直隶52支。而江西集中于饶州府，计有43支；南直隶集中于徽州府，计有40支。这种状况同修谱者的籍贯是分不开的。该谱主修张宪、张阳辉都是徽州府人；同修共有32人，其中徽州府21人，饶州府10人。可见，该谱就是以徽州府和饶州府为主编修的。该谱对117支衍派的渊源作了具体记载，追根溯源，太原尹城为始祖张挥受封之地，明嘉靖年间修谱时，太原仍有庙存焉。该谱还绘有《张氏古今迁居地理图》，前有序文，称"统谱今以自尹城、自鲁国、自曲沃、自陈留，而再襄国、再吴郡、再金华之迁派，参考《方舆胜览》、《禹贡九州》、《皇明大一统志》诸图书，列于图而志之。譬之江河之行地，脉络贯通。俾观谱者，知某邑古今属某部，某人古今迁某处。因地以著姓，缘族以笃亲，未必不由是图而启其统宗之恩也钦"！该图还在山西部分太原县境绘有"台骀公庙"，即张氏之祖庙。

第二册，收录清光绪《旌阳张氏通修宗谱》上中下三卷，上卷又分之一、之二，中卷又分之一、之二、之三，下卷又分之一、之二、之三、之四。张庆彬等修，光绪二十六年（1900）永思堂刻本，原装20册。该谱对

张氏起源、播迁及衍派，记载甚详。该谱以大卿公为一世祖，取名《旌阳张氏通修宗谱》，旨在联络散居于各地的大卿公之后裔。该谱上卷之一为谱序、凡例、家规、得姓郡望、统宗古今迁居地舆图、嘉会派源流、本源宗支（共121派），上卷之二为本源纪；中卷之一至四为嘉会、塘冲、进坊各房以及各支之世系；下卷之一、之二为列传，下卷之三为墓图、墓志铭、祭田以及通修宗谱跋等。

第三、四、五及第六册的前半部，收录民国《锡山张氏通谱》42卷，张铁欧、张鉴等修，民国十二年（1923）锡山宗祠寿康堂铅印本，共74册。该谱是北宋哲学家、"关中学派"创立者张载之族谱。张载（1020—1077），字子厚。汉留侯张良之后裔，唐太宗时员外郎闻斯公之十四世孙。张载的先世世居大梁，其祖父名复，宋真宗时任给事中。其父名迪，宋仁宗时任殿中丞、知涪州（今四川涪陵）事，后做官陕西，徙居凤翔眉县（陕西眉县）横渠镇。张载，嘉祐进士，官祁州司法参军、云岩令。后以疾屏居南山下，终日危坐一室，俯而读，仰而思，有得则识之，或午夜取烛以书。在自然科学方面亦有很高造诣，所以能提出一些具有唯物主义思想的命题，从而创立了与洛学并行的"关中学派"，因世居横渠，人称"横渠先生"。其子名因，字文益，官员外郎；其孙名京，字正之，官兵部郎中；其三世孙名楷，字楚昭，官乐平令，随宋室南渡，徙居江南，因与主和宰相不合，弃官家居，占籍歙县。至横渠公八世孙德庆公，始由歙县徙居锡山，故该谱以德庆公为锡山张氏之一世祖。该谱卷一为谱序、凡例、家规等，卷二为列传、行状、墓志铭等，卷三为像赞，卷四为诰敕，卷五为皇帝赐诗及皇子皇孙和文属公之诗，卷六为严泰公和文恪公之诗集，卷七至卷八为各支序传、墓志铭、坟茔图等，卷九至卷四十二为各支世系。该谱以德庆公为始祖，旨在联络由锡山徙居姑苏、徐州、宜兴、荆襄、虞山、昆陵等地之张氏后裔。

第六册的后半部，收录清光绪《张氏通谱》八卷，清道光《定阳张氏族谱》四卷。

光绪《张氏通谱》八卷，张而昌修，张铣寿校订，清光绪二年

（1876）岭东使署刻本，分装八册。该谱以张栻为一世祖。栻公（1133—1180），字敬夫，号南轩。宋高宗时宰相张浚之长子，唐相张九龄之弟九皋公之裔孙。浚公力主抗金，因收复中原壮志未酬，无颜见列祖列宗于地下，乃嘱咐死后葬于潭州宁乡（今属湖南），栻公遵嘱而行，并定居于此，死后亦附葬于此，故曰栻公生于蜀而长于湘，称得上是湖南人。他幼承家学，秉承父志，力主抗金，反对议和。年三十时以荫补官，协助其父主持抗金北伐之事，历任直秘阁、吏部郎兼起居郎侍讲、秘阁修撰等职，先后知严州（今属浙江）、袁州（今属江西）、静江（今属广西）、江陵（今属湖北）诸州府，前后居地方官十余年。每到一地，都能"问民疾苦"，访求"利病"，改革弊政，提倡兴学，多有政绩，受到民众的拥护。淳熙八年（1180），因病过早地离开人世，年仅48岁。但他在学术上的成就和影响却很大，至今在千年学府岳麓书院中还有专门祭祀他和朱熹的祠堂。绍兴三十二年（1162），栻公29岁，遵父命至衡山文定公书堂正式拜胡宏为师，攻读理学。因学习勤奋，见解非凡，深受师长器重。胡宏高兴地说："圣门有人，吾道幸矣"！学成，在潭州（今长沙）城南建城南书院以传师说。乾道初（1165—1173），他应湖南安抚使刘珙之邀，主讲于岳麓书院。其时胡宏师已谢世，胡宏的门下弟子求学于岳麓书院者络绎不绝。当时就有"道林（寺）三百众，（岳麓）书院一千徒"的时谚。岳麓书院遂成为影响最大的学术中心。就连集理学之大成的朱熹亦闻名而从福建不远千里来到岳麓书院，与张栻讨论"未发已发"等心性问题。两人抵足夜谈相与论辩，颇为相得。学术史上称曰"朱张会讲"。后来朱熹在回顾这次会讲时说："敬夫所见，造诣卓然，非所可及"。又说："去冬走湖湘，讲论之益不少"。可见朱熹受张栻的影响之大，且得益不少。张栻死后，其诗文由朱熹编定，名曰《南轩文集》，刊行于世。张栻以湘学派大师，名垂青史。该谱卷一为序，计有旧序、纪源、公派语、魏公本传、魏公行略；卷二、卷三为世系；卷四为墓图、祠图、祠田、公牍等；卷五为优免公牍、旌典；卷六为碑文；卷七为列传、节孝、像赞；卷八为艺文、寿文、祠堂总录、跋。该谱以一世祖和二世祖合立为总表，即将浚公长子栻与次

子构并列，称曰大宗合表。构公，字定叟，历官广西经略、江西安抚使，进端明殿大学士，随宋室南渡，定居钱塘。余姚、杭州、鄞县张氏，多为其后裔。栻公有二子：长曰焯，次曰炳。该谱从三世起，均为焯、炳二公之后裔。焯公居宁乡龙塘，被尊为龙塘开基祖。其后裔有世居龙塘者，亦有居官湖北、江西，入籍当地，若干年后又复迁回湖南者。炳公曾东迁浙江，其后裔又迁回湖南。今湖南宁乡、益阳、安化、新化、湘潭、长沙、沅陵、辰州、泸溪、永顺、龙山、衡阳、邵阳、祁阳、永州等地，均有焯房与炳房之后裔。从三世至十二世，分立房谱。溯其源，共祖其祖；分其支，各亲其亲。此为该谱之一大特色。

道光《定阳张氏族谱》四卷，张云遬等修，道光二十六年（1846）刻本，原装四册。定阳张氏出自陇西，明万历三十六年（1608），张颐由陇西徙居山西汾州府介休县西关。该谱以张颐为一世祖，其子名进禄，字锡爵。又由西关迁居城中，生齿日繁，至清代，为一盛族。

第七册，收录清光绪《清河张氏宗谱》、民国《清河世系》及《清河张氏支谱》三种。

光绪《清河张氏宗谱》十三卷首一卷，张廷辉主修，光绪四年（1878）余庆堂刻本，分装十四册。该谱以成业公为一世祖。张成业，名绍祖，唐朝宰相张柬之的后裔，宪宗朝元和进士，官拜江东提刑，居婺州即金华府，后因唐亡弃官迁居衢州府开化县之音铿，是为音铿张氏始祖。今浙江钱塘武林张氏、处州丽水张氏、衢州西安张氏、婺州金华张氏，大都是唐相柬之公之后裔。该谱即浙江衢州开化县音铿张氏宗谱，只是唐相柬之公后裔中的一支。但在这一支中，因人才辈出，显赫青史，遂为天下望族。该谱取名《清河张氏宗谱》，旨在说明音铿张氏乃是清河张氏始祖岱公之后裔。该谱对张氏起源、衍派播迁，记载甚详。该谱卷之首为新序、目录，卷一为凡例、圣谕、祠规、家训、旧谱序等，卷二为诰敕、谢表、列祖遗像、像赞、里居图等，卷三为历代仕宦录、历代宰相录、忠义录、孝友录、文学录、武备录、贞节录、隐逸录、道术录、古今通派考、历代源流考，卷四至卷十为各派世系图，卷十一为各派堂记、寿序、寿

诗、艺文杂著，卷十二为各派坟图、墓志铭、祀产，卷十三为各派支传、行实、名贤录、跋。前引《张氏古今通派分迁地舆图考》（以行省为单位记载张氏播迁各地的230个衍派）即出自该谱。据该谱记载，尹城派始祖挥公，封国太原府太原县，此为天下张氏通派之祖。从张氏开宗立姓始祖挥公算起，至成业公，共历118世；至清光绪三年（1877）止，共历161世。

民国《清河世系》不分卷，张晋昭修，民国八年（1919）刻本，原装一册。该世系以张润为一世祖。张润，字清源，生于明弘治年间（1488—1505），世居吴江。该世系即世居吴江的张润后裔世系。

民国《清河张氏支谱》不分卷，民国铅印本，原装二册。该谱为吴郡张氏支谱。吴郡张氏本出张嵩第四子张睦。张睦，字选公，后汉蜀郡太守，始居吴郡。裔孙张显，齐庐江太守，生绍。张绍，官梁零陵郡太守。其孙名后胤，字嗣宗，国子祭酒，新野康公，以名儒为王者师。五传至张镒，字季权，为唐德宗时宰相。自新野康公后胤，吴郡张氏始扬名天下。自张镒相德宗，吴郡张氏遂与始兴、河东齐名。

第八册，收录清光绪《清河家乘》、乾隆《清河张氏宗谱》两种。

光绪《清河家乘》不分卷，张景云修，光绪二十七年（1901）世美堂刻本，原装四册。该家乘以张宝为一世祖。张宝，字维善，其先世为清河人。自宋南渡，徙居杭州。元末，张宝徙居钱塘南壁里，以孝行举贤良方正。明万历三年（1575），七世祖始修清河家乘。万历四十三年（1615），九世祖重修。入清以后，又五次重修，光绪时刻印。

乾隆《清河张氏宗谱》十六卷首一卷，张日佐等修，乾隆十七年（1752）崇本堂刻本。该谱尊舟十一公为一世祖。舟十一公名保望，字周臣，号舟十一，官奉议大夫、秀州通判，世居杭州。唐末战乱，徙居浮邑洞壶。保望公，即舟十一，乃是唐高宗时名相张文瓘的七世孙。文瓘子名洽，官魏州刺史；孙名宥，官扬州长史；三世孙，名衮，官虢州刺史；四世孙，名载华，官御史中丞；五世孙，名正则；六世孙，名知实，字冠仁；七世孙，名保望，即被该谱尊为一世祖的舟十一公。舟十一公有子

四：长名雄，字君宇，官承奉大夫，迁居休宁杭溪，为杭州张氏始迁祖；次子名伟，字君度，依父居洞壶黄竹洞梅岭；三子名彻，字君胜，又字克明，迁星源甲路，是为甲路（即甲道）张氏之始迁祖；四子名英，字君沮，迁居黄墩，是为黄墩张氏始迁祖。杭旻、洞壶、婺源、黄墩，均为舟十一公之孙。当然也是名相文瓘公之后裔。由于文瓘公和舟十一公，均出自清河东武城张氏，故该谱名曰《清河张氏宗谱》，意为不忘其所出。该谱上接唐相文瓘公，历经宋元明，下迄清乾隆十七年（1752），历时一千多年。该谱卷首为旧序、谱说、谱诫、姓氏说、张字说、世原、基图、遗像，卷一为世表类，有源流世表、始迁世表，卷二至卷十二为各支世表，卷十三为帝制类（诰、诏）、世训类（家训、家规、家礼）和艺文类，卷十四为懿行类（传、述略、赞）、祝庆类（寿文、诗、词）和哀挽类（祭章、挽诗、挽歌、行述），卷十五为墓图、墓志、墓铭、墓表，卷十六为祀祖类（祀序、会序）和公据类（禁示、给照、议约、合刊族议、刊谱捐银名数、领谱号），最后是"清河张氏宗谱跋文"。整部宗谱体例完备，条理分明，内容丰富，资料翔实，对于研究江浙和安徽一带的张氏家族史和地方史志，都具有十分重要的价值。

第九册、第十册以及第十一册的前半部，收录清乾隆《甲道张氏宗谱》四十二卷续二卷，张图南、张元泮等修，乾隆四十七年（1782）刻本。该谱以舟十一公之第三子彻公为一世祖。张彻，字君胜，又字克明，号大三，唐僖宗乾符（874—879）年间，随父徙居歙之黄墩、广明，其后彻公又徙居星源甲道（即甲路），是为甲道张氏始迁祖。彻公有3子10孙22玄孙，有五世孙76人。五世孙为"延"字辈，所以该谱卷一绘有"张氏七十六延迁派旧图"，这个迁派旧图是明朝正统年间（1436—1449）绘制的。从明正统到清乾隆300多年间，76个支派，瓜瓞绵绵，辗转迁徙，丁口和衍派遍及东南各地，成为江南望族。仅进士就多达104个。其中，宋代76名，元代7名，明代11名，清代10名。从五世祖延丕公起，开始编修本宗世谱。延丕，字彦直，官宋代户部郎中。其后，十世祖珏公和琼公，二次编修。珏公，官宋代光禄大夫、礼部尚书，琼公官宋代中奉大夫、南阳县

开国男。历宋、元、明及清乾隆，多次编修。加以人才辈出，收录广泛，记述翔实，所以该谱规模宏伟，部头浩大，原装达44册之多。该谱第一卷有凡例、修谱新序、七十六延分迁旧图，第二卷是八支源流序、簪缨录等，第三卷至第三十六卷为世系图表，第三十七卷为文翰录、谱纪、传，第三十八卷为墓志铭、行状等，第三十九卷为续传、像赞、祭文等，第四十卷为寿文、记、杂序，第四十一卷为诗、杂著、书札等，第四十二卷为墓图、领谱号、谱跋。

第十一册的后半部，收录清道光《京江张氏家乘》十六卷，张九征初修，张永清、张永泓续修，清道光五年（1825）敬思堂刻本，共十二册。该谱以四一公为一世祖。四一公乃清河派岱公后裔，原籍中州，元末由中州徙居丹徒。有子一，名善甫。善甫公生有三子：长曰仲实，次曰仲敬，三曰仲升。仲升公七传至九征，九征公乃清初名臣张玉书之父。该谱乃是张玉书之家乘。玉书（1642—1711），字京江，号素存，顺治丁酉科举人、辛丑科进士，授庶吉士，历官内翰林院秘书院编修、内阁学士充经筵讲官、文华殿大学士兼户部尚书、丙午科浙江正主考、辛未科会试大总裁等。康熙三十五年（1696），随康熙帝亲征葛尔丹叛乱，参与帷幄，颇得信任。次年，任《平定朔漠方略》总裁官。曾奉命数次监治黄河，提出不少建设性意见。康熙四十九年（1710），受命与陈廷敬主持编修《康熙字典》，次年病故，谥号文贞。该谱由张九征初修。九征（1592—1655），字公选，号湘晓，顺治丁亥进士，历官行人司行人、吏部文司主事、文选司郎中、河南提学道佥事等。曾纂修有《京江张氏家乘原稿》，其后由四世孙张永清、张永泓续修定稿，所以该谱完整地搜集了张九征、张玉书父子的有关资料，对研究清初的历史很有价值。该谱卷首为谱序、凡例、目录、修谱子孙名次，卷一至卷三为皇帝任命张九征、张玉书父子官职的诰敕以及张九征、张玉书父子的谢恩疏等，卷四至卷九为各房世系图表，卷十至卷十二为传略和行述，卷十三至卷十六为载籍、艺文、祠墓仪制等。

第十二册，收录清宣统《韦庄张氏宗谱》十八卷首二卷，张坤照主修，宣统三年（1911）承德堂刻本，原装二十四册。该谱以张孝先为始迁

祖。张孝先，字怀祖。仕元，时值江淮多警，乃卜居常州韦庄。张孝先有二子：长明之，元至正进士，钦点翰林院编修，历任浙江提举，赠奉直大夫；次新之，迁居上张，即老二房世系。明正德五年（1510），张孝先五世孙张仲玉首次修谱，明崇祯时续修。入清后，又先后七次续修。所以该谱亦称《韦庄张氏九修宗谱》。该谱保存了许多元代资料。

第十三册和第十四册的前半部分，收录民国《横峰张氏宗谱》二十八卷，张宗铎等修，民国四年（1915）笃亲堂铅印本，原装二十八册。横峰张氏是明清时期桐城望族之一，原本姓胡，元明鼎革之际，胡长乙于明洪武二年（1369）由饶州徙居桐西横峰，编户受田时，寄籍清河张氏户下，更姓为张。该谱以长乙公为一世祖，长乙原名太，字长乙，号校圃。在追溯其渊源时，仍以胡姓为本，记述其先人业绩。清雍正二年（1724），长乙公十世孙立选，首次修谱。该谱以长乙的五世孙八人，分作八大房，各房之下又分若干支。其后又先后五次重修，民国时刻印。该谱旨在联络长乙公更胡姓为张姓后，徙居各地之后裔，故名《横峰张氏宗谱》。

第十四册后半部分，收录清光绪《姚江历山张氏宗谱》八卷十二集，张谦、张震祥等修，光绪十年（1884）敦伦堂刻本，分装十二册。该谱系唐朝名相张九龄之弟九皋公之后裔。九皋公十二传至浚公。张浚（1097—1164），字德远，宋汉州绵竹人。北宋政和进士。南宋建炎三年（1129），以传檄勤王有功，知枢密院事。力主抗金，建议经营川陕，以保东南，遂出任川陕宣抚处置使。绍兴五年（1135），拜为宰相，部署沿江、两淮诸路军马大举北伐，自任总督兵马大元帅。绍兴七年（1137），因郦琼兵叛，引咎辞职。秦桧执政，被排斥在外近20年。绍兴三十一年（1161）金完颜亮南下攻宋，重新被起用。孝宗即位，授少傅，封魏国公。孝宗隆兴元年（1163），再次拜相，督师抗金。次年，为主和派排挤，被罢相。居家期间，搜集整理修谱资料，理出了其先世世系。因抗金复国大志未酬，无颜见祖宗于地下，遂遗命死后葬湖南宁乡。赠太师，谥号忠献。著有《中兴备览》。南宋理宗宝庆年间（1225—1227），兵部尚书张宏，在浚公搜集整理的基础上，纂修成族谱，并奏请理宗皇帝，赐玉玺印于该谱之首，此即

该谱首页玉玺之由来。浚公五世孙、宋谏议大夫元瑜公，官工部尚书，晚年致仕，迁居姚江云柯里。其后裔分为五支：八卢城庙后桥为第一支，历山三墙为第二支，西堑为第三支，逊马桥为第四支，化龙堰东堑为第五支。该五支都分别编修有房谱。清光绪十年（1884），张谦、张震祥等在各房房谱的基础上，修成宗谱，取名为《姚江历山张氏宗谱》。该谱第一集为凡例、祠规、目录、各房藏谱目录、总序、各房谱序、世系总图、历代诰敕、像赞、祭田等，第二集为历代先祖传，第三集为魏国忠献公行状，第四集为艺文志，第五至第十五集为各房世系并附补遗及卷外，第十二集为家乘一览记、备考等。

第十五册至第十六册之前部，收录民国《姚江三墙门张氏宗谱》二十八卷，张振鹭等修，民国五年（1916）树德堂铅印本，分装二十八册。该谱乃是《姚江历山张氏宗谱》的一个支谱，是宋谏议大夫、工部尚书元瑜公后裔中的第二支。元瑜公迁居姚江云柯里，其后裔分为五支，历山三墙门为第二支。历山始迁祖斌二公，乃三墙门始迁祖斌六公之兄。斌二公，仕元授山东济南府正提举，入赘历山邹副使家，定居历山。斌六公授广东广州府副提举，不忍与兄斌二公远离，遂定居芦城之西。在两家相距适中之地，建一桥，曰树德桥，俗呼张家桥，此即三墙门取名树德堂之由来。元明以来，人丁兴旺，支派繁多，遂购地建祠，名曰三墙门张氏树德堂祠。本堂神主自元瑜公为一世祖，至其后裔分为五房，奉祀中堂。春祭定为二月四日，冬祭定为冬至前后十日。该谱卷一为谱序、祠图、树德堂楹联、祠堂记、墓图、诰敕、像赞、跋等，卷二为史传，卷三为宗献公行状，卷四为宗贤列传，卷五为艺文志，卷六为杂记，卷七至卷二十七为世系图，卷二十八为补遗。该谱收罗宏富，记载翔实，保存了很多珍贵资料。

第十六册之后部，收录民国《鹤颈漕张氏宗谱》十六卷，张道生等修，民国五年（1916）追远堂铅印本，原装十二册。该谱以张荣为始迁祖。张荣，宋武功大夫，高宗绍兴间，因抗金有奇功，做官泰州。晚年致仕隐居于四明之鄞县，居县南鹤颈漕。四传而人丁兴旺，遂析为四宅：板

桥、楼下、樟江、普塘。其后各宅又析为若干支，明末达六百余支。清乾隆时，裔孙张汉州搜集资料，编修四宅谱稿。咸丰时，合族议定编修族谱，光绪时修成《壬辰新修宗谱》。民国初，张道生等重修，取名《鹤颈漕张氏宗谱》。

第十七册，收录清光绪《张氏六修族谱》二十一卷，张秉铨、张谷南等修，光绪二十三年（1897）冠英堂刻本，分装二十一册。该谱以枟公的八世孙仁秀公为一世祖。仁秀公（1346—1408），字廷光，官朝议大夫，有二子：长曰敏，次曰时杰。敏公（1973—1448）有三子：长曰纲，次曰维，三曰纬。该谱乃是维公后裔之谱。维公（1396—?），字均荣，有四子：长曰琦，次曰珂，三曰圭，四曰呈。该谱卷一为发源系图，发源系图以唐相张九龄之弟九皋公为一世祖，十二传至浚公，浚公九传至仁秀公。该谱为仁秀公次孙维公之世系；卷二至卷十二，为维裔圭房世系；卷十三至卷十四，为维裔珂房世系；卷十五为维裔琦房世系；卷十六为维裔呈房世系；卷十七为像图、祠图、墓图；卷十八为祠墓祭田碑记；卷十九为祠礼仪注服制图、优免荫恤节孝案稿；卷二十为列传、行略、家传；卷二十一为宗范、祠规、艺文、跋。

第十八册，收录清同治《张氏宗谱》和民国《续修张氏族谱》两种。

同治《张氏宗谱》十八卷。该谱以张德一为始迁祖。宋元鼎革之际，张德一携弟国四，由江西饶州徙居楚黄州黄陂县南乡盘龙城，其后，张国四又徙居陂北朱家坡。清雍正年间，其裔孙张元泰等始修宗谱。同治年间，张祥麟等又编修支谱。刻版时，将雍正宗谱与同治支谱合而为一，遂成《张氏宗谱》十八卷，亦称同治《张氏宗谱》。

民国《续修张氏族谱》六册，张家骐等修，民国二十二年（1933）石印本。该谱是唐初名将张士贵后裔之族谱。清康熙十七年（1678），张巍山首修世居盂县之张士贵后裔族谱。这次修谱以元代的张秀为始迁祖，对其五世三大股、七世二十八小股，均以序登录，纪事分明。但对张秀的先世，则记载甚略，故称《张氏近系族谱》。其后，张义生又据旧谱、墓碑以及采集资料，理出了张秀的先世谱系。张秀，乃是隋末唐初张士贵之后

裔。隋末，张士贵从唐高祖李渊起兵，屡立战功，进封虢国公。太宗时，再立新功，迁左领军大将军，谢世后陪葬昭陵。其后，子孙袭爵，累世从戎。至宋明时期，子孙多以文才扬名，为盂县巨族。张秀之前的先世谱系，称为《张氏远系族谱》。乾隆五十七年（1792），张宗泗将《张氏近系族谱》和《张氏远系族谱》合而为一，并增补唐宋以来列祖列宗名人传略四十五篇，光绪元年（1875）刻印成册。民国初，张家骐等以乾隆刻本为底本进行续修并付印，此即《续修张氏族谱》。

第十九册，收录民国《中湘十亩丘张氏五修支谱》二十四卷末一卷，张万遂等修，民国二年（1913）大忍堂刻本，原装二十册。该谱以张明为一世祖。张明，字导文，生于明正统五年（1440），世居临淮。张明由临淮徙居湖广长沙张公岭。张明生有八子，其第七子名张教，又由张公岭徙居中湘十亩丘，是为十亩丘张氏支祖。张教五传至张子秀，张子秀于明清鼎革之际，徙居湘潭。该谱主要是张子秀后裔的族谱。

第二十册，收录民国《花桥张氏四修族谱》二十卷，张效良等修，民国十七年（1928）孝友堂铅印本，原装二十册。该谱以张汉诚为始迁祖。张汉诚，字梦麟，原居江西吉安府吉水县，元至正末年，徙居湘乡花桥。汉诚生有四子：嗣湖、嗣江、嗣源、嗣洪。后来，嗣江和嗣源之裔孙，遍及湘乡、湘潭、巴陵、永宁以及湖北、四川、陕西等地，丁口兴旺，人才辈出。有以武功报国者，有以文才蜚声者，有以勤俭起家成为当地豪富者。该谱所载主要是嗣江和嗣源两房世系及业绩，实为此两房谱。

（原载《中华族谱集成》张氏谱卷第一册，巴蜀书社1995年出版）

刘氏族谱编选说明

刘姓是中国人口最多的大姓之一，位列李、王、张后，居第四位。刘氏起源早，望族多，分布广，赐姓、改姓，少数民族从附姓也多，历史上作为一个"国姓"的时间很长，这是刘姓能够成为一个大姓的重要原因。

根据《左传》、《汉书》、《唐书》、《通志》等多种史书记载，刘姓起源共有五个支系：

一、以国为氏，源出帝尧陶唐氏。陶唐氏之后受封于刘（今河北省唐县），因以为氏。裔孙刘累，传能驯御龙，被夏第十三帝孔甲赐为御龙氏。其后在商为豕韦氏，在周封为杜伯，亦称唐杜氏。成王时，陶唐氏之后、祁姓唐人（在今山西翼城县南）作乱，周公讨平，迁祁姓唐人于杜（今陕西西安市西南下杜城），故称唐杜氏。后宣王灭杜，杜伯之子隰叔逃往晋国，官拜士师，后裔以官为氏，是为士姓。士师孙士会奔秦，后又重归晋，其留秦之子孙便复先祖之姓为刘，这便是祁姓之刘。

二、以邑为氏。西周时，成王封王季之子于刘邑（今河南省偃师县西南，旧有地曰刘亭），其子孙遂以邑为氏。后人世为周卿士，康公、献公皆出其裔，此为姬姓之刘。

三、匈奴族从母姓刘。西汉初年，汉高祖刘邦对匈奴采取和亲政策，以宗室女嫁给强盛的匈奴部族单于冒顿为妻，冒顿姓挛鞮。匈奴习俗，贵

者皆从母姓，因此，李鞬氏子孙皆以母刘氏为姓。史载，河南有一支刘氏就出自匈奴。"五胡"时汉国的建立者刘渊就出自匈奴贵族。

四、赐娄氏为刘姓。汉初，齐人娄敬在洛阳向刘邦献入关中建都之策，被刘邦采用。刘邦称帝后，赐姓刘氏，遂改名刘敬，子孙以刘为氏。

五、赐项氏为刘姓。项羽之伯父项伯曾在鸿门宴保护刘邦有功，刘邦称帝后，为感谢项伯救命之恩，封他为射阳侯，赐姓刘，并赐项氏家族姓刘氏。

此外，还有王、寇、龚、薛、何等姓分别改姓刘氏的。据《魏书》记载，北魏孝文帝迁都洛阳后，将鲜卑复姓独孤氏改为汉姓单字姓为刘氏，成为当时鲜卑族最显赫的九姓之一。

刘姓源出还有其他支系。如元朝汉军都元帅、湖广左丞刘国杰，原为女真族，本姓乌古伦，入中原后，改为刘姓等等。

在中国历史上的王朝和政权中，以刘姓为最多，历时也最久，先后有西汉、东汉、蜀汉、"五胡"十六国时的汉，前赵，南朝宋，五代后汉、南汉、北汉，南宋建炎四年金册封的大齐等，共历时650年。其沛人刘邦，南阳人刘秀，涿县人刘备，匈奴人刘渊及侄刘曜，彭城人刘裕，沙陀人刘知远、刘旻，上蔡人刘龚，景州人刘豫，均皆开国君主。故《宛委余编》载称："大约是姓之贵，无过于刘。汉四百余年，至昭烈父子，二十二帝。其间真王代传以千计，列侯以万计。南朝宋九帝，五代汉二帝，北汉三帝，南汉三帝，刘渊、刘曜勿论也。故非他姓可拟"。

刘姓作为"国姓"在历史上存在了很长时间，地位显赫，享有特权，影响深远，形成了众多的望族。仅《唐书·宰相世系表》中就列有彭城刘氏、尉氏刘氏、临淮刘氏、广平刘氏、丹阳刘氏、曹州南华刘氏等。其中以彭城刘氏为最贵。钱大昕《十驾斋养新录》称，魏晋至唐五六百年，民间嫁娶名帖"言王必曰琅琊，言李必曰陇西，言张必曰清河，言刘必曰彭城"。《宛委余编》云："刘二十五望，彭城最贵。"东晋将领刘毅、刘隗、刘牢之，唐史学家刘知几、诗人刘禹锡等，都是彭城人。

刘姓历史悠久，人口众多，人才辈出。帝王列侯之外，将相名臣，名

儒硕学，不胜枚举。汉有刘舍、刘方、刘恺、刘矩、刘宽等宰相19人，以及大学问家刘向、刘歆父子，唐有刘洎、刘仁轨、刘祎之、刘邺、刘祥道等宰相12人，宋有名将刘锜，元有谋臣刘秉忠，明有开国元勋刘基，清有名臣刘纶、刘统勋等。

《中华族谱集成》刘氏谱卷，收入具有代表性的刘氏族谱20种，兹简介如下：

刘氏第一册，收录《起霞刘氏宗谱》十卷首末各一卷、洪洞《刘氏宗谱》二十卷首一卷。

《起霞刘氏宗谱》十卷首末各一卷，清刘秉桢等修，光绪三十年(1904)叙伦堂铅印本。原装8册，共750页。该谱全称《江南宁国府太平县西乡起霞刘氏宗谱》，以巨蓉公为世系总图一世祖。巨蓉公，字德量，世家徐州琅琊，唐宣宗大中八年(854)武科进士，授临河尉，寻迁宣州宁国令。后以平乱功拜银青光禄大夫、右散骑常侍山南东道节度使。其长子曰汾，字伯临，宣宗大中十三年(859)进士，累官至银青光禄大夫检校、尚书左仆射、镇南军节度使，赠中书令彭城郡开国公。汾公有子十四，第六子名汉瑞，汉瑞公第十二世孙机公，字心山，始迁太平县西乡起霞，是为太邑西乡起霞刘氏始迁祖。该谱系汉瑞公支下起霞刘氏世谱。其一世祖巨蓉公，系汉楚元王刘交之后裔。楚元王刘交都彭城，世称彭城刘氏。该谱卷首载有序、世系总图、先世图、像赞、巨蓉公行状、汾公行状、汾公十四子行状、墓图、碑记、分迁总览等，卷一为世系总图，卷二至卷十为各支世系，卷末为枧村寿先公世系。寿先公乃机公之孙真宝公之次子，徙居太邑西隅枧村，故附于卷末。

洪洞《刘氏宗谱》二十卷首一卷，清刘殿凤等修，光绪二十七年(1901)刻本。原装16册，共1147页。该谱以祥公为一世祖。刘祥，字号及生卒年月均佚，葬洪洞曹家谷口，刘氏祖茔始此。其子名惠，字号、生卒不详，葬曹家谷口祖茔。惠公有四子，长曰伯添、次曰伯恩、三曰伯川、四曰伯道，该谱即以伯添、伯恩、伯川、伯道为四大支，以五世为图，分别编修的。该谱始修于清康熙年间。其时，祥公十世孙刘镇、刘志始修洪

洞刘氏宗谱。刘镇，字靖公，号敦斋，康熙时任工部都水清吏司员外郎、刑部福建清吏司郎中，诰授光禄大夫，再赠光禄大夫、吏部左侍郎，崇祀忠义祠。生于清顺治十四年(1657)，卒于康熙六十一年(1722)。刘志，字二苏，号箕山，监生考授州同，诰封奉直大夫、工部营缮清吏司员外郎，晋赠中宪大夫、刑部四川清吏司郎中，又赠资政大夫、总督直隶全省河道水利、提督军务都察院佥都御史，崇祀忠义祠。生于明崇祯十五年(1642)，卒于清康熙六十一年(1722)。刘敦斋、刘箕山二公修谱，强调断自可知之世，所以尽管刘氏世居洪洞虽已年代久远，但未曾修谱，亦无准确资料，故该谱遂以洪洞刘氏祖茔始祖刘祥公为一世祖。敦斋公和箕山公所修之谱，称曰洪洞刘氏宗谱初编。其后，乾隆五年(1740)重修，嘉庆十五年(1810)三修，同治元年(1862)四修，光绪年间五修。光绪五修洪洞《刘氏宗谱》二十卷首一卷。卷首载谱序、修谱题名、凡例、目录、原序、售谱条例、诰敕、像赞、祖训等，卷一载一世至十九世世系图考，卷二至卷八载一世至十九世之世系籍贯，卷九至卷十为寿文、寿诗，卷十一为列传，卷十二至卷十五载诗文著述，卷十六为先祠，卷十七载先茔，卷十八载墓表，卷十九载墓志，卷二十为乡贤录，卷末为贾赞周先生跋。详载世系籍贯，系该谱独有之特色。

刘氏第二册，收录《刘氏宗谱》二十四卷，清刘锦球等重修，同治十三年(1874)敦睦堂铅印本。原装28册（第十九卷上，未修），共1900页。该谱以屏山公为一世祖。屏山公，名子翚，字彦冲，宋资政殿大学士，封魏国公，谥忠显，韐公季子，居福建崇安县潭溪。以征辟除兴化军通判，为其时理学名儒，学者称屏山先生。屏山之父韐公，死于"靖康之难"，屏山痛愤已极，归武夷山间，屏山之下，潜心治学，妻死不娶，事继母吕氏。与海内名儒胡宪、刘勉之友善。其时朱松钦慕屏山先生之为人和学识，临终前嘱咐其子朱熹拜屏山为师。朱熹遵嘱而行，绍兴二十九年(1159)入武夷山拜屏山先生为师，遂成理学大师。该谱载有朱熹撰《屏山先生墓表》及《宋史儒林传》。屏山之父刘韐、兄刘子羽、侄刘琪以及淮东提刑刘领、邵武知县刘纯，均以抗金为己任，不屈而死，世号五忠宋代

贤臣。该谱《五忠堂记》记载了他们的事迹。据屏山公为其伯祖父莘材公所撰墓表称，刘氏居福建潭溪已九世二百余年矣。初为京兆万年县人，唐僖宗时，有为将军者名刘翔，唐末战乱，其子刘庸南游于此，爱其形胜因家焉。荡拓焚拂，以启山林，二世而庐室完，三世而田畴辟。庸生光世，光世生玉，玉生文广，文广生朝议。莘材名民觉，字莘材，乃朝议公次子。再上溯其先世，则为汉高帝六年(前201)封刘交于楚，为元王，都彭城。该谱上世源流祖宗世系图，则以刘交为一世祖。刘交，字游，封元王，居彭城。屏山公丧妻不娶，无子，以其兄次子坪为嗣。坪，字平甫，号七严，生有六子，曰学雅、曰学古、曰学博、曰学箕、曰学稼、曰学圃，其后子孙繁衍，成为闽中望族。该谱自卷九至卷二十四，记载了屏山公后裔散居各地之世系。

刘氏第三册，收录《蓉湖柳荡刘氏宗谱》卷首至卷十八中。

《蓉湖柳荡刘氏宗谱》二十二卷首一卷，清刘国生等修，光绪三十一年(1905)守三堂铅印本。原装22册，共2267页。该谱以叔奇公为蓉湖柳荡始迁祖。叔奇公，名延，字叔奇，系彭城楚王刘交之后裔，故该谱渊源世表以楚元王交公为一世祖。交公四十一传至楚公。刘楚，字白珩，号玉岑，唐光州大都督、吏部尚书，封沛国公。唐末战乱，其长子刘翱做官福建，楚公遂随长子徙居福建。故楚公被尊为入闽之鼻祖，闽谱渊源世表尊楚公为一世祖。楚公十传至宋屏山公，屏山公，名子翚，字彦冲，其父韐公死于"靖康之难"，子翚遂入武夷山间屏山之下，潜心治学，成为当代名儒，系理学大师朱熹之宗师，学者称屏山先生。南宋理宗朝赠太师，封齐国公，谥文靖。明朝弘治年间，修专祠崇祀，被尊为松江、华亭、新安、蓉湖柳荡刘氏之祖。屏山公之孙学稼公，由福建崇安徙居松江华亭，是为由闽入吴始迁祖。屏山公之七世孙刘完，字绍棠，号遁斋，宋度宗末，由松江华亭之新安，迁居常州府城东芳茂山下，亦名其地曰新安，示不忘故里之意，是为新安、柳荡等刘氏统宗始迁祖。屏山公十世孙刘延，字叔奇，元末明初，由常州徙居柳荡，是为蓉湖、柳荡之始迁祖。但蓉湖、柳荡之刘氏统宗世表，仍尊屏山公为一世祖。叔奇公有子四：长曰

葱、次曰萱、三曰褀、四曰裕，故该谱遂以葱、萱、褀、裕为四大房编修，各房之下，又分作若干支。该谱卷首为序、宗谱引、续修宗谱序、宗谱源流、例言等，卷一为恩荣录，卷二为祖训、家劝录等，卷三为祠墓图，卷四为祠记、碑记及墓志，卷五为像赞，卷六为流芳记，卷七、卷八为传记、行述，卷九为渊源世表、统宗世系及世表，卷十至二十为世系图表，卷二十一为诗文著述集，卷二十二为校勘记和领谱字号等。

刘氏第四册，收录《蓉湖柳荡刘氏宗谱》卷十八下至卷二十二，《刘氏宗谱》二十卷首末各一卷。

《刘氏宗谱》二十卷首末各一卷，清刘敦安等修，光绪三十四年(1908)树德堂铅印本。原装22册，共1586页。该谱以佛保公为一世祖。佛保公生于楚，世居湖广荆州府长阳县。西汉高祖、东汉光武帝之裔孙均散居荆楚，佛保公是否为汉室后裔，难以确定。该谱以历世相承确凿可信者为准，故以始迁江阴之佛保公为一世祖。佛保公生有九子，以福字排行，曰福一、福二、福三、福四、福五、福六、福七、福八、福九。元末战乱，佛保公携福七、福八、福九三子，徙居江阴。其时，佛保公之侄子名亶，经商江邑，积千金资助其叔定居立业。佛保公相地于应天河赤石山之间，认粮垦荒，招佣耕稼，比岁丰登，富甲一邑。明太祖龙兴江左，择吴中富民十八户助饷，佛保公位居前列，名扬天下。佛保公死后，三子析居。福七公即为园上支祖，福八公即为青旸支祖，福九公即为后园支祖。其中后园一支，最为兴旺。故后园支又分三大房、三二房、三三房、三四房以及西三房等。该谱卷首载有序、总目、凡例、原序、族考、宗源、诰命等，卷一载园上支世系图、支系表，卷二载青旸支世系图、表，卷三载青旸分支世家图表及后园支总世系图表，卷四至卷十载后园各分支世系图表，卷十一载留河、白鹿支世系图表，卷十二至卷十五载各支传记，卷十六载墓表、墓志铭等，卷十七为烈女传，卷十八为文外集与文内集，卷十九为诗外集与诗内集，卷二十为建祠记，卷末载坟茔、祭田及续修宗谱跋文等。

刘氏第五册，收录《余姚开原刘氏宗谱五编》十四卷首末各一卷，清

刘黼廷等修，宣统二年(1910)敦睦堂铅印本。原装14册，共1617页。该谱以景崇公为一世祖。景崇，字德元，宋进士，敕授濮王宫助教。汉太尉刘恺之后裔。其初为虞邑人，其父刘智为武功大夫。景崇公由虞邑徙余姚开原，是为开原刘氏鼻祖。景崇公有子一，曰珉；有孙一，曰增，秀才；有四世孙二：长曰良嗣，进士，次曰良弼，秀才；有五世孙四：长曰克俊，是为庵宅房祖，次曰克家，是为后宅房祖，三曰克恭，是为南新宅房祖，四曰克忠，是为东新宅房祖。该谱以庵宅房、后宅房、南新宅房、东新宅房四大房分别编修。该谱初修于南宋，称曰初编。二修谱书，称曰二编。三修谱书，称曰三编。四修谱书，称曰四编。此次为第五次编修，故称五编。该谱卷首，载有初编和三编谱序以及祠规、族箴、族劝、谱论、历代祖像、诰命等；卷一载有先代渊源、世系源流、先代名人传记等；卷二载有宗贤录、宗贤传、清节录、节孝传、墓志、碑记、先代世系总图等；卷三至卷十四分庵宅房、后宅房、南新宅房、东新宅房四大房，记述开原刘氏世系。按族规，蛉子不入谱，故附于谱后，名曰附谱。卷末为备考、总述及五修族谱跋。

刘氏第六册，收录彭城《宛旌礼邨刘氏世谱》（又名《彭城刘氏宛旌礼村世谱》）二十九卷，清刘笑山、刘仙洲等修，光绪三十年(1904)铅印本。原装12册，共1833页。该谱以义通公为一世祖。刘义通，乃刘汉平之次子，因任宣州判，遂家于泾县之琴溪。义通公五世孙刘信，迁旌德沙城乡上刘村。义通公十一世孙刘程光，任信阳县尹，于宋末徙居礼村。但礼村刘氏世谱咸推巨蓉公为一世祖，或推汉平公为一世祖。巨蓉公，字德量，唐宣宗大中八年(854)武科进士，授临河尉，寻迁宣州宁国令。后因平乱有功，官至银青光禄大夫。系出汉后裔，先世家徐州琅琊，后居江西广信府弋阳县归仁乡新陂里。巨蓉公长子，名刘汾，字伯临，唐宣宗大中十三年(859)进士，初官兵部员外郎，后因以兵佐其父巨蓉公平乱有功，拜兵部尚书左仆射，镇南军节度使，死后赠中书令彭城郡开国公。刘汾有子十四，汉平公即其第十四子。该谱即彭城刘氏汉平公派下旌德礼村世谱。该谱卷一载有序、支系说、凡例、家规、敕诰、行实、传记、诗文等，卷二载墓图、墓诗、祭墓文等，卷三载统宗世系及义通公一至二十世系图等，卷四至卷二十六为义通公之各支世系图，卷二十七为义通公之十三世次孙泰孙公后裔迁居太邑三门世系，卷二十八为义通公之十一世次孙念一公徙居太平浮溪之世系，卷二十九为义通公之七世孙安节公后裔徙居三溪之世系。其后为汾公派下迁居省府州县地名录、修谱题名、跋文等。

刘氏第七册，收录《浦城刘氏族谱》十二卷首一卷，民国刘焕尧主修，民国五年(1916)刻本。原装16册，共1654页。该谱以刘累之子杜伯公为一世祖。杜伯，西周时人，仕周宣王，称唐杜氏。后灭其国，其子隰叔奔晋为士师。杜伯公十六传，至执嘉公。执嘉公生四子，长曰伯、次曰仲、三曰邦、四曰交，邦即汉高祖。高祖六年（前201），封其弟交于楚，为元王，都彭城。楚元王交公，又六十一传，至济三公。济三公名镰，字允铭，以茂才任广西奉政大夫，世居龙泉。元至正元年(1341)始入闽，为浦城肇基祖。济三公子雍二公，名胄，字时中；次子雍三公，名珏，字仁沂，随其父济三公同居浦城。该谱即为雍二公胄与雍三公珏之合修族谱。该谱卷首载序文、字派引、谱号引，卷一载序文、凡例、守训、宗诫、宗规，卷二至卷四为像图，卷五为祠图、祭产等，卷六为第一世始祖杜伯至第八十世世系图，卷七至卷八为雍二胄公派下世系图表，卷九为雍三珏公派下世系图表，卷十为墓图，卷十一为瑞公祠堂图、像图、墓图，卷十二为杂著、跋谱论。

刘氏第八册，收录民国《刘氏宗谱》卷首至卷二十一。

民国《刘氏宗谱》二十九卷首一卷，刘中善主修，刘以孝总纂，民国十四年(1925)蔾阁堂铅印本。原装28册，共2298页。该谱以文公为一世祖。文公以卫籍世居江苏吴县，因苦于兵役，遂于明洪武二年(1369)由吴县迁居湖北沔阳仙桃镇北岸刘家河。该谱以可知之世为断，故以文公为一世祖。文公有子三：仲贵、仲华、仲亮；有孙八：聪、听、诚、谕、谦、让、恭、敬，故有三房八支之称。又因聪、听为仲贵生，出为一房。诚、谕、谦、让为仲华所生，但析为四房。恭、敬为仲亮所生，出为一房。故有六房之称，而房谱亦厘而为六。老大房仲贵公次子听，无子，由其兄聪

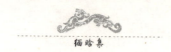

公次子萱承嗣，故老大房贵公位下只有聪公支世系，该谱即按六房编纂而成。卷首载目录、引、节略、序、传、墓表、跋、凡例、约训、祠图、墓图、里居一览表、领谱号等，卷二至卷二十九分别载各房世系。

刘氏第九册，收录民国《刘氏宗谱》卷二十二至卷二十九、《湘潭桥头刘氏三修族谱》十二卷首一卷。

《湘潭桥头刘氏三修族谱》十二卷首一卷，清刘民彝等修，光绪二十九年(1903)亲亲堂刻本。原装12册，共991页。该谱以璧泰公为一世祖。璧泰，原名璧达，铨祖第四子，字裔盛，号森峰，生于明洪武六年(1373)，卒于宣德九年(1434)。原籍茶陵州石碧口，永乐年间迁居汀潭碧泉之村，继徙桥头湾。璧泰公潜心典籍，涉猎经史，清操自励，诗礼传家。上接茶陵之祀，下开湘江之传，故被奉为刘氏迁潭始祖。璧泰公之茶陵先世，可上溯至安成太守刘遐，字正长，广平易阳人，性果毅忠勇，东汉建武初元，以遐公为内史将军。其后世系失载，唯三吾公三世斑斑可考。三吾公，名如孙，字三吾，号坦斋，翰林学士同知制诰，有子二：长曰隆龙，次曰隆虎。隆龙公有子二：长曰铨，次曰锾。铨公有子四：璧光、璧明、璧显、璧达。璧达即璧泰公之原名。璧泰公有子六：胜琼、胜珑、胜琥、胜珀、胜玫、胜琏。其中第三子胜琥无嗣，故该谱按五房编修。卷首载诰封、年表等，卷一载序、跋、目录、凡例、茶陵三世表、一至五世总表等，卷二至卷九为各房世系，卷十载列传，卷十一载祠图、墓图，卷十二载契据条约、案卷、领谱号等。

刘氏第十册，收录《中湘升廷山刘氏三修族谱》十六卷、《沩宁刘氏族谱》卷一至卷五。

《中湘升廷山刘氏三修族谱》十六卷，清刘训濂、刘训芝等修，光绪二十一年(1895)天禄堂刻本，原装15册，共1272页。该谱以万柏公为一世祖。万柏，字虎臣，系汉光禄大夫刘向之后裔。万柏公生于元元统二年(1334)，卒于明永乐十一年(1413)。永乐二年（1404），万柏公随其兄万松公由江右吉安府吉水县徙居衡，其后万松公落籍于衡，万柏公徙居升廷山，是为中湘升廷山刘氏始迁祖。万柏公十传，有裔孙七：秉辕、秉潮、

秉湖、秉汝、秉端、秉武、秉纹，其中秉纹无嗣，故该谱遂以六房编修。该谱卷一载序、源流、凡例等，卷二载祠堂图、墓图等，卷三载冠礼、婚礼、丧礼、祭礼，卷四载祖垂录齿录及辕祖派下梅柯二支垂丝齿录，卷五至卷十五分别载各房垂丝齿录，卷十六为附录。

刘氏第十一册，收录光绪《汋宁刘氏族谱》卷六至卷二十一。

《汋宁刘氏族谱》二十一卷，清刘润化等主修，光绪十三年(1887)序伦堂刻本。原装21册，共2157页。前册收录卷一至卷五。该谱以官贵公为楚南汋宁刘氏鼻祖。官贵公，字荣卿，唐开元进士，隶籍长安城南刘家巷。官贵公二十一传，至戊寅公，字道云，北宋徽宗崇宁二年(1103)进士，授翰林加封紫光禄大夫，官楚南，有政绩，致仕遂徙居潭州石潭，被尊为楚南汋宁刘氏大宗一世祖。戊寅公有子四：荣、华、富、贵，其中荣公、富公、贵公俱不可考。华公裔曰礼、曰智。礼公裔曰仕闰，智公裔曰仕珍、仕清，相传元至正年间，由上湘来宁定居，其后生齿日繁，析而为荷塘、双井、桑园等支，是为该谱之小宗世系。该谱始修于宋神宗熙宁十年(1077)，元仁宗延祐七年(1320)续修。所以，该谱之远宗世系、大宗世系都较完整。该谱卷一载新序、诰命、敕命等，卷二载凡例、总目、旧序、源流考、修谱记等，卷三载服制图、四礼、家规等。卷四，目录为"荷塘房大盟公支祠图、双井房仕珍公祭产记"等，但该谱内文卷四则是"贵荣公位下富赊房垂丝图"，此刻版或装册之误，按"贵荣公位下富赊房垂丝图"排列，应为卷八。请查阅时注意。卷五、卷六为老墓志铭和坟山图，卷七为鼻祖官贵公远宗世系、初祖戊寅公大宗世系以及小宗世系，卷八至卷二十一为各房上宗世系。

刘氏第十二册，收录《醴玉堂刘氏四修族谱》二十四卷，民国刘世范、刘德璜等修，民国五年(1916)授经堂刻本。原装20册，共1759页。该谱以义公为始迁祖。义公，字德寅，号凌峰，世居吉安府吉水县。仕元，官云南临安府府尹，解职归里，途经醴西，遂定居醴西雅玉堂，遂为醴西玉堂始迁祖。义公有子二：长曰昌隆，次曰昌荣。该谱以昌隆、昌荣为第一代编修。始修于明弘治十七年(1504)，复修于乾隆二十八年(1763)，三修

于同治六年(1867)，民国初年四修。该谱卷一载序、跋、目录、宗祠、支祠、原序、新旧凡例、雅玉堂记等，卷二、卷三、卷四载传记、墓志、寿文等，卷五至卷八载世系图，卷九至卷二十一载各房齿录，卷二十二至卷二十四载墓图等。

刘氏第十三册，收录《白石刘氏四修族谱》十四卷、《三舍刘氏六续族谱》卷首至卷九。

《白石刘氏四修族谱》十四卷，民国刘春霈等修，民国十四年(1925)藜阁堂刻本。原装10册，共1016页。该谱以允达公为一世祖。允达公，原名文达，字道溲，明景泰年间，由湘潭七里铺徙居上湘白石，是为白石开基之祖。允达公系唐朝诗人、哲学家刘禹锡之后裔。刘禹锡，字梦得，世为儒。祖籍中山（河北定县），世居彭城地，后遂以彭城为郡。彭城，春秋时宋邑。秦置彭城县。秦二世二年，楚怀王徙盱台，都彭城。项羽自立为西楚霸王亦都之。汉高祖六年封其弟刘交于楚，都彭城。汉置彭城郡，治彭城（即今江苏铜山县）。唐德宗贞元九年(793)进士，与柳宗元同榜。后又中博学鸿词科，授监察御史，是王叔文革新集团之重要成员。改革失败后，与柳宗元等八人被远放外州作司马。穆宗以后，历调连州、夔州、和州刺史。晚年任太子宾客，官终检校礼部尚书。传至明初，梦得之裔孙名元一，元一子名应祖，应祖有六子：长曰文斌（七里铺开派祖）、次曰文所、三曰文中、四曰文夏、五曰文通、六曰文达（即允达）。文达与长兄文斌随其父由江右南昌府丰城县圳上，徙居楚南中湘之七里铺。明景泰年间，文达复徙居上湘白石。文达生有二子：长曰敏震，次曰敏晨。敏震生有三子：楚澄、楚源、楚潮，敏晨生有一子：楚汉。从此，允达公之后裔，遂以澄、源、潮、汉分为四房。该谱即以此四房而编修。卷一载新序、总目、凡例、谱论、格言、旧序、宗规、家传等，卷二载四大房合同议字、祀田契据、山地契据等，卷三载诰敕、寿序、墓志、祠祭仪注、祠堂图、服制图、坟墓图等，卷四载总派垂丝图及澄、源、潮、汉垂丝图，卷五载总派齿录，卷六至卷十四载楚澄、楚源、楚潮、楚汉祖下各派齿录。

　　刘氏第十四册，收录《三舍刘氏六修家谱》第十至三十四卷、《沧州刘氏家谱》三卷首一卷。

　　《三舍刘氏六修家谱》三十四卷首一卷，清刘氏合族修，光绪三十一年(1905)刻本。原装22册，共2232页。该谱以适公为一世祖。适公，字时行，其先世为唐江西路南康人。五代十国时，仕南唐李璟朝，官至工部尚书，特授进奉使，家传尊称曰进奉公。宋开宝八年(975)南唐灭亡时，适公子君造任南唐吉州推官，适公孙名璞，举南唐进士。南唐亡国后，适公三世励节，不事二主，遂遁于吉州安福县南之谷木塘。璞生子曰愍，愍生子曰员，员生子曰知刚，愍、员、知刚三世皆贡生，均为上舍生，乡人荣之，称曰"三舍刘氏"，为谷木塘之望族。适公以上之先世所出不详，或曰长沙定王之后裔，或曰中山靖王之后裔，待考。谷木塘三舍刘氏生齿日繁，支派日多，遂徙居衡阳、湘乡、宁乡、泰和等地。三舍刘氏谱牒之作始修于宋绍兴年间，再修于明成化年间，三修于嘉靖年间，四修于万历年间，五修于清乾隆年间，六修于光绪年间。其间亦有各支独修之支谱。六修家谱始于光绪二十一年(1895)，时南迁各支议合修之事，八年无结果，光绪二十八年（1902）再议，定于在湘乡设立谱局，各支先修其支谱，然后合族总纂，三十一年修成是谱。该谱卷首载凡例、目录；卷二至卷二十一为各房世系表录；卷二十二为别录；卷二十三至二十八为世典，备载原谱、明祀、建置、遗文、彝训世次等，此系该谱独有之分类特色；卷二十九为选举职官总表；卷三十至三十二为家传等；卷三十三为叙传；卷三十四为领谱字号和捐款名录。

　　《沧州刘氏家谱》三卷首一卷，清刘玉策修，乾隆三十二年(1767)刻本，共237页。该谱以义公为一世祖。义公于明永乐二年(1404)自山东迁居沧州，至清乾隆已四百余年。义公十三世孙，名玉策，字方程，号静园，敕封征仕郎内阁中书舍人。矢志修其家谱，故征集自迁沧州始祖义公以来资料，修成是谱。该谱卷首载序、凡例、祭田、诰封、科第、世系图考，卷一至卷三载历代世表。

　　刘氏第十五册、十六册，收录《邵陵刘氏族谱》五卷首一卷，民国刘

春蓉、刘春霈等修，民国二十五年(1936)藜阁堂刻本。原装30册，共7480页。该谱以赏衿公为一世祖。赏衿公，字庆长，号万年，敕授昭武将军，明洪武初年，奉上命镇宝庆。原籍江西吉安府泰和县人，镇宝庆，解职未归，隶籍宝郡邵陵，是为邵陵刘氏始迁祖。庆长公先世不详。庆长公有子一，名植兰，字幽香，号柏山，又号培元。庆长公有孙一，名如秀，字步武，号霞山。如秀公生有三子：长曰汝逡，字恐后，恩举寿官；次曰汝通，字届远，以孙鼎仕江南太平府同知，敕赠汝通公奉政大夫江南太平府同知；三曰汝达，字向上，迁刘江旁。该谱以庆长公四世孙汝逡、汝通、汝达为三大房编修，逡为长房，通为二房，达为三房。该谱卷少而量大，且无细目，但编排纲目清晰，井然有序。卷首三册，第一册载民国续修族谱总序、光绪续修谱序、道光修谱序、雍正旧序、乾隆旧序、墨谱序、修谱名录、诰封、簪缨录、凡例、家规、仪注、服制图、班次等，第二册载坟图，第三册载传记、寿序等；卷一前半册，载第一至十世世系，从第六世起，以逡公、通公、达公为三房，分别记叙其世系；卷二，按逡公、通公、达公三房，分别记叙其第十一至第十五世世系；卷三，十二册，按逡公、通公、达公三房，分别记叙其第十六至第二十世世系；卷四，十二册，按逡公、通公、达公三房，分别记叙其第二十一至第二十五世世系；卷五，一册，载通公房第二十六至三十五世世系。逡公、达公两房未修。

刘氏第十七册，收录《中梅刘氏续修家乘》十六卷，《湘潭刘氏四修族谱》卷一至卷六。

《中梅刘氏续修家乘》十六卷，民国刘兴开、刘昌明修，民国二十九年(1940)道胜堂刻本。原装18册，共1318页。该谱以岑公为始迁祖。岑公，字季高，汉高祖之后裔。生于宋神宗元丰七年(1084)，以童科联捷王拱辰榜进士，累官户部侍郎，以征猷阁侍制致仕。原籍浙江乌程，后弃官徙居溧阳县（江苏）中梅。岑公子名奇，擢杨宽榜进士，与肖定基之子汝励、肖猷之子汝苏皆同年。太傅彭公伟器其才，以女妻之。有子一，名德秀，擢张孝祥榜进士，官至佐朝散大夫知武刚军事。德秀公有子三：长曰月松、次曰月竹、三曰月梅。月松居中梅，是为东分支祖；月竹居戚笪，是

为戚笪支祖；月梅居中梅，是为西分支祖。该谱即以东分、戚笪、西分三大支进行编修。卷一载新序、像赞、原序、源流考、诰命、祠记、异同辨、历次修谱纪名，卷二载宗规、修身齐家要录、宗训、祠规、冠婚丧祭仪、义注、祭文等，卷三载大宗世系、中梅西分世系、戚笪世系、中梅西分世系，卷四载大宗世表、中梅东分世表，卷五、卷六载戚笪世表，卷七至卷十五载西分世表，卷十六载投赠诗翰、传记、寿序、墓志等。

第十八册，收录《湘潭刘氏四修族谱》第七至第十五卷、《湘乡城江刘氏续修族谱》二十卷。

《湘潭刘氏四修族谱》（亦称《中湘石潭刘氏四修族谱》）十五卷，前册收录第一至六卷。民国刘懿德、刘绍基等修，民国三十六年(1947)怡怡堂刻本。原装15册，共1092页。该谱以三庆公为一世祖。三庆公，原籍茶陵，善武略，元授武德将军。五传至汉仁、云吾、汉吾三公。汉仁公，名瑶玉，字汉仁，明永乐年间徙居湘潭分水坳房，是为分水坳房之祖；云吾公，原名璟玉，亦作景玉，字云吾，永乐间，徙居湘潭县石潭东岸马家塘房，是为马家塘房之祖；汉吾公，名璀玉，字汉吾，永乐间，徙居湘潭县石潭东岸汉冲塘房，是为汉冲潭房之祖。汉仁、云吾、汉吾三兄弟迁潭开分水坳、马家塘、汉冲塘三房，鼎峙而居，同宗一脉，故合修其谱。该谱源流世系垂丝图，以瑕公为笪桥鼻祖。瑕公，字从远，西洛任城人，官东晋安成太守，充北中郎将，留居城北笪桥，是为笪桥刘氏鼻祖。二十三传至椿公，字茂龄，唐末五代周太祖广顺二年(952)，由泰和九州徙居茶陵马首边，是为茶陵马首刘氏开派祖。三十五传至三庆公，为该谱之一世祖。该谱按世系，分三房编修。卷一载序、旧序、老跋、总目录、修谱任事名录、谱论、谱例、家训、祠规等，卷二载冠婚丧礼仪、服制图、祭文等，卷三、卷四载宗祠图、堂祠田记、契约等，卷五载刘氏源流、源流世垂丝图、始祖至二十三派垂丝图，卷六载始祖至十三派齿录，卷七至卷十三载各房世系齿录，卷十五载各房墓图，卷十六载各房地契、领谱字号、跋。

《湘乡城江刘氏续修族谱》二十卷，民国刘国安主修，民国六年(1917)彭城堂刻本。原装19册，共1523页。该谱以翊圣公为迁湘始祖。翊圣公，

字益赞，原籍江西吉安府泰和县人。元大德十年(1306)生，仕元，官至风
阁学士。泰定年间，忤当道，谪潭州，致仕遂家于湖南长沙府。生有十
子，其后裔分居各地。定亨公卜居城江，是为城江刘氏一世祖。定亨公有
子二：长曰远纪，次曰远纲。远纪有子二：永富、永贵。远纲有子四：永
经、永珍、永科、永喜。该谱以定亨公二子六孙，分作两房六支而编修。
远徙异域者，唯载陕西一支。该谱是定亨公十四世孙刘松山以军功获清廷
嘉奖后编修的，保存了刘松山以及太平军、捻军、西北平乱等许多珍贵资
料。刘松山，原名厚富，字寿卿，忠馥次子，该谱主修刘国安之祖父，近
代湘军将领，历任守备、游击、参将、总兵，与太平军作战。同治四年
(1865)，统湘军北上攻捻军。七年（1868），随左宗棠赴西北平乱。九年
(1870)，在宁夏金积堡阵亡。清廷追赠太子少保，谥忠壮，敕祀京师昭忠
祠，陕甘等省及原籍建立专祠，宣付国史馆立传。曾国藩为其撰墓志铭，
曾国荃丹书，左宗棠篆额并为该谱作序。该谱卷一载赠序、合族序、主修
序、旧序、旧跋、旧谱源流序辨、凡例、总目录等，卷二载旧谱序、旧谱
源流考、旧谱源流表、总祠图等，卷三载公田存案、契约、碑记、爵田条
例、田记等，卷四载诰命、敕书、敕谕等，卷五载奏疏、忠壮公国史馆列
传、襄勤公国史馆列传，卷六载忠壮公西征纪略、别传、遗事、祠堂记
等，卷七载墓表、墓志铭、神道碑等，卷八载墓地图，卷九载派语、纪
源、总派丝图世系，卷十至卷十八载丝图世系、补录、同名录，卷十九载
别记叙、别记世系，卷二十为待续录，未修。

（原载《中华族谱集成》刘氏谱卷第一册，巴蜀书社1995年出版）

试述开闽王及其源流

福建开闽王氏，是东南沿海及海外侨胞中很有影响的一个王氏宗族。福建、广东、香港、台湾等地以及泰国、缅甸、新加坡、马来西亚等国的王氏家族，很多都是"开闽王"的后裔。本文拟就"开闽王"的由来及源流作些探讨。

一、王审知与"开闽王"

五代后梁开平三年（909)四月，梁太祖朱全忠加拜王审知为中书令，并册封其为"闽王"，史称"开闽王"。闽王本为封爵，由于审知姓王，封爵遂与姓氏合一，"开闽王"又成为封爵与姓氏相统一的称谓。此即"开闽王"称号之缘起。

在长期的历史发展过程中，"开闽王"这一称谓，始终都是和王审知的名字联在一起的，所以，"开闽王'又演变成闽人对王审知的推崇和尊称。在闽人看来，王审知对开发福建贡献最大，所以，"开闽王"亦称"开闽第一"

众所周知，王审知并不是由中原入闽的第一人。早在战国时代，越王勾践的七世孙无诸就已在闽建国。唐末陈政、陈元光父子率军入闽，也都早于王审知。唐德宗贞元年间（785—804)，陈渊奉命牧马金门亦在王审

知之前。但就开发福建的贡献和影响来说，他们都是无法和王审知比拟的。

王审知从跟其兄王潮进入福建，到他谢世，前后共40年。40年间，他在开发和治理福建方面做出了不可磨灭的贡献。

从军事方面来说，王审知开创了统一全闽的新局面。战国时无诸建国，仅限于温、台、福州一带；唐末陈元光父子，只偏安漳、潮一隅；唐德宗时，陈渊牧马，更囿于金门一岛。而王审知跟随其兄王潮，则开创了统一全闽的新格局，这是在他之前由中原入闽的任何人无法比拟的。

王审知，河南光州固始人。唐末黄巢起义后，光州屠夫王绪聚众起兵，攻占固始。固始县佐王潮，与其弟王审邽、王审知，以才气出名，邑人号曰"王家三龙"。王绪为取得固始人的拥护，遂任命王潮为军正，然后率军南下。由于王绪多疑猜忌，对魁梧雄杰的部将往往借故诛杀，引起不满。唐僖宗光启元年（885），王绪被部将擒缚，不久自杀。王潮被推举为首领。王潮，字信臣，才华横溢，治军有方。在他的统率下，军队所过，秋毫无犯。过汀州，入南安后，本打算回师沙县，由于泉州刺史廖彦若为政贪暴，军民怨愤，"耆老奉牛酒遮道，请潮留为州将"①，王潮遂率军克泉州，灭廖彦若。福州观察使陈岩，代表朝廷任命王潮为泉州刺史。王潮在泉州施政7年，治绩卓著，深受陈岩赏识。乃有陈岩病笃欲以军政委王潮之事。《十国春秋》载："岩病剧，遣使以书召潮，欲授以军政，未至而岩卒。"②陈岩部将范晖拥兵自厚，王潮未至而陈岩已逝，范晖便发兵拒王潮。同时又胁逼将士推他自己为留后，大失军心。王潮乃以从弟彦复为都统，弟审知为都监，攻取福州。"辛丑，晖为将士所杀。潮入福州，自称留后，素服葬岩，以其女妻其子延晦，厚抚岩家"③。接着，建州、汀州先后归降，王潮乃"尽有五州之地。九月戊戌，唐帝以

①《资治通鉴》卷259。
②《十国春秋》卷90《闽世家一》。
③《十国春秋》卷90《闽世家一》。

潮为福州观察使"[①]。王审知辅佐其兄,将在泉州施政的成功办法,推之于全闽。招怀离散,与民更始,均赋缮兵,罢役宽征,筑修城池,保境安民,从此民心归向,遂开统一之局。五代十国其他尚干戈扰攘,而闽已不知兵者恒三十年。这是王审知受尊为"开闽王"、被推为"开闽第一"的军事方面的原因。

从政治方面来说,唐帝册封王潮为福州观察使后,王潮"遣吏巡州县,劝课农桑,交好邻道,保境息民,人皆安焉"[②]。乾宁三年(896),升福州为威武军,拜潮为节度使、检校尚书左仆射。次年,王潮病死,审知袭职,又加同中书门下平章事、检校太保,封琅琊王。后梁开平三年(909),册封为闽王。其时,中原重雄并立,各据一方。不少人劝王审知拒绝后梁封号,自称天子。但他却说:"我宁为开门节度使,不作闭门天子也"[③]。王审知在任期间,始终尊奉中原的正朔,岁岁朝贡。在分裂割据的形势下,王审知支持统一,维护统一,尊奉中原王朝正朔,适应了历史发展的趋势,很得民心。王审知起自陇亩,以至富贵,每以节俭自处。他"常衣袖裤败,乃取酒库酢袋而补之。一日,有使南方回者,以玻璃瓶为献,太祖视玩久之,自掷于地,谓左右曰:'好奇尚异,乃奢侈之本,今沮之,俾后代无为渐也'"[④]。王审知执政期间,"选任良吏,省刑惜费,轻徭薄敛,与民休息,三十年,一境晏然"[⑤]。由于他劝农教织,兴办义学,建筑禅寺,筑造干城,修建道路,访求民隐,兴利除弊,大大振奋了民心。正如朱熹所说"天旋地转"之时,竟以海陬蛮荒之区,而取代中原为衣冠上国。这是王审知受尊为"开闽王"、被推为"开闽第一"的政治方面的原因。

从经济方面来说,福建靠山临海,山地崎岖。除了发展男耕女织的农

---

①《十国春秋》卷90《闽世家一》。

②《资治通鉴》卷259。

③《十国春秋》卷90《闽世家一》。

④《资治通鉴》卷259。

⑤《旧五代史》卷134。

业经济外，还具有得天独厚的发展海外贸易的条件。远在唐朝中叶，泉州和福州就已成为对外贸易的重要港口。唐末战乱期，商旅被戮，广州对外贸易中断，前来中国贸易的西方商人纷纷北上。王审知高瞻远瞩，审时度势，"招徕海外蛮裔商贾"，发展对外贸易，给福建的社会经济注入了新的活力，商品经济迅猛发展了起来。其时，泉州和福州两港的对外贸易远远超过了北面的杭州和南面的广州，一跃而为五代时期对外贸易的主要港口。《新五代史》载：'海上黄崎波涛为阻。一夕，风雨雷电震击，开以为港。闽人以为审如德政所致"①。唐帝赐号曰甘棠港。这个典故集中反映了闽人对王审知发展海外贸易的推崇。其后，华侨经济之滋润于八闽，实际上就是五代时王审知大力发展海外贸易所奠定的基础。这是王审知受尊为"开闽王"、被推为"开闽第一"的经济方面的原因。

从文化方面来说，王审知的业绩更为卓著。其时，荒服初辟，民多目不识丁。唐乾宁三年（896），进士翁承赞加入王审知幕府后，"太祖待之殊厚，遂以为相。承赞劝太祖建四门学，以教闽士之秀老"②。王审知在翁承赞的辅佐下，又揭开了"文治"的新篇章。陈岩出任福州观察使时，进士吴勗虽已受选为别驾，但因陈岩重武轻文，长期闲置。王审知袭职后，设四门学校，招纳文士，读书人多因铨选而致用，文风大振。又以周启文为管城丞，招四方子弟，读书于九仙山鳌顶峰，设一大书院，以吴勗为大教授。王审知按期亲临阅文，论才授职。

九仙山，今名于山。与乌石山及屏山对峙，成为闽都三山之胜。相传柯氏兄弟九人，修炼于此，因名九仙山。闽越王无诸，曾宴集于此者九日，故又名九日山。其中有炼丹井、平远台、浴鸦池、仙人床、金积园、龙舌泉、石龟池、狮子岩、鳌顶峰、仙羊石、九仙观、棋盘石诸名胜。山顶旧为明离殿，万历初更名玉皇阁。

五代时，中原战乱，闽独偏安。学士故老，多避乱而来。王审知特设"招贤院"于南安，礼待诸贤。中原名士，诸如黄滔、韩偓、徐夤、李洵、

---

①《新五代史》卷68。

②《十国春秋》卷95《翁承赞列传》。

王涤、崔道融、王标、夏侯叔、王拯、杨承休、杨赞图、王倜、归传懿、罗隐、翁承赞、杜袭礼等，俱迁地而南。招贤院设在南安三都招贤里，兼有九日山之胜，以是名山骚客，唱咏往还，在当日文学上，放出了十分灿烂的异彩！突使蛮荒之区，成为"海滨邹鲁"。史称八闽文学之盛，为十国文物之冠！这是王审知受尊为"开闽王"、被推为"开闽第一"的文化方面的原因。

由于王审知治闽期间，在军事、政治、经济、文化等方面的建树都非常突出，所以被尊为"开闽王"，被推崇为"开闽第一"。

此外，王审知死后，他的子孙追认他为闽国开国之君，庙号太祖，是王审知被尊为"开闽王"、被推崇为"开闽第一"的又一方面的原因。

后唐庄宗（李存勖）同光三年（925）十二月，王审知逝世，长子延翰继立。同光四年（926）春三月，庄宗授延翰威武军节使度。不久，庄宗遇弑，明宗改元天成。冬十月，延翰称大闽国王。后被其弟泉州刺史延钧和建州刺史延禀执杀。天成二年（927）夏五月，唐明宗以延钧为本道节度使，守中书令，封琅琊王。长兴三年（932）夏四月，延禀闻延钧有疾，遂率军袭福州，结果反被延钧执杀。次年，延钧即皇帝位，改元龙启，国号大闽。"追谥审知为昭武孝皇帝，庙号太祖，立五庙，置百官，以福州为长乐府"[1]。这样，尽管王审知生前未曾称帝，但在他死后却被其子孙尊奉为闽国的开国皇帝了。

延钧称帝后，更名曰鳞。他好鬼神道家之说。道士陈守元以佐道见信，预言鳞将做六十年天子，尔后升为大罗仙人。结果龙启三年（935），便被皇城使李仿执杀，谥曰惠皇帝，庙号太宗，其子继鹏立。继鹏即位后，更名曰昶，改元通文。通文四年（939），控鹤都将连重遇率士纵火焚南宫，昶出走。连重遇迎延羲而立之。延羲令其子继业率兵袭昶，执而杀之，谥昶曰康宗。[2]

延羲，审知之子，昶之叔也。既立，更名曰曦，遣使者朝贡于晋，改

---

① 《新五代史》卷68。

② 《新五代史》卷68。

元素隆。其弟延政为建州节度使，封富沙王。延政以曦无道，乃以建州建国称殷，改元天德。天德二年（944），曦出游，醉归，控鹤都将连重遇遣壮士杀之，庙号景宗。连重遇杀曦后，接着对王氏子弟进行大屠杀，"在福州者，无少长皆杀之"①。连重遇本想通过大屠杀来稳定他所拥立的朱文进在福州的统治，结果事与愿违。王氏诸子在泉州、漳州、汀州先后得势。连重遇见事不妙，又杀朱文进，传首建州以自归。福州裨将林仁翰又杀连重遇，王延政被迎回福州。是时，南唐李璟闻闽乱，发兵攻之，殷亡。

综上所述，王审知子孙称帝次序如下：

王审知（1）—
（追谥太祖）

延翰（2）

延钧（3）——继鹏（昶）（4）

延羲（5）

延政（6）（殷帝）

王审知的子孙给福建带来的是战乱、残杀和灾难，但他们也做了一件影响巨大的事情，这就是他们先后做了闽国皇帝。不仅他们做皇帝，还把王审知追谥为开国之君。这样一来，便把王审知在闽的建树与开国之君集于一身，融为一体。因而，更赢得了闽人的推崇。在中国封建社会里，帝王之胄是最高贵的。王审知既被尊奉为开国之君，其后裔自然也是十分高贵的了。这是王审知被尊为"开闽王"、被推崇为"开闽第一"的另一方面的原因。

二、王审知的先世及始祖

王审知被尊为闽国的开国皇帝，此即五代十国时闽国之由来。宋太祖得天下后，因仰慕闽王德政，又于开宝七年（974）下诏重修其忠懿王祠，并赐额其庙曰"八闽人祖"。这是较之"开闽第一"更进一步的表彰。从

①《新五代史》卷68。

此，福建王氏宗祠或私人宅第，其所悬门灯，都写"开闽第一"。遇有喜庆，常以"开闽第一"红绫，横挂门楣之上。民间崇拜闽王的建筑，诸如闽王祠、王公宫、王公楼、忠惠庙、护国尊王庙等，所在多有，视之如神。每遇神诞，人山人海。王审知的后裔亦被尊为帝王之胄，自然也是十分高贵的了。据记载，王审知的先世及其始祖，也是帝王之胄，亦属高贵之门。

1981年3月，福州北门外莲花峰闽王墓中出土的《闽王墓志》载：

闽王讳审知，子信通，姓王氏，其先琅琊人也。缑山远裔，淮水长源。自秦汉以穹崇，历晋宋而忠烈。辉华阀阅，爰赫祖宗。曾祖讳友，则汉丞相安国君陵三十四代孙，赠尚书左仆射。曾祖妣段氏，赵国太夫人，追封卫国大夫人。仆射，贞元中守定城宰，善政及物，去任之日，遗爱远道，因家于光州，故世为固始县人。

祖讳玉，累赠司空。偶傥奇表，信义宏材。祖妣刘氏，燕国崇懿大夫人，追封昭德太夫人。显考讳凭，累赠太师。皇妣陇西董氏，赠晋国内明太夫人，追封庄惠太夫人。恭懿贤淑，光于闺闱。太师嗣子三人，皆卓异不群。时号"王家三龙"。王，其季也。娶乐安任氏，累封魏国尚贤夫人。琴瑟谐和，伊家雍睦。不幸，先王薨谢，其执箕帚，奉蒸尝，虽古之母仪，无以加也"。

王审知的先世为山东琅琊人，这是毫无异议的。《忠懿王庙碑》载：

公名审知，字详卿，姓王氏，本琅琊人。秦将翦三十四代孙。高祖晔，唐贞元中为光州定城宰，有善政以及民，因迁家于是郡，遂为固始人矣。曾祖友，赠光禄卿；王父蕴玉，赠秘书少监；父凭，累赠至太尉，光州刺史。[1]

按宋开宝七年（974）钱昱《忠懿王庙碑》记载，是王审知的高祖王晔，于唐贞元（785—804）中做定城宰，有善政及民，迁家于固始的。清

---

[1]《十国春秋》卷90《太祖世家·忠懿王庙碑》。

人吴任臣把《忠懿王庙碑》全文收录《十国春秋》后，这种说法广为流传。1981年出土的《闽王墓志》则载，是王审知的曾祖友，于贞元中做定城宰，有善政及民，因家于固始的。这是值得重视的一种说法。姑且不说是王审知的高祖迁往固始的，还是曾祖迁往固始的，就其先世而言，系山东琅琊人，则是确凿无疑的。

《闽王墓志》载，曾祖友，系汉丞相安国君陵三十四代孙，有待考证。《汉书》云：

> 王陵，沛人也。始为县豪，高祖微时兄事陵。及高祖起沛，入咸阳，陵亦聚党数千人，居南阳，不肯从沛公，及汉王之还击项籍，陵乃以兵属汉。……后封陵，为安国侯。

> 陵为人少文任气，好直言。为右丞相二岁，惠帝崩……吕太后欲废陵，乃阳迁陵为帝太傅，实夺之相权。①

王审知的曾祖友是否是汉丞相王陵的三十四代孙，就现有谱系资料来看，很难确定。但《忠懿王庙碑》所云王审知为秦朝大将王翦后裔，则可以找到依据。《新唐书》载：

> 王氏出自姬姓。周灵王太子晋以直谏废为庶人。其子宗敬为司徒，时人号曰"王家"，因以为氏。八世孙错，为魏将军。生贲，为中大夫。贲生渝，为上将军。渝生息，为司寇。息生恢，封伊阳君。生元，元生颐，皆以中大夫召，不就。生翦，秦大将军。生贲，字典，武陵侯。生离，字明，武城侯。二子：元、威，元避秦乱，迁于琅琊，后徙临沂。四世孙吉，字子阳，汉谏大夫，始家皋虞，后徙临沂都乡南仁里。②

又《史记》载：

> 王翦者，频阳东乡人也。少而好兵，事秦始皇……秦二世之时，王翦及

①《汉书》卷40《王陵传》。
②《新唐书》卷72《宰相世系二中》。

其子贲皆已死，而又灭蒙氏。陈胜之反秦，秦使王翦之孙王离击赵，围赵王及张耳钜鹿城。……项羽救赵，击秦军，果虏王离，王离军遂降诸侯。①

王翦，历史上确有其人，是秦朝名将。其孙王离，亦为秦之名将。钜鹿之战，败于项羽。离生二子，即元、威。元因避秦乱，迁于琅琊，是为琅琊王氏之祖。元公四传至吉公，为汉谏议大夫，始家琅琊皋虞，后致仕，居南仁里。传至晔公，仕光州固始，有德政，民请留，遂迁固始，是为固始王氏之祖。

至于王翦的先世，按《新唐书》记载，出自姬姓。周灵王太子晋，以直谏被废为庶人。其子宗敬为司徒，时人号曰"王家"，因以为氏。此即太原王氏之由来。可见，晋之子宗敬，就是太原王氏开宗立姓之始祖。《姓谱》在叙述王氏世系时指出："出太原、琅琊者，周灵王太子晋之后。"太子晋之子宗敬，不仅是太原王氏之始祖，同时也是琅琊王氏、固始王氏乃至开闽王氏的共同始祖。自然，宗敬也就是王审知的开族始祖了。

三、王审知的后裔

王审知有几个儿子，记载各不相同。《十国春秋》云，延羲是第二十八子②。据此，至少有二十八个。《闽王墓志》载，太祖有十二子。究竟几个，尚待考证。但记载较详、影响较大的是延翰、延钧、延羲、延政四个。

王审知死后，其子孙骨肉相残，再加上李仿、连重遇、朱文进的陆续屠杀，延翰世系、延钧世系、延羲世系都成为一片空白，只有延政世系留下了传世记载。在王氏遭受连重遇、朱文进大屠杀期间，幸存者纷纷出逃，改姓避难。大殷灭亡后，延政子孙也迫于形势，纷纷改姓。有的改姓曰游，自认国亡家破，皇室子孙犹如游鱼一般，游来游去，居无定所；有的改姓曰沈，沈与审谐音，表示是王审知的后代，子子孙孙不忘其祖；有

①《史记》卷73《王翦列传》。
②《十国春秋》卷92《景宗本纪》。

的改姓曰叶，意思说他们犹如树叶飘零，不知所止。在东南沿海，特别是福建和台湾的游、沈、叶三姓，有相当一部分是王氏子孙的改姓。这就是这些地方所流行的"王、游、沈、叶是一家"之说的由来。游姓，有的演变为"尤"，游与尤同音。在台湾嘉义、花莲，就设有"王、游、尤、沈宗亲会"。

王审知世系延政衍派据福建《忠懿王氏族谱》[①]载，清道光六年（1826），审知公第二十九世孙以镜再修族谱后，世次如下：

一世　审知公嗣十二：

延翰　延禀（养子）延钧　延丰　延美　延保

廷武　延望　延羲　延喜　延政　延资

二世　延政公子三：

继勋　继元（其后派居下渡藤山）　继重

三世　继勋公，延政公长子，有子三：

能　勤　俭

继元公，延政公次子，无嗣。

继重公，延政公三子，无嗣。

四世　能　公，继勋公长子，有子二：

守信　守一

勤　公，　继勋公次子，有子一：

远庵

俭　公，　继勋公三子，有子一：

传烈

五世　守信公，能公长子，其后派居宁海车溪，子失名。

守一公，能公次子，其后派居嘉湖，世多显达。有子二：

懿　机

远庵公，勤公子，其后派居黄岩宁海，世多贵显。

_____

①《开闽忠懿王氏族谱·继勋公纪事》。

传烈公，俭公子，有子一：

永宗

六世　永宗公，传烈公子，有子一：

嗣康

七世　嗣康公，永宗公子，有子一：

继先

八世　继先公，嗣康公子，有子四：

安道　守道　处道　悦道

九世　安道公，继先公长子，有子三：

锜　铸　镕

守道公，继先公次子，有子一：

铄

处道公，继先公三子，有子一：

鉴

悦道公，继先公四子，有子四：

铉　铘　钧　锐

十世　锜　公，安道公长子，有子一：

泳

铸　公，安道公次子，嗣不详。

镕　公，安道公三子，有子二：

湜　潇（俱殇）

铄　公，守道公子，有子三：

淮　洽　渗

鉴　公，处道公子，有子二：

济（殇）　沂

铉　公，悦道公长子，嗣不详。

铘　公，悦道公次子，嗣不详。

钧　公，悦道公三子，嗣不详。

锐　公，悦道公四子，有子二：

　　　　　　　　　溉　泽

十一世　泳　公，锜公子，有子二：

　　　　　　　　　楫　格

　　淮　公，铢公长子，有子二：

　　　　　　　　　德孙　新戒

　　洽　公，铢公次子，嗣不详。

　　渗　公，铢公三子，有子一：

　　　　　　　　　昌

　　沂　公，鉴公子，有子三：

　　　　　　　机　仆（朴公有一子名克信，居泉州）杉

　　溉　公，锐公长子，有子五：

　　　　　　　栋　楹　岩老　椿老　兴孙

　　泽　公，锐公次子，有子二：

　　　　　　　　　充　员惠（避乱出家）

十二世　楫　公，泳公长子，有子二：

　　　　　　　　　师圣　斗南

　　格　公，泳公次子，有子一：

　　　　　　　　　将老

　　德孙公，淮公长子，有子一：

　　　　　　　　　琼奴

　　新戒公，淮公次子，无嗣。

　　昌　公，渗公子，有子四：

　　　　　　　　　璋　环　瑶　回孙

　　机　公，沂公长子，无嗣。

　　朴　公，沂公次子（居泉州）

　　杉　公，沂公三子，无嗣

　　栋　公，溉公长子，无嗣

　　楹　公，溉公次子，无嗣

　　岩老公，溉公三子，有子一：

景

　　椿老公，溉公四子，有子一：

贵

　　兴孙公，溉公五子，有子一：

锡

　　[按，此世尽没于北军，惟存璋公一人]

十三世　璋　公，昌公长子，有子三：

振祖　德隆　显祖（早卒）

十四世　振祖公，璋公长子，有子四：

克明　克佑　尚德（早卒）　必禄

　　德隆公，璋公次子，有子一：

伍赐

十五世　克明公，振祖公长子，有子二：

礼　淼

　　克佑公，振祖公次子，有子二：

巩　圣

　　必禄公，振祖公四子，有子一：

华

　　伍赐公，德隆公子，有子一：

义（殇）

十六世　礼　公，克明公长子，有子一：

惠

　　森　公，克明公次子，有子四：

忠　晖（早卒）亨　环

　　巩　公，克佑公长子，无嗣

　　圣　公，克佑公次子，有子二：

佛　晦

华　公，必禄公子，有子一：

容

十七世　惠　公，礼公子，有子一：

金

忠　公，淼公长子，有子二：

琨　琏

亨　公，淼公三子，有子二：

福　康

环　公，淼公四子，有子三：

旭　呆　晶（早卒）

佛　公，圣公长子，有子一：

祥（早卒）

晦　公，圣公次子，有子一：

宝（早卒）

容　公，华公子，有子二：

玮　琦

十八世　金　公，惠公子，有子三：

润　赐（殇）　禧（殇）

琨　公，忠公长子，有子二：

勉　孜

福　公，亨公长子，有子三：

汶　添　源

康　公，亨公次子，有子一：

光

旭　公，环公长子，有子四：

泽　深　洪　浤

呆　公，环公次子，有子四：

汉 淙 溥 济

　玮　公，容公长子，有子六：

　　　　　　钢　铜　钦　镒　镙（早卒）

　　　镆（殇）

　琦　公，容公次子，有子一：

　　　　　　铿

十九世　润　公，金公长子，有子五：

　　　　　　昊　昱　昇　昺　昌

　勉　公，琨公长子，有子三：

　　　　　　文基　文塾　文室

　[按文基公有二子失名，或云闽清连江二派即其后也。]

　孜　公，琨公次子，有子二：

　　　　　　文堂　文垫

　汶　公，福公长子，有子一：

　　　　　　文祖

　添　公，福公次子，有子一：

　　　　　　文威

　光　公，康公子，有子二：

　　　　　　文显　文腾

　泽　公，旭公长子，有子二：

　　　　　　文权　文模

　深　公，旭公次子，有子二：

　　　　　　文彬　文材

　洪　公，旭公三子，有子一：

　　　　　　文桥

　汉　公，呆公长子，嗣无传

　淙　公，呆公次子，嗣无传

　溥　公，呆公三子，有子二：

文树（殇）　文林（早卒）

济　公，呆公四子，有子一：

文荣（迁居外邑）

钢　公，玮公长子，有子一：

文杞

[按一云有二子，长文杞，次文成，其后裔派居江西。]

铜　公，玮公次子，有子一：

文瓐

钦　公，玮公三子，有子三：

瑀　瓛　琚

镒　公，玮公四子，有子三：

殉　瓒　珊

铿　公，琦公子，有子二：

暄　昭

二十世　昊　公，润公长子，有子一：

敆

昱　公，润公次子，有子三：

政　教　敏

昇　公，润公三子，有子一：

牧（殇）

昺　公，润公四子，有子一：

斆

昌　公，润公五子，有子三：

敆　启　攸

文基公，勉公长子，有子不详。

文塾公，勉公次子，有子一：

佐

文室公，勉公三子，有子二：

昆（后派居琅琦）　宾

文堂公，孜公长子，有子二：

铖　锷

文垫公，孜公次子，有子一：

钟

文祖公，汶公子，子一、嗣子一：

圣（殇）　烟（嗣子、文模公子）

文威公，添公子，有子一：

璟

文显公，光公长子，嗣无传。

文腾公，光公次子，有子一：

熙（殇）

文权公，泽公长子，有子一：

燮

文模公，泽公次子，有子三：

炎　剡　烟（出嗣文祖公）

文彬公，深公长子，有子一：

焕（殇）

文材公，深公次子，有子二：

烛　熜（殇）

文桥公，洪公子，嗣无传。

文杞公，钢公子，有子四：

训　诏（早卒）　谏（殇）　咏、
（出继）

文瓘公，铜公子，有子一：

言（殇）

瑀　公，钦公长子，有子五：

谦　让　诰　志　调（殇）

璷　公，钦公次子，嗣子：

　　　　　　　　　咏（文杞公四子）

琚　公，钦公三子，有子二：

　　　　　　　　诚　计

珣　公，镒公长子，嗣不详。

珊　公，镒公三子，嗣不详。

暄　公，铿公长子，有子一：

　　　　　　　　　仁

昭　公，铿公次子，嗣不详。

　［按二十世至二十三世，时值明末战乱，远徙外府州邑，故子
　嗣间有未详］

廿一世　敔　公，昊公子，有子三：

　　　　　　　　世麟　世豸　世龙

　　　政　公，昱公长子，有子三：

　　　　　　　　世雄　世毅　世胜

　　　教　公，昱公次子，有子一：

　　　　　　　　世俊

　　　斆　公，昺公子，有子二：

　　　　　　　　世儒　世代

　　　敁　公，昌公长子，有子四：

　　　　　　　　世象　一阳

　　　　　　　　一正　一中

　　　启　公，昌公次子，有子一：

　　　　　　　　一鹿

　　　攸　公，昌公三子，有子一：

　　　　　　　　一守

　　　佐　公，文塾公子，有子一：

　　　　　　　　一恩

宾　公，文室公子，有子二：
　　　　　　　　一本　一枝

钺　公，文堂公长子，有子二：
　　　　　　　　一卿　一臣（出继锷公）

锷　公，文堂公次子，嗣子一：
　　　　　　　　一巨（钺公次子）

烟　公，文祖公嗣子，有子五：
　　　　　　　　一坚　一垩（出继炎公）
　　　　　　　　一桂　一玺　一里

璟　公，文威公子，有子一：
　　　　　　　　一贤

燮　公，文瓘公子，有子二：
　　　　　　　　一至（殇）　一爵

炎　公，文模公长子，嗣子一：
　　　　　　　　一垩（烟公子）

剡　公，文模公次子，有子二：
　　　　　　　　一封（殇）　一墀

训　公，文杞公长子，有子一：
　　　　　　　　应隆

谦　公，瑀公长子，嗣不详。

让　公，瑀公次子，有子二：
　　　　　　　　应章　应聘

诰　公，瑀三子，有子二：
　　　　　　　　应文　应举

志　公，瑀四子，有子一：
　　　　　　　　应辰

咏　公，璷公嗣子，有子一：
　　　　　　　　应元

诚　公，琚公长子，有子一：
一腾

廿二世　世麟公，敬公长子，有子四：
烜　焊　煜　煌

世豸公，敬公次子，嗣无传。

世龙公，敬公三子，有子一：
燫

世雄公，政公长子，有子一：
焯

世毅公，政公次子，嗣无传。

世胜公，政公三子，有子一：
焴（殇）

世俊公，教公子，有子五：
炫　灿　炜　焰　燧（俱殇）

世儒公，斆公长子，嗣无传。

世代公，斆公次子，嗣无传。

世象公，敔公长子，嗣无传。

一阳公，敔公次子，有子四：
燿　炤　烨　烃

一正公，敔公三子，嗣无传。

一中公，敔公四子，嗣无传。

一鹿公，启公子，有子二：
秋　熺

一守公，攸公子，嗣不详。

一恩公，佐公子，有子一：
道行

一本公，宾公长子，有子二：
国龙　国彪（迁泉州）

一枝公，宾公次子，嗣不详。

〔按公后派与国彪公同居水头地方，子孙盛焉〕

一卿公，钺公长子，有子一：

    炳道

一臣公，锷公嗣子，无嗣。

一坚公，烟公长子，有子一：

     炳达（迁外邑）

一贤公，璟公子，有子四：

    炳宏 （养子）

    炳公 炳云 炳台 （子三）

一爵公，燮公次子，有子一：

    炳明

一垩公，炎公嗣子，有子一：

     炳运（迁外邑）

一墀公，剡公次子，嗣不详。

应隆公，训公子，有子二：

    国桢 国干

应辰公，志公子，有子二：

    日升 勉修（俱迁延平）

应元公，咏公子，有子一：

    国荣（居延平）

应章公，让公长子，有子一：

     国宾（居延平）

应聘公，让公次子，嗣不详。

应文公，诰公长子，有子二：

     国典 国贤（俱居延平）

应举公，诰公次子，有子一：

    国英

一腾公，诚公子，有子二：

　　　　绍宗　复升（居延平）

廿三世　烜　公，世麟公长子，嗣子

　　　　崇均（煜公子）

烸　公，世俊公三子，有子一：

　　　　崇坦

煜　公，世麟公三子，有子五：

　　　　崇城　崇损　崇均（出继烜公）

　　　　崇增　崇坤

煌　公，世麟公四子，嗣不详。

燩　公，世龙公子，有子一：

　　　　崇璜

焯　公，世雄公子，有子一：

　　　　崇位

燿　公，一阳公长子，有子三：

　　　　崇圻　崇埴　崇埏

炤　公，一阳公次子，有子一：

　　　　崇陞

烨　公，一阳公三子，有子三：

　　　　垦　垄　臺

烃　公，一阳公四子，有子一：

　　　　崇塂

秋　公，一鹿公长子，嗣不详。

熺　公，一鹿公次子，有子一：

　　　　垲

国龙公，一本公长子，有子一：

　　　　千里

炳道公，一卿公子，有子一：

146

俸

炳公公，一贤公长子，有子一：

基

炳云公，一贤公次子，有子二：

代　传

炳台公，一贤公三子，有子一：

倧

炳宏公，一贤公养子，有子一：

催

炳明公，一爵公子，有子四：

域　墀　埼　坳

国桢公，应隆公长子，有子二：

孙枝　孙茂

国干公，应隆公次子，有子四：

佺　修　俾　侹

绍宗公，一腾公长子，有子四：

名就　名彰　名仪　名淑

廿四世　崇均公，烜公嗣子，有子二：

元锡　元镐

崇坦公，炜公子，有子三：

元钦　元鉴　元镧

崇城公，烜公长子，有子四：

元铭　元铿　元钰　元钿

崇埙公，烜公次子，有子二：

元钊　元铨

崇坤公，煜公五子，有子一：

元录

崇璜公，燏公子，有子一：

元鍾

崇位公，焯公子，有子二：

元美　元羲（迁外邑）

基　公，炳公公子，有子二：

元高　可成

孙技公，国桢公长子，有子二：

钦宪　钦成

孙茂公，国桢公次子，有子一：

钦典

以上是截至道光六年（1826）为止，延政一支的繁衍概况。当然，这个记载很不完备，因为凡迁居外邑者，概未入谱。更不要说失名者和改姓者了。且道光六年（1826）后，延政后裔瓜瓞绵绵，遍布东南沿海及海外各地。当今，很多王氏家族自认是王审知的后裔，正是历史上这种繁衍、迁徙情况的具体写照。

（原载《亚太地方文献研究论文集》，香港大学亚洲研究中心1991年出版）

简述三槐堂王氏家族

由宋代兴起的三槐王氏，是—种以祠堂、族谱和族田为主要特征的新型的家族制度。在这种家族制度下，"敬宗收族"是一个显著特点。"三槐堂"，这个以"祠堂"名号而闻名的王氏大家族，是以非凡的德与才而名垂青史的。这个家族及其后裔，对中华文化做出了不可磨灭的重要贡献。

一、由来和兴盛

相传，周朝时，宫廷外面有三棵槐树。每当三公(司徒、司马、司空)朝见天子时，都面向三槐而立。《周礼·秋官》说："面三槐，三公位焉"。后来，就以"三槐"比喻"三公"。王氏"三槐堂"即出自这个典故。

"三槐堂"的始祖是王祜，字景叔，大名府莘县(今属山东省)人。生于五代唐同光元年(923)，卒于北宋雍熙三年(986)，享年64岁。

王祜的祖父王言，生于唐咸通十年（869），世居渭南，官滑州黎阳县令，后迁居大名府莘县，莘县遂成为"三槐王氏"的发祥地，卒于后唐长兴元年（930），享年62岁。王言有二子：长曰彻，次曰永。王彻，字伯通，即王祜的父亲，生于唐景福元年（892），举后唐进士，官至左拾遗，

后晋天福七年（942）卒，享年51岁，葬莘县群贤堡。王彻有二子：长曰祐，次曰祉。

王祐少年笃志词学，后晋天福中，以书见中书令桑维翰，因桑维翰称赞王祐"文章藻丽"而闻名京师。后汉乾祐元年(948)科第二十名举人，联登会试第十七名进士，为邺帅杜重威辟为观察支使。后汉初，杜重威移镇睢阳，反侧不自安。王祐劝其勿反汉，被其贬为沁州司户参军。入后周，先后为魏县令、南乐县令。宋初，被宋太祖赵匡胤拜为监察御史，不久迁殿中侍御史。乾德三年(965)，知制诰。六年（968），加集贤院修撰，转户部员外郎。可见，王祐本人是通过科举考试步入仕途的，他是以非凡的才华而被重用的。

王祐为官清正廉明，积德行仁。宋太祖亲征太原，镇守符彦卿不力，太祖以祐代之，俾察彦卿动静。太祖答应除符彦卿后可加官晋爵。但王祐却以全家百口性命担保彦卿无罪，并对太祖曰："五代之君多因猜忌杀无辜，故享国不永。原陛下以为戒。"彦卿由是获免。太平兴国初，祐移知河中府，入为左司员外郎，拜中书舍人，充史馆修撰。未几知开封府，以疾请告。宋太宗即位后，才又重新起用，改拜为兵部侍郎。太宗雍熙三年（986）卒，宋太宗谥祐为"忠烈"。御祭曰："惟尔祐：高标绝俗，正直言身。两都赋就，八斗才雄。腹化文昌，身藏武库。大吕九鼎之器，明堂一柱之才。六合资润于笔端，九品定称乎舌表。胸中堪镜，照秽吏之百奸；时后奇云，起疲民于九殒。对芳躅之当前，宁可自弃；念孤忠于往昔，岂昧愚忱。竟赴仙游，追踪莫及。时颁葬祭，爰贲始终。"

王祐晚年为积德扬善，教子成才，于开封城东居处植槐三株，并曰："吾子孙必为三公者，此其所以志也。"祐有三子：曰懿、旦、旭。其后，次子王旦，果真官至宰相，进位太保，居三公之首。王氏族人为纪念王祐，遂以"三槐"为其堂名。王祐之孙王素，为宋仁宗时工部尚书。王素之子王巩，字定国，自号清虚居士，文采风流，为时尚所宗，与大文豪苏轼为文章道义之友。苏轼守滁州，王巩前往访之，并同游泗水、登魑山、吹笛饮酒，乘月而归。苏轼为之作《三槐堂铭并序》，其文曰："美哉盛

矣!魏公之业,与槐俱萌,封植之勤,必世乃成。即相真宗,四方砥平。归视其家,槐萌满庭。吾侪小人,朝不保夕;相时射利,皇恤厥德;庶几侥幸,不种而获。不有君子,其何能国!王城之东,晋公所庐;郁郁三槐,惟德之符。美哉盛矣!"从此,三槐王氏又借助大文豪苏轼的《三槐堂铭》,扬名天下。

王旦字子明,生于五代后周显德四年(957),卒于北宋真宗天禧元年(1017),享年61岁。王旦幼颖好学,6岁即信口为诗。太平兴国五年(980)进士及第,为大理评事,知平江县。淳化二年(991)累迁知制诰。历任知考课院,理检院,进贡部郎中。真宗即位,擢翰林学士兼知审官院,通进银台封驳司。咸平三年(1000)拜给事中,同知枢密院事,逾年参知政事。契丹犯境,随真宗至澶州。景德三年(1006)拜相,监修"两朝国史"。天禧元年(1017)以疾罢相。

王旦一生胸怀磊落,宽宏大量,知人善用,不计得失。北宋名臣寇准数短旦,旦专称准。帝谓旦曰何?旦曰:"理固然。臣在相位久,政事缺失必多,准对陛下无所隐,益见其忠直,此臣所以重准也。"真宗天禧元年,旦以疾罢相,入宫见帝。帝曰:"卿今疾亟,万一不讳,使朕以天下事付之谁手?"王旦仍然荐寇准为相。

王旦自俸廉俭,严守家教门风。宋真宗以其所居简陋,欲为其修缮,王旦辞以先人旧庐乃止。婚姻不求门阀,被服素质,家人欲绘锦饰毡,不许,所服止于赐带。为不使子孙争财而自立,不置田宅。临危戒子弟曰:"我家盛名清德,当务俭素,保守门风,不得事于泰侈,勿为厚葬,以金宝置柩中。"天禧元年(1017)卒,帝临其丧,废朝三日,赠太师尚书令、魏国公,谥文正,葬开封新里乡大边村。旦妻赵氏,为景肃公赵昌言次女,封荣国夫人。生三子:雍、冲、素。四女:长适太傅韩亿,次适兵部员外郎直集贤院苏耆,三适右正言范令孙,四适观文殿大学士吕公弼。王雍,字子肃,仕宋,历官司封郎中,终两浙转运按察使。配李氏,继吕氏,生二子:恪、整。王冲,字仲和,仕宋为赞善大夫,配沈氏,生三子:庆、吉、靖。王素,字仲仪,仕宋,官至工部尚书。

王素，生于景德四年（1007），卒于熙宁六年（1073），享年67岁。自幼天资颖异，赐进士出身。初知鄂州，以直谏事仁宗，仁宗思其贤，擢知谏院，从此出入侍从将帅达30余年。皇子生，帝将进百僚以官，惠诸军以赏。王素直谏曰："今西夏畔涣，契丹要求，县官之须，且日急矣。宜留爵秩以赏战功，储金缯以佐边费。"结果被采纳。王德用以二子献侍皇帝左右，王素又以"臣之优正恐在左右尔"，被阻止。帝赐素以银绯，擢天章阁待制，淮南郡转运按察使，改知渭州，后迁龙图阁直学士。

王素为政务合人情。在出知定州、成都府期间，严禁重苛牙校税，历罢铸钱十年以权物价，蜀人纪其目，号曰"王公异断"。治平初，夏人寇静边砦，王素又被召拜为端明殿学士，复知渭州。三镇、泾原故老皆欢贺，敌畏退去。在此期间，王素又开拓渭西南城，浚隍三周，积粟可支十年。属羌奉土地来献，悉增募弓箭手。为激发边民防御积极性，改筑堡专防为耕防结合：平时"听散耕田里，有警则聚，故士气感奋，精悍他道莫及"。熙宁初，以学士知太原府，汾河大溢，王素亟命具舟楫、筑堤防，人赖以安。后入知通州、银台司，转工部尚书。熙宁六年（1073）卒，谥"懿敏"。有九子二十五孙。

三槐王氏始祖王祐，以坚持正义，以一家百口保镇守符彦卿无罪而名震天下。其子王旦又以"三公"之高位以及杰出的才华和高尚的品德，使三槐王氏成为北宋时期除赵宋皇室以外最为显赫的家族，迎来了三槐王氏的黄金时代和鼎盛时期。

二、历史渊源

三槐王氏是周灵王太子晋的后裔，这是毫无异议的。但自太子晋传到王离以后，是出自王离的长子王元即琅琊王氏呢，还是出自王离的次子王威即太原王氏呢，则有不同的记载。

据《王氏通谱》记载，三槐王氏出自琅琊王氏，是王元的后裔。《王氏通谱》一〇六卷首二卷，清王庸敬修，光绪二十年(1894)槐政堂活字本，原装八十二册。该谱三槐王氏部分记载王祐是王弘直的后代。从王弘直至王祐，其世系如下：

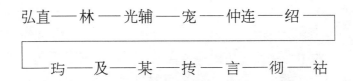

弘直——林——光辅——宠——仲连——绍——

玙——及——某——抟——言——彻——祐

在这个世系谱中，从弘直至抟，与《新唐书·宰相世系表》完全相同，唯独关于抟之子的记载，则大相径庭。《新唐书》卷116《王抟传》关于王抟经历和遭蓝田驿之祸的记载，与《王氏通谱》的记载大致相同。但《王抟传》中却没有关于其子的任何记载。在《新唐书·宰相世系表》王氏世系表中，明确记载王抟有三子：长子名倜，字垂光；次子名倓，河南府文学；三子名伦，校书郎。这里并没有提到王言的大名。说王言是唐昭宗时宰相王抟的儿子，在史籍文献中找不到任何依据。所以，三槐王氏正宗后裔的族谱，都不承认唐末宰相王抟与三槐王氏先祖王言是父子关系。这也就是三槐王氏后裔不承认他们出自琅琊王氏的症结所在。

三槐王氏传到王旦时，已发展成为仅次于皇室的显赫家族。传到王皋时，又以护驾宋高宗南渡之功，揭开了三槐王氏在江南发展的新篇章。王皋居官因与时政不合，遂隐居苏之获扁，是为三槐王氏南迁之一世祖。皋公三子：长曰易，字吾置，袭授殿帅府太尉，徙居昆山沙头，是为东沙王氏始祖，子孙散居海虞、太仓、澄江等处，旧谱称公有启圣开灵之德，耕钓不求闻达，坦然有肥遁之风；次曰铎，字吾伍，官尚书郎，守太傅公遗业，居苏获川，为中沙王氏始祖；三曰允(又作胤)，字吾曾，官礼部尚书、集贤殿大学士，徙居无锡沙头，是为西沙王氏始祖。东沙、中沙、西沙，合称三沙王氏。这支王氏乃是三槐堂王氏的正宗。记录这支王氏的族谱，在王氏族人特别是三槐王氏后裔的心目中，是最具有权威性的族谱。

《王氏三沙全谱》，又称《王氏三沙统谱》(见《中华族谱集成》王姓卷第九至第十三册，巴蜀书社1995年出版)，清代王钟、正承烈、王锡骥等修，始修于咸丰五年(1855)，完成于光绪五年(1879)，历时24年。该谱记载了东沙王氏51支，中沙王氏28支，西沙王氏152支，原装122册，是一部

规模宏伟、支派繁多、取材广泛、内容翔实的大型三槐王氏族谱。

王皋，字子高，以太尉护宋高宗南渡有功，封柱国、太傅，为《王氏三沙全谱》之第一世祖。长子王易，为东沙始祖，该谱尊为东沙二世祖；次子王铎，为中沙始祖，该谱尊为中沙二世祖；三子王允(又作胤)，为西沙始祖，该谱尊为西沙二世祖。该谱认为，三槐王氏是太原祁县王氏文中子王通的后代，文中子王通在该谱中占有异常显赫的地位。诸如，该谱的诰敕部分，开篇便是明嘉靖九年(1530)皇帝制曰隋儒王通配祀孔子庙庭的敕命。在始祖像赞部分，第一世祖，是周灵王太子晋的画像；第二世祖，是周司徒宗敬的画像；第四十二世祖，便是先儒文中子王通的画像，并有薛收、魏征、房玄龄撰写的像赞。该谱在卷首部分，还载有《文中子世家》，由杜淹撰写，长达1600余字；接下来就是《文中子本传》，长达1000余字。

该谱在《王氏太原合谱前编》中写道：

> 王氏自子晋受姓至汉，元封琅琊、咸封太原，二派特著。吾宗太原也。今或采史传、或本世家、或按旧谱，自受姓至宋南渡，为世五十有五。

接下来排列了周灵王太子晋至南渡始祖皋公的五十五代世系。按世系排列，隋代文中子王通列为第四十二代，所以被尊为第四十二世祖。由隋代文中子王通至三槐堂王氏始祖王祜，共九代，其一线世系如下：

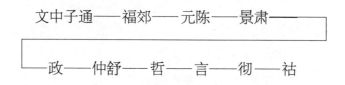

文中子通——福郊——元陈——景肃——

政——仲舒——哲——言——彻——祜

王祜次子王旦，相宋真宗，赠太师尚书令、魏国公谥文正。所以《三沙传芳谱旧序》云：

> 余赏遐稽文中子世家，知其为周家之裔。比观文正公旦家传，又知其为文中子之十世孙。其裔散处中原，不可胜述。

总之，记载三槐堂王氏始祖王祐后裔的这部大型《王氏三沙全谱》，以浓墨重彩的笔法确认，三槐王氏乃是太原祁县王氏文中子王通的后裔。

此外，其他三槐王氏族谱亦有同样的记载。例如，清光绪《延政王氏宗谱》十四卷首一卷，王庆洪等修，昆陵西宅刻本，原装二十七册。该谱以希古公为一世祖。希古公，名贤，字希古，是三槐王氏始祖王祐的第三子王旭的后裔。该谱在卷首的《原姓》中写道：

> 吾姓王氏按遗谱周灵王子晋，二传之后，以爵为氏。其在太原者，皆姬姓。……至晋有右军将军，隋有文中子……后唐之黎阳令言，乃太原之正派，迁大名莘邑，生彻，举进士，为拾遗；彻生祐，后晋天福中为司户参军；又事后周，为南乐令。宋太祖受禅，拜监察御史。尝以家之百口，保符彦卿之无异意……吾姓之所自来，起自太原，迁自莘邑。如水之有源，木之有根，不可紊也。苟有背而之他者，谓之灭宗。①

又如，清光绪《高仓王氏族谱》十卷，王佐柳等修，三槐堂刻本，原装十册。该谱以仕魁公为一世祖。仕魁公乃三槐王氏始祖王祐之后裔。仕魁公生于元末，明洪武时，自江西泰和徙居高仓，是为高仓王氏始迁祖。该谱在《旧序》中写道：

> 吾族系出姬姓，周灵王太子晋之后。……元封琅琊郡，元弟威守太原……凡二十一望，唯太原、琅琊最著。我肇基祖仕魁公，乃太原之后也。②

由此可见，三槐堂王氏始祖王祐后裔所修的族谱都认为，王祐的祖父黎阳令王言，是由太原之正派迁到莘邑的。也就是说，黎阳令王言是太原王氏文中子王通的后裔，同琅琊王氏唐末宰相王抟没有父子关系，因而，不属于琅琊王氏系统。

---

①《中华族谱集成》王姓卷，第7册，第5~6页。
②《中华族谱集成》王姓卷，第6册，第20页。

三、播迁与衍派

三槐王氏肇基莘邑，鼎盛于开封。三槐始祖王祜，生有三子，分为三大房，各房都是人丁兴旺、人才辈出，不断播迁。随着时间的推移，逐渐形成了许多衍派，统称三槐后裔。南宋以后，遍及全国各地。诸如，南京、绍兴、余姚、太仓、漳州、泉州、晋江、广东等地，都有其重要分支。徙居各地的衍派，为不忘其所出，在祠堂、族谱、灯笼等器物上，多半都写有"太原郡"、"太原郡三槐堂"等字样。在南迁的衍派中，王祜的第三子王旭的后代和王祜之孙王素的后代，人丁特别兴旺。前面提到的《延政王氏宗谱》的一世祖王希后，就是王旭的后代。

王素有九子二十五孙，长子名厚、次子名固、三子名坚、四子名巩、五子名本、六子名硕、七子名凝、八子名常、九子名奥。北宋末，随着金兵南下，王素的子孙，或因仕途调遣，或因避乱迁徙，散居繁衍于长江流域以及江南各地，从而形成了遍及华中、华南各地的三槐王氏分支。王素之长子王厚，无子，以三弟巩之子奇为后。王奇生二子：俊、作。王俊又生二子：道、随。王道徙居余杭，形成了三槐王氏"余杭分支"。王随徙居山阴，形成三槐王氏"山阴分支"。王素之三子坚，有四子：祐、褆、禧、祉。王祉，生二子：似、倧，王似定居铅山，从而形成了三槐王氏"铅山分支"。王倧生二子：斌、岁。王斌居诸暨，形成了三槐王氏"诸暨分支"。王岁徙居萧山，形成了三槐王氏"萧山分支"。素四子巩，有四子：奇、时、由、皋。王时生四子：颜、华、熙、然。华生四子：焞、性、度、志。王焞居洞庭，形成了三槐王氏"洞庭分支"。王性居萧山，形成了三槐王氏萧山分支。王度徙居金华，形成三槐王氏"金华分支"。王由徙居湖北，形成三槐王氏"湖北分支"。王皋生有三子：易、铎、允。王易徙居东沙，形成了三槐王氏"东沙分支"。王铎徙居中沙，形成三槐王氏"中沙分支"。王允徙居西沙，形成了三槐王氏"西沙分支"。

据清光绪《王氏三沙全谱》记载，东沙记派有81支，该谱收录51支；中沙记派有41支，该谱收录28支；西沙记派有168支，该谱收录152支。三沙总计，共有290个支派，该谱收录231支，还有59个支派没有收入。该谱从始迁祖王皋为一世祖记起，一直记到第三十五世。从时间跨度来说，始于建炎元年(1127)宋高宗南渡，迄于清光绪四年(1878)，即该谱定稿之前一年。历时752年。三沙支派全都是以居住地命名的，三沙支派之繁多，集中反映了三沙王氏分布之广泛。兹将《王氏三沙全谱》所收录的231个支派和未收录的59个支派列述如下：

东沙记派：

1.江邑长泾镇九曲桥支

2.南汀河安家巷支

3.古塘派锡邑杨家圩支

4.王牧下塘后杨村支

5.界泾支

6.界泾分段塘桥虎家巷支

7.阳邑王家峰支

8.界泾派青苔河支

9.蓉湖三塘支

10.顾码头支

11.低田支

12.常熟祁村迁夏庄支

13.白沙圩杨巷支

14.筑塘南山头支

15.菱岸支

16.菱岸分黄坭霸支

17.菱岸分王典桥支

18.锡邑黄泥峰支

19.宛山荡南浦巷支

20.安阳山上阳庄友

21.社峰支

22.堰头东湖塘支

23.下岛西溪村支

24.西漳小固支

25.小固分西霸支

26.射弓咀支

27.长寿镇高头上支

28.杨家圩分仓桥娄巷支

29.鹅湖支

30.钱塘支

31.古塘派林庄支

32.大河头合石塘湾支

33.前山东坊庄支

34.长泾工里湾、江邑西大街合支

35.杜家桥王家巷支

36.陆家湾徙索三房巷支

37.塘桥支

38.常熟西庄河头支

39.清水洞桥支

40.顾山菴西支

41.金邑后竹场支

42.万岁桥分合支

43.鹅湖分苏团桥支

44.瞻桥分田里四房支

45.包家小桥、江阴巷支

46.金邑北门长安桥支

47.富安山下支

48.金邑西门外、水满头陈巷支

49.古塘派长泾南巷支

50.古塘分(瑶岸、曹庄、前庄等)合支

51.山下分历村景巷支

东沙记派未修谱的支派计有：

1.昆山沙头支

2.长沙山南支

3.太仓在城支

4.东西两洞庭支

5.泾支

6.木渎镇支

7.常熟尤泾支

8.阳邑龙潭头支

9.砂山万安桥支

10.钭霸头支

11.横河支

12.张泾桥支

13.古塘支

14.长泾北渚合支

15.金邑瞻桥支

16.江阴泾支

17.红染浜支

18.筑塘分支

19.华塘蓉湖在城合支

20.常邑东河下支

21.兴隆桥支

22.曹庄支

23.昭邑卢庄支

24.江邑塘沙支

25.常熟山塘支

26.龙潭头分支

27.宜邑后庄支

28.苏郡九图圩支

29.夏港镇支

30.阳邑石牌头支

中沙记派：

1.长洲荻溪老基支

2.荆邑谢庄支

3.宜邑祝科支

4.宜邑泽堰支

5.横泾旗杆下合支

6.荆邑堰口支

7.江邑季庄支

8.湖塘里王家村支

9.白鹿支

10.婧江东双巷支

11.鸿山北支

12.陶店桥支

13.荻扁派陈家桥支

14.跖墓朱家冲支

15.荆邑川阜支

16.鸿山支

17.湾桥分南河桥、王家桥支

18.坊桥派北观庄支

19.荻扁派厚桥支

20.啸傲泾彦洋公支

21.金邑梅里湾桥支

22.梅里湾桥迁顾庄支

23.石桥头范巷支

24.墓塘桥西村支

25.五牧北濮巷支

26.走马塘支

27.板村西仓堰头支

28.荆邑上城圩支

中沙记派未修谱支派记有：

1.吴县西华支

2.常郡在城支

3.陆安庄教车里支

4.直邑支

5.白鹿徙常熟支

6.方海渡支

7.江邑水潭支

8.江邑清化支

9.宜邑涡南支

10.南宅支

11.江邑南桥支

12.阳邑张墅支

13.江邑华墅支

西沙记派：

1.锡邑卝化沙支

2.沙头派(六店挤、头巷、坊桥等)支

3.坊前支

4.坊湖寺后底水车头支

5.马浪头徙杨洪雇县支

6.南津下支

7.沙头堂前支

8.烧香浜支

9.东浜支

10.漆塘支

11.走马峰支

12.新安太平桥支

13.更楼桥殷巷大坟头支

14.河潭桥后其王家庄合支

15.周泾后单巷支

16.周泾王家巷支

17.白茆支

18.梁塘桥王巷支

19.新桥西庄支

20.青祁南荡支

21.扬名青祁支

22.荡思桥支

23.杨巷分西胶支

24.前湘朱家浜支

25.张桥港合(上桥头、祯埭桥等)支

26.新安老人桥支

27.阎家桥、葛泾桥、陈兰桥等合支

28.吴县窑里支

29.窑里合铜坑支

30.窑里迁锡城支

31.鱼行桥支

32.秀才浜合山东下张巷支

33.西湖塘、大淀桥、前巷等合支

34.陡山车巷支

35.王家堰分刘家桥支

36. 扬名北庄支

37. 北庄分小岸头支

38. 青阳王家村支

39. 江阴荡南支

40. 六国桥支

41. 糜巷桥支

42. 怀仁乡尖上支

43. 兴尖上分二方下、夹白巷支

44. 鸡坑支

45. 梅里俞巷支

46. 进昌桥、曹李巷合支

47. 上舍木构斗支

48. 开元乡大涧桥支

49. 陡山东房桥西宅支

50. 观庄派毛道桥支

51. 毛道桥分张维桥支

52. 九里泾支

53. 跨塘桥后木桥支

54. 西高山西山下支

55. 东亭支

56. 泾头浜支

57. 贝沙桥油车浜支

58. 方湖寺东薛巷支

59. 方湖寺后支

60. 黄泥桥支

61. 北岐头合西曹支

62. 江溪桥、西北塘桥下等合支

63. 锡邑在城支

64.北庄西巷、祁邑在城合支

65.严家浜支

66.烧香浜分阳春桥支

67.坊桥下庄支

68.观庄分中桥汕河头合支

69.南桥高车渡支

70.金城湾朝东巷支

71.丁塔上坊支

72.丁塔杨巷分沿扒宕支

73.靖江侯河市支

74.陡门杨家桥支

75.杨家桥分大孙巷支

76.杨家桥分丁山镇支

77.张王街支

78.草墙门支

79.马塔浜分姚巷支

80.常熟宛山支

81.江阴旸岐支

82.江阴北庄支

83.尧湾间江照天湾合支

84.席岐庄支

85.席岐庄分尤巷支

86.王宅咀支

87.陆居桥石场西塘合支

88.后村大房支

89.坊桥派下场渡支

90.宛山派树巷支

91.苏郡长邑金墅支

92.丁塔派王家宕支

93.孔山支

94.孔山分连杆支

95.黄泥湾桥支

96.陡山王家参桥支

97.王家堰分村东支

98.毛坟桥邵湾里支

99.泰伯乡观庄支

100.观庄分鹅湖、夏连桥支

101.观庄分黄泥岗、东山头掌支

102.泰伯乡长田岸支

103.甘辉桥四堡里支

104.观庄王二房桥支

105.王二房桥分王长桥、石柱头支

106.兴柳巷林家巷合支

107.中村八千荡支

108.甘露小桥分陈墅支

109.田庄张村庙下合支

110.关庄支

111.大岸桥支

112.五牧富头浜支

113.富头浜分王祁徐家舍塘田里支

114.堠山堰头支

115.堰头分探花墩合小库头支

116.堠山分东庄支

117.苏团桥分王泥湾支

118.高田岸支

119.芙蓉山大砂蒋巷支

120.雁荡支

121.雁荡分小南霸支

122.刘塘桥贲巷支

123.北岐头西曹合支

124.长漕支

125.江阴宝池王家巷支

126.江阴宝池顾家桥支

127.南门下塘大码头支

128.大桥街丁昌塘支

129.南城外兴街支

130.鸡坑分后坊桥支

131.赤湖荡支

132.赤湖荡分马盘里西村支

133.排舍支

134.潭塘桥石园支

135.司马墩支

136.江阴在城南街支

137.无授乡夏城荡支

138.大仁巷支

139.马塔浜支

140.丁塔分东北桥王庄合支

141.丁塔分杨家巷支

142.丁塔分靖江支

143.塘头合官庄、西教桥、大里巷支

144.宜邑褚村支

145.石埭桥支

146.荆溪在塘东支

147.鹅子岸分荆溪桃花圩支

148.锡邑鹅子岸支

149.荆溪凌义支

150.仓下王巷支

151.鸡坑陡山分西塔支

152.苏埭巷西北塘巷支

西沙记派未修谱支派计有：

1.万上桥四堡里支

2.西章村支

3.万安桥支

4.长安桥支

5.周泾羊尖合支

6.马家湖支

7.横塘镇八堡里元塘支

8.金邑坊桥支

9.东常支

10.吴县渔洋山后支

11.江邑北外支

12.苏郡皋桥支

13.梓堰桥支

14.下垫司徒桥王庄合支

15.常熟在城支

16.长洲县下墅支

四、泰国"河内王氏"祖籍太原

在泰国，王氏主要有两支，一支叫"琅琊王氏"，另一支叫"河内王氏"。这两支王氏都称"太原王氏"，总会设在曼谷，称"泰国王氏宗亲总会"。

周灵王太子晋为太原王氏系姓始祖，其子宗敬仕周，官司徒。因见王

室衰微，宗敬知国事已不可为，遂上表致仕，避乱于晋阳。世人以为王者之后，仍呼为"王家"，遂以王为氏，是为太原王氏之始祖。泰国的"琅琊王氏"与"河内王氏"正是从这个角度出发，统称为"太原王氏"的。其后，宗敬裔孙王离，生有二子：长子王元，为避战乱，徙居山东琅琊，是为琅琊王氏始祖；次子王威，仍居晋阳。西汉时，官为扬州刺史，其子孙遂散居扬州等地。后来，其裔孙王霸，才又重返故里，定居太原。这支王氏，就是与"琅琊王氏"并称的"太原王氏"。

泰国的"河内王氏"，属于三槐王氏系统，这是有明确记载的。南京是泰国"河内王氏"原来认为的祖居地。但是"太原郡三槐堂"的金字灯笼，却引起了他们对其祖居地的怀疑，事情的由来和经过是这样。

泰国，作为我国的友好邻邦，自古就与中国大陆往来频繁，是王姓族人的侨居之地。近年来，由于侨居国先后推行"地籍法"，"地籍法"规定，在当地出生的华人后裔，一律改用当地姓名，不准延用原有的中华姓氏。愈是如此，愈使他们感到故乡的亲热。1985年，以王锦源为团长的泰国"河内王氏""寻根祭祖团"，回到广东揭阳和福建晋江、泉州等地寻根祭祖期间，在揭阳、晋江、南靖等地王氏家庙里世代相传的"太原郡三槐堂"的金字灯笼以及关于太原的楹联和传说，引起了他们的注意。当他们到达南京后，南京王氏家庙里也有世代相传的"太原郡三槐堂"的金字灯笼。这样，就引发了他们进一步"寻根"的要求。于是，便通过一家旅行社，向国务院侨办写了一封要求帮助查证他们的祖籍是南京还是太原的信件。国务院侨办又将此信转给太原市，要求查证落实，以便回复泰国王氏寻根祭祖团。

太原市政府收到来信后，省、市领导对此事十分重视。很快便组织专门班子，查证落实。1987年2月，由省侨办牵头，组建了由太原市侨办和政协组成的"太原王氏调查组"，王剑霓是这个调查组的主力和骨干。调查组外出调查的第一站就是南京。当调查组到达南京时，受到南京有关方面的热烈欢迎和盛情款待。世居南京的王开锌先生，提供了许多极为珍贵的资料，诸如：南京王氏祖传的"太原郡三槐堂"金字灯笼，封面上写有

"天下第一王"的家谱等。通过访问和座谈，调查组认为，南京的"三槐王氏"确实出自太原。就王霸以后，太原王氏与琅琊王氏两个并列的系统而言，南京的"三槐王氏"应当属于太原王氏系统。

根据北宋以后，王氏家族大举南迁的历史背景，调查组又到太仓、福州进行考察。通过考察，掌握了"三槐王氏"南迁后，通常都冠以所居地地名的重要特点，例如，定居太仓的叫做"太仓三槐王"，定居余姚的叫做"余姚三槐王"等等。这种状况表明，在南方凡冠有地名的王氏，通常都是三槐堂的后裔。随后，调查组又到福建晋江和泉州进行了调查研究。

在晋江，"闽南有太原"的传说，引起了调查组的极大兴趣。坐落在晋江山乡的沙堤村是个著名的侨乡，乳白色的花岗岩小二楼，犹如"玉宇琼楼"，家家门前都悬挂着白色花岗岩石刻匾额："太原衍派"，门的两侧还有石刻楹联：如"太原家家富，沙塘处处春"；"闽南春光好，太原世泽长"。这里的王氏祠堂是一所古建筑，门上高悬着"太原衍派"的锦匾，门的两侧及祠内许多庭堂的两侧都挂着楹联，其中有一幅这样的楹联："太原衍派家声远，远扬海漠；沙塘流芳世泽长，长惠乡邦"。村民们说，这副楹联就是王家的古训。调查组在"王氏祠堂"前，受到了热烈的欢迎。很多人高喊："欢迎来自太原的老家人"！王氏颐老会会长王孝坚老人和许多王氏宗亲，拿着土产、佳肴、生茶、香蕉等礼品，拥上前来，热情接待。在祠堂的大厅中央，陈列着王氏世系图，十分壮观。两边悬挂着王氏侨胞归国探亲观光的照片以及赠送的礼品、锦旗、资助家乡建设捐款名单等。颐老会长手拿家谱，讲述了他们祖籍是太原的依据。他说："从明朝初年定居这里算起，也有600多年的历史了。但这里的王氏族人，直到现在，连看电视也愿意看有关太原的新闻，以表思念之情"。按家谱记载，这支王氏，称为"沙塘王氏"。开基祖是王致政，其父王翰，元末诗人，曾官潮州路总管。目前全村王姓1200多户，大约1/3的人家都有亲人侨居海外。大多在菲律宾、印尼和港、澳、台等地。在菲律宾，有菲律宾太原王氏宗亲总会，在宿务、怡郎、纳卯、西里等地都有分会，会馆门上都悬有"太原堂"三个大字。

在沙塘的调查和座谈，使调查组大开眼界。"闽南有太原"，把闽南与太原直接联在了一起，可谓是：

太原连闽南，闽南有太原。

闽南太原美，太原王氏源。

在晋江的调查研究取得丰硕成果后，调查组又赴泉州、南靖进行调查。在当地领导的带领下，调查组访问了南靖"珩坑王氏"。这支王氏既是太原"三槐王氏"的一个支派，同时恰好又是旅居泰国"河内王氏"的祖籍宗派。由王锦源率领的"泰国王氏寻根祭祖团"曾经来这里祭过祖。这里还存有王锦源团长赠送的锦旗，落款写着"旅泰揭西县河内乡王氏宗亲会"。这里还有代表团赠送的《河内王氏族谱》。该谱明明白白地写着：

始祖起源于福建省南靖县山边地界，有兄弟二人下曹。兄大伍祖，创于普邑旧都赤窑乡；弟大陆祖，创于普邑新都南坡寨。传二世祖曰松记公，三世祖曰泓毅公，时值乱世……南坡寨兄弟逃散，独（泓）毅祖同三子逃入河内。

从《河内王氏族谱》记载来看，旅泰揭西县河内王氏的祖籍就是福建南靖山边。通过调查访问又得知"珩坑王氏"，是元朝至正年间(1341—1367)徙居太仓的，当时叫"太仓三槐王氏"，后来才徙居福建。到了明代中叶，这支王氏才在福建南靖县靖城乡沿着龙溪珩坑定居下来，故称"珩坑王氏"。其开基始祖名叫王致政，王致政的第五子王敬峰于明朝崇祯时迁居山边。王敬峰有两个儿子：长子名大伍，次子名大陆。大陆徙居广东揭阳(普宁)。大陆之孙王泓毅出海赴泰，在泰国繁衍生息。传到寻根祭祖团团长王锦源这一辈，已经是第九代了。在泰国有12 000多人，称为"河内王氏"。

调查组返并后，由王剑霓先生执笔，对调查资料进行了整理，并对一些重要部分，又根据文献记载进行了考证。在此基础上，撰写了回复泰国王氏的调查报告。由于内容丰富，资料翔实，又与泰国《河内王氏族谱》

的记载完全吻合，所以，这个调查报告受到泰国"河内王氏"的充分肯定。他们确信，泰国"河内王氏"的祖籍，就是太原而不是南京。他们看了这个报告后，许多疑问全都迎刃而解了。1988年11月26日，以王济达先生为团长的"泰国王氏宗亲总会工商考察团"一行19人，来到太原晋祠，在王琼祠堂前，举行了隆重的祭祖仪式。太原市万良适市长、市政协董艺副主席，热情地接待了泰国王氏嘉宾。1991年9月，省委郝思恭副秘书长和省外事办景新汉主任来到南郊区说："王森浩省长访泰期间，泰国王氏宗亲总会热情接待了王省长。并说，我们回祖地看到太原祖祠(晋祠王琼祠)不大，我们愿出资扩建"。王省长回来后，认为这属民间交往，当予支持。后来组织了"海外太原王氏联谊后援会"，于1993年完成了这一"扩建"任务。

五、名人望族，史不绝书

在王氏家族发展史上，"三槐堂"这个以堂名而闻名的家族，其"名人"与"望族"，是相辅相成、相得益彰的。家族，以出现名人而成为望族；望族，又使人才辈出，名垂青史。这正是北宋以来兴起的新的名门望族的一个突出特点。

1.王祜家族

王祜（923—986），字景叔，大名莘（今属山东）人，隋代文中子王通的后裔。王祜就是以有德、有才闻名于世，从而成为三槐王氏之始祖的。王祜有三子：长子王懿，字文德，宋初进士，官至袁州知府，颇有政绩。英年早逝，年仅49岁，《宋史》卷269有传。王懿也有三子：长子王睦，名见《宋史》，称他"能世其官"；次子王谅、三子王贽，均为进士。

王祜次子王旦，官居宰相。王旦谢世后，宋真宗为报答王旦对宋王朝的贡献，录其子、弟、侄、外孙授以官职，多达数十人。王祜子孙托王旦之福，成为一个异常显赫的家族。王旦有三子：长子王雍(998—1045)，字子肃，官至两浙转运按察使；次子王冲，官至赞善大夫；三子王素，仁宗时官居尚书，政绩非凡，《宋史》卷320有传。

王祐第三子王旭，字仲明，宋真宗时官为殿中丞。后来其兄王旦出任宰相，王旭主动避嫌，辞官居家。直到其兄王旦去世后，才又复出，以兵部郎中知应天府。谢世后，赠户部尚书、太尉。王旭有四子，其中以王质为最有名。

王质(1001—1045)，字子野。年未及冠，便试学士院，结果辞入优等，赐进士及第，一举名震京师。初任馆阁校理，改集贤校理，迁尚书祠部员外郎，后为苏州通判，陕州知州。他与范仲淹有莫逆之交，当范仲淹被贬饶州时，许多亲朋好友都敬而远之，唯有王质敢于拿上好酒与范仲淹同饮。庆历五年(1045)王质谢世后，范仲淹特别为他撰写了墓志铭，欧阳修也为王质撰写了神道碑。这样，王质美名就传遍了神州大地。

2.王守仁家族

明代的王守仁是王祐后裔中最著名的思想家。王守仁，字伯安，号阳明，学者称阳明先生，绍兴府余姚县(今属浙江省)人。生于明宪宗成化八年(1472)，卒于明世宗嘉靖七年(1528)，享年57岁。

南宋时王祐后裔王寿，始迁居余姚，继而繁衍生息十余代，直至明朝一直定居于此。王守仁的曾祖王杰，邑廪生，天顺中应贡入南京国子监。祭酒陈敬宗推荐于朝，但未被起用，卒于太学，归葬原籍。以孙王华赠光禄大夫、兵部尚书、新建伯。祖父王伦，字天叙，秉性孝友，好施与，工诗文，乡里称之。弘治三年（1490）卒，以孙守仁赠光禄大夫、兵部尚书、新建伯。父亲王华，字德耀，号实庵，成化十七年（1481）进士，授编修。弘治中，累官学士、少詹事。曾任孝宗的讲官，甚得眷遇。正德初，进礼部左侍郎。因子王守仁反对刘瑾专权乱政，被贬出京，任南京吏部尚书。不久，刘瑾又借故将他罢官。正德五年（1510）刘瑾伏诛后，召雪平反，官复原职。不久卒，享年77岁，葬山阴天桂岭之南原。有《龙山集》、《垣南草堂稿》、《礼经大义》传世。

王守仁性聪慧颖悟，6岁时听其祖父读诗书，即能背诵。年10岁，便知读书非求富贵，乃为学成圣贤。15岁时曾往居庸关、山海关塞外游历，目睹边境多难，于是纵览山川形胜，决心研学兵事。弱冠举乡试，学业大进，益好谈兵，且善射。孝宗弘治十二年（1499）进士，提出安定西北边疆的八项建议，不久授刑部主事。正德元年（1506），刘瑾专权乱政，罢户部尚书韩文，逼迫大学士刘健、谢迁致仕，并逮捕南京给事中、御史戴铣等二十余位正直官员。王守仁对刘瑾的倒行逆施十分不满，抗章疏救戴铣等。刘瑾大怒，将王守仁廷杖四十，并贬到贵州龙场驿做驿丞。王守仁的父亲王华，也被迫弃官归田，亲率领四个儿子，偕同守仁入黔。龙场驿当时是少数民族聚居地区的荒凉驿站，既无住房，又缺口粮，只好找个岩洞搭间茅草篷栖身。不久，王华率领四个儿子北上，到遵义军民府桐梓县落脚。王守仁则因俗化导，教当地苗、僚等少数民族伐木造屋，得到少数民族的信任，并在龙场东边龙岗山麓东洞旁建造房屋居住。王守仁将此处美其名曰"阳明小洞天"。

正德五年（1510），刘瑾败亡，王守仁调任江西庐陵知县。一家本可随行，可是王华顾虑年老体衰，不堪长途跋涉，加之成家立业不易，且已随乡入俗，不欲回籍，遂和已有妻小的几个儿子留居下来。延及明末清初，这支王氏后裔，瓜瓞绵绵，已在仁怀、绥阳、桐梓等地发展为千余家。因此，现在黔北、渝南一带世居的王氏族人，很多都是王华的后裔，自然也是王守仁的宗亲。

正德十年（1515），王守仁入京朝觐，迁南京刑部主事。吏部尚书杨一清知其能，调任考功郎中，擢南京鸿胪寺卿。兵部尚书王琼，素知王守仁奇才，适值福建汀、漳发生暴乱，便于正德十一年（1516）八月，擢王守仁为右佥都御史，巡抚南赣，仅四个月就将暴乱平息。在平息暴乱过程中，王守仁深深体会到解决社会危机的极端艰难性，提出了"平山中贼易，平心中贼难"的著名论断。

正德十四年（1519）六月，宁王朱宸濠在南昌谋反，王守仁飞书报警，朝中一片混乱。唯独兵部尚书王琼却镇静自若地对众官员说："诸君勿忧，吾用王守仁抚赣州，正为今日。不过旦夕，贼可擒耳。"不久，王守仁果然在鄱阳湖大败叛军，很快便平定了这次叛乱。王守仁以功进光禄大夫、柱国、新建伯，岁禄千石。嘉靖六年（1527），明廷令王守仁以左

都御史总督两广兼巡抚，赴广西平乱。乱平乞归，由梅岭至南安，卒于途。隆庆初，诏赠新建侯，谥文成。

王守仁是明代著名思想家。他五十岁时在白鹿洞招生讲学，弟子满天下。他强调知行合一，主张致良知于万事，使"天赋"的"良知"得以恢复和发扬光大。他认为良知是知，致良知是行，吾人必欲致良知于行事，而后良知之知，方为完成。此即知行合一之说。又说："知是行的主意，行是知的功夫。知是行之始，行是知之成。"他的全部哲学思想集中体现在《王文成公全集》三十八卷中。

王阳明的心学在当时影响很大，其弟子分为浙中、江右、泰州、南中、楚中、北方、粤闽七大门派。他的思想不仅在中国古代哲学史上占有重要地位，而且东传日本及东南亚国家。

3.王时敏家族

王时敏，字逊之，号烟客，又号西庐老人，太仓（今属江苏）人，是王祐后裔中著名画家的代表。生于明神宗万历二十年（1592），卒于清圣祖康熙十九年（1680），享年89岁。

时敏高祖王涌，为人宏爽，有才气，富而好行其德，里中称之。卒年75，葬金字圩西祖坟之右。曾祖梦祥，乃涌之长子。少而有才，尝入太学，授鸿胪寺序班，不赴。后以子贵封通议大夫、詹事府詹事、兼翰林院侍读学士，卒年68，赐祭葬，葬于嘉定县。祖父王锡爵，乃梦祥长子。嘉靖间，中举及第，授编修之职；隆庆间，充经筵讲官；万历初，进侍讲学士，迁祭酒，又以詹事掌翰林院。后累迁礼侍郎、礼部尚书，召入阁，进一品，在朝为首辅。后引疾乞休，万历三十八年（1610）卒于家，年77。赠太保，谥文肃，墓在苏州府凤桥西。祖母朱氏，乃黄岩令朱邦臣之女，封一品夫人。

锡爵只有一个儿子，名衡，即王时敏之父。王衡，字辰玉，号缑山，少时发奋读书，与华亭董其昌、陈继儒，嘉定唐时升、娄坚等，以文行相砥砺。万历间举进士，廷试第二，授翰林院编修。万历三十七年（1609）卒，年49，葬于镇洋县二十都。著有《论语驳义》、《春秋纂注》、《诸子

类语》等。

时敏兄弟三人，他排行老三。长兄鸣虞，16岁以祖荫授中书，17岁赴南雍应试，不久亡故；次兄赓虞，继从叔父为后，然亦早卒。时敏原名赞虞，次兄死后，父亲本打算让他顶替为嗣，但偏偏长兄又死。他就成了家中的独苗，也就不可能再去另立门户了。也许，他的更名与此有关。

时敏系出高门，文采四照。未弱冠以祖恩荫，授尚宝司丞。天启年间升正卿，又迁太常寺少卿，明亡后，闭户不出，从此隔绝了仕途。因而，他的真正成就集中表现在绘画方面。他从小时候起，就以黄公望为宗，拜董其昌为师，刻苦钻研画技。在此期间，临摹了不少家藏的宋元名迹，虽多为模拟之作，但笔墨苍润松秀，颇有几分功力。经过几十年的磨砺，他的绘画水平越来越高，到晚年则达到了出神入化的境地。成一代画苑领袖，四面八方的画者纷纷赶来登门求教；他的画也就成了名贵的珍品，为天下名人所收藏。在他的众多弟子门徒当中，不乏卓越的人才，如王翚、吴历等，后来都成为著名的大画家。他的孙子王原祁，得祖父指授，成为画坛上的佼佼者。另外，他还有一个族侄，叫王鉴，与他砥砺学画，以董源、巨然为宗，画风沈雄古逸，在画坛名望也颇高。故后人常把他和王鉴、王翚、王原祁合在一起，称为"清初四王"；再加吴历、恽寿平，亦称"清六家"。除善画外，他还兼工隶书，能诗文，著有《王烟客先生集》、《西庐画跋》等。

时敏共有九个儿子，其中六个是原配李氏所生，三个是继室徐氏所生。长子挺，明时官至中书舍人，尝奉使两浙，却馈遗，不宿官舍，不赴公宴。入清，闭门辞官，专事著述，所作古文，脱绝蹊径，自成一家，晚年废目，使家童诵书，以听为文，口述使书之，名其稿为《不盲集》，卒年59，门人私谥文贞先生；次子揆，顺治间进士，然力辞举荐，终不出仕，卒年71；三子撰，过继给伯父为鸣虞嗣子，性温厚，工诗善书法及丹青，卒年87；四子持，为贡生，卒年31；五子杆，太学生，为诗善乐府体，卒年75；六子扶，贡生，卒年47；七子摅，善诗文，为海内推崇，著有《芦中集》；八子掞，康熙间进士，授编修，累迁左春坊左赞，侍读学

士，尝主顺天乡试，迁刑部尚书，拜文渊阁大学士，兼礼部尚书，卒年84；九子抑，曾任太原府同知，屡决疑狱，上官以为能，摄忻州事，尝破遗尸案，众以为神明。

王时敏多子多孙，家中人丁兴旺。他的九个儿子均有子嗣。多则四人，少则一人，合计19人。这19个孙子又各有后，总人数达四五十人。在这诸多的孙辈、重孙辈中，不乏有成就者，有的位居高官，有的文名显赫，有的工于诗词，有的则擅长丹青，实可谓人才济济，英杰辈出。

4.王士祯家族

清初王士祯家族，是王祐后裔中名臣兼诗人的典型代表。王士祯，字子真，又字贻上，号阮亭，别号渔洋山人，济南府新城县(今山东省桓台县西)人。生于明崇祯七年(1634)，卒于清康熙五十年(1711)，享年78岁。

士祯的祖父名象晋，生有五子，第五子名与敕，即士祯之父。与敕，字钦文，号匡卢，性孝谨，尤警慧。顺治初贡太学，诰封朝议大夫、国子监祭酒，赠通议大夫。与敕有四子：长曰士禄，字子底，顺治壬辰进士，吏部稽勋司员外郎；次曰士禧，字礼吉，官至州同知；三曰士佑，字子侧，进士。弟兄四人皆工于诗。

士祯为与敕第四子，生有异禀。16岁补诸生，18岁举乡试第六名。顺治八年（1651）中会试，十五年（1658）殿试二甲，次年选扬州推官，十七年（1660）分校江南乡试。时户、刑两部侍郎驻江守，谳海寇重案，士祯与善类力为保全，并清扬州积逋，雪高邮居烈妇冤。在扬5年，完大案83件。康熙三年（1664）注上上考，擢礼部主事，寻迁户部福建司郎中。康熙十一年（1672）典四川乡试，二十三年（1684）迁少詹事，累迁兵部督搏侍郎。康熙三十年（1691），主礼闱。三十七年（1698），晋都察院左都御史，又晋刑部尚书，平反庶狱，矢矜矢慎。卒，谥文简。

士祯为清代诗人。15岁即作诗一卷，名《落笺集》，成年诗作有《带经堂集》，自选诗集有《渔洋山人精华录》，此外尚有笔记《居易录》、《池北偶谈》等。其论诗创神韵说，所谓"不著一字，尽得风流"，一时学者慕名而来，形成"神韵派"。

真州绝句

江干多是钓人居，柳陌菱塘一带疏；

好是日斜风定后，半江红树卖鲈鱼。

灞桥寄内

大华终南万里遥，西来无处不魂销；

闺中若问金钱人，秋雨秋风过灞桥。

送胡端芳孩赴长沙

青草湖边秋水长，黄陵高口幕烟苍；

布帆安稳西风里，一路看山到岳阳。

题聊斋志异

姑妄言之妄听之，豆棚瓜架雨如丝；

料应厌作人间语，爱听秋坟鬼唱诗。

士祯有子三：长子启涑，字清远，别号石琴山人，岁贡生，任在平教谕，性淡泊，不乐仕进，著有《西城别墅诗》等诗文。启涑有一子，名兆赞，官至候选光禄寺典簿，雍正八年（1730），协办濮州、范县赈务，厘弊剔奸，全活甚众。士祯次子，名启浑，字弈远，邑诸生，17岁殇。士祯三子，名启防，岁贡生，官文登县教谕，候选知县。

5.王鸣盛家族

清代王鸣盛家族，是王祜后裔中著名学者的突出代表。王鸣盛，字凤喈，号西庄，晚年自称西沚居士，太仓州嘉定县(今属江苏省)人，生于康熙六十年(1721)，卒于嘉庆二年(1797)，享年77岁。

鸣盛的祖父，名焜，字大生，号卓人，康熙三十五年（1696）举人，授丹徒县教谕，卜居嘉定，为王氏"嘉定分支"始祖。乾隆年间，以孙鸣盛贵，被赠通议大夫。焜有四子，前三子名不详，第四子名尔达，字通侯，号虚亭，清新阳学廪生，因子鸣盛贵，赠通义大夫；次子，名鸣韶，字鹤溪，少而明敏，习古文，兼工诗画。

王尔达长子鸣盛,幼奇慧,四五岁日识数百字。乾隆九年(1744)补诸生副贡,十二年(1747)江南乡试中举人,十九年(1754)会试成进士,殿试中一甲第二名,授翰林院编修。二十一年(1756)大考,翰林第一,特擢侍读学士。二十四年(1759)充福建乡试正考官,升内阁学士,兼礼部侍郎。事竣还京,以滥用驿马被吏议,左迁光禄寺卿。二十八年(1763),回原籍为母奔丧,后迁居苏州,不复出仕,励志治学凡三十年。嘉庆二年(1797)卒于苏州。

王鸣盛一生著作颇丰,经史子集无不通晓。自诩其成就不亚于明代文学家王世贞的《弇州山人四部稿》,他说:"我于经有《尚书后案》,于史有《十七史商榷》,于子有《蛾术编》,于集有诗文,以敌《弇州四部》其庶几乎?"他治史讲究真实,致力于校勘本文,改正伪文,添补脱文,删去衍文,核实事迹;详述舆地、职官、典章制度,剖析异同,搜求根据,证实错误,皆对事不对人。其史学代表作《十七史商榷》百卷中,计《史记》六卷、《汉书》二十卷、《后汉书》十卷、《三国志》四卷、《晋书》十卷、《南史》(合宋、齐、梁、陈书)十二卷、《北史》(合魏、齐、周、隋书)四卷、《新·旧唐书》二十四卷、《新·旧五代史》六卷,计九十八卷,加上论史字义例概略《缀论》二卷,共百卷,包括史书十九部。在史料上鉴别、辑佚、整理方面颇有独到之处,为有清一代的史学名著。

王鸣盛发愤重治汉学。他认为,汉人应墨守汉人家法。但汉儒内部的今文与古文、郑学与王学等纷争,长期不休。汉代积儒经典必崇一家,及唐贞观以后,由于《五经定本》的颁行,经书文字的统一,经学也统于一尊,各派之争销声匿迹。唐代注疏《五经正义》等,墨守注文,为严格的汉学系统。从郑玄以后,经学就是不纯粹的汉学了。到宋代王安石用自己训释的《诗》、《书》、《周礼》三经新义,取代唐朝用诗赋明经取士方法后,先儒的传注一概废而不用,汉学消亡。王鸣盛治汉学,尤重郑氏之说。通过正文字、辨音读、释古训、通传注、辑逸文,遍览群书,广采博集,力求全面发现郑学之真正意旨,终成《尚书后案》三十卷。其材料丰富,考订翔实,为后人阅读《尚书》提供了方便条件。

　　《蛾术编》，是王鸣盛晚年编成的一部综合性学术笔记。该笔记以考证经义、史地、小学为主，旁及人物、制度、名物、诗文，与宋洪迈的《容斋随笔》、王应麟的《困学纪》齐名。该笔记言而有证、不尚空谈的严肃态度与治学精神，堪为后世楷模。

　　　　　　　　　　　　（原载《小店文史资料》2003 年第 1 期）

太原王氏与赤子寻根

太原王氏受到人们的关注，是从上世纪80年代两封海外来信引起的。1985年6月1日，"缅甸太原王氏家族会"致函太原市王茂林市长，要求查找开族始祖王子乔的资料，以便回来寻根谒祖；1986年，泰国王氏宗亲会又通过一家旅行社给我国国务院侨办来函说，他们的祖籍有南京和太原两说，不知道哪一说正确，要求太原和南京帮助查证落实，以便回来寻根祭祖。这两封海外王氏来信引起了山西省和太原市领导的重视。1986年7月，太原组建了"太原王氏研究会"，围绕两封海外来信，收集资料，准备复函。1987年2月，又由省侨办牵头，组织了"太原王氏调查组"，到南京、福建、广东等地搜集资料、调查研究。通过实地考察，特别是通过对旅居泰国的王氏祖籍宗派——福建南靖"珩坑王氏"的考察，取得许多第一手资料后，便向泰国王氏宗亲会通报了考察情况。当泰国王氏宗亲会接到回函后，立即组织了以王济达为团长的19人考察团，于1988年11月26日，回到太原寻根谒祖，这样就揭开了海外王氏赤子寻根的序幕。

一、王姓由来与太原王氏起源

王氏为姓，意指"王家之后"或"帝王之裔"。帝舜、殷商、西周诸王的后裔都以王氏为姓。其后，入主中原的少数民族亦有改姓为王者，这

样就形成了王姓起源的多元性。宋代郑樵在《通志》中把出自"帝王之裔"的王氏，归纳为三大类：其一是出自帝舜后裔的妫姓王氏，其二是出自殷商王子比干后裔的子姓王氏，其三是出自周文王后裔的姬姓王氏。

在出自周文王后裔的姬姓王氏中，又分为三支：一支是出自毕公高后裔之王氏；另一支是出自周考王弟揭之王氏；第三支是出自周灵王太子晋之王氏，这支王氏又称为太原王氏，是所有王氏中人数最多、分布最广、影响最大的一支。王姓人口中十之七、八都属于这一支，侨居海外异国他乡的王氏后裔，绝大多数也属于这一支。

太原王氏始祖是周灵王的太子，名晋，字子乔，亦称王乔，史称太子晋。太子晋的事迹，在《国语》、《逸周书》、《潜夫论》、《新唐书》等史籍中都有记载。太子晋，幼有成德，聪明博达，温恭敦敏。其时王权旁落，年仅15岁便以太子的身份辅佐朝政。灵王器重，诸侯宾服。据说，晋平公（前557—前532年在位）派叔向入周觐见，太子晋能言善辩，令叔向感到吃惊。叔向回到晋国后，对晋平公说："灵王太子才十五岁，竟如此厉害，我和他辩论，竟被他问得哑口无言。我们还是及早归还先前侵占的周王室的土地吧，不然，我们就会大祸临头。"在一旁的师旷听后很不服气，他要求到周廷去同太子晋辩论。师旷是一位主张民为社稷主体的思想家。师旷问太子以君子之德，太子侃侃而答，师旷异常钦佩，连连称是。因为太子晋的"民为贵，社稷次之，君为轻"的思想，与师旷的民本思想完全相合，所以师旷赞不绝口。

周灵王二十二年（前550），谷、洛二水泛滥，危及王宫。灵王决定以壅堵洪。太子进谏曰："不可。自古为民之长者，不堕高山，不填湖泽，不泄水源。天地自然有其生生制约之道。"他提出用聚土、疏川等办法，来疏导洪水。他还以"壅堵治水"的鲧为例指出，家父借"壅堵洪水"之机而修饰王宫，"皆亡君之所为也"。他又以周王室的历史，追述厉王暴虐而流亡，幽王昏乱而西周亡，平王不修内政而衰微为殷鉴，指出，这些都是自己所为而致。这些祸害还没有完全消除，现在又来彰祸，必将祸及子孙。太子晋的直谏，触怒了周灵王，很快便被废为庶人。从此，太子晋

忧心忡忡，三年而卒，年仅17岁。

太子晋卒后两年，灵王驾崩。太子晋的弟弟贵嗣位，是为景王。太子晋的儿子宗敬官至司徒，看到周室衰微，天下将乱，便请求致仕，避居太原。时人呼之为"王家"，遂以王为氏，是为太原王氏始祖，而尊太子晋为系姓始祖，此即太原王氏之起源。《新唐书·宰相世系表》曰："王氏出自姬姓，周灵王太子晋以直谏废为庶人，其子宗敬为司徒，时人号曰'王家'，因以为氏。"

二、太原王氏之播迁与衍派

太原王氏自周灵王太子晋开宗立姓以后，其子宗敬就定居太原，死后又葬于此地，称曰"司徒冢"。宗敬的后裔，瓜瓞绵绵，人才辈出，发展为太原著姓。传至八世孙错，为魏将军。十世孙渝，为上将军。十五世孙翦，为秦大将军。在兼并六国过程中，北征燕、赵，南平楚、越，无攻不克。秦始皇论功行赏，王翦与大将蒙恬共执牛耳，王姓与蒙姓同居天下之先。始皇驾崩，二世胡亥继位，矫诏赐公子扶苏死，又夺蒙恬兵权。横征暴敛，民不聊生。陈胜、吴广揭竿而起。其时，王翦之孙王离为统兵大将，与项羽战于巨鹿，兵败自殉，封武城侯。王离有二子：长子名元，避秦乱，徙居琅琊，是为王氏琅琊祖；次子名威，仍居太原，继续称太原王氏。这样原来的太原王氏就分成了"以王元为始迁祖的琅琊王氏"和"以王威固守祖地的太原王氏"两大支。隋唐以后，特别是唐末及两宋王朝更替、社会动荡期间，王氏家族大批南迁，遂使太原王氏和琅琊王氏遍及江南各地以及东南亚许多国家。

留守太原的王威，西汉时，曾经做官扬州刺史，所以其子孙大都散居扬州各地。传到九世孙王霸时，已负盛名。王莽代汉后，王霸辞官不仕，拒绝与政界往来，隐居于家，以寿终。王霸有二子：长子曰殷，东汉中山太守，食邑祁县，是为祁县王氏之祖，传至其五世孙王允，官至司徒，名声大振；次子曰咸，随父居晋阳，是为晋阳王氏之祖，其后裔称为晋阳王氏。传至王柔、王泽兄弟，成为魏晋名门，迎来了晋阳王氏的黄金时代。

北魏孝文帝特定"太原王氏"为天下四大姓之一。唐太宗修订《氏族志》时，"太原王氏"又被列为天下五大姓之一。这里所说的"太原王氏"，指的就是太原王氏中的晋阳王氏这一支。

据世传家谱和近人研究统计，从北朝至隋唐时期的京兆万年王氏、河东蒲州王氏、武威姑臧王氏、乐陵王氏、河内（又称怀州温县）王氏、汾州王氏、同州下邽王氏、河中王氏、绛州龙门王氏等都出自太原王氏。隋唐以后，太原王氏各派后裔或因出外居官，或因躲避北方战乱，纷纷南迁，支派遍及南国。据族谱记载，安徽婺源王氏、武口王氏、武溪王氏、丰洛王氏、碧溪王氏、藤溪王氏、海川王氏等，均属太原王氏祁县支派的后裔。后来，这些支派的后代，有的又迁居江苏常州、湖北荆门以及浙江等地。

据《皖桐太原王氏谱》记载，安徽绩溪王氏，系太原王氏晋阳支派大房之后。这一支王氏，于元末避乱南迁安徽绩溪、婺源等地，后来又徙居桐城、古塘等地，故称为桐城王氏或古塘王氏等。桐城王氏中还有一支是从鄱阳迁来的，史称东楼王氏或龙眠王氏。而东楼王氏或龙眠王氏也是太原王氏的支派。

三槐王氏是以"堂号"闻名的王氏家族。据三槐王氏始祖王祜的正宗后裔编修的《王氏三沙全谱》记载，三槐王氏出自太原王氏祁县支，三槐王氏始祖王祜，是祁县王氏文中子王通的后裔。这是自宋以后，太原王氏诸多衍派中影响很大的一支。

据《洞庭王氏家谱》记载，洞庭王氏也出自太原王氏。洞庭王氏是以王鏊而闻名的。王鏊（1450—1542），字济之，洞庭（江苏苏州）人。明代成化进士，正德元年（1506），进户部尚书兼文渊阁大学士。时宦官刘瑾专权，大学士焦芳趋附刘瑾，王鏊乃辞官归里，家居14年。廷臣交荐不出，一心攻读学问。他知识渊博，尚经术。文章明快，言简意赅。在他的带领下，弘治（1488—1505）、正德（1506—1521）间的文体，为之一变，王鏊被尊为文体变革的旗手。他著有《姑苏志》、《震泽集》、《震泽长语》、《震泽纪闻》等。王鏊别号守溪，学者称他为震泽先生。谢世后，

谥曰文恪。《洞庭王氏家谱》称其为文恪公。《洞庭王氏家谱》，是洞庭王氏家族流传下来的最具有代表性的一部家谱。巴蜀书社1995年出版发行的《中华族谱集成》王氏谱卷，第16至第17册，全文收录了该谱。《洞庭王氏家谱》28卷，首末各一卷，光绪末年王熙栏等修。该谱以百八公为洞庭王氏一世祖。宋高宗南渡，百八公随之南下，徙居洞庭东山，是为洞庭王氏始迁祖。溯其渊源，乃太原王氏后裔。故《洞庭王氏家谱》之封面题名为《太原家谱》，在扉页上才题名《洞庭王氏家谱》。文恪公事业有成，高风亮节，为太原王氏家族中之佼佼者。

在浙江东阳一带，王姓多有家谱。根据这些家谱的记载，这里的王氏家族分别出自琅琊、太原两大郡望。其中，属于太原者有四支：一曰厚里王氏。据《太原郡东阳厚里王氏宗谱》载，该支王姓人家，于唐德宗时迁东阳玉峰之南里，后又迁石塘、厚里，最终定居于此，称厚里王氏。宋沿江制置副使王霆和明山西道观察御史王乾章，皆出自厚里王氏。二曰青口王氏，谱载，太原衍派世居山西祁县，遇五代之乱，后裔王彦超自祁县迁绍兴，后迁义乌青口。二十七世孙王世德，于明万历初年再迁东阳十七都和尚岩，称义乌青口王氏东阳分支。三曰画溪王氏，《太原郡东阳画溪王氏宗谱》载，太原王氏裔孙王安，五代时出镇东阳金华，病卒于任所，长子王望为随军监军，遂定居画溪。清嘉庆进士王铁、总兵王国斌等人，皆是其后裔。四曰鹤州王氏，《东阳鹤州王氏宗谱》载，王氏出河汾，乃太原分支。晋室南移，随晋室择括苍而居。裔孙王宏，唐懿宗时，游学东阳合浦，既而居之，遂为鹤州王氏开基祖。唐浦江县丞王章，即其族人。

在广东吉安，有一支奉宋庆历进士王该为祖先的王姓族人，也是当年太原王氏后裔。王该，字蕴之，官邓城令，与王安石友善，常以诗章相唱酬，出自太原王氏。其后裔王辅泰曾讲学于湖南岳麓书院，誉满三湘。后来，卜居湘潭南乡泉冲，是为吉安王氏入湘始祖。其子孙繁衍于湖北、广东、福建、贵州等地。这支王氏家族，人才辈出，享有盛誉，其裔孙王仲厚，诗书传家，兼习时务，后徙居新加坡，成为新加坡久负盛名的王氏家族。

在福建晋江市沙塘，有沙塘王氏，奉元末诗人王翰为始祖。王翰曾任潮州路总管，其先自太原迁灵武，亦是太原王氏传人。其子王偁，明初参与修撰《永乐大典》，定居福建晋江沙堤，子孙繁衍于闽南，其祠堂及裔孙房舍皆悬挂"太原衍派"匾额。其后裔出海谋生者，有很多人侨居菲律宾、印尼等地。

琼崖王氏出自三槐，琼崖王氏始祖王悦是三槐王氏始祖王祜的后裔。王悦父瑞，为王祜的四世孙，字子祥，举人，广西桂林府临桂县令，迁礼部尚书，卒，赠太保。王悦，字习之，一字刚中，又名居正。生于北宋元祐元年（1086），卒于南宋绍兴二十一年（1151），享年66岁。南宋高宗建炎三年(1129)第七名举人，联捷会试第十二名进士，殿试中二甲第一名，钦点翰林院编修，累升侍讲学士，三年后拜兵部侍郎。绍兴十一年（1141）升礼部尚书，十四年（1144）选授观文殿大学士、同平章事，拜丞相，兼枢密院。王悦因抨击宰相秦桧奸佞，累遭迫害。绍兴十五年（1145），出任粤东密察，又迁海南琼州府同知护理太守。时金兵南侵，难归故里，遂偕夫人周氏及长子斗魁、次子斗赳，卜居琼崖。从此，王氏子孙遂落籍琼崖，王悦被尊为琼崖王氏始祖。王悦后裔，人丁兴旺，人才辈出，先后播迁南洋各地。清嘉庆十年（1805），在琼崖合建"王氏大宗祠"共祭始祖王悦时，从新加坡、马来西亚、泰国回来参加祭祀活动的几乎占了一半，可见，王悦裔孙徙居海外之多。

三、播迁海外与赤子"寻根"

台湾自古就是中国的领土，早在三国时已有王氏先民迁台定居。但大批徙居台湾，则是明末清初之事。清顺治十八年（1661）三月，郑成功在大陆抗清失败后，率部进军台湾。其时台湾为荷兰殖民者所统治，同年十二月，郑成功打败荷兰军，收复台湾。康熙元年（1662），清廷为了切断大陆对郑成功的支援，下令迁界。北起辽东，南至广东，沿海居民一律内迁30里，实行坚壁清野，结果引起极大混乱。闽、粤居民，纷纷渡台求生。据《台湾郑氏始末》卷四记载，郑氏政权此时大肆"招沿海居民不愿

内徙者数十万人，东渡以实台"。所招流民大部是漳州人和泉州人。当时有一位名叫王忠孝的，就是福建惠安人，康熙三年（1664）入台，受到郑成功的厚遇。其后，特别是乾隆二十九年（1764）撤销限制汉人渡台条例后，惠安、同安、晋江、漳州以及广东惠州、潮州等地的王氏族人，大批迁台定居。他们主要徙居于台南、台北、台中、嘉义、新竹、南投等地，为开发台湾，发展生产，做出了历史性贡献。据1954的美国哥伦比亚大学人类学系主任傅瑞德和台湾学者陈绍馨合著的《台湾人口姓氏分布》记载，台湾共有1027个姓氏，其中人口多少排名前10位的大姓是：陈、林、张、王、黄、李、吴、蔡、刘、郭，王姓排名第四。据统计，台湾的王姓人口共有703 878人，其中属于太原王氏后裔者，亦不会很少。

太原王氏一向有走海外、闯世界的传统。早在隋唐时期，已有王氏族人闯世界的记载。隋大业三年（607），虞部主事王君政与常骏一行，就曾经专访过赤土国(今宋卡)。唐太宗贞观年间，又有王玄策奉命率团出使天竺(即印度)。其时，天竺分为东、西、南、北、中五部分，各自为政，互不相属。后来，中天竺经过六年的战争，统一了其他四国，建立了统一的国家，称摩加陀王，遣使与中国通好。中国亦遣使降玺书慰问之。摩加陀王见中国使至，热情接待，并遣使入中国朝贡。从此，中国与天竺便建立了友好关系。摩加陀王死后，国内大乱。大臣阿罗那顺篡位，改国号为帝伏那帝国。中国使臣王玄策至，帝伏那帝国发兵以拒王玄策。王玄策与副使蒋师仁及从骑30人被围。后来，只有王玄策与副使蒋师仁逃了出来，其他人全都被俘。王玄策与蒋师仁逃出后，就到吐蕃去借兵。其时正值弃宗弄赞新娶文成公主之时，对唐朝特别友好。所以，王玄策顺利地借到精锐部队1200人，又得步骑8000余，随即向天竺进军。奋战三日，大获全胜，并擒帝伏那帝国首领阿罗那顺，俘余众1.2万余多人。贞观二十二年（648）五月，王玄策凯旋而归，受到唐太宗的隆重嘉奖，并晋升王玄策为朝散大夫。从此，唐朝的声威远播印度半岛，唐朝与天竺又重新建立了友好关系，唐朝与天竺的友好往来日益频繁。

王氏族人大量播迁海外，在异国他乡，安家立业，繁衍生息，则始于

明清时期。据文献记载，明洪武八年（1375），文莱一世穆罕默德将其独生女儿嫁给中国的钦差大臣王三品，永结同好。王三品遂徙居文莱，后来当了文莱国王，王姓子孙便在文莱繁衍生息起来。清道光二十二年（1842），在泰国，东莞王氏后裔王晋卿首创"广肇别墅"，为到泰国来谋生的王氏族人兴办学校，设立医院，建置坟场。这样，投奔他的王氏族人日益增多。其后，他又为华人兴办多种慈善事业，成了闻名海外的华侨领袖。同治九年（1870），徙居菲律宾的太原王氏族人王彬，同菲律宾民众一道反抗西班牙殖民主义者。王彬在斗争中，有勇有谋，功勋卓著。菲律宾民众为纪念他，将首都马尼剌的一条街，命名为"王彬街"，并在街头塑了高大的王彬的全身铜像。同治十一年（1872），在新加坡的王友海、王求和、王宗周三人，联合购置"姓王山"，供王氏族人使用。王友海7岁丧父，母亲抚养三男三女，家境十分贫寒，年仅17岁就外出经商。他凭借正直、诚信，经过20多年的奋斗，终于成功了。1856年，他创办的"王友海公司"，闻名海外。后来，王友海与另外在新加坡的两位王姓族人成了好友。一位叫王求和，是以兴办"新加坡铁路股份有限公司"起家的；另一位叫王宗周，是靠发展船务致富的。他们三人各出500大洋，在新加坡购得22.5英亩山地，无偿地提供给前来新加坡打工的王姓族人居住和种植使用。因居住在这里的人全都是姓王，所以被当地人称为"姓王山"。1919年殖民当局征用这块山地时，却找不到所有主，遂将征地款存于高等法院待领。1922年，法院开庭审理此案时，才找到王宗周之子王祁顺与另外两位名叫王三杰和王文达的。他们三人领出此款后，又投资于"王氏慈善事业"。因为他们都是太原王氏后裔，遂将"姓王山"更名为"太原山"。因此，新加坡"太原山"就是太原王氏徙居当地最有力的物证。

总之，播迁海外的太原王氏后裔，都为当地的经济发展和社会进步作出了历史性的贡献，为太原王氏家族增了光，添了彩。

徙居海外的太原王氏后裔，不忘其所出，都在当地组建了自己的宗亲社团。由新加坡教授王秀南主纂的《王氏立姓开族百世谱暨海外王氏宗亲会联谊录》，重点记载并介绍了"新加坡开闽王氏总会"、"菲律宾太

原王氏宗亲总会"、"新加坡江兜王氏公会"等18个宗亲社团。所有这些宗亲社团，都是为了不忘其祖而创建的，都是以团结族人、祭祀祖先、教育子孙为宗旨的。血缘情、桑梓情和爱国情，就是贯穿宗亲社团的一条主线。

播迁、繁衍、生活在异国他乡的太原王氏后裔，始终不忘他们的祖籍，不忘他们的主根所在地——太原，许多宗亲社团的名称就充分体现了这一点。这些宗亲社团的思乡之情，是生活在祖国大陆的人们体会不到的。1988年11月26日，泰国王氏宗亲会代表团首次回到太原寻根谒祖时，一个个都激动得热泪盈眶，久久说不出话来。1992年8月8日至10日，在太原召开了"海外太原王氏联谊筹备会"，应邀参加这次会议的有泰国、新加坡、菲律宾、马来西亚、印度尼西亚、缅甸、越南等国以及台湾、香港等地30多个王氏宗亲社团。接着，1993年6月6日至8日，规模更大的"世界王氏恳亲联谊暨经贸洽谈会"又在太原隆重举行，会议期间，《太原日报》记者先后采写并发表了许多篇催人泪下的访问记。

记者在《月是故乡明》的标题下，访问了泰国王氏宗亲总会副理事长王继智先生。王先生刚一落座，便爽朗地说："我已是第5次来太原了，虽然我的出生地是潮州，可是太原是王氏开宗立姓的发祥地，我是把它当作第一故乡的。"谈到对"故乡"的感受时，王先生说："月是故乡明，人是故乡亲。海外王氏家族与太原王氏，是枝相连、气相通、血脉相贯的一家人。遍布海内外的王氏宗亲，都是根连祖籍，情系太原的。特别是改革开放以后，祖国的发展，日新月异；祖国的国际地位大大提高。这些，都使海外太原王氏感到无比的骄傲和自豪。现在泰国王氏宗亲会，约有4000多人，大家都想回来看看家乡翻天覆地的巨大变化。"王继智先生的这番话，说出了所有王氏子孙的共同心声。

记者在《人是故乡亲》的标题下，访问了菲律宾王氏宗亲总会理事长王赐荣先生。在菲律宾，王先生是资深的教育家。作为菲律宾华侨界最大的一所大学的常务理事，王先生对中华文化有一种与生俱来的"热恋"。王先生颇感欣慰地说："我们的学院是菲律宾有较大影响的大学，创办53

年来，培养了数万名华侨学生。"在王先生的倡导下，该校始终坚持一日一堂华文课。这在菲律宾乃至东南亚都是独一无二的。王先生作为教育家，他在菲律宾致力于中华文化教育的世代传承；王先生作为实业家，他又在为中菲经济交流贡献自己的力量。他说，菲律宾华人大部分是从福建、广东、海南等地迁徙过去的，他们都想为家乡建设出一份力。这次来太原参加王氏宗亲联谊活动的代表就有59人，他们都想和太原工商界的朋友建立联系，都愿为家乡建设办一些实事。

记者在《同是故乡人》的标题下，访问了马来西亚王氏恳亲团团长王富金先生。王富金先生是槟城王氏太原堂正家长、《光华日报》董事会主席。谈到《光华日报》时，他说："《光华日报》是孙中山先生1910年在南洋倡导革命时创刊的一张华文报纸，已有80多年的历史了，如今它仍然是马来西亚最有影响的华文报纸之一，发行量多达十几万份。"谈到这次回来的感受时，王先生说："我是第一次来太原，给我的印象非常好。太原气候很舒服，城市建设也很壮观，文化艺术水平很高。昨天晚上，我们看歌舞《黄河儿女情》、《黄河一方土》，很有感染力，太精彩了，希望能到槟城去演出。"

记者在《情是故乡浓》的标题下，访问了新加坡王氏公会恳亲团团长王金祥先生。王先生已是年近花甲之人了，这两天活动虽说很多，但王先生并没有感到累，反而很兴奋。他动情地说："水有源，树有根，做人不能忘本，这是海外华人时时牢记在心的一句话。"王先生说着，从身后拿过一个华贵精美的旅行皮箱，打开来，取出几本介绍新加坡太原王氏公会出席此次恳亲联谊会代表团成员的名册和打印好的年内太原地方产品赴新展销洽谈的初步计划书，送给记者。然后，他本人表示愿意为太原产品进入新加坡牵线搭桥。他说："中国近年来有些厂家带产品去新加坡搞展销，效果很好。如果太原厂家去新加坡展销产品，他一定设法邀请尽量多的商家前去参观，借机争取新加坡及东南亚地区的外商多来太原投资"。

上述四篇采访记，生动地展现了海外赤子寻根谒祖的血缘情以及思念

和建设发祥地的桑梓情、爱国情。这既是他们血浓于水的亲情与亲和力的真实写照，同时也是中华文化认同感、向心力和凝聚力的具体表现。

（原载《第二届地方文献国际学术研讨会论文集》，国家图书馆出版社 2009 年出版）

太原张氏源流考

一、起源

张姓是我国历史悠久、人数众多、分布极广的大姓。关于张姓的起源，流行较广的是始祖张挥说。唐代林宝《元和姓纂》云：

黄帝第五子少昊青阳生挥,为弓正,观弧星,始制弓矢,主祀弧星,因姓张氏。

欧阳修、宋祁《新唐书·宰相世系表》云：

张氏出自姬姓。黄帝子少昊青阳氏第五子挥为弓正,始制弓矢,子孙赐姓张氏。

欧阳修(1007—1072)不仅是著名的史学家、文学家,而且是著名的谱学家。他和苏洵(1009—1066)创立的编写族谱的体例,被尊为"欧苏谱例",广为后世修谱者所效法。张挥为张氏开宗立姓之始祖说,同欧阳修的名字一起,伴随着私修族谱的盛行,便广泛流传开来。

现存的张氏族谱,绝大多数是明清两代编修的。这些张氏族谱,很多都尊奉张挥为开宗立姓之始祖,太原尹城为张挥受封之地。明代嘉靖年间,张宪、张阳辉主编的《张氏统宗世谱》(以下简称《统宗世谱》)之《本源纪》

载：

尹城派，始祖挥公，受封之国在山西太原府属之地。挥生昧，为玄冥师。昧生台骀，能业其官，宣汾洮，障大泽，以处太原，帝用嘉之，封诸汾川，掌水旱属疫之职，即山川之神也。世缵其祀。今太原县有庙存焉。

鲁国派，在山东兖州府曲阜县所属之地。周武王封周公旦于鲁国，晋改国为郡，隋改曲阜县。周宣王时召公辅政，逢逸民仲山甫荐仲公于朝，王以为卿，公不愿仕，隐居曲阜之防山，派出尹城。

曲沃派，在山西平阳府城南一百二十里，古冀州之域。春秋时，晋平公即位之初，中军司马张君臣改服修官蒸于曲沃。汉改河东郡，后魏复置曲沃县。派出鲁国。

廪延派，在河南开封府城西北九十里，春秋时属郑之廪延，战国时韩王建都之地。秦置酸枣县，汉属陈留郡，梁属开封府，宋改延津县。韩相开地居之。派出曲沃。

上述《本源纪》表明，山西太原尹城即为张氏始祖张挥受封之地，故曰尹城派。鲁国派源于尹城派，曲沃派又源于鲁国派，廪延派则源于曲沃派。它们的渊源关系如下：

尹城派→鲁国派→曲沃派→廪延派。

由此可见，尹城即是张氏开宗立姓之处，张挥即为张氏开宗姓之始祖。

清嘉庆二十一年(1816)编修的《张氏合修家谱·宗庙》载："始赐姓张挥公庙在山西太原府太原县尹城里。"

清光绪四年(1878)张廷辉等修《清河张氏宗谱》之《张氏古今通派分迁地舆图考》载："山西通派，尹城派，始祖挥公受封之国，昧公居之，在今太原府太原县。……此天下通派之祖也"。光绪《旌阳张氏通修宗谱·本源宗支》载："尹城派始祖挥公，所居之地在山西太原府太原县，有庙存焉"。乾隆《清河张氏宗谱·古今世表图》载："挥，封国尹城，在山西太原府"等等。

那么，尹城位于太原何处？其庙宇又坐落于何处呢？

道光《太原县志》卷二载："尹公祠在县西门外，祀赵简子之臣尹铎，知

县金砺建,岁以六月二十八日祭。"

尹公祠是为纪念春秋时人尹铎而修建的。春秋末,晋国出现了智伯、赵、韩、魏、范氏、中行氏"六卿专政"格局。范氏、中行氏与赵简子相互火并时,赵简子招架不住,便从邯郸逃到晋阳,并令其家臣董安于修筑晋阳城。这是周敬王二十三年(前497)之事,是我国历史上最早的筑城记载。董安于筑城之后,赵简子又令另一家臣尹铎再次加固。尹铎从实战出发,增筑壁垒,聚积粮食,使晋阳城成为坚固而富裕的堡垒。其时,智伯掌握了晋国的实权,势力最强。智伯恃其强盛,向韩、魏要领地,韩、魏都答应了;又向赵襄子(赵简子之子)要领地,襄子不给。智伯就联合韩、魏攻打赵襄子。赵襄子退守晋阳,智伯与韩、魏联军围攻晋阳,久攻不下,于是便"决水灌城",水困晋阳达一年有余,淹城水面将近城墙之高,但晋阳城依然屹立如初。在此危急关头,赵襄子密派张孟谈连夜出城,说服韩宣子、魏桓子,订立赵、韩、魏联合反击智伯同盟。赵襄子杀了智伯守堤官兵,韩、魏响应,活捉智伯,大败智伯军,接着,赵、韩、魏三分智伯领地,从而形成三足鼎立之势。后人在回顾赵襄子固守晋阳、转败为胜时,无不赞许尹铎固城足食之功,遂将晋阳城称曰尹城,即坚固之意,并建尹公祠,以资纪念。

有明一代,乡村行政机构实行里甲制度。按明制,一百一十户为一里,里设里长,负责本里甲的赋役征派。城中曰坊,近城曰厢,乡都曰里。尹城里系指太原城所辖之乡都。明代的太原县即古晋阳之地,太原县城即古晋阳城,亦称尹城。张氏族谱称祖庙在尹城里,即指尹城所属之乡都,即今之王郭村。明万历《太原府志》卷八载:"台骀泽,一名晋泽,太原县南十里。晋水下流,汇而为泽,中产蒲、鱼,民人利之。泽广二十里,今为汾水所没,尽为民田。其傍有昌宁公庙,即台骀神也。"台骀,早在先秦时代就被神化了。据成书于战国时期的《左传·昭公元年》记载:

昔金天氏有裔子曰昧,为玄冥师,生允格、台骀。台骀能业其官,宣汾洮,障大泽,以处大原。帝用嘉之,封诸汾川。……台骀,汾神也。

传说,台骀为治理洪水,南北奔波。他率领民人疏导汾水和洮水时,奋战

在灵石山头,日夜施工,挖山不止。终于打开灵石口,将汾水导入黄河,空出了晋阳湖。此即"打开灵石口,空出晋阳湖"这个在山西广泛流传的民间传说之由来。

金天氏即少昊青阳氏。少昊,身号;金天氏,代号也。"大原"即指"太原"。古"大"与"太"通用。大而高平之地谓之太原。这里所说的太原并不是专用地名。正如今人杨伯峻《春秋·左传注》所说:"此太原非地名,乃指汾水流域一带高平之地。"《左传》杜注曰:"太原,晋阳也,台骀之所居。"先秦时代的所谓"太原",就是指台骀居住的高平之地,当时叫做晋阳。战国以后,太原才变成特定的地名称谓。太原之得名即出自台骀所居的高平之地。

从太原的地形来看,东面是山,西面也是山,汾河自北向南流过,形成了一个较为广阔的平原,先秦时代称曰"太原"。太原北有系舟山,相传大禹治水时曾在这里系过舟。至于大禹是否在太原附近治过水,姑且不论。但我们的祖先曾在这里同洪水做过斗争,则是事实。20世纪50年代,在太原地区陆续发现了彩陶文化遗址。这些遗址的一个共同特点,就是都背靠着山,面临着水。他们选择这样的地方居住,显然是为了狩猎和取水的便利。现代考古还证明,最早的石箭镞是在山西朔州峙峪遗址中发现的,约相当于旧石器时代晚期。到黄帝时已进入了新石器时代,其时石箭镞的使用已相当普遍。张挥在总结劳动人民生产实践的基础上,发明用于射箭的弓,是符合历史发展的客观实际的。张挥所在的氏族借助弓矢这一先进工具,开创了人类狩猎的新时代,这是一个历史性的"飞跃"。《说文》云:"张,施弓弦也。从弓,长声。""张"字正表现了开弓射矢的形态。如若我们将张挥视为首先发明并使用了弓矢的群体(不论是部落还是氏族),犹如人们把黄帝和炎帝视为中华民族的始祖和象征一样,把张挥视作张氏家族的始祖和象征,到了张挥的孙子台骀时,又治理了太原地区的洪水,人们才在这里安居下来。从这个意义上说,台骀不仅是张氏的先祖,而且是太原的开拓者和缔造者。正如台骀神庙楹联所曰:"能业其官障泽宣汾昭亘古,永垂厥德平汾静浪到于今。"

　　台骀神庙,即张氏之祖庙,晋源区王郭村的台骀神庙是极其古老的张氏之祖庙。晋阳,左有恒山之险,右有大河之固,地势险要,自古就是兵家必争之地,魏晋南北朝时期尤为突出。北魏末期,秀容部酋长尔朱荣乘机盘踞了晋阳,以太原王的资格,掌握了北魏实权。尔朱荣死后,其部将高欢进入晋阳,在晋阳建起"大丞相府"。北魏分裂为东魏和西魏后,高欢又控制了东魏的大权。东魏都城是邺城(河北临漳),大权在握的高欢却住在晋阳,故称晋阳为别都。东魏孝静帝武定三年(545),高欢在晋阳修建晋阳宫。武定八年(550),高欢次子高洋篡东魏自立,国号曰齐,史称北齐。北齐时期,晋阳始终处于别都地位。每个皇帝都往来于晋阳、邺城之间。而文宣帝高洋、孝昭帝高演都死在晋阳宫。废帝高殷、孝昭帝高演、后主高纬又都是在晋阳宫即皇帝之位的。晋阳的地位,不言而喻。晋祠的飞梁及难老、善利二亭,三台阁,读书台,望川亭,都是这时修建的。天龙山石窟,亦创始于北齐。这时王郭村的台骀神庙已有相当规模。相传,高欢之妻有病,到王郭村台骀神庙祈祷有验,病愈后率领侍卫、宫女前来还愿,做道场七天七夜,盛况空前。清道光《太原县志》卷三记载:

　　汾水川祠即台骀神庙。在晋泽南王郭村。节度卢钧改今名。晋封昌宁公,宋封灵感元应公,赐额曰宣济庙。有掌禹锡所撰碑记。

　　节度卢钧,字子和,范阳人。元和进士,唐宪宗时曾从裴度(765—839)为太原观察支使。唐宣宗大中六年(852)为太原尹、河东节度使。他改台骀神庙为汾水川祠,当是大中年间之事。掌禹锡,字唐卿,许州郾城人,进士,并州通判。宋英宗时以工部侍郎致仕。好储书,所记极博。他撰写的《重修昌宁公庙碑记》原碑立于王郭村昌宁公庙内,今无存。但碑文在雍正《太原县志》中全文保留了下来。据邑人王锡寿考证,在唐代王郭村的昌宁公庙已有很大的规模。其时庙宇高大宏伟,占地面积近30亩,遗憾的是,这样一座好端端的庙宇,北宋太平兴国四年（979）五月十八日,宋王朝火烧晋阳城，次年四月又引汾河和晋水水灌晋阳城期间被毁。其后,宋代又重修，明初再次重修。但规模已大不如前。清顺治六年(1649),汾阳义军与

清军激战时,重修之庙宇又毁于战火。嘉庆十七年(1812),汾河水涨,劫余殿堂全部倒塌。道光十九年(1839)重建,但仅建正殿三间,东西厢房各五间。由于年久失修,人为损坏,庙宇倾倒,树木被伐,庙院荒芜。但明朝洪武年间彩塑的台骀神像,依然完整地保留了下来。

王郭村作为张氏开宗立姓之地,至今仍有一些痕迹。诸如,以少昊青阳氏命名的青阳河,从古至今,川流不息。为纪念青阳氏,在青阳河畔还建有青阳庙。据道光《太原县志》卷三记载:"青阳庙在县西十五里,今废。"但其遗址依然存在。以青阳氏命名的青阳沟,从古至今,代代相传,妇孺皆知。青阳沟南是张家坟,赵国谋臣张孟谈之墓,就在这里。青阳沟旁居住的殷姓家族,就是祖辈相传为张家看坟的。王郭村有条街就叫张家巷,这里仍有十几处张家宅院。其布局都是正院附偏院,偏院套花园。现存的一处花园中还有望月楼,是用明矾和生铁修筑的,特别坚固,是明代建筑。外院中还有供骑马用的上马石。相传,旧时张家媳妇乘车、骑马都必须从外院起步。张家乃是王郭村的名门望族。王郭村的得名,并不是因为姓王的民户多。"王郭",系指帝王之城郭。王郭在晋阳的历史上有很高的地位。

需要说明的是,晋祠内圣母殿西侧还有一座台骀神庙,是明嘉靖十二年(1533)邑人高汝行修建的。据《晋祠志》记载,高汝行,字修古,明代太原东庄水堡人。正德十六年(1521)进士,观政户部。嘉靖元年(1522),授户部江西清吏司主事,其妻张氏特封为安人。后迁郎中,督理淮扬漕运,厘剔宿弊,时人称快,以政绩优异升南直隶庐州府知府,课农讲学,振兴文教。嘉靖十年(1531)四月,以母忧去官,返里守孝。十二年(1533),于晋祠广惠祠、难老泉之间,建台骀庙一座。传言是高汝行居官江浙,渡江遇险,得台骀神拯救才化险为夷,是为还愿而修建的。十三年(1534)冬,由于台骀治理汾水有功,被尊为汾神。所以在汾河流经的宁武、汾阳、曲沃等地都建有台骀神庙。台骀本来是张氏始祖张挥的孙子,台骀庙原本是张家的祖庙,然而,随着时间的推移和台骀神化程度的加强,人们包括张氏后裔竟然不知道台骀与张家的一脉相承的血缘关系。是姓氏起源与谱牒学研究者,依据文献记载,追根溯源,才廓清迷雾,弄明白台骀与张姓的血缘关系。

综上所述,张挥是张姓开宗立姓之始祖,太原晋源区王郭村残存的昌宁公庙,是极其古老的张氏祖庙。这种看法是明清两代姓氏研究者和谱学研究者考察认定的共同看法,并为明清两代编修的方志与张氏族谱所引用。

二、播迁与衍派

山西太原既是张氏最主要的起源地,那么,遍及全国的张氏自然有相当多的一部分是由山西太原直接或间接派生并迁徙而来的。

《新唐书·宰相世系表》云:"韩相张开地,生平,凡相五君。平生良,字子房,汉留文成侯。"

汉留侯张良既是张开地之孙,而张开地的先世又在晋国世代做官,自然张良就是晋国的后裔了。如果说安定、范阳等四十三望大抵都是张良后裔的话,当然也都是太原张氏的后裔了。换言之,也可以把他们都称为太原张氏之衍派。其实,欧阳修在《新唐书·宰相世系表》中,就列举了许多太原张氏之衍派,例如:"趪,晋散骑常侍,随元帝南迁,寓居江左",自然就是江左张氏之始迁祖;趪的"六世孙隆,太常卿,复还河东,后徙洛阳",是为洛阳张氏之始迁祖。"始兴张氏亦出自晋司空华之后,随晋南迁,至君政,因官居于韶州曲江",是为曲江张氏之始迁祖。"清河东武城张氏本出汉留侯良裔孙司徒歆。歆弟协,字季期,卫尉。魏太山太守岱,自河内徙清河。岱公即是清河张氏始迁祖",等等。

正因为史籍、谱学著述和姓氏著述中有很多关于源于晋国的张氏始迁祖的记载,所以明清两代的张氏通谱中,都有很多张氏衍派的记载。明代嘉靖年间张宪、张阳辉主修的《张氏统宗世谱》(以下简称《统宗世谱》)在《内纪》中,记载了直接或间接源于太原的衍派达117个之多。列为《内纪》之首的曰"元会",共有18派。其后就是按地域分布记载的衍派。为醒目和节省篇幅起见,据《内纪》和《世系表》所载,制表如下。(详见表一至表十八)。在制表过程中,凡属《内纪》与《世系表》不一致者,以《世系表》为准;《世系表》与《新唐书》不一致者,以《新唐书》为

准。

内纪元会　　　　　张氏衍派表（一）

衍派称谓	居住地	始迁祖及由来	所源派名
陈留派	河南开封府	韩相开地公之孙留侯良公	禀延派
杜陵派	陕西西安府	韩相开地公之孙晏公	禀延派
大梁派	河南开封府	晋君臣公十世孙赵王耳公	曲沃派
沛国派	南直徐州	留侯良公五世孙无妄公	陈留派
武阳派	四川眉州	大司马金公五世孙胤公	陈留派
南阳派	河南南阳	大司马金公五世孙商公	陈留派
襄国派	北直顺德府	大司马金公五世孙况公	陈留派
龙虎山派	江西广信府	无妄公五世孙大顺公	沛国派
细阳派	南直凤阳府	赵王耳公裔孙寿公	大梁派
范阳派	北直顺天府	胤公五世孙孟成公	武阳派
下涂派	陕西西安府	蜀冀州刺史翼公子孙	武阳派
吴郡派	南直苏州府	嵩公第四子睦公	襄国派
清河派	山东东昌府	汉留侯良裔孙岱公	襄国派
江左派	江　东	晋司空华公次子韪公	范阳派
襄阳派	湖广襄阳府	晋司空华公后裔安之公	范阳派
洛阳派	河南河南府	韪公六世孙隆公	江左派
昌乐派	北直大名府	太守岱公七世孙彝公	清河派
金华派	浙江金华府	苍梧太守镇公十一世孙济公	吴郡派

内纪祁邑　　　　　　　　　张氏衍派表（二）

衍派称谓	居住地	始迁祖及由来	所源派名
赤山镇派	南直徽州府	济公长子弘公	金华派
润田派	徽州府西	弘公五世孙祖公	赤山镇派
新庄派	徽州府东南	志和公裔孙季沂公	润田派
塘头派	徽州府西	志和公孙季裘公	润田派
邑北派	徽州府	志和公孙学行公	润田派
湘溪派	徽州府北	志和公十三世孙承炀公	邑北派
黄金坦派	徽州府西	志和公十八世孙祖善公	润田派
宣化坊派	徽州府西	志和公二十四世孙兆祖公	新庄派

内纪婺邑　　　　　　　　　张氏衍派表（三）

衍派称谓	居住地	始迁祖及由来	所源派名
甲路派	南直徽州府西南	志和公孙仁公	祁县润田派
游汀派	徽州府西	撒公次子休公	甲路派
东溪派	徽州府东	休公四世孙延甫公	游汀派
碧山派	徽州府	撒公五世孙延裕公	游汀派

内纪休邑　　　　　　　　　张氏衍派表（四）

衍派称谓	居住地	始迁祖及由来	所源派名
环珠派	南直徽州府西	志和公八世孙成业公之孙明公	祁邑润田派
渔滩派	徽州府南	志和公十一世孙周公	环珠派
万安派	徽州府东	撒公季子敬公四世孙延顷公	婺邑甲路派
水南派	徽州府东	永太公四世孙颜宗公	万安派
水阁派	徽州府东	永太公次子文贵公	万安派
南园派	徽州府西南	休公四世孙延裕公子宾公	婺邑碧山派
料头派	徽州府东	志和公二十世孙五九公	祁邑塘头派
临溪派	徽州府东南	汝舟公十世孙百三七公	歙邑左汊派

内纪歙邑 　　　　　　　张氏衍派表（五）

衍派称谓	居住地	始迁祖及由来	所源派名
满田派	南直徽州府	清河满田祖社延公四世孙汝舟公	婺邑碧山派
左 派	徽州府南	汝舟公七世孙适公	满田派
薛坑派	徽州府南	汝舟公七世孙才公	满田派
岭山派	徽州府南	汝舟公八世孙师典公	左 派
石岭派	徽州府南	皋公八世孙原寿公	右 派
右汉派	徽州府南	汝舟公七世孙仲公	满田派
汉口派	徽州府南	汝舟公七世孙兖公	满田派
东源派	徽州府南	汝舟公十四世孙仲甫公	薛坑派
武阳派	徽州府南	汝舟公七世孙友淳公	满田派
黄备派	徽州府南	友淳公四世孙大昌公大实公兄弟	武阳派
绍前派	徽州府南	友淳公五世孙龄公岳公兄弟	武阳派
佳口派	徽州府南	友淳公六世孙淑公	武阳派
邵村派	南直徽州南长寿乡	汝舟公七世孙支隆公	满田派
旃田派	徽州南仁爱乡	交隆公九世孙和寿公	邵村派
定潭派	徽州南孝女乡	隆公七世孙常德公	邵村派
漳潭派	徽州南孝女乡	秉公长子适公	润田派
朱方派	徽州府西	秉公五世孙汝宜公	润田派
上路派	徽州府东	秉公五世孙汝平公	润田派
白塔派	徽州府东	志和公十一世孙涌公	邑北派

内纪绩邑 　　　　　　　张氏衍派表（六）

衍派称谓	居住地	始迁祖及由来	所源派名
河东派	徽州府绩溪	志和公十五世孙斌公	润田派

内纪黟邑 　　　　　　　张氏衍派表（七）

衍派称谓	居住地	始迁祖及由来	所源派名
郭村派	南直徽州府西	志和公十五世孙禹卿公	祁邑润田派

内纪旌邑 　　　　　　　张氏衍派表（八）

衍派称谓	居住地	始迁祖及由来	所源派名
进坊派	南直宁国府南	志和公九世孙彦遂公	祁邑新庄派
嘉会派	宁国府进坊	志和公十五世孙大卿公	祁邑润田派
许冲派	宁国府北	大卿公四世孙足公	嘉会派

内纪泾邑　　　　　　　　　　张氏衍派表（九）

衍派称谓	居住地	始迁祖及由来	所源派名
省潭派	南直宁国府南	志和公十九世孙继忠公	祁邑湘溪派
石山派	宁国府北	延归公五世孙福公	婺邑甲路派

内纪南邑　　　　　　　　　　张氏衍派表（十）

衍派称谓	居住地	始迁祖及由来	所源派名
西马头派	南直宁国府西	延忠公四世孙聆誉公	婺邑甲路派

内纪石邑　　　　　　　　　　张氏衍派表（十一）

衍派称谓	居住地	始迁祖及由来	所源派名
西门派	南直宁国府西	撒公五世孙延曾公	祁邑甲路派

内纪华邑　　　　　　　　　　张氏衍派表（十二）

衍派称谓	居住地	始迁祖及由来	所源派名
白沙派	松江府华亭县	邓国公五世孙南安公	汴州派
曹泾派	松江府华亭县	华甫公兄	祁邑塘头派

内纪浮邑　　　　　　　　　　张氏衍派表（十三）

衍派称谓	居住地	始迁祖及由来	所源派名
仓坞派	江西饶州府鄱阳县	唐国子祭酒嗣宗公裔孙弘公	赤山镇派
车陂派	饶州府东北	弘公十世孙守宣公	仓坞派
中田派	饶州府北	守宣公十六世孙德裕公	车陂派
凤栖派	饶州府北	守宣公十六世孙介公、叔殷公	车陂派
中京派	饶州府北	守宣公十六世孙秉一公	车陂派
小港口派	饶州府北	守宣公十六世孙明叔公	车陂派
章坑派	饶州府北	守宣公十六世孙庆叔公	车陂派
流口派	饶州府北	守宣公十六世孙伯浚公	车陂派
梁潭派	饶州府北	守宣公十六世孙椎一公	车陂派
玉京派	饶州府北	守宣公十六世孙裕叔公	车陂派
潭溪派	饶州府北	守宣公十六世孙裕二公	车陂派
朱村派	饶州府北	守宣公十六世孙龙叔公凤叔公	车陂派
中京派	江西饶州府北	守宣公十六世孙秉一公、秉二公	车陂派
梅湖派	饶州府北	守宣公十七世孙积善公	流口派

（续表）

衍派称谓	居住地	始迁祖及由来	所源派名
荆潭派	饶州府北	守宣公十七世孙交善公	流口派
芭园派	饶州府北	守宣公十七世孙长善公	流口派
彭车派	饶州府北	守宣公十七世孙柯四公	流口派
南湖派	饶州府南	弘公九世孙承遇公	仓坞派
西充派	饶州府西	弘公九世孙承俭公	仓坞派
插木坞派	饶州府西	宋郡守涛公十世孙思济公	西充派

内纪德邑　　　　　　　张氏衍派表（十四）

衍派称谓	居住地	始迁祖及由来	所源派名
王家源派	江西饶州府东	志和公四世孙继弘公	祁邑润田派
蒿子埠派	饶州府南	鹏公六世孙敛公	王家源派
吴园派	饶州府南	鹏公十世孙宗孟公	蒿子埠派
水车派	饶州府南	鹏公十世孙宗谊公	蒿子埠派
窑畈派	饶州府西南	鹏公六世孙鉴公	王家源派
塘头派	饶州府西南	继弘公三世孙傲公	王家源派
上禾派	饶州府西南	傲公十世孙锡公	塘头派
梅林派	饶州府西南	傲公十世孙鉴公	塘头派

内纪乐邑　　　　　　　张氏衍派表（十五）

衍派称谓	居　住　地	始迁祖及由来	所源派头
投田派	江西饶州府乐平县	鹏公十世孙宗立公	蒿子埠派
候田派	饶州乐平投田里	鹏公十五世孙六九公	吴园派
黄岗派	饶州乐平凤岗里	鹏公十四世孙墀公	吴园派
大园派	饶州乐平月岩里	垌公三世孙崇德公	黄岗派
界溪派	饶州乐平西	宗立公五世孙文明公	投田派

内纪鄱邑　　　　　　　　张氏衍派表（十六）

衍派称谓	居住地	始迁祖及由来	所源派名
索梓源派	江西饶州鄱阳县	承俭公六世孙贾公	浮邑西充派
大舟派	饶州鄱阳县东	报德公四世孙瑞公	索梓源派
鲤瑞陂派	饶州鄱阳县东	报德公四世孙琪公	索梓源派
浚湾派	饶州鄱阳东	墀公七世孙明一公	乐邑黄岗派
呈田派	饶州鄱阳北	亶公五世孙寿生公	乐邑投田派
港东派	饶州鄱阳北	志和公九世孙茂公	祁邑塘头派
东湖派	饶州鄱阳东	正随公次子寺丞见素公	龙虎山派
翻蟹源派	饶州鄱阳西	爽公	蒿子埠派
马潭派	饶州鄱阳北	玉庭公	翻蟹源派

内纪曲邑　　　　　　　　张氏衍派表（十七）

衍派称谓	居住地	始迁祖及由来	所源派名
曲江派	广东韶州府	梁驸马都尉缵公四世孙君政公	范阳派
成都派	四川成都府	唐南康县伯九皋公四世孙茂宣公	曲江派
绵竹派	四川汉州绵竹县	唐南康县伯九皋公十世孙	成都派
定兴派	北直保定府定兴	宋杭公三世孙伸公	绵竹派
崇化派	浙江绍兴府崇化	元廉访司事哲公子招公	定兴派

内纪石邑　　　　　　　　张氏衍派表（十八）

衍派称谓	居住地	始迁祖及由来	所源派名
绣林派	湖广荆州府	关师公五世孙润治公	歙邑朱方派

　　上述《张氏衍派表》所列衍派，从分布地域来看，主要集中于江西和南直隶两地。其中江西44支，南直隶52支。而江西又集中于饶州府，计有43支，广信府只有1支，南直隶52支。其分布是：徽州府40，宁国府6，松江府2，苏州府、池州府、凤阳府、徐州各1支。此外，北直隶顺德府、顺天府、大名府、保定府各1支，浙江金华府、绍兴府各1支，四川眉州、成

都、汉州各1支，湖广襄阳府、荆州府各1支，山东东昌府、广东韶州府各1支，陕西西安府2支，共计117支。这种状况的出现，自然与修纂者的籍贯是分不开的。

《张氏统宗世谱》主修二人，即张宪、张阳辉，都是徽州府祁邑人，同修32人，其中徽州府21人，饶州府10人，宁国府1人。这就不难理解为何该谱以记载徽州和饶州为主了。但它同时也告诉人们，这里所记载的仅是张氏衍派中的一部分。还有许多张氏衍派没有列入。例如，苏州府的常熟张氏，据清道光十年（1830）编修的《张氏支谱·自序》云：

> 唐金吾长史为常熟尉，遂家焉。是为吾常熟张氏之原泊乎？宋代有望甫公者，仕于汴，去常熟者久之。厥后万十公为宋平江路录判，复归常熟。旧谱不以长史为第一世，而以万十公冠首者，取其近者言也。

唐金吾长史即志和公，常熟张氏无疑是志和公之后裔，与上述《张氏衍派表》（八）中的进坊派、嘉会派同出一源。但《统宗世谱》却没有收入。

又如，据《张万盛公七修家谱》载，该谱始迁祖浚公，是南宋绍兴年间（1131—1162）由巴蜀绵竹县迁往湖南的，同《张氏衍派表》（十七）中所列的"成都派"、"绵竹派"同为唐南康县伯九皋公之后裔，同出一源，但亦未被《统宗世谱》收入。

此外，有些世系不明、脉络不清的张氏是否为太原张氏之衍派，就难以断定了。例如清嘉庆二年（1797）编修的《桂林张氏族谱·序》云："吾家自仕冤公由金陵迁粤垂二百年矣。"该谱凡例云："仕冤公只身来粤，金陵世代无谱可稽。"

两广，古为百粤之地，故古代两广均称为粤，后来才专指广东。广西桂林张氏源于金陵，而金陵又世代无谱可稽，金陵张氏由何而来，是否是太原张氏之衍派，就不敢妄言了。

以上是依据明嘉靖六年（1527）张宪和张阳辉主修的《张氏统宗世谱》的记载，制表说明截至嘉靖初年张氏播迁及其衍派概况的。又经过

340年，到了清光绪四年（1878），张廷辉主修了《清河张氏宗谱》。该谱以张成业为一世祖。张成业，名绍祖，唐宪宗元和进士，官江东提刑，居婺州，即金华府，后因唐亡弃官，迁居衢州府开化县之音铿，是为音铿张氏始祖。浙江钱塘武林张氏、处州丽水张氏、婺州金华张氏以及衢州开化张氏，都是唐相张柬之的后裔。该谱是衢州开化音铿张氏宗谱，只是张柬之后裔中的一支。该谱所以取名《清河张氏宗谱》，旨在说明开化音铿张氏乃是清河始祖张岱的后裔，该谱的世系图表都是这样记述的。该谱在《张氏古今通派分迁地舆图考》部分，记载了播迁各地的衍派达230个之多，较之明嘉靖时《张氏统宗世谱》记载的117派增加了近一倍。该谱关于张氏衍派的记载是以清代行省为单位分别记述的，兹转录如下：

山西通派

尹城派：始祖挥公受封之国，昧公居之，在今太原府太原县。夏朝钦若公之祖，此天下通派之祖也。

曲沃派：奉义公居之，在今平阳府曲沃县。周卿士仲公之后，髓公之祖也，派出鲁国。

河东派：儒公居之，在今平阳府岳阳县。战国孟谈公次子正朔之后也，派出廪延。

岳阳派：髓公居之，在今平阳府岳阳县。汉禹公之后，巡公之祖也，派出陈留。

蒲州派：唐相嘉贞公居之，在今蒲州，河东汉嵩公之后也，派出陈留。

山东通派

鲁国派：周卿士仲公居之，在今兖州府曲阜县。挥公之后汉留侯良、御史汤、赵王耳诸公之祖也，派出尹城。

武城派：歆公居之，在东昌府武城县。睦公之后、晋晏公之祖也，派出陈留。

寿张派：公艺公居之，在山东东平州寿张县。汉禹公之后，派出吴郡。

河南通派

廪延派：孟谈公居之，在卫辉府延津县。奉义公之后、汉良公各派之祖也。派出曲沃。

陈留派：良公居之，在开封府陈留县。孟谈公之后，南京二派之祖也。派出廪延。

大梁派：誉公居之，在开封府祥符县。仲公之后，汉赵王耳公之祖也。派出廪延。

洛阳派：髓公居之，在河南府洛阳县。奉公之后也，派出鲁国。

南阳派：商公居之，在南阳府南阳县。汉留侯良公之后也，派出陈留。

荥阳派：庆忌公居之，在郑州荥阳县。汉赵王耳公之后也，派出大梁。

阳武派：升公居之，在开封府阳武县。富平侯安世公之后也，派出杜陵。

郏州派：齐贤公，本山东曹州人，兵乱徙洛阳县郏州午桥庄居之。富平侯安世公之后，派出新繁。

河内派：原公居之，在怀庆府河内县。赵王耳之后也，派出杜陵。

唐郡派：延公居之，在南阳府曹县。睦公之后也，派出陈留。

祥符派：上贞公居之，在开封府祥符县。九成公之后也，派出陈留。

陕西通派

华阴派：流公居之，在同州府华州华阴县。钦若公之后也，派出尹城。

杜陵派：汉富平侯安世公居之，在陕西西安府耀州富平县。良公之后、宋相齐贤公之祖也，派出陈留。

汉中派：骞公居之，在汉中府洋县。髓公之后也，派出曲沃。

蜀中派：杜邯公居之，在汉中府南郑县。无妄公之后也，派出陈留。

下邳派：翼公居之，在西安府咸阳县，广陵太守纲公之后。晋隐士揆公之祖也，派出武阳。

平陵派：湛公居之，在凤翔府扶风县。赵王耳公之后也，派出大梁。

扶风派：宇公居之，在凤翔府扶风县。留侯之后也，派出陈留。

凤翔派：横渠载公居之，在凤翔府眉县。文纪公之后也，派出陈留。

北京通派

内邱派：晏公居之，在顺德府内邱县。开地公之裔孙，派出廪延。

并州派：奉公居之，在顺天府昌平县。战国仪公之后、舆公之祖也，派出大梁。

清河派：岱公居之，在广平府清河县。良公之后、唐相文瓘公之祖也，派出陈留。

河北派：赞公居之，在河北府通州三河县。良公之后、楫公之祖也，派出陈留。

襄国派：睦公居之，在顺德府邢台县。良公之后、禹公之祖也，派出陈留。

河涧派：楫公居之，在河涧府河涧县。赞公之后也，派出陈留。

范阳派：孟成公居之，在顺天府范阳县。卢沟桥北岸壮公之后、晋司空华公之祖也，派出武阳。

交河派：赵公居之，在河涧府交河县。弘公之后也，派出广陵。

昌乐派：虔雄公居之，在大名府昌乐县。岱公之后也。派出清河。

定兴派：顺公居之，在保定府定兴县。杓公之后也，派出陈留。

广东通派

曲江派：君政公居之，在韶州府曲江县。晋司空华公之后、唐相九龄之祖也，派出范阳。

朝阳派：元界公居之，在潮州府朝阳县。仁愿公之后、胜公之祖也，派出洛阳。

海阳派：夔公居之，在潮州府海阳县。义公之后也，派出赤山。

香山派：庸公居之，在广州府香山县。太溶公之后也，派出赤山。

四川通派

新繁派：飞公居之，在成都府新繁县。升仆公五世孙唐弘公之祖也，

派出阳武。

武阳派：壮公居之，在眉州彭山县。汉良公之后、晋肥如侯孟成公之祖也，派出陈留。

丹棱派：孕公居之，在眉州府丹棱县。万雅公曾孙良公之祖也，派出陈留。

彭山派：皓公居之，在眉州府彭山县。道陵公之后、当公之祖也，派出陈留。

南溪派：元公居之，在叙州府南溪县。霸公之后也，派出华阳。

绵竹派：南轩栻公居之，在绵州绵竹县。九皋公之后也，派出曲江。

成都派：茂宣公居之，在成都府成都县。君政公之后也，派出曲江。

华阳派：霸公居之，在成都府华阳县。晏公六世孙汤公之后、大事之祖也，派出杜陵。

湖广通派

襄阳派：柬之公居之，在襄阳府襄阳县。唐景倩之曾祖也，派出洛阳。

江陵派：祖公居之，在荆州府江陵县。志和公之后也，派出赤山。

辰洲派：赵公居之，在辰州府辰溪县。仁公之后、孝纯公之祖也，派出赤山。

华容派：润治公居之，在荆州府华容县。休公之后，派出武城。

石山派：华一公居之，在柳州府桂阳县。启贤公之后，派出江西抚州幕岭。

安陆卫派：思和公居之，在湖广省。明五公之后、菊七公之孙也，派出彭泽三坂口。

汪田派：省仁公居之，在黄州府蕲州。逢文公之子、孟和公之后也，派出黄乡。

福建通派

文强派：唐公谨公居之，在建宁府建阳县。宏简公之后、威公之祖也，派出洛阳。

三山派：感公居之，在建宁府欧宁县。谨公之后也，派出文强。

会仙派：威公居之，在建宁府崇安县。谨公之后也，派出文强。

麻沙派：咸公居之，在建宁府蒲城县。谨公之后也，派出文强。

四渡桥派：达公居之，在建宁府崇安县。义公之后、保住公之祖也，派出会仙。

古田派：显寿公居之，在福州府古田县。青公之后、朝泰公之祖也，派出岭下。

和平派：胜公居之，在邵武府光泽县。宏简公之后、明新公之祖也，派出洛阳。

葛仙派：子成公居之，在建宁府崇安县。威公之后也，派出四渡桥。

江南通派

吴郡派：儒公居之，在苏州府吴县。誉公之子也，派出大梁。

细阳派：寿公居之，在凤阳府凤阳县。耳公之后、元公之祖也，派出鲁国。

吴郡派：禹公居之，在苏州府吴县。睦公之后、公艺之祖也，派出襄国。

山阳派：章公居之，在淮安府山阳县。说公之后，派出襄国。

颍川派：兴公居之，在凤阳府颍上县。战国仪公之后也，派出大梁。

沛国派：无安公居之，在徐州府沛县。商公之后、桐柏贞人之祖也，派出陈留。

吴郡派：俨公居之，在苏州府吴县。宾公之后、唐志和公之叔祖也，派出武城。

广陵派：紘公居之，在扬州府仪徵县。盛公之后也，派出陈留。

赤山镇派：唐弘公居之，在徽州府祁门县。汉晏公之后也，派出吴郡。

润田派：志和公居之，在徽州府祁门县。向公之后也，派出杜陵。

新庄派：沂公居之，在徽州府祁门县。弘公之后也，派出赤山。

仓坞派：润潮公居之，在徽州府祁门县。弘公之后也，派出赤山。

灵璧派：士公居之，在宿州灵璧县。志和公之后也，派出赤山。

吴楚山派：仁公居之，在徽州府绩溪县。志和公之后也，派出赤山。

桐城派：立公居之，在安庆府桐城县。志和公之后也，派出赤山。

相溪派：承瑒公居之，在徽州府祁门县。志和公之后也，派出赤山。

省潭派：宗武公居之，在宁国府泾县。志和公之后也，派出赤山。

黄墩派：周公居之，在徽州府歙县。宗汉公之后也，派出赤山。

破河窑派：奇满公居之，在徽州府歙县。宗汉公之后也，派出赤山。

潜鱼嘴派：奇麟奇鹤二公居之，在安庆府桐城县。应枢公之子孟和公之后也，派出江西黄乡。

环珠派：明公居之，在徽州府休宁县。志和公之后也，派出赤山。

甲道派：彻公居之，在徽州府婺源县。志和公之后也，派出赤山。

漳潭派：适公居之，在徽州府祁门县。志和公之后也，派出赤山。

游汀派：休公居之，在徽州府婺源县。唐相文瓘公之后、延肃公之祖也，派出武城。

白沙派：南安公居之，在松江府华宁县。义公之后也，派出赤山。

白塔派：涌公居之，在徽州府城内北街。志和公之后、宗成公之祖也，派出赤山。

曹溪派：延访公居之，在徽州府婺源县。敬公之后也，派出武城。

万安派：延釪公居之，在徽州府休宁县。敬公之后也，派出武城。

东溪派：延肃公居之，在徽州府婺源县。休公之后、德邑湖西之祖也，派出武城。

碧山派：延祐公居之，在徽州府婺源县。休公之后也，派出武城。

西门派：延鲁公居之，在池州府石棣县。敬公之后也，派出武城。

南园派：贲公居之，在徽州府休宁县。休公之后裔也，派出武城。

西马派：誉公居之，在宁国府南陵县。敬公之后也，派出武城。

石山派：福公居之，在宁国府泾县。延师公之后也，派出赤山。

蒲田派：汝舟公居之，在徽州府歙县。裕公之后也，派出武城。

曹泾派：华甫公居之，在松江府华亭县。见素公之后也，派出龙虎

山。

水阁派：文贵公居之，在徽州府休宁县。日才公之祖也，派出赤山。

华亭派：子靖公居之，在松江府华亭县。君政公之后也，派出洛阳。

石门派：用全公居之，在徽州府婺源县。仁俨公之后也，派出武城。

句容派：思贤公居之，在江陵府句容县。明五公之后、菊四公之孙也，派出彭泽定山。

玉田派：荣公居之，在徽州府休宁县岭南。志和公之后、成业公之孙也，派出开化音铿。

江西通派

龙虎山派：道陵之孙盛公居之，在广信府贵溪县。汉留侯十一世孙也，派出陈留。

新昌派：玉公居之，在瑞州府新昌县。仕魁公之后也，派出龙虎山。

同安派：义诚公居之，在瑞州府新昌县。仕魁公之后也，派出龙虎山。

三角丘派：金公居之，在瑞州府新昌县。仕魁公之后也，派出龙虎山。

观溪派：子玢公居之，在南昌府宁州。仕魁公之后也，派出龙虎山。

池源派：子政公居之，在瑞州府新昌县。仕魁公之后也，派出龙虎山。

东湖派：见素公居之，在饶州府鄱阳县。暮礼公之祖道陵公之后也，派出龙虎山。

箬岭派：日新公居之，在抚州府东乡县。道陵公之后也，派出龙虎山。

濠池派：本翁公居之，在饶州府余干县。日新公之后也，派出箬岭。

霞桥派：清素公居之，在南康府安义县。道陵公之后也，派出龙虎山。

京台派：明堂公居之，在南昌府新建县。清素公之后也，派出霞桥。

社下派：大海公居之，在南昌府新建县。明堂之后也，派出京台。

岸湖派：天元公居之，在南昌府新建县。中公之后也，派出龙虎山。

观音塘派：文达公居之，在南康府星子县。引年公之后也，派出龙虎山。

槎江派：赞公居之，在南昌府南昌县。士直公之后也，派出龙虎山。

和尚派：延辅公居之，在饶州府德兴县。唐相文瓘公之后也，派出清河。

窑坂派：延霸公居之，在饶州府德兴县。文瓘公之后也，派出清河。

张源派：子芳公居之，在广信府贵溪县。文瓘公之裔奉一公之后也，派出清河。

幕岭派：启贤公居之，在抚州府临川县。机公之后也，派出龙虎山。

岭下派：林青公居之，在抚州府临川县。机公之后也，派出龙虎山。

松古派：晋卿公居之，在南康府都昌县。周冕公之后也，派出幕岭。

沣源派：宪公居之，在广信府弋阳县。朝绮公之后也，派出岭下。

庐观派：四六公居之，在南昌府南昌县。廷杰公之后也，派出岭下。

紫麓派：临公居之，在南昌府武宁县。道宏公之后也，派出陈留。

干州派：开公居之，在南昌府奉新县。临公之后也，派出紫麓。

白竹派：大节公居之，在饶州府余干县。遐公之后也，派出陈留。

梅岭派：揆公之孙东汉纲之后逢吉公居之，在广信府弋阳县。派出下邳。

永丰派：叔夜公之子伯奋公居之，在今广信府广丰县。汉字世公之裔，派出杜陵。

河田派：保信公居之，在广信府铅山县。凌烟阁赞襄公谨公裔达夫公之后也，派出文强。

钟陵派：仁美公居之，在南昌府南昌县。谨公之后，派出文强。

厚汉派：权公居之，在南昌府南昌县。延寿公之后也，派出河东。

致岭派：仕贞公居之，在南昌府进贤县。九龄公之后也，派出曲江。

回龙派：璇公居之，在抚州府临川县。宋尚书右丞徽公十一世孙也，派出曲江。

遂南新市洋湖派：文远仁远二公居之，在吉安府龙泉县。说公之后也，派出洛阳。

张坊派：渡远公居之，在南昌府进贤县。南轩栻公之后也，派出绵竹。

后街派：元吉公居之，在饶州府余干县。杓公之后也，派出绵竹。

阐上派：士昌公居之，在饶州府德兴县，宋相齐贤公之孙也。派出新吴赤山。

山田派：筮公录公居之，在南康府都昌县。士昌公之子也，派出阐上。

白洲派：九序公居之，在南昌府丰城县。晋华公之后也，派出范阳。

滁槎派：廷寅公居之，在南昌府南昌县。万福公之后也，派出襄国。

肯塘派：惠三公居之，在袁州府万战县。艺公之后也，派出寿张。

新吴赤田派：柔公居之，在南昌府奉新县。宋齐贤公之子士昌公之父也，派出襄国。

南田市口派：录公号邦杰，嘉祐六年（1061）同兄筮号朝杰由阐上迁山田，熙宁三年（1070）又由山田迁彭泽之南田市口。

大屋派：系神安洞东山文一公居之，即广一公在九江府彭泽县。录公之后也，派出南田市口。

中鄂派：系神安洞中鄂坤一公居之，在彭泽县。录公之后也，派出南田市口。

老屋派：系神安洞西山原九公居之，在九江府彭泽县。麦祥公之后广五公子也，派出南田市口。

浙江通派

金华派：济公居之，在金华府金华县。禹公之后也，派出洛阳。

横山派：德公居之，在绍兴府会稽县。志和公之后也，派出赤山。

永嘉派：循公居之，在温州府永嘉县。志和公之后也，派出赤山。

武林派：洵公居之，在今杭州府钱塘县。唐相柬之公之后遵公之祖也，派出襄阳。

213

丽水派：胤公居之，在处州府丽水县。遵公之孙唐成业公之叔祖也，派出武林。

富阳派：兴公居之，在杭州府富阳县。志和公之后也，派出赤山。

建德派：承宦公居之，在严州府建德县。日中公之后也，派出赤山。

寿昌派：用和公居之，在严州府寿昌县。俨公之后也，派出武城。

崇化派：光招公居之，在绍兴府萧山县，日中公之后也，派出武城。

山阴派：七九公居之，在绍兴府山阴县。守宣公之后，派出赤山。

海盐派：嘉贞公居之，在嘉兴府海盐县。廷杰公之后，派出江西岑下。

龙泉派：应期公居之，在处州府龙泉县。廷杰公之后，派出岭下。

三衢派：景倩公居之，在衢州府西安县。柬之公四世孙志和公之祖也，派出襄阳。

金华派：达公字定勃，成业公之父志和公五世孙也。仕唐昭宗朝，封辅国公，徙居婺州即金华府也，派出润田。

音铿派：唐元和进士江东提刑成业公居之，在衢州府开化县北十五里玉山乡大桂社。志和公之后达公之子也，派出金华。

桃林派：成业公之孙荣公由音铿迁休宁岭南为玉田派十八世孙存信公之子庆露公又由岭南迁居桃林，即开邑西北界。派出玉田。

枧谷派：荣公之弟英公居之，在开化县北五十里八都儿里茅坂社，即今之坞内是也，派出音铿。

东头山派：成业公之孙邢公三子宠公讳温由音铿徙居邑之三十二都东山下，今名东山头是也。

李溪派：资公居之，在开化县北二十五里。成业公四世孙箴公之后也，派出音铿。

严谷派：宙公居之，在开化县北三十里。成业公之孙行德公之后也，派出音铿。

珠山派：自勉公居之，在开化县北二十五里十五都俗名张村。成业公子通公之后也，派出音铿。

蒲城派：在开化县西北提刑成业公五世孙廷珪公徙居桥头坞，后迁蒲城，派出音铿。

田坂金川派：邺公乃成业公八世孙，仕宋官拜宝章阁大学士。由音铿徙居八都九里坑茅坂社，古称格垢，今名坂是也。

堰下派：在城北二十五里明连堰下社，乃成业公七世孙裕公之十一世孙兴隆公长子义公居之，派出音铿。

大阁派：在邑北十五里玉山乡十四都报效里音铿社，兴隆公次子元公居之，派出音铿。

竹林派：里居全上，系大桂社乃兴隆公三子五公居之，派出音铿。

大门屋派：里居同上，大桂社成业公十八世孙五公之六世孙仁三公次子宁五公居之，派出竹林。

路边派：在邑北二十里玉田乡十四都报效里路边社，成业公七世孙裕公之十一世孙仁隆公居之，派出音铿。

酒前坊派：在邑东隅衣锦坊酒务山，成业公九世孙梓公赘居，治南税课司前公九世孙承信郎仪之公迁酒坊前，派出音铿。

江干派：成业公季子文宁公居之，在杭城南关凰山门外，其后七世孙得信公复迁遂之郭村新田，派出音铿。

学堂派：在严州府遂安县西北四十里新安乡十六都，成业公之孙美公居之，系通公之子也，派出开化音铿。

砂垢派：在衢州府开化县崇化乡外八都枧坞南一里，英公十四世孙瑜公居之，派出枧谷。

高翘派：里居同上，枧谷东北三里，英公二十世孙济公居之，派出枧谷。

毓秀派：里居同上，枧谷南二里，英公十九世孙铨公居之，派出枧谷即今之黄荆林是也。

上宅派：里居在枧坞祠后左向，英公二十一世孙冕然公居之，派出枧谷。

玉川派：邢公三子宠公六世孙保义公由东山下迁张村坂，七世孙颉公

又迁玉川。在开化县南四十里，与常山北界即今之界首张家是也，派出东山下。

岭里派：必先必进公居之，在开化县北七十里崇化乡九都岭里社宋迪功郎宙公之后也，派出严谷。

上郭村派：在严州府遂安县西四十里新安乡十六都唐化里，邺公曾孙宋迪功郎颉公居之，派出开邑田坂金川。

湖田派：元方公居之，在衢州府开化县八都茅坂社，画公之孙颉公之侄孙也，派出金川。

上斥派：宋枢密多公居之，在开邑北六十五里内八都上斥社，邺公曾孙洵公之五子颉公之子弟也，派出金川。

石崖岭派：金川堂邺公四世孙展公之十四孙文白公居之，在里八都外方边是也，派出金川。

苏坂派：在严州遂安县西南六十里抒诚乡明霞里十三都展公传十二世福寿公三子宗和公居之，派出开化田坂金川。

金溪派：在衢州府开化县十都马金社，承信郎仪之公四世孙元进士崇文少监宗元公次子科公赘居五圣庙前，派出酒坊前。

新田派：在严州府遂安县十六都秉义乡国村社，成业公季子文宁由音铿迁武林，江干五传至得信公复迁遂之郭村后裔分徙于此，祖派仍出音铿。

学堂坞派：其地在严州府遂安西北四十里新安乡十六都唐化里。美公十六世孙祖胜公居之，今迁里村墉坞，派出学堂。

前宅派：里居同上，美公十六世孙祖晏公居之，派出学堂。

洪村派：在遂邑西南二十五里龙津乡十一都文化里洪村社，美公十二世孙得达公之六世孙祖海公居之，派出学堂。

翘东派：在开化县九里坑枧坞东北五里，英公二十世孙韬德公之四世孙言之公居之，派出黄荆林即毓秀分派是也。

古径社派：菊公居之，在严州府遂安县。邺公之五子枢密多公之叔祖也，派出田坂金川。

216

瑶峰派：遂安县西北四十里新安乡十六都石街社。洵公四子画公迁金竹坑十三传至安定兴三公徙石街，兴公之八世孙汝全公居此，派出金川。

潭溪派：在开化县东南六十里里八都潭溪社。冕然公十世孙志公居之，派出枧谷上宅。

前山坞派：枧坞南二里许，冕然公十一世孙良四公居之，派出上宅。

百步街派：在严州府遂安县西北三十五里十五都湖口溪东社，冕然公九世孙桃公居之，派出开邑枧谷上宅。

深蒙派：里居全百步街，此系深蒙社冕然公八世孙渭公于正统己巳年迁遂之十五都淡源山长子桃迁百步，次子晓公迁深蒙，派出上宅。

大龙派：在衢州府开化县北八十里崇化乡合成里九都大龙山，乾金公之子鹤坤公居之，派出本都岭里。

玉泉派：在严州府遂安县北三十里长寿乡唐化里十七都宋迪功郎颉公次子任开封府尹廷筠公居之，派出上郭村。

东峰派：里居同上，郭村在邑西三十五里迪功郎颉公九世孙庆入公三子观四公子之十二世孙明祯明瑞二公居之，派出上郭村。

兴礼派：在遂邑东南隅，赵侯庙前移风乡兴礼坊濠下社，颉公六世孙禧公居之，公十一世孙文有公迁居本邑三都。

路口纯峰派：在遂邑北十里新安乡十七都唐化里纯峰社，颉公六世孙六宣公由上郭村移居小泉，复迁路口纯峰，派出上郭村。

棠谷派：在衢州府开化县崇化乡合成里内八都，宋枢密多公之孙桢公居之，派出张家村。

珠谷派：里居同上，距棠谷二里许。多公之八世孙时清公长子胜一公居之，派出棠谷。

水确垅路派：在遂安县北，距玉泉二里。筠公十一世孙永康佑康二公同迁水确，佑康公八世孙廷道公复迁垅路，派出玉泉。

黄村桥派：晏公居之，在遂邑北二十里十六都芹化坦克，筠公九世孙玺公之仲子居之，派出玉泉。

巨峰派：在衢州府开化县外八都，距高翘里许。自颉公迁遂之郭村公

次子迁笃复迁玉泉，传十二世永振永录二公又迁巨峰，派出遂邑玉泉。

内埂派：其地与棠谷相近距湖里许。画公三世孙元方公居湖田公之世孙延喜公徙居于此，派出湖田。

厚岗派：在衢州府开化县都公居之，画公之后也，派出湖田内埂。

月峰派：在邑北六十里崇化乡里八都今名田里是也，多公五世孙义仍公三子宗秩公居之，派出学棠谷。

韩山派：在衢州府开化县崇化乡松公里十一都韩山社，多公九世孙仲宝公之孙嗣三公之子定住公居之，派出棠谷。

石川派：在开化县北六十里崇化乡九都石川社，多公九世孙仲九公由棠谷迁本都，宏川公八世孙延庆公于明宣德年间始迁于此，派出棠谷。

龙川派：在遂安县西南五十五里向化乡十四都清化里龙峰社，多公七世孙祖渊公居之，派出棠谷。

降源派：在开化县西北七十里崇化乡十一都，多公八世孙时望居之，派出棠谷。

前州派：在遂安县五十五里龙津乡二十都永昌里前州社，多公七世孙祖琰公长子时廉公由考坑迁泽川继又由泽川卜居于此，派出考坑。

中宅派：里居与上棠谷同。中宅者即棠谷崇本堂祠后一带是也，祖源公三子时举公居之，时望公之兄多公之八世孙也，派出棠谷。

花桥派：在开化县南四十里石门乡五都龙泉里花桥社，多公十七世孙林公居之，派出棠谷。

界首派：在开化县北六十五里崇化乡外八都，多公九世孙仲四公之四世孙节录公居之，派出棠谷。

芝坞派：在开化县北二十五里玉田乡报效里十四都茅坂社，时廉公五世孙门寿公次子周兴公居之，派出遂邑前州。

璜川派：在徽州府西南二百里歙县二十五都，时廉公十三世孙可益公居之，派出前州。

丽江派：在衢州府开化县西北四十里云台乡十七都，时廉公十五世孙上礼公居之，派出前州。

新桥派：在严州府遂安县西三十里秉义乡十六都唐化里，时廉公十一世孙时齐公迁徽郡何西桥，其长子世治公复回本籍居此，派出前州。

以上《古今通派分迁地舆图考》所列各派，追根溯源都是由尹城派繁衍播迁而来的。显而易见，尹城就是张姓开宗立姓之所，是张氏之源头所在。

三、世系谱

太原张氏起源于太原尹城。早在远古时代，张氏始祖挥公及其子昧公、孙台骀公，就劳动生息在这块高而平的热土上了。春秋时代，文明昌盛的晋国曾经是张氏先祖活动的主要历史舞台。"三家分晋"后，韩、赵、魏又成为张氏先祖施展才华、建功立业的主要场所。西汉时，张氏先祖已遍布中原、齐鲁、燕赵、关中、汉中、巴蜀、吴越以及西域等地，到了唐末五代，张氏先民已落户江南各地，成为覆盖全国的大姓。明清时期，许多谱学研究者和张氏族谱编修者，依据史籍记载，整理出了各自的世系谱。这些世系谱都是代代可数、一目了然的，是几代乃至几十代学者整理考订的成果。尽管还有这样或那样一些不足之处，特别是西周共和行政元年（前841）以前的世系疑点颇多，但仍不失为一种珍贵的历史遗产。这里，我们以《新唐书·宰相世系表》记载的张氏源流为线索，参照张氏族谱的记载，重新编修了"太原张氏世系谱"。需要说明的是：第一，这个世系谱是以留侯张良及其后裔襄阳张氏始祖张安之为主线编修的一线世系谱，旁系未录；第二，这个世系谱的下限截止到第九十八世，这是为了与《新唐书》中的《宰相世系表》的世系相衔接；第三，我们编修这个世系谱的目的是为了通过"太原张氏世系谱"来具体说明起源于太原尹城的张氏是怎样繁衍播迁的，换言之，即在于说明张氏的源流概况。当然，张氏的"流"即衍派，要比这个世系谱记载的多出千万倍，但这个世系谱却是纵贯数千年、一脉相承、血脉相贯的，是"流"中的佼佼者，很值得重视。

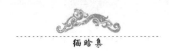
始祖至九十八世祖世系谱

立姓始祖　挥公，字玉爵，号天禄。为弓正，观弧星，始制弓矢，
　　　　　赐姓张氏。封于太原尹城，是为张姓本源尹城派之始祖。
　　　　　　　子：昧、般。

二世祖　昧公，为玄冥师，司水正，后封于汾川，世居太原尹城，号
　　　　尹城派。
　　　　　　子：允格、台骀。

三世祖　台骀公，继父业，疏通汾河和洮水，堵塞大泽，以处大原。
　　　　帝用嘉之，封渚汾川，是为汾神。今太原晋源区王郭村有庙
　　　　存焉。
　　　　　　子：伊源。

四世祖　伊源公，继父业，司水正。
　　　　　　子四：谟、侯、简竹、突美。

五世祖　侯公，帝尧时为大夫。
　　　　　　子三：若、敬和、立芳。

六世祖　立芳公
　　　　　　子二：乾、坤。

七世祖　坤公
　　　　　　子一：敦吾。

八世祖　敦吾公
　　　　　　子：郊。

九世祖　郊公，为火正官。
　　　　　　子：重熙。

十世祖　重熙公，继父业为火正官。
　　　　　　子：吴光。

十一世祖　吴光公，继父业为火正官。
　　　　　　子：天杰。

十二世祖　天杰公，少而精神秀爽，有巨人之志，后助禹平水土有
　　　　　功，为四岳诸侯之长。

　　　　　子：钦若。

十三世祖　钦若公，继父职，与诸侯会禹于涂山，执玉帛受典则，后
　　　　　迁于防山。

　　　　　子二：桃、榆。

十四世祖　榆公

　　　　　子二：临、卧。

十五世祖　临公，为夏仲康时大夫。

　　　　　子：宜。

十六世祖　宜公，为夏帝相时大夫。

　　　　　子：阳。

十七世祖　阳公，为夏帝相时大夫。

　　　　　子：安。

十八世祖　安公，夏泜寒时大夫。

　　　　　子：考。

十九世祖　考公，夏少康时大夫。

　　　　　子：承。

二十世祖　承公，夏帝槐时大夫。

　　　　　子二：嚳、誉。

二十一世祖　嚳公，夏帝芒时大夫。

　　　　　子三：琦、珑、珍。

二十二世祖　琦公

　　　　　子二：契、希。

二十三世祖　希公，夏帝扃时大夫。

　　　　　子：燧。

二十四世祖　燧公，继父事帝扃为大夫。

　　　　　子：秦。

二十五世祖　秦公，事孔甲，为大夫。

　　　　　　子：还。

二十六世祖　还公，夏帝发时大夫。

　　　　　　子：纯。

二十七世祖　纯公，商汤时为大夫。

　　　　　　子：质。

二十八世祖　质公

　　　　　　子二：厢、康。

二十九世祖　康公，商太庚时为大夫。

　　　　　　子：启。

三十世祖　　启公，商太庚时为大夫。

　　　　　　子：立。

三十一世祖　立公，商小甲时为大夫。

　　　　　　子：瑰。

三十二世祖　瑰公，商雍已时为大夫。

　　　　　　子：秩。

三十三世祖　秩公，商雍已时为大夫。

　　　　　　子：庖公。

三十四世祖　庖公

　　　　　　子：颢公。

三十五世祖　颢公

　　　　　　子：洙。

三十六世祖　洙公，商王祖丁时为大夫。

　　　　　　子：逸。

三十七世祖　逸公，继父职为大夫。

　　　　　　子：都。

三十八世祖　都公

　　　　　　子：助。

三十九世祖　　助公

　　　　　　　　子：须。

四十世祖　　　须公

　　　　　　　　子：圆。

四十一世祖　　圆公

　　　　　　　　子：萧。

四十二世祖　　萧公

　　　　　　　　子：昶。

四十三世祖·　　昶公

　　　　　　　　子：浚。

四十四世祖　　浚公，商武丁时为将军。

　　　　　　　　子：惠。

四十五世祖　　惠公，商祖甲时为司马。

　　　　　　　　子：谊。

四十六世祖　　谊公，商康丁时为豫州牧。

　　　　　　　　子：稳。

四十七世祖　　稳公，商武乙时为太史。

　　　　　　　　子：元。

四十八世祖　　元公，商帝乙时为上大夫。

　　　　　　　　子二：正、奎。

四十九世祖　　正公，周武王时为大夫。

　　　　　　　　子：炳。

五十世祖　　　炳公，周武王时为卿士。

　　　　　　　　子二：辰、振。

五十一世祖　　辰公，周康王时为先锋。

　　　　　　　　子：本。

五十二世祖　　本公，周昭王时为卿士。

　　　　　　　　子三：燥、灼、焰。

五十三世祖　灼公

　　　　　　子：兖。

五十四世祖　兖公，事穆王，官拜上大夫。

　　　　　　子：灵。

五十五世祖　灵公，周夷五时为大夫。

　　　　　　子：宏。

五十六世祖　宏公，周厉王时为大夫。

　　　　　　子二：道、绅。

五十七世祖　道公，袭父职，仍事厉王为大夫。

　　　　　　子：仲。

五十八世祖　仲公，字广明，号仲甫，周宣王卿士。他与尹吉甫共同辅佐周宣王，取得很大成就，史称"宣王中兴"。仲公以孝友著称于当时。关于他的德行，《诗经·小雅·六月》记载云："侯谁在矣，张仲孝友"。从史籍记载来说，张仲是继挥公之后又一个载入史册的张氏先祖。他的德行后来变成张氏"孝友传家"的道德原则，深受世人尊敬。

　　　　　　子二：逸、众。

五十九世祖　逸公，为周大夫。

　　　　　　子：伯谦。

六十世祖　　伯谦公。

　　　　　　子：信明。

六十一世祖　信明公

　　　　　　子二：实、贵。

六十二世祖　实公

　　　　　　子：禹臣。

六十三世祖　禹臣公，周厘王时司徒，居曲阜，号鲁国派。

　　　　　　子：元驭。

六十四世祖　元驭公，周顷王时为大夫。

　　　　　　子：熙。

六十五世祖　熙公

　　　　　　子：元叔。

六十六世祖　元叔公，为晋大夫。

　　　　　　子：奉义。

六十七世祖　奉义公，周敬王时，亦仕晋，为大夫。徙居山西曲沃，
　　　　　　派出鲁国。

　　　　　　子：高陵。

六十八世祖　高陵公

　　　　　　子：宣武。

六十九世祖　宣武公

　　　　　　子：侯。

七十世祖　　侯公，字义昭。《左传》成公二年（前589）记载，侯
　　　　　　公为晋国大夫，会诸侯战于鞍，以必死致胜，位列忠贞
　　　　　　侯。

　　　　　　子：老。

七十一世祖　老公，字高龄，为晋国大夫，拜中军司马。

　　　　　　子：君臣。

七十二世祖　君臣公，为晋国大夫、中军司马。晋平公即位之初，改
　　　　　　服修官，徙居曲沃，是为曲沃派。

　　　　　　子：趯。

七十三世祖　趯公，为晋大夫。

　　　　　　子三：骼、髓、体。

七十四世祖　骼公，为晋大夫。

　　　　　　子二：进明、权。

七十五世祖　进明公，周慎靓王时为赵国大夫。

　　　　　　子：孟谈。

七十六世祖　孟谈公，为赵国谋臣，曾策反韩魏与赵联合，反击智伯，解晋阳之围。"三分晋室"后仕韩，徙居河南。

　　　　　　子三：柳朔、正朔、望朔。

七十七世祖　柳朔公，为韩国大夫。

　　　　　　子：开地。

七十八世祖　开地公，历相韩昭侯、宣惠王、襄哀王。其时韩为弱国，公元前375年灭掉郑国后，起用郑国旧臣申不害推行改革，国力稍强。因以刑名之学治国，推行苛政，不久便衰败下来。开地公受命于危难之际，他担任丞相几十年，虽不无建树，但却挽救不了韩国走下坡路之趋势。开地公居开封西北之廪延，是为廪延派之祖，派出曲沃。

　　　　　　子二：平、厌。

七十九世祖　平公，历相厘王、桓惠王，国势衰败，已无可挽救，含恨而死。

　　　　　　子二：良、元。

八十世祖　　良公，字子房，秦灭韩后，决心抗秦雪恨，击始皇帝于博浪沙，未中，逃亡下邳。遇沛公，佐沛公破秦军定天下，官至少傅，封留侯，谥文成侯。居陈留，是为陈留派始祖，派出廪延。

　　　　　　子二：不疑、辟疆。

八十一世祖　不疑公，仕汉，袭父封，后因参与谋杀楚国旧贵族，被削留侯国爵，家道中衰。

　　　　　　子二：典、高。

八十二世祖　典公，字存敬，为汉惠帝御史大夫。文帝时为清河太守，封清河郡公，遂居清河里仁乡孝节坊。

　　　　　　子四：默、黔、然、麃。

八十三世祖　默公，汉文帝御史大夫，袭清河太守。

子：金。

八十四世祖　金公，官至大司马。

子：万雅。

八十五世祖　万雅公，号千秋，字万雅，汉宣帝念留侯功，诏复封万雅为阳陵公。

子三：嵩、京、文敬。

八十六世祖　嵩公

子五：壮、赞、彭、睦、述。

八十七世祖　壮公

子：胤。

八十八世祖　胤公

子：皓。

八十九世祖　皓公，字叔明，后汉司空，世居武阳犍为。

子：宇。

九十世祖　宇公，北平、范阳太守，避地居方城。

子：某（失载）。

九十一世祖　某公

子：孟成。

九十二世祖　孟成公，东汉冲帝质帝时，封肥如侯。徙居顺天府范阳县，是为范阳派始祖。

子：平。

九十三世祖　平公，三国曹魏时，渔阳郡守。

子：华。

九十四世祖　华公，字茂先，西晋武帝泰始、咸宁年间，伐吴有功，进中书令。元康元年（291），任中书监，封壮武公。著有博物志。

子二：祎、韪。

九十五世祖　祎公，字彦仲，散骑侍郎。

227

　　　　　　子：舆。

九十六世祖　舆公，字公安，太子舍人，袭壮武公。

　　　　　　子：次惠。

九十七世祖　次惠公，南朝宋濮阳太守。

　　　　　　子二：穆之、安之。

九十八世祖　安之公。

四、唐相谱传

　　唐朝是中国历史上极其繁荣昌盛的时代，同时也是张氏家族大放光彩的时代。张氏家族中位居"一人之下、万人之上"的宰相望族在唐朝历史上占有十分重要的地位。唐代290年间，共有宰相369人，出自98个姓氏。其中崔氏23名，名列榜首。张氏18名，排列第二。从唐初到唐末各个历史时期，都有张氏宰相的足迹。"贞观之治"时，有"纠劾严正，不避权贵"的宰相张行成。随后又出将入相、文武双全的宰相张仁愿。"开元之治"时，有名垂青史的宰相张说、张嘉贞、张九龄。唐末有维持残局的宰相张文蔚。可以说，张氏宰相是与李唐王朝相伴而行的。在张氏18宰相中，有的同朝共处，有的叔侄相随，有的祖孙三代连续拜相，构成了张氏家族史上最辉煌、最引人注目的鼎盛时期。

　　唐相谱传乃是世系谱的继续和延伸。这部分是依据《新唐书》中的《列传》和《宰相世系表》编写的，凡二者记载不一致之处，均以《列传》为准，因为《列传》记载较为详细、具体。

1.襄阳张氏

　　襄阳张氏系晋司空张华之后裔，南朝刘宋时，张安之任青州主簿，徙居襄阳，是为襄阳张氏之始祖。张安之五传，至柬之。张柬之（625—706），字孟将。当太学生时，因有才华，受到国子祭酒的器重。后中进士,任清凉丞。永昌元年（689），以贤良召，时年六十有余，授监察御史。武则天长安四年（704）十月，经狄仁杰推荐，出任宰相。时武则天宠臣张昌宗、张易之弄权用事，败坏朝纲。神龙元年（705），他与恒彦范、敬

晖等率领羽林军诛张易之、张昌宗，逼则天退位，拥立中宗复辟，以功升天官尚书，封汉阳郡王，仍居相位。襄阳张氏遂以张柬之恢复李姓王朝的业绩，名垂青史。张柬之家族遂成为名震朝野的宰相之家。柬之有子二：长曰愿，官襄州刺史；次曰漪，以著作郎侍父襄阳。后来，武三思勾结韦后，罗织罪名，陷害张柬之。遂被贬为新州司马，张柬之忧愤而死，时年82岁。景云元年（710），追赠为中书令，谥号安贞。

2.洛阳张氏

西晋司空张华裔孙张隆，由江左复还河东，后徙居洛阳，是为洛阳张氏之始祖。张隆六传，至张说，曾先后三次拜相，洛阳张氏名声大振。

张说（667—730），字道济，洛阳人。武则天永昌元年（689），选贤良方正，张说所对第一，授太子校书郎。中宗复辟，历兵部员外郎，工、兵二部侍郎。睿宗即位，升中书侍郎兼雍州长史，景云二年（711）正月，拜为宰相，监修国史。同年十月，因与萧至忠不合免相，改任尚书左丞。玄宗开元元年（713）七月，以平定太平公主与萧至忠之乱立功，二次拜相，封燕国公。又因与宰相姚崇不合，同年十二月免相，改任相州刺史、河北道按察使。后又授检校并州长史兼天兵军大使。开元九年（721）九月，又以安边军功卓著，第三次拜为宰相。任职五年间，在整顿军备、结好吐蕃、裁减冗兵等方面取得很大成绩，又善诗作，深得玄宗宠信。开元十四年（726）四月，因李林甫弹劾免相，改任尚书右丞相。十八年（730）卒，赠太师，谥号文贞。

3.河东张氏

河东张氏系西晋司空张华之后裔。张华原本范阳人，其裔孙张吒子为隋代河东郡丞，遂由范阳徙居河东猗氏，是为河东张氏之始祖。四传至张思义，任唐成纪丞，生嘉贞、嘉祐二子。

张嘉贞（666—729），武后垂拱元年（685），中明经举，授平乡县尉，后因案件牵连，贬官还乡。长安年间（701—704），侍御史张循宪巡察河东，发现张嘉贞才华不凡，遂推荐给武则天，受到重用。先后历任监察御史、兵部员外郎、并州长史等，以安抚突厥九姓内附有功，开元八年

（720）正月，拜为宰相。其弟嘉祐，亦于开元十年（722）提升为金吾将军，掌握军事大权。兄弟二人并居将相之位，显赫异常。

开元十一年（723）二月免相，任职三年。嘉贞身虽贵，却不为子孙立田园。有劝之者，他答曰："吾尝相国矣，未死，岂有饥寒忧？若以遗去，虽富田产，犹不能有也。近世士大夫务广田宅，为不肖子酒色费，我无是也"（《新唐书》卷126《张嘉贞传》）。后来，他的子孙果然连续出任宰相，谱写了祖孙三代拜相的新篇章。

嘉贞子延赏（727—787），以父荫入仕，代宗时历任河南尹、东都留守、淮南节度使、吏部尚书等，为政简约，"治行第一"。德宗贞元元年（785）六月，拜为宰相，因与同行政见不一，同年八月免相，改任左仆射。贞元三年（787）正月，第二次拜为宰相，支持德宗结好吐蕃，裁减冗官千余人。同年七月卒于相位，谥号成肃。

延赏子弘靖（760—824），字元理，以父荫入仕，为河南参军。宪宗元和九年（814）六月，拜为宰相，封高平县侯。任职三年，治狱公平。后因张宴案免相，改任吏部尚书、河东节度使。

嘉贞、延赏、弘靖祖孙三代，连续拜相，史称"三相张家"，这是河东张氏发展史上最辉煌的时期。

4.曲江张氏

曲江张氏系西晋司空张华之后裔，随晋室南迁，至张君政，因官居于韶州曲江，是为曲江张氏始祖。君政生有六子、十四孙、二十九曾孙。在曾孙辈中，以九龄相玄宗，曲江张氏扬名天下。

张九龄（678—740），字子寿，长安进士，任右拾遗，迁左补阙。以刚直、能干闻名。时张说为宰相，对九龄十分器重。他们曾"通谱系"，晋司空张华即是其共同先祖。从此两人关系十分密切。张说以自己宰相的身份，经常表彰张九龄的学识和才华。开元十一年（723），张九龄被提为中书舍人。开元十八年（730），张说谢世，据张说生前的推荐，唐玄宗遂任命张九龄为秘书少监，集贤院学士。不久，转工部侍郎，知制诰。开元二十一年（733）十二月，拜为宰相。此时，正是唐玄宗由开明君主蜕变

为昏庸天子的时期。朝中奸相得宠，直臣失势。在这种恶劣的政治环境中，他挺身而出，企图通过起用忠臣志士来改变这种局面。他认为："国家之败，由官邪也。"官邪在于用人不当，用人不当是因为忠奸莫辨。因此他大声疾呼"用人必辨忠奸"。他主张不循资格起用人才，设十道采访使选拔人才。对玄宗怠于朝政，常评论其所失。玄宗生日，百官上寿，多献珍异，唯张九龄进《千秋金镜录》，言前古兴废之道，供玄宗作为一面镜子对照。后因李林甫诬陷，开元二十四年（736）十一月免相。其《感遇诗》十二首即作于贬谪之后，抒怀感事，以格调刚健著称。"安史之乱"爆发后，玄宗迁蜀，思九龄之先见及千秋金镜所感，遂遣使祭九龄，赐曰金鉴，此则曲江张氏以"金鉴"为堂号之由来。"安史之乱"以后，张九龄的远见卓识才逐渐被人们所理解，张九龄才成为人们所推崇和敬仰的名相。张九龄家族才成为名相之家。

5.冯翊张氏

冯翊张氏乃是东汉宰相张皓的后代。张皓的四世孙名翼，字伯恭，三国蜀冀州刺史。由犍为徙居下邽，隶属冯翊，是为冯翊张氏始迁祖。张翼三传至仁愿，冯翊张氏以名相张仁愿而扬名天下。

张仁愿（？—714），本名仁亶，以音近睿宗李旦之讳，改名仁愿。武则天当政时，曾任殿中御史大夫、幽州都督、并州都督长史、屯卫大将军兼洛阳长史、朔方军总管。他作战英勇，威震大漠。在他的防卫下，北方突厥不敢南犯。唐中宗复辟后，于景龙二年（708）拜为宰相，封韩国公。同年秋，督军备边，奋战疆场。张仁愿为相秉政不阿,执法严正,用人得当；为将则"号令严，将吏信伏，按边抚师，赏罚必直功罪"（《新唐书》卷111《张仁愿传》），与李靖、郭元振齐名。是有唐一代文武双全的名相。景云元年（710）七月免相。开元元年（713）以年老致仕，开元二年（714）逝世，赠太子少保。其子张之辅，官赵州刺史，家道中衰。

6.吴郡张氏

吴郡张氏乃是张嵩第四子睦之后裔。睦公，字选公，东汉蜀郡太守，始居吴郡，是为吴郡张氏之祖。张镒，乃张睦之裔孙。

张镒，字季权，又字公度。其父名齐丘，历任监察御史、朔方节度使，终东都留守。玄宗时，张镒以父荫任左卫兵曹参军，因郭子仪原为张齐丘之部属，后升为关内副元帅，遂聘请张齐后之子张镒为元帅府判官。其后，又任殿中侍御史。德宗建中二年（781）拜为宰相，任中书侍郎、同中书门下平章事，集贤殿学士兼修国史。其时，郭子仪已谢世，他的女婿太仆卿赵纵，被家奴告发，下狱治罪，张镒伸张正义，才救下赵纵。但他以其刚直不为同为宰相的卢杞所容，次年免相，改任凤翔右节度使。后为叛将李楚琳所杀。诏赠太子太傅。

7.清河东武城张氏

清河东武城张氏系东汉宰相张歆之弟张协之后裔。张协，字季期，卫尉。协子名岱，三国魏太山太守，自河内徙居清河，是为清河张氏之始迁祖。张文瓘乃是张岱的第十一世孙。

张文瓘（605—678），字稚圭，历官并州参军、员外郎，为长史李绩所器重。时其弟文琮为户部侍郎，按唐制，兄弟不并台阁，故出为云阳令。高宗乾封二年（667）六月，拜为宰相，任职十二年，为政勤俭，办案公正，执法平恕，受到高宗倚重。高宗仪凤三年（678）卒于相位。赠幽州都督，谥号曰懿。以事孝敬皇帝，诏陪葬恭陵。文瓘四子，长曰潜，任魏州刺史；次曰沛，任同州刺史；三曰洽，为卫尉卿；四曰涉，为殿中监。兄弟四人官位均在三品以上，比照汉代官制，官秩皆为二千石。故父子五人，号称"万石张家"。且沛、洽、涉兄弟同居一处，门前列戟以示其尊，时人又称"三戟张家"。文瓘弟文琮，官吏部侍郎，有子三，长曰戩，官江州刺史；次曰挹，官工部郎中；三曰锡，官守天官侍郎，武后久视元年（700）七月，亦拜为宰相。这样，就又形成了叔侄相继为相的格局。长安元年（701）三月，流循州。中宗神龙年间迁工部尚书，兼修国史，东都留守。韦后临朝，诏同中书门下三品，二次拜相。后出为绛州刺史，封平原郡公，卒。清河东武城张文瓘家族，遂以"万石张家"、"三戟张家"以及叔侄相随为相，誉满天下。

8.河涧张氏

河涧张氏系西汉常山景王张耳之后裔。张耳之裔孙张楫，徙居河涧，是为河涧张氏之始迁祖。张文蔚乃是张楫之裔孙。张文蔚（？—908），字右华，河涧人，进士出身，唐昭宗时任翰林院学士、兵部侍郎。天复四年（904）初，昭宗迁洛阳拜为宰相。时内部倾轧日骤，他挺身调解，维持残局。朱全忠逼哀帝禅让，建立后梁，文蔚又被任命为后梁宰相，为恢复社会秩序、制订各项制度效力。开平二年（908）卒于相位。张文蔚之族侄张浚，字禹川，河涧人。通经史，有纵横家之术，曾游说大将王敬修引兵勤王。僖宗光启三年（887）拜为宰相。在职五年间，力主加强中央集权，打击割据势力，与权臣矛盾日深，昭宗大顺二年（891）免相。天复二年（902），朱全忠派人将张浚一家百余人全部杀害。河涧张氏以张文蔚和张浚叔侄为相而扬名天下。

9.中山张氏

中山张氏系西汉北平侯张苍之后裔。唐初，张行成即是其后裔中的优秀代表。

张行成（587—653），字德立，定州义丰人。隋末，举孝廉入仕。后投王世充，任度支尚书。入唐累迁殿中御史，纠劾严正，不避权贵，受到唐太宗器重。贞观十九年（645）二月，拜为宰相。高宗即位，仍居相位，以顾命大臣辅政，封北平县公。永徽四年（653）九月，卒于相位。生为太宗、高宗两朝宰相，死赠开府仪同三司、并州都督，祭以少牢，谥曰定。高宗弘道元年（683），诏配享高宗庙廷。

10.魏郡张氏

魏郡张氏，以张公谨、张大安父子而闻名于世，被列为张氏郡望之一。公谨，字弘慎，魏郡繁水人。初为王世充淯州长史，与刺史崔枢以城归唐高祖李渊，授检校邹州别驾，累迁右武侯长史。以"玄武之变"有功，授左武侯将军，封定远郡公。其子大安，曾任太子左庶人，受到章怀太子即李贤之器重。上元二年（675），李贤被立为皇太子，寻令监国。遂招集张大安、刘纳言等人共注范晔《后汉书》。高宗仪凤二年（677）四

月，以太子左庶子同中书门下三品，拜为宰相。永隆元年（680），因武后不满李贤，李贤遂被废为庶人，张大安亦被贬为普州刺史。

11.汲郡张氏

汲郡张氏世居平原。裔孙张镐（？—764），字从周，有大志，少事吴兢，受到器重。天宝末，拜左拾遗，历侍御史。安禄山叛乱时，曾徒步护送玄宗逃往四川。在肃宗李亨住所曾数次评论天下大事，由于论述精辟，受到肃宗器重。至德二年（757）五月，拜为宰相，兼河南节度使，都统淮南诸军事。其时，安禄山已被其子庆绪所杀，史思明已降唐，被任为范阳长史、河北节度使。张镐已发现史思明再次叛乱之痕迹，建议肃宗以计除之，肃宗不纳。同年，唐军收复西京长安、东京洛阳，肃宗返还京师后，封张镐为南阳郡公。但因在史思明问题上与肃宗不合，乾元元年（758）五月免相，改任荆州大都督府长史。乾元二年（760），史思明果然再次起兵叛乱。代宗即位后，才又起用张镐，封平原郡公。广德二年（764）卒于江南西道观察使任上。张镐，起于布衣，官至宰相。居身廉，不殖资产。善待士，性简重，论议有体。在相位虽短，却受人景仰。汲郡张氏，以镐拜相，封平原郡公，扬名天下。

12.郑州张氏

郑州张氏世居荥阳，身居乡里，其裔孙张亮，志气奇特。隋末，李密略地荥阳，张亮从之，房玄龄以亮有谋，荐于秦王李世民，得秦王器重。李世民称帝后，贞观十七年（643）八月，拜张亮为宰相。次年十一月，出征高丽。二十年（646）三月，以养假子五百谋反罪，被诛，并籍其家。故郑州张氏，未入宰相望族。

上述出自十二个不同郡县的宰相家族，前十一个都是名扬天下的宰相望族。郑州张亮家族以及未列的张光辅家族和张嘉福家族，均因罪被诛，未入宰相望族。

五、结　束　语

太原张氏起源于太原尹城，然后播迁到全国各地。太原尹城就是张姓

开宗立姓之所，是张氏始祖挥公及其子昧公和孙台骀公的居住地，是张氏之源头所在。随着时间的推移，辗转播迁于全国各地的张氏衍派，对于尹城派而言都是"流"。迁到山东的衍派是"流"，迁到河南的衍派也是"流"；未出名人的衍派是"流"，宰相业绩光照千秋的衍派也是"流"。张氏是具有五千年悠久历史的源远流长的大姓。

（原载《太原张氏遍天下》，山西人民出版社 2000 年 1 月出版）

唐朝名将虢国公张士贵及其家族

　　唐朝名将虢国公张士贵，同小说、戏剧中的张士贵是完全不同的两个人。前者是历史上真实的张士贵，而后者则是文人学士为抨击当朝权贵而虚构的反面典型。《新唐书·张士贵传》只有163个字，《旧唐书·张士贵传》也仅有184个字，极大地妨碍了人们对历史上真实张士贵的了解。只有张士贵的家谱及1972年出土的张士贵墓志铭，对张士贵及其家族记载较详，本文拟以张士贵族谱和墓志铭记载为主，参考有关史籍文献，将张士贵的业绩及其后裔的发展演变，梳理成文，力图把历史上真实的张士贵及其家族的发展演变，展现在世人面前。

一、张士贵族谱及墓志铭的记载

1.族谱的记载

　　山西盂县《续修张氏族谱》，是以唐朝名将张士贵为一世祖编修的，故称为张士贵家族的族谱，一函六册，张家骐等修，民国二十二年（1933）石印本，现存山西盂县档案馆，《中华族谱集成》全文收录。①1999年，张士贵后裔张洲对《续修张氏族谱》又进行了续修，排号为第七册。续修部分，记载了张士贵后裔中，由盂县迁往忻州、再由忻州迁往内

---

　　①张海瀛等主编：《中华族谱集成》，巴蜀书社1995年版，张姓卷，第18册。

蒙古呼和浩特市土默特左旗潮忽闹村一支的发展繁衍情况。

盂县《续修张氏族谱》，是分两次修成的。第一次编修于清康熙十七年（1678），由张藐山主修。这次编修，以元朝世居山西盂县的张秀为一世祖，对其五世三大股、七世二十八小股，以序登录，分别记述，系统记载了世居盂县之张士贵后裔的发展繁衍情况，但对张秀的先世，则未加考究，故称山西盂县《张氏近系族谱》。其后，又由张义生编修了从张士贵到张秀之间的世系，这一部分称为山西盂县《张氏远系族谱》。《张氏远系族谱》主要是根据元代吕思诚为张秀撰写的墓表编修的。

吕思诚(1292—1357),字仲实，山西平定县人，其六世祖以下,有两代进士,吕思诚本人是元泰定元年（1324）进士，历任国史院编修、监察御史、刑部尚书、廉访使、行省参知政事、国子司业、祭酒等职。他远见卓识、学问渊博，十分重视文化教育。他先后三次出任国子祭酒，主持太学期间，为元朝培养了大批名士，在士人中享有很高威望。他以正直和博学著称，曾先后担任翰林国史院检阅官、编修、治书侍御史，并做过辽、金、宋三史总裁官，还负责编辑元朝国史资料，为保存元代珍贵史籍做出了重要贡献。他本人还有文集若干卷、《两汉通纪》若干卷传世。[1]这样一位当朝名声显赫的大文人为什么会给一个地方小官撰写墓表呢？原来其中还有另一种特殊的关系——姻亲关系，即吕思诚之女乃是张秀之孙媳。

金元时期，是盂县张士贵后裔屡中进士、显赫异常的时期。张秀虽说仅是个四川施州司理，级别很低；其子张仁美，也仅是个北直大名路魏县教谕；但他们的祖上却是盂县最有名的"进士世家"，所以吕思诚才可能把女儿嫁给张仁美之子张从善为妻。既然攀上了亲戚，由张仁美出面，请儿女亲家吕思诚为其父撰写墓表，吕思诚当然不好拒绝，而且必须下点工夫，用心写好。

吕思诚作为一个当朝的文化名人，在他接受了撰写墓表的任务后，亲自到盂县上文村进行了实地考察。当他看到张氏祖坟里保存了自张士贵以

---

① [明]宋濂等撰：《元史》卷185《吕思诚传》。

下40多通石碑时，感到十分惊讶，十分难得，引起了他的极大关注。吕思诚作为一个学者，看了张士贵为李唐王朝南征北战的相关记载以及子孙后代为李唐王朝戍守边防的记载，特别是自九世孙张崇嗣起，代代有进士，连续十九代从未间断，这样的"进士世家"，实属罕见！从而萌发了他保留这些珍贵史料的想法。所以他在为张秀撰写的墓表中，原原本本地记录了这些珍贵史料，致使墓表长达1250余字。这个墓表从张士贵记起，一直记到第二十七世孙张起元即张秀之父为止，实际上就是张士贵家族的简明家谱。经二十九世孙张仁美立碑刻石，完整地保留了下来，弥足珍贵，并全文收录在《续修张氏族谱》中。①

张义生以吕思诚为张秀所作的墓表为基本框架，又根据旧谱、墓碑以及他所采集到的资料，编纂了从张士贵到张秀的谱系。这样，从唐初张士贵到元末的张秀，就一以贯之地排列了下来，并记载了张士贵跟随唐高祖李渊、唐太宗李世民父子南征北战、屡立战功、进封虢国公等情况以及谢世后，陪葬昭陵，子孙袭爵，累世从戎等事迹，至五代、宋、金、元时期，子孙又以文才扬名，成为盂县出进士最多的"进士世家"。张义生以吕思诚撰写的墓表为基本依据编修《张氏远系族谱》，极大地提高了张氏族谱的史料价值及其可靠性和可信度。

张义生修成《张氏远系族谱》后，乾隆五十七年（1792），张宗泗将《张氏近系族谱》和《张氏远系族谱》合而为一，并增补了唐宋以来列祖列宗名人传略四十五篇，光绪元年（1875）刻印成册。民国初，张家骐等，又以乾隆刻本为底本进行续修，名曰《续修张氏族谱》。这样，《续修张氏族谱》就成了以张士贵为镤一世祖的族谱，并对其后裔的发展繁衍情况，进行了记载。

以张士贵为一世祖的张氏远系谱系

唐代

一世　**士贵**　虢国公，子一：填

①《续修张氏族谱》第一册。

二世　**瑱**　袭父职，子一：廷宝

三世　**廷宝**　袭父职，子一：知彰

四世　**知彰**　袭父职，子一：矿

五世　**矿**　袭父职，子一：子正

六世　**子正**　袭父职，降为骠骑将军，子一：世祯

七世　**世祯**　袭父职骠骑将军，子一：清

八世　**清**　袭父职骠骑将军，子三：崇嗣、崇宴、崇彬

五代后晋

九世　**崇嗣**　进士（崇宴、崇彬亦为进士）

　　　　崇嗣，子四：昭礼、昭信、昭义、昭懿

宋代

十世　**昭懿**　进士，子二：嵩（进士未仕卒）、巍

十一世　**巍**　进士，子三：象贤、象仪、象仁

十二世　**象贤**　进士（象仪、象仁亦为进士），

　　　　　　　　象贤，子一：文德

　　　　　　　　象仪，子一：文华

　　　　　　　　象仁，子二：文萃、文辉

十三世　**文辉**　进士（文德、文华、文萃，同为进士）

　　　　　　　文辉，子二：绍光、绍宗

　　　　　　　文萃，子二：绍先、绍祖

十四世　**绍光**　进士（绍宗、绍先、绍祖，同为进士）

　　　　　　　绍光，子一：稳

　　　　　　　绍先，子一：科

　　　　　　　绍祖，子一：秘

十五世　**稳**　进士（科、秘亦为进士，科未仕而卒）

　　　　　　　稳，子一：国祯

金代

十六世　**国祯**　进士，子一：道

十七世　**道**　进士，子一：安

十八世　**安**　进士，子二：以智、以诚

十九世　**以智**　与父、兄三人同榜进士，子一：志尹

二十世　**志尹**　进士，子二：易、书

廿一世　**书**　易、书与其父志尹同榜进士，

　　　　书，子一：士完

元代

廿二世　**士完**　进士，子一：文

廿三世　**文**　进士，子一：光孝

廿四世　**光孝**　进士，子一：聚

廿五世　**聚**　进士，子一：知名

廿六世　**知名**　进士，子一：起元

廿七世　**起元**　进士，子二：季、秀

2.张士贵的墓志铭

张士贵墓坐落在陕西礼泉县城东北15公里马寨村。北距昭陵约5公里，为昭陵陪葬墓之一。封土呈圆锥形，高7米，直径20米。1972年发掘，出土文物多件，其中白色攀蹄舞马俑，生动活泼，为唐代马俑中所仅见。同时出土的还有张士贵墓志铭和夫人岐氏墓志盖一件。墓志为正方形，边宽0.96米，厚0.15米，志周线刻图案花纹。志盖顶篆刻五行，行四字为："大唐故辅国大将军荆州都督虢国公张公墓志铭"。志铭并序为楷书，共55行，行57字，共3135字。太子中书舍人弘文馆学士上官仪撰，梓州坛亭尉张玄靓书。

上官仪，字游韶，唐陕州陕县（今河南三门峡）人。贞观元年（627）进士，唐太宗闻其名诏授弘文馆直学士，迁秘书郎。唐太宗雅好诗文,常与上官仪讨论诗文，又常令其唱和，凡有宴集，未尝不预，为太宗的文学侍从。曾参与修撰《晋书》，书成，转起居郎。唐高宗即位，迁秘书少监。龙朔二年(662)加银青光禄大夫，西台侍郎，同东西台三品，成为当朝宰相。上官仪主持朝政，天下承平。曾于凌晨入朝，巡洛水堤，作《咏入朝洛堤》诗，时人赞赏不已。高宗当政后，"武后得志，遂牵制帝，专威福，帝不能堪；又引道士行厌胜，中人王伏胜发之。帝因大怒，将废为庶人，召仪与议。"上官仪曰："皇后专恣，海内失望，宜废之以顺人心。"遂令上官仪草诏。但是"左右奔告后，后自申诉，帝乃悔；"并说是"上官仪教我"。由此招致武后痛恶，麟德元年(664)十二月,被诬陷参与梁王李忠谋逆罪，下狱而死，并籍没其家。"由是天下之政归于后，而帝拱手矣。"上官仪工五言诗，诗多应制奉和之作，辞藻华美，对仗精工，士大夫争相仿效，时称"上官体"①,对唐代律诗的发展，起了积极的促进作用。

上官仪作为一个参与制定国家决策的高级官员和大文人亲自为张士贵撰写墓志铭，并且长达三千多字，这件事本身就有力地说明了张士贵地位的崇高和尊贵。

1972 年，上官仪亲自为张士贵撰写的墓志铭出土后，引起了学术界的极大关注。国家级权威刊物《考古》于1978年第3期，全文刊登了张士贵墓志铭。周绍良主编的《唐代墓志汇编》，全文收录，本文引用较多，故附于文末（见附录）。

据张士贵墓志铭记载，其先世世系如下：

（曾祖）（祖父）（父）

　　张俊——张和——张国——张士贵

综上所述，以元朝著名学者吕思诚为张秀撰写的墓表为基本框架编修的《张氏远系族谱》，其史料价值是很高的。唐朝宰相上官仪亲自为张士贵撰写的墓志铭，又是出自当朝权威人士之手的第一手史料。这两件具有很高价值的史料，就是本文研究张士贵及其家族的基本依据。

二、张士贵的业绩及其"军功世家"

张士贵（586—657），本名忽峍，后更名士贵，字武安。官左领军大

---

①[宋]欧阳修等撰《新唐书》卷105《上官仪传》。

将军，封虢国公，子孙袭爵。卒后，唐高宗为他举办隆重葬礼，赠辅国大将军，谥号曰襄。当朝宰相上官仪亲自为他撰写墓志铭，对他为李唐王朝出生入死、屡建战功的一生给予极高的评价。又诏赠东园秘器，并给仪仗之荣，陪葬太宗于昭陵。[1]家族之荣耀与显赫达到了顶点。

张士贵，祖籍山西盂县上文村。其曾祖张俊，官北魏银青光禄大夫、横野将军；祖父张和，官北齐开府车骑将军；父张国，仕隋朝，历任陕县主簿，硖州录事和参军，历阳令，以军功授大都督，定居虢州卢氏县，张士贵就出生在这里。张士贵自幼善骑射，弯弓150斤，左右射无空发。从唐太宗让他"作武功之咏"来看，张士贵还有相当的文学修养，是一个文武双全的非凡人才。

隋炀帝大业十三年（617）初，张士贵在虢州聚众起兵，攻克城邑，远近患之。同年5月，李渊起兵后，张士贵"遣使输款"，表示愿意归附。而李渊对张士贵"遣使输款""深相嘉叹"，立即封张士贵为光禄大夫。尽管这仅仅是名义上的一个虚设官爵，没有多大实际意义，但从张士贵一生的发展来看，则是他的一个转折点。因为从此开始，张士贵就是按照李渊的旨意，在河南攻城略地，发展势力的。李渊攻下隋都长安后，派相府司马刘文静经略河南。刘文静到达河南后，就是以张士贵为向导、以张士贵所占地盘为依托，夺取了一系列重大胜利的。正因为如此，李渊对屡建战功的张士贵才大加奖赏，"赠张士贵缯彩千有余段，名马五匹并金鞍勒"。隋义宁二年（618），李渊任命世子李建成为抚宁大将军，东讨元帅，总兵七万，进攻东都。在这次东讨战役中，张士贵表现十分突出。李建成这次东征，就以张士贵"战有必胜之资，威有惮邻之锐"，授第一军总管，充当先锋的。在大小战斗中，都是张士贵率部击败李密和王世充的多支劲旅，取得胜利的，故而所受的赏赐多得"不可胜言"。

义宁二年(618)五月，李渊在长安称帝时，指名要张士贵进京奉见，并

---

① 〔唐〕上官仪撰《大唐故辅国大将军荆州都督虢国公张公墓志铭》，见《附录一》，本节未注出处者，皆出自该墓志铭。

加官通州刺史。从此张士贵便又成了李唐王朝的一位叱咤风云的名将。

唐高宗武德元年（618），张士贵跟随秦王李世民西征，在重大战役中张士贵都是冲锋陷阵，屡战屡胜，功居诸将之首，唐高祖特赐他"奴婢八十口、绢彩千余段、金一百三十挺"。唐初朝廷以奴婢赏赐军功的现象，极其罕见。由此可以看出张士贵在反击薛举、薛仁杲父子战争中所立战功之显赫及其重要性。同年底，张士贵从陇右战场下来后，又被朝廷任命为运粮侍，承担了河南战场的后勤供给任务。其时，张士贵押运军需到达渑池时，被王世充大将郭士衡发现，遂以数倍于张士贵的兵力设伏，与张士贵军相遇。张士贵面对强敌，竟"掩击大破之"，郭士衡大败而逃，从而保证了河南唐朝军需物资的及时供应。

武德二年（619），陕州苏经聚众反唐，"州将濒战不利"。陕州是唐通往洛阳战场的交通要道，战略地位十分重要。因而引起了唐高祖的注意，并说："此贼非猛士无以殄灭"，遂派张士贵率五万马步劲旅征讨，结果张士贵又创造了以少胜多的骑兵战例，"高祖又降书褒美"。随后，就任命张士贵为"军马总管"，张士贵担任这个职务后，又取得了一系列重大胜利。其中，最著名的是在熊州以绝对劣势的兵力击败王世充亲自率领的马步联军。唐高祖喜出望外，遂赐张士贵为新野县开国公，并赏赐宝马、杂彩、金镶鞍勒，还特别叮嘱所赐的宝马"卿宜自乘之"。武德二年（619），李世民在河南所取得的一系列胜利，都是同张士贵的英勇善战分不开的。这时，张士贵已经成了李世民帐下的一员大将。

其后，张士贵在李世民的统率下，渡过黄河进入山西，同勾结突厥的刘武周割据势力展开了激烈而残酷的争夺战。在刘武周占据太原，河东诸县先后归附刘武周的严峻形势下，张士贵按照李世民的战略部署，取得了一个又一个的重大胜利，致使刘武周全军溃败，山西尽归唐军占领。唐高祖对张士贵的卓越战功，破格赏赐。

武德三年（620），张士贵又跟随李世民进军河南，凭借他在河南征战多年的优势，大败王世充和窦建德。此后，又跟随李世民东征河北。由于张士贵多次跟随李世民屡建战功，遂被授为秦王府将军，成为李世民的嫡

系和心腹。

武德九年（626），在李世民夺取皇位的"玄武之变"中，张士贵又立有大功。《旧唐书·太宗本纪》明确记载："九年，皇太子建成、齐王元吉谋害太宗。六月四日，太宗率长孙无忌……张士贵等于玄武门诛之。"李世民从自己的经历中深知"玄武门长上"职务之重要，所以他称帝后，立即任命张士贵为"玄武门长上"，成为禁卫军的首脑。贞观七年（633），西南发生暴乱，唐太宗任命张士贵为"行军总管"前去平定。贞观十五年（641），雄踞漠北的薛延陀统军南犯，唐太宗组织五路大军进行反击，张士贵一路出云中，大败敌军。其他四路亦都捷报频传，薛延陀不得不遣使求和。战争结束后，张士贵立即被召回京，依然统率禁军。

贞观十八年（644），唐太宗诏令调集粮草，招募军士，准备东征高丽。山西绛州龙门（今山西河津）人薛仁贵到张士贵军营应募，成为其部属。次年三月，张士贵以"辽东道行军总管"的名义跟随唐太宗东征高丽，十月还师，无结果。但"安市大捷"却是这次东征中打得最漂亮的一仗。这次战斗打响后，张士贵首先率领精锐部队冲锋陷阵，薛仁贵身穿白色衣甲、手持方天戟杀入敌阵的英勇形象，给亲临前线的唐太宗留下了极为深刻而美好的印象。后来唐太宗曾对薛仁贵说："朕不喜得辽东，喜得卿也。"东征回师后，薛仁贵一直跟随张士贵守卫玄武门。高宗永徽四年（653），张士贵致仕，薛仁贵接替了守卫玄武门的重任。次年，山洪暴发，由于薛仁贵奋力呼喊，救了高宗一命。高宗特赐他御马一匹。显庆三年（658），薛仁贵二次东征高丽时，张士贵已经离开了人间。因此，张士贵对其部下薛仁贵始终是信赖、重用并大力扶持的。在正史的记载中，根本不存在张士贵加害薛仁贵之事。然而宋元以来的话本、小说和戏剧中，却把张士贵说成是旧势力的代表，编造了许多迫害薛仁贵的故事，所有这些，纯属虚构。这是文人学士为了通过讲述历史，影射和抨击当朝权贵而虚构的，都是特有所指的。因此，虚构的张士贵同历史上真实的张士贵是截然不同的两个人。

唐高宗显庆二年（657）张士贵谢世后，给予陪葬昭陵礼遇，张氏家族之显赫进一步扬名天下。张士贵谢世后，由其子张瑱袭爵虢国公，继续为李唐王朝南征北战。其孙张廷宝、曾孙张知彰、五世孙张钁、六世孙张子正，均袭虢国公爵，为李唐王朝或征战或戍边。张子正戍边期间因上疏边事违背了皇帝旨意，被降职为骠骑将军。七世孙张世祯、八世孙张清，均袭职骠骑将军，直至哀帝天祐四年（907）李唐王朝灭亡。

从贞观八年（634）唐太宗封张士贵虢国公算起，到八世孙张清袭职骠骑将军唐朝灭亡止，历时274年。如若从李渊称帝封张士贵为通州刺史算起，张士贵家族乃是与李唐王朝一起兴亡的历时290年的军功世家。

三、蝉联十九代的"进士世家"

李唐王朝灭亡后，张士贵的后裔转向了走科举入仕的道路。在科举做官方面，张士贵的后裔同样是人才辈出，举世瞩目的。《续修张氏族谱》①"远系"部分，具体记载了这一方面的情况：

张士贵九世孙张崇嗣是第一个进士，谱云："石晋天福二年（937）桑维翰榜进士，历官枢密承宣检校、兵部尚书。宋太祖建隆元年（960）宰相韩令坤以崇嗣服政十五年刚直不阿、无私谒荐于上，出为成德军节度使，授爵金紫光禄大夫、司徒、上柱国，赐金鱼袋，葬上文村。"张崇嗣有子四：长昭礼、次昭信、三昭义、四昭懿。

另外，该谱又云：据新志记载，张崇嗣之二弟崇宴、三弟崇彬，俱为宋进士。但科年失考。

十世，张昭懿，"宋真宗大中祥符八年（1015）蔡齐榜进士，官右班殿直。配王氏，子二：长嵩、次巍。"

十一世，张嵩、张巍兄弟二人同为宋真宗天禧二年（1018）戊午科同榜进士，张嵩未出仕而卒，张巍"官陕西山阴令，不避权势，决争讼如流，豪强远遁，以当道荐，累迁著作郎，右正言中正大夫、秘书监监正。配郑氏，子三：长象贤、次象仪、三象仁。"

---

① 《续修张氏族谱》，本节未注出处者，皆出自该谱。

十二世，张象贤、张象仪兄弟二人同为宋仁宗皇祐五年（1053）癸巳科同榜进士，象贤"官工部主事，累迁集贤院学士兼尚书仆射，性刚毅，人有私谒者，严词斥之。配林氏，子一：文德"；

象仪"殿中侍御史，弹劾不避权贵，迁朝请大夫、吏部考功司郎中、太常卿，吏部尚书晋左仆射，卒于官，配李氏，子一文华"；

张象仁为"宋神宗熙宁六年（1073）癸丑科佘中榜进士，官校书郎。有子二：长文萃、次文辉"。

十三世，张文德，宋神宗熙宁九年（1076）丙辰科徐铎榜进士，官工部侍郎、礼部尚书；

张文华，宋神宗元丰五年（1082）壬戌科进士，授御史里行；

张文萃与张文辉兄弟为宋神宗元丰八年（1085）乙丑科同榜进士，文萃，官将作监少监，有子二：长绍先、次绍祖；

文辉，官河南南阳县尉、监察御史，有子二：长绍光、次绍宗。

十四世，张绍先，宋哲宗元祐二年（1087）丁卯科李常宁榜进士，授将作匠少监，擢集贤殿学士，转翰林承旨，以文学著称，有子一，名科；

绍祖，为宋徽宗崇宁二年（1103）癸未科霍端榜进士，未仕卒，有子一：名秘；

绍光和绍宗兄弟二人为宋徽宗政和五年（1115）乙未科何卓榜同榜进士，绍光官著作郎、集贤殿学士，上章言时事，宋徽宗多采纳，名重一时。有子一，名稳；绍宗，官秘书省丞、给事中。

十五世，张科、张秘、张稳，兄弟三人同为南宋高宗建炎二年（1128）戊申科李易榜同榜进士，张科未仕而卒；张秘官四川施州判，迁太常卿；张稳官盂州判，擢蔡州节度使，因弹劾执政落职，宋高宗南渡后，张稳家居耕读。有子一，名国祯。

以上据《续修张氏族谱》的"远系谱系"记载，从后晋天福二年（937）至宋高宗建炎二年（1128）这190年间统计，盂县张士贵后裔考中进士者，共20人。据《山西历代进士题名录》统计，"宋辽"山西籍进士共209人，其中盂县籍36人，张士贵后裔就有20人①，占了盂县的一多半。

进入金代，从张士贵后裔六代中就出了8个进士，其中兄弟同榜者两次。

十六世，张国祯，金太宗天会二年（1124）进士，官著作郎，迁集贤院学士，以博学著称，为金章宗所器重，国之诏命、碑刻，多出其手。有子一：名道。

十七世，张道，金章宗明昌五年（1194）杨云翼榜进士，官北直枣强令，累迁至平章事。子一：名安。

十八世，张安，金宣宗兴定二年（1218）刘海榜进士，累官至户部侍郎。有子二：长以智、次以诚。

十九世，张以智，与其父张安同榜进士，官北直常山知府，迁礼部郎中。有子一，名志尹；

张以诚，与其父张安、兄张以智同榜进士，官刑部郎中。

二十世，张志尹，金哀宗正大四年（1227）贾亭扬榜进士，官山西定襄令，累迁太常卿、工部尚书。有子二：长易，次书。

二十一世，张易，张易与其父张志尹为同榜进士，官左班殿直，累迁至工部侍郎、吏部尚书；

张书，张书与其兄张易以及其父张志尹同榜进士，官河南节度使，待人威而不猛，惠而不费，军民畏服。有子一：名士完。

据《山西历代进士题名录》统计，金代山西籍进士共333人，其中盂县籍24人，张士贵后裔有8人②，占盂县进士总数的1/3。

在元代，从二十二世到二十七世，共六代，代代有进士。

二十二世，张士完，元仁宗延祐二年（1315）张起严榜进士，官江南徽州府同知。有子一，名文。

---

①王欣欣编著：《山西历代进士题名录》，山西教育出版社2005年版，第68~69页。

②王欣欣编著：《山西历代进士题名录》，山西教育出版社2005年版，第68~69页。

二十三世，张文，元仁宗延祐七年（1320）霍希贤榜进士，官北直元氏县尉，劝民力田，家给人足，累迁至广东海南道廉访司服使。有子一，名光孝。

二十四世，张光孝，元顺宗至元元年（1335）拜住榜进士，官山东宾州牧，穷治好贪，民戴其泽。有子一，名聚。

二十五世，张聚，元后期进士，未仕。治家有方，民有斗讼，决之立服，家三百口，同居共灶，庭无闲言。有子一，名知名。

二十六世，张知名，元后期牛继志榜进士，官山东青州知府。有子一，名起元。

二十七世，张起元，元末进士，官山东平原令，有子二：长名季，次名秀。

以上是《续修张氏族谱》所记载的张士贵后裔考中进士以及做官的情况。这些记载，与光绪七年（1881）《盂县志》及1995年新版《盂县志》的记载完全相同。

另据2005年出版的《山西历代进士题名录》记载，盂县进士名录部分，关于张士贵后裔考中进士的名录和做官情况，只有一处略有出入，其余记载完全相同。这一处有出入的地方是：

盂县《续修张氏族谱》记载，第二十三世张文，有子名光孝；光孝子名聚，光孝及聚父子均为进士。而《山西历代进士题名录》，只记载有张文和张聚，其间第二十四世张光孝漏载。但据光绪《山西通志》记载，张文，盂人，"子光孝，至元进士。知宾州，能穷治奸贪。光孝子聚，聚子知名，皆至元进士。知名累官青州知府，盗贼屏迹。知名子起元，登进士，授平原令，以孝友称，贼过相戒入。子季、秀，俱登乡进士。秀授施州司理，民有争讼，片言决之。性刚直。时有冤狱，力辩于朝，为执政沮，落职。"[1]

显而易见，《山西通志》的记载证实，张光孝确有其人，且有政绩。

①[清]光绪《山西通志》点校本，中华书局1990年版，第10294~10295页。

这一处之不同，当是《山西历代进士题名录》漏载所致。

张士贵后裔从第九世张崇嗣起到第二十七世张起元止，连续19代，代代有进士，从未间断，前后历时431年。这样的进士世家，在中国科举史上是极其罕见的。盂县是山西出进士最多的进士大县，而张士贵家族则是盂县出进士最多的"进士世家"。

四、张洲寻根问祖的贡献

张洲，生于1957年，内蒙古呼和浩特市土默特左旗潮忽闹村人，现为呼和浩特市民族方便食品工业总公司总经理。他从小喜欢听爷爷讲自己的家史，积累了许多关于先辈辗转迁徙、艰苦创业的故事。当他的事业有了一定成就后，就决心在寻根问祖方面有所建树。

1991年10月24日，张洲专程回到山西忻州令归村寻根问祖。因为他知道先祖就是从这里迁到呼和浩特市土默特左旗潮忽闹村的。在忻州令归村，通过拜访同族长者得知，迁往呼和浩特的是第十九世祖张大正之子张海。从第二十世张海算起，到张洲是第二十八世。调查结果同家谱的记载，从名字到辈数，完全吻合。这样，就续上了从山西忻州令归村到内蒙呼和浩特市土默特左旗潮忽闹村的家谱。

1992年7月6日，张洲又专程回到山西盂县寻根问祖。先到盂县北关村，据北关张村长介绍，张家的祖籍是盂县上文村，是后来从上文搬到长池村，又从长池村搬到北关村。随后，经张村长介绍，张洲又到白水村找见了张锡福老人。张锡福老人时年81岁，当得知是后辈千里迢迢来寻根访祖时，非常高兴。他不仅讲述了自己所知道的情况，而且还把仅有的一套《续修张氏族谱》一函六册，亲手交给张洲，并同意他带回内蒙查阅，用毕归还。

1994年2月13日，张洲又同其父母、妻子及二弟张洋全家在历史学家邱瑞中的陪同下，到张士贵的墓地——昭陵，寻根谒祖。昭陵是唐太宗李世民的陵墓，在今陕西省礼泉县。人们熟悉的魏征、徐懋功、秦琼、尉迟敬德、李靖、房玄龄、太宗魏贵妃、太宗女长乐公主等都陪葬在这里。昭

陵的陪葬墓有180余座，占地面积达60平方公里。张士贵墓，是昭陵陪葬墓之一。从70年代开始，陕西省文物主管部门有计划地发掘清理了一些昭陵陪葬墓，出土了大量珍贵文物，并建立了昭陵博物馆。

张洲一行参观博物馆时，负责人胡元超告诉他们，张士贵墓已发掘清理，出土了数百件珍贵文物，其中还有上官仪撰写的墓志铭，志文约3000余字。这一情况引起了张洲和邱教授的极大兴趣。上官仪是唐高宗时的宰相，是有名的文人。他能为张士贵撰写墓志铭，且志文长达3000余字，实属难得。于是决定在昭陵博物馆举办"张士贵生平研讨会"。在会上，博物馆负责人胡元超把他近年来研究张士贵墓志铭的情况，做了介绍。墓志铭所记载的张士贵的辉煌业绩，极大地鼓舞了张洲和邱教授。张洲回到内蒙后，通过多种途径大力支持胡元超同志研究上官仪撰写的张士贵墓志铭。张洲特约胡元超同志将该墓志铭连同注释、白话译文一并寄给他。张洲收到后，对张士贵墓志铭进行了装裱,对注释和白话译文进行了打印，并潜心加以研究。其后，经过协商准备，于1996年7月2日，在呼和浩特市举办了"大唐名将张士贵业绩研讨会"，内蒙古有关领导和高校的专家学者参加了会议，昭陵博物馆的领导及胡元超同志，应邀出席了会议，胡元超同志作了重点发言。会后，由张洲和他二弟张洋出资，将胡元超同志根据墓志铭撰写的"张士贵生平业绩"、"张士贵墓志铭原文、注释、白话译文及家族世系"、"张士贵墓出土文物"，汇集成册，并由呼和浩特市人大主任贾才作序，取名《大唐名将张士贵及其后代》，印刷保存，但没有正式出版。

在此期间，张洲聘请专家，组成修谱班子，以他从盂县白水村张锡福老人那里借来的《续修张氏族谱》一函六册，进行续修，排号为第七册。为与前六册衔接，在目录部分，从第十二世张近记起，一直记到第三十一世张庭庭。在续修部分，记载了第二十世祖张海，于清乾隆二十一年（1756）由忻州迁居内蒙古呼和浩特市土默特左旗潮忽闹村，卒，归葬山西忻州令归村。续修完成后，张洲将《续修张氏族谱》一至七册，全部仿照石印体，重新印刷装订。全书设计仿古，纸质优良，印制精美，装帧典

雅。该谱印好后，不仅分别送给族人阅读和收藏，张洲还特意将重印的《续修张氏族谱》一至七册连同原来的一函六册，亲自回盂县白水村送给张锡福老人家收藏。其后，张洲又将重新印刷的《续修张氏族谱》一至七册，赠送北京图书馆、档案馆等单位收藏。江泽民总书记参观北京图书馆时，还亲手翻阅了这部特别引人入胜的《续修张氏族谱》。

续修部分即第七册，以《张氏近系族谱》始迁祖张秀为一世祖，记载了张秀后裔中迁居忻州以及又由忻州迁往内蒙古呼和浩特市土默特左旗潮忽闹村后的发展繁衍情况。其世系如下：

一世	二世	三世	四世	五世	六世	七世	八世
秀——	人美——	从善——	拳——	斌——	振——	继德——	瑛—

九世	十世	十一世	十二世	十三世	十四世	十五世
天济——	儒——	九思——	近——	鉴明——	仁——	自强——

十六世	十七世	十八世	十九世	二十世	二十一世	二十二世
纲——	奇誉——	选——	大正——	海——	应玉——	尔雨——

二十三世	二十四世	二十五世	二十六世	二十七世
玉宝——	银——	长城——	裕——	洲、洋、江、波

张洲在寻根谒祖、重修族谱的基础上，为缅怀先祖张士贵的丰功伟绩，发扬张氏家族的优良传统，在其故乡内蒙古呼和浩特市土默特左旗潮忽闹村，投资百余万，修建了张士贵纪念馆，已于2002年竣工落成。

张士贵后裔张洲围绕寻根谒祖所做的一系列工作，特别是在收集、整理和研究张士贵及其家族资料方面所作的贡献，为学术界进一步研究张士贵及其家族，提供了极其有利的条件。

附　录

张士贵墓志铭

大唐故辅国大将军荆州都督
虢国公张公墓志铭并序

公讳士贵，字式安，弘农卢氏人也。原夫玄珠洞鉴，希夷之道弥光；赤松轻举，神仙之风逾邈。华阳时秀，副车开渭渚之辞；京兆人英，亡箧劭汾阴之敏。落印以旌其德，传钩以启其祥。十腰银艾之荣，七珥貂蝉之贵。芬芳终古，草露瀼而才葰；寂寥长迈，舟壑移而未泄。曾祖俦，后魏银青光禄大夫、横野将军。大父和，齐开府、车骑将军。并雄武环杰，义略沉果。由鞠表艺，横草擅功，守重萦带之奇，师仰投醪之惠。显考国，起家陕县主簿，后历夹州录事参军、历阳令，寻以军功授大都督。干蛊有声，乡塾推敬。龙翰之姿，在尺木而将娇；骥足之径，居百里而未申。公纳阴陆之金精，应文昌之宝纬。含百练而凝质，绝千里而驰光；揭日月而傍照，怀风云而上耸。立言无玷，树德务滋，逸气掩于关中，神契通于圯上。扬名基孝，载深五起之规；约身由礼，克越十伦之躅。熊掌之义，早殉于髫年；马革之诚，凤彰于口岁。加以屈壮夫之节，尤缉睢涣之文；略非圣之书，方砺昆吾之宝。属炎精沦昧，习坎横流。火炎玉石之墟，龙战玄黄之野。公游道日广，缔交无沫；率闾左而貌聚，候霸土之祯祥。乃于坋间之间，嵝陵之地，因称大总管怀义公。于是镪负波属，接析云归。于时王充窃号晋京，李密称师巩洛，闻公威武，将恃为授，俱展情素，形乎析简。公诮其穷井之微，鄙其挈瓶之懦，枕戈蓄锐，深拒固闲。皇家发迹参墟，肇基霸业，讴歌允集，征怨在期。将指黄图，行临降水。公乃遣使输款，高祖深相嘉叹，拜右光禄大夫，锡赍优洽，并降玺书，俾定河南之境。公英谋雅算，喻伏波之转规；决胜推锋，体常山之结阵。肃清嵝洭，系赖攸归。因统所部，镇于陕服，受相府司马刘文静节度。每陈东略之计，益见嗟赏。遂进下同轨，以置函州。又进击伪熊州刺史郑仲达，大败之，所在城聚，相继投款。高祖称善，赍

缯彩千有余段，名马五匹，并金（鞍）勒（自）副。义宁二年，隐太子之东讨也，以公材光晋用，誉重汉飞，战有必胜之资，威有（惮）邻之锐，授第一军总管；先锋徇地，灵昆平筑，开月垒而投口；口路秋方，耀星旗而举扇。王充选其毅卒，折衄于前；李密简其劲骑，通亡于后。军容之盛，咸所崇挹。频赍金帛，不可胜言。寻被召入京奉见，口口口绸缪而备申诚款，载隆赏册，乃拜通州刺史。鸣谦自牧，坐树辞功。福润仁才，班条授职。薛举狼据北地，太宗亲总羌戎，公先登之勋，有超恒准，赐奴婢八十口、绢彩千余段、金一百卅挺。方欲克定三川，敕还陕孚，转漕飞䞍，所寄允口，简在口口口国。启八难以佐汉，开十册以平衷。升蔡赐之隆班，践昭阳之显级。武德元年，转运粮侍，至于渑池，王充将郭士衡等潜兵而至，公掩击大破之。二年，有贼苏经寇掠陕州之界，州将濒战不利。高祖闻之曰："比贼非猛士无以殄灭。"命公讨焉。公智盖三宫之端，威下九天之上；顾眄之顷，噍类靡遗。高祖又降书褒美。寻进击陆浑，授马军总管，经略熊州之地。至黄泽，遇王充统领马步五万，将逼熊州。虽众寡不侔，主客异势；牙璋夹至，羽檄交驰；三令五申，风驱雨迈。饮淇之众，反接辕门；倒戈之旅，泥首请命。而茅贼畴庸，抑惟恒序，赐爵新野县开国公，杂彩上驷并金鞍宝勒，敕曰："卿宜自乘之。"丹石之心，上通宸照；青骊之贶，远逯军功。何小熏据有虞州，兵锋甚劲。太宗董大军于百壁，将自图之，命公前击。算元遗策，战取先鸣。贼乃合其余烬，婴城自保，刘武周遣其骁将宋金刚等同声相援。金刚先有将卒，屯据翼城，与大军相拒，及是而遁，公从太宗并平之。广武之师，屡摧元恶；昆阳之阵，亟殄凶渠。既而朝于京师，命赏有逾常典。会朝廷将图嵩洛，敕公先督军储。太宗亲总戎麾，龚行吊伐。公投盖先登，挥戈横厉；屠城斩邑，涉血流肠。对武安而瓦落，俯秦坑而霆沸。窦建德鸣焦汜水之东，王行本警斥武罕之上，于是料敌制变，箕张翼舒，鲁旗靡而俱奔，纪郼登而咸绳。太宗特遣殷开山、杜如晦赍金银四百挺以赐之。乃以所赐分之麾下。子罕之宝，终秘于灵台；王孙之珍，岂留于广庑。及东都底定，合爵劳勤，录其先后战功，以为众军之最。除虢州刺史。露华献于史简，游缛锦于仁里。一纸贤于从事，二天绝于故人。

少选敕令入朝，宴赐华腆。刘黑闼称兵洺水，挺祸乱常。太宗折箠长驱，指期刷荡。后黑闼将数万众，密迩军幕。公率其劲勇，截其要津。飞镝星流，委甲鳞下。大憝既夷，懋赏斯及。复令公领兵与英公等安辑山东。徐圆朗以兖州举兵。公从淮安王便道击败。太宗征公于曹州奉见，深用嘉止。太宗居帝子之尊，极天人之望，府僚之选，允归时杰。以公素炎威名，授秦王府右库真骠骑将军。太宗仪天作贰，丽正升储，凤邸旧僚，咸栖鹤禁，除为太子内率。憬彼獯戎，侵轶关辅，骑屯镐派，尘拥渭滨。太宗遣公与将军刘思立占募壮士，曾未浃旬，归公者万有余计。有顷，拜右骁卫将军。九重清切，千庐严秘，典司周卫，实寄勋贤。贞观元年，诏公于玄武门长上，统率屯兵。俄转右屯卫将军，还委北军之任。六年，除右武侯将军。缇骑启行，茑旌式道。威而有裕，俨以能温。桂府东西王洞，历政不宾，及在兹年，载侵边幸，敕公为燕州道行军总管。金邻之壤，封豨咸诛；石林之地，长蛇尽戮。无何，獠又翻动，围龚、燕二州，敕公使持节龚州运行军总管，途次衡阳，夷獠逋窜。乃授右屯卫大将军，改封虢国公，检校桂州都督，龚州道行车总管如故。悬旌五岭，立功百越。丝言荐及，丰泽仍加。其年被召还京，依旧右屯卫大将军、北门上下。十二年冬，驾幸望云校猎，次于武功，皇帝龙潜之所，令作式功之咏。凌云散札，与佳气而氤氲；涌泉飞藻，共白水而澄映。上览之，称重焉。十五年，从幸洛阳，会薛延陀犯塞，奉敕于庆州镇守，后检校夏州都督。十六年四月追还，领屯兵如故。十一月，授兰州都督，又迁幽州都督。十八年，以遣去官。洎朱蒙之绪，玄夷之孽，背诞丸都，枭镜辽海。王师底伐，属想人雄，敕为辽东道行军总管，授金紫光禄大夫、洺州刺史。十九年，率师渡辽，破玄菟等，数城大阵，勋赏居多，拜冠军大将军，行左屯卫将军。銮驾凯旋之日，令公后殿。至并州，转右屯卫大将军，仍领屯骑。超海之力，气盖三军；横野之功，胆雄百战；绥遏之任，签谐攸属。授茂州都督。雅、邛等州山獠为乱，以为雅州道行军总管。军锋所届，膏原如莽；门骖晨溺，野磷宵飞。石纽尘披，五丁之道斯顺；玉轮雾廓，二星之路载清。事平，拜金紫光禄大夫、扬州都督府长史。千圻奥壤，一方都会。引朝夕之洪派，疏桐柏之长澜。思涌观涛，歌兴伐枳，市狱晏而无扰，水火贱而盈储。吏金斯慎,丞鱼靡入；棼丝载理,凤著萌谣；交戟惟材，方劳帝念。永徽二年，召拜左领军大将军。四年，累表陈诚，辞以目疾；因许优闲,尤加缛礼，授镇军大将军，封如故。禄赐防阁等,一同京官职事。六年,加以风疾。显庆二年,从驾东巡于洛中，使名医旬月累至。而田豫鸣钟,庶优游于杖国；史慈嗟剑，遽冥漠于嵩泉。以六月三日终于河南县之显义里第，春秋七十有二。帝造深于寿器,鼓俾之恨无追；朋情结于生刍，李桃之悲何已。赠辅国大将军，使持节都督荆、夹、岳、郎等四州诸军事，荆州刺史；缚绢布七百段，米粟七百石；陪葬昭陵；赐东园秘器,并给鼓吹往还；仍令京官四品、五品内一人摄鸿萨卿监护。易名考行，谥曰襄公，礼也。粤以其年岁次丁巳十一月乙酉朔十八日壬寅葬于昭陵。谷林之下，寒散集于原阡；桥岭之前，凄吹愤于滕室。准公气掩万夫,凤表鹰扬之势；誉驰三辅，先标鸿渐之姿。举烛齐明,拂钟比锐；门光揖客,家盛文朋。被忠信之介胄，涵仁义之粉泽；擅兵机之三卫,殚武略之五材。射皋开弦,飞声于相圃；雕龙抚翰,激韵于汉台。外总班条，八司悬口。全德具美，罕伦当世。幅巾在饰,临玉树于长筵；雕戈靡驻，坠璧辉于悲谷。嗣子右屯卫郎将仁政等,礼绝趋庭,哀深望岵。衔索易朽,负米何追。惧孤竹颓陇，自灭成楼之气；拱柏摧薪，谁分夏屋之兆。故勒兹玄础,永劭徽尘。其铭曰：

(其一)　　轩丘构绪，开地分枝。通侯比躅，英兖连规。
　　　　　龙光照辉，鼠珥参差。长发垂祉，世济标奇。

(其二)　　由祖惟考，毓德果行。武库森沉，文河镜净。
　　　　　蒙剑留说，单琴宣政。凤穴开灵，芝庭行庆。

(其三)　　于铄志士，矫然秀出。基忠履孝，含文报质。
　　　　　度垧黄陂，爱均赵日。昔逢世故，退潜名实。

(其四)　　黄星发贶，玄石表图。龙飞天极，凤煮云衢。
　　　　　爰从烛水，投谒汾隅。荐臻玄泽，亟奉明谟。

(其五)　　十守惟平，四证以肃。绿林遽剪，黑山旋覆。
　　　　　声驰智勇，效光神速。行绝云霓，方骞陵陆。

（其六）　剖符命驾，细柳开营。紫骝激响，朱鹭凝清。

嬉游东第，骋望西城。举盂陶赏，写翰绿情。

（其七）　投绂索里，挥金卒岁。握斩怀铅，纫兰扈辟。

奄谢东岳，长归北帝。石阵空留，铜铭永瘗。

（其八）　阳陵甫窀，庐山墓田。行揫孕月，双表笼烟。

警茄流喝，廻旌联翩。图徽云阁，千祀方传。

太子中舍人弘文馆学士上官仪制文

梓州盐亭县尉张玄靓书

（录自周绍良主编《唐代墓志汇编》，上海古籍出版社 1992 年版，第 263~266 页；原载《谱牒学论丛》第一辑，山西古籍出版社 2006 年版，与张晨合作）

关于张氏与道教

儒、释、道是中国传统文化的三大支柱。道教作为一种产生并适应于中国封建社会的宗教文化，从一开始就与张氏结下了不解之缘。创立太平道的是张氏，创立五斗米道的也是张氏，复兴五斗米道者还是张氏。南北朝时期的道教改革，也是以张氏创立的五斗米道为基础展开的。道教在它发展的鼎盛时期，张天师的地位与影响也达到了它的顶点。道教在它发展的漫长的历程中，始终没有离开过张姓族人的身影。

一、张角与太平道

东汉时，巫术盛行，所在多有，农村的里社是巫术活动的主要场所。张角（？—184），巨鹿（今属河北）人，于汉灵帝嘉平（172—177）年间，得到一部《太平经》，这是早期的道教经典，内容庞杂，非一时一人所作。其中的太平理想，反映了农民群众反剥削、反压迫，经济上要求"均平"、政治上要求"平等"的强烈愿望。张角以此为依据，结合民间巫术以及黄老崇拜，创立了民间符箓派道教——太平道。《后汉书·皇甫嵩传》说："初，巨鹿张角，自称大贤良师，奉事黄老道，畜养弟子，跪拜首过、符水咒说以疗病，病者颇愈，百姓信向之。"《资治通鉴》卷58所载，与此基本相同。而十余年间，其众徒竟达数十万，遍布青、徐、幽、

冀、荆、扬、兖、豫八州，于是置三十方以统属之。太平道的特点是人多地广、规模巨大、来势迅猛，很快便由思想的批判转化为武器的批判。

太平道教派在当时为什么会受到群众如此热烈的欢迎呢？这是因为在汉灵帝熹平年间，宦官当权，朝政腐败和黑暗，人民生活痛苦不堪。《资治通鉴》卷58记载："是时，中常侍赵忠、张让、夏恽、郭胜、段珪、宋典等，皆封侯贵宠。上（指汉灵帝）常言：张常侍是我公，赵常侍是我母。由是宦官无所惮畏，并起第宅，拟则宫室。"这说明当时宦官的专横跋扈，骄奢淫逸，简直到了无以复加的地步了。《资治通鉴》卷58又云："张角所以能兴兵作乱，万民所以乐附之者，其源皆由十常侍多放父兄子弟婚亲宾客典据州郡，辜榷财利，侵掠百姓，百姓之冤，无所告诉，故谋议不轨，聚为盗贼。"可见这些宦官不仅把持了当时的中央政权，而且还把持各地的地方政权，他们骑在人民的头上作威作福，欺压人民，掠夺人民，人民的生命财产，被他们任意侵占和宰割，人民群众有冤无处申，有理无处讲，便纷纷投奔太平道。而太平道所信奉的《太平经》，其中不少思想也正好代表了当时人民群众的要求和愿望，反映了人民群众的利益，因此，太平道就受到了人民群众的广泛支持和热烈欢迎。由于当时社会阶级矛盾的空前激化，张角便用太平道这一宗教形式，以传教为名在农民中组织起义，利用道教这一组织领导农民起来造反。他按照军事编制，将起义农民分为三十六方。据《后汉书·皇甫嵩传》记载："方，犹将军号也。大方万余人，小方六七千，各立渠帅。"设置将帅统率各方。利用谶语"苍天已死，黄天当立，岁在甲子，天下大吉"作为起义的口号。所谓"苍天"，是指汉王朝；"黄天"，是指黄巾政权。意即代表汉王朝的"苍天"已经死了，将出现另一个代表农民利益的"黄天"主持世界。"岁在甲子"，指汉灵帝中平元年，即公元184年。"天下大吉"，指这一年各地教民同时起义，推翻汉王朝的反动统治之后，代表农民利益的黄巾政权成立，天下就太平了。张角教他的信徒在京城和各州郡的一些官府门上，都用白土写上"甲子"二字，作为起义的信号。中平元年，又派大方帅马元义等往来京师，收买宦官封谞、徐奉等人为内应。又准备调距离洛阳较远

的荆、扬二州的信徒数万人，先集中到起义的中心地点邺城，作为起义军的主力，配合洛阳附近的各州郡起义军。约定甲子年（即公元184年）的甲子日（即三月五日），京城内外，同时起义，一举攻下洛阳，推翻汉王朝的反动统治，建立代表农民利益的黄巾政权。不料离约定的起义日期还差一个多月的时候，张角的一个弟子济南唐周便向汉灵帝上书告了密，于是马元义在洛阳被捕，"车裂"牺牲，京城内的太平道信徒1000多人亦同时被诛杀。汉灵帝还命令冀州官吏追捕张角。由于叛徒出卖所引起的这一突然事变，打乱了张角原来的起义布置。张角闻讯以后，马上派人昼夜兼程飞告各方，要他们立即起义，向封建统治者发起进攻。起义人员皆着黄巾，以为标志，因之被称为"黄巾军"。张角自称天公将军，角弟张宝称地公将军，宝弟张梁称人公将军。兄弟三人起义以后，烧官府，杀官吏，攻破地主坞壁，州郡长官纷纷逃窜，封建统治集团被打得落花流水。旬日之间，各地黄巾军像暴风骤雨一般起义响应，全国都沸腾起来了。汉灵帝赶快召集群臣会议，商讨镇压黄巾军的办法。汉灵帝接受皇甫嵩的建议，解除党禁，大赦党人，以缓和统治阶级内部的矛盾，把整个统治阶级的一切力量都动员起来。"于是发天下精兵，博选将帅"，以大豪强出身的皇甫嵩、小豪强出身的朱儁为首，统率董卓、曹操、刘备、孙坚、卢植、冯翊、郭典等，向黄巾军进攻，对黄巾军展开了极其残酷、极其野蛮的血腥大屠杀。每一郡被他们屠杀的黄巾军，至少都是数千人。经过几次激烈的大血战，是年仲冬，张宝兄弟终于被血腥的刽子手皇甫嵩等所杀害。皇甫嵩等在围攻张宝、张梁这两次战役中，就屠杀了黄巾军近20万人，尸骨堆积成山，筑为"京观"，"焚烧车重三万余辆，悉虏其妇子，击获甚众"。他们对黄巾军烧杀掳掠，无所不为。张角"先以病死"，也被"剖棺戮尸，传首京师"。一场轰轰烈烈的大规模的黄巾起义，在封建统治阶级的残酷镇压下，基本上失败了。但是，青、徐、豫各州郡的黄巾军，仍然继续坚持战斗。青州黄巾军还有战士30万，合男女老幼共百余万人，于初平二年（191）攻入兖州，杀了兖州刺史刘岱，使反动统治者大为震恐。但终因力量悬殊，最后被曹操等人消灭。直到建安十二年（207），余下的黄巾军，

又攻杀了济南王刘赟，坚持战斗二十余年。此后，张角的太平道仍在民间秘密流传，农民起义的发动者还是经常利用它以及其他道教派别，作为联络的工具。但以后太平道的传授不明。其影响所及，从后来的明教中可以看到一点线索。

明教是在公元七世纪末，波斯的摩尼（一译"牟尼"）教传入中国，与道教相混合后发展而成的一种秘密宗教组织。尊张角为教祖，崇拜摩尼为光明之神，还崇拜日月，服色尚白。其主要教义为"二宗三际论"。所谓"二宗"，即指光明和黑暗两种势力；所谓"三际"，即指初际、中际、后际，也就是过去、现在、未来。它认为，光明和黑暗这两种势力，在混沌未开的初际阶段，是势均力敌的；到中际阶段，黑暗力量即超过光明力量，并压迫光明，因此，教徒必须团结一致同黑暗势力作艰苦斗争，经过斗争，光明力量就必然最终战胜黑暗力量；进入后际阶段，光明和黑暗便各复原位，不相斗争，矛盾得以调和。它还提倡素食、戒酒、裸葬，讲究团结互助，提倡教徒间互相救济，互通有无，称为一家，主张"平等，无有高下"。这些思想，反映了农民的艰苦朴素和友爱、平等的愿望以及反抗压迫的意志。从上述内容来看，有些思想可以从张角的太平道所崇奉的主要经典《太平经》一书中寻找到渊源，说明明教和张角的太平道或许有一定的思想继承关系，它尊张角为教主，并不是没有其内在原因的。

二、张道陵家族与五斗米道

张道陵（？—156），本名张陵，晋代五斗米道信徒常于人名中加"道"字，故称张道陵。原籍沛国丰（江苏丰县）人，东汉顺帝时（126—144），客居四川，学道于鹤鸣山（成都大邑县北）。据道藏记载，他是留侯张良的八世孙。他在学道期间，依据《太平经》造作道书，自称出于太上老君的口授，并依据巴蜀地区少数民族的原始宗教信仰，创立了五斗米道。奉老子为教主，尊为"太上老君"，以《老子五千文》为主要经典。

为什么叫五斗米道？根据《后汉书》和《三国志》的记载，因为它要求入道的人都须纳五斗米，遂因此而得名。《后汉书·刘焉传》在谈到张

鲁的时候说："受其道者，辄出米五斗，故谓之米贼。"《三国志·张鲁传》载："张鲁，字公祺，沛国丰人也。祖父陵，客蜀，学道鹤鸣山中，造作道书，以惑百姓，从受道者出五斗米，故世号米贼"，在《华阳国志》里又称为"米道"。《华阳国志·汉中志》说："汉末，沛国张陵学道于蜀鹤鸣山，造作道书，自称太清玄元，以惑百姓。陵死，子衡传其业。衡死，子鲁传其业。……其供道限出五斗米，故世谓之米道。"但也有的记载说，他们既不要求入道者都出五斗米，也不要求看病之家都出五斗米。后来龙虎山的天师道，乃是张道陵之后，也没有这种规定。可见，虽同属五斗米道，并未一律都采用入道者或看病者家收取五斗米的办法，因为这种具体的经济措施，是可以根据不同地方的不同情况而改变的，只要教义相同，虽不收取五斗米，也并不影响他们仍然是五斗米道。

张道陵的五斗米道，创立于巫觋盛行的巴蜀地区，实际上五斗米道乃是黄老道与巫道相融合的宗教。《正统道藏》所收张道陵著述，皆近巫觋，就是明证。其时，巴蜀地区是汉族与少数民族杂居之地，五斗米道不仅在汉民族中传播，而且还在少数民族中传播，受到了汉族和少数民族共同的欢迎与拥护。东汉后期，宦官外戚专横，朝政非常黑暗，人民遭受深重的灾难，国内少数民族也受到残酷的欺压，反抗战争到处发生，社会阶级矛盾空前激化。五斗米道就是这种空前激化的阶级矛盾的产物。

张道陵的五斗米道，其术主要是祷祝和刻鬼，假借鬼神符箓以聚徒惑众，以符水为人治病，与以炼丹求长生为目的的丹鼎派道教不同，是属于符箓派的道教。因后来的道教徒尊称张陵为天师，并奉为道教的创始人，改称其名为张道陵，而天师这个称号又是子孙世袭的，因此，五斗米道以后又叫做天师道。

张陵死后，其子张衡继续传布这种五斗米道。除了用符水为人治病以外，还设立"静室"（一作"净室"），"使病人处其中思过"。其道徒有祭酒和鬼吏，祭酒主传授老子《道德经》；鬼吏主为病者祈祷，请祷的办法，是将病人的姓名和服罪的意思，写成文书，一式三份，一份"上之天，著山上"，一份"埋之地"，一份"沉之水"，叫做"三官手书"，祈祷

于"三官"。所谓"三官",即指来源于古代神话的天官(天帝)、地官(地祇)、水官(水神)三神。古代有的神话认为,天官赐福,地官赦罪,水官解厄。五斗米道承袭此说,以此为人治病。治疗之后,病者家一般要出五斗米作为报酬,故被人们称为"五斗米师"。

张衡死后,其子张鲁继续传布其道。张鲁在传布五斗米道时,又增加了一些新的内容。他自号"师君",为了使其组织更加严密,把初来学道的人叫"鬼卒",把入道较久已受箓的叫"祭酒","祭酒各领部众",势力迅猛壮大起来。当时割据益州的刘焉,为了利用五斗米道,遂任命张鲁为"督义司马",并派张鲁到汉中布教,同时将张鲁之母及弟留居巴郡,以为人质。

张鲁借助刘焉势力占领汉中后,并没有听从刘焉的摆布,而是按照五斗米道的传统,建立了政教合一的独立政权。这个政权不另设官吏,而是以五斗米道的"祭酒为治",即由五斗米道的大小头目来管理。史籍记载,张鲁在汉中推行了具有互助性的公益设施。例如,让各地的祭酒设立义会,供过路人使用,且备有义米、义肉,让"行路者量腹取足",不收任何费用。民有不老实隐瞒了自己的小过的,罚修路一百步就算了。犯了法的,以说服教育为主,先原谅三次,不给处分,再不改正,仍然继续犯法的,然后乃行刑。"又依月令,春夏禁杀"生物,又禁止酿酒。东汉后期,在封建统治者豺狼般地残酷剥削和压迫下,广大农民大批破产,流离失所,痛苦不堪,对比之下,张鲁这些政治和经济的措施,深深受到了广大人民群众的拥护和欢迎。所以,范晔和陈寿的《三国志》也不得不同声称赞说:"民夷信向"或"民夷便乐之","朝廷不能讨"。张鲁在汉中推行的这一系列措施,引起了刘焉、刘璋父子的愤恨,遂将张鲁的母亲和弟弟加以杀害。这时张鲁的实力已经相当强大,刘焉死后,张鲁便出兵从刘璋手里夺取了巴郡,使汉中与巴郡连成一片。张鲁以五斗米道雄踞汉中、巴郡前后近30年,将这里治理得井井有条。张鲁在汉中还推行"市肆贾平"。秦汉的市设有市会及属吏,其职责之一即为均贾平市,但汉末已废弛,而张鲁却行之于汉中,这是十分难能可贵的。这样,汉中就成了当时

避难之民的"乐土"，关西之民前来避难的达数万家之多。其时，东汉王朝已摇摇欲坠，无力征讨，遂封张鲁为"镇夷中郎将"，领汉宁太守。赤壁之战后，曹操致力于经营北方，削平盘踞关中的韩遂、马超等割据势力后，建安二十年（215），曹操亲自率领十万大军进攻汉中，张鲁最后投降了曹操。张鲁投降之后，曹操待以客礼，拜他为镇南将军，封为阆中侯，邑万户。他的五个儿子，皆封为列侯。按汉末，镇南将军的地位仅次于三公。张鲁的女儿，嫁给了曹操的儿子燕王曹宇（亦名彭祖）。曹宇曾一度为大将军。这说明张鲁归顺曹操后，其地位是十分显赫的。

三、张氏与五斗米道的复兴

早期道教的两大民间教派太平道与五斗米道，都是由张氏创立的，因而张氏便与道教结下了不解之缘。张角创立的太平道乃是农民起义的组织者和领导者，随着农民起义的发展壮大，太平道威震朝野。在统治者的残酷镇压下，农民起义失败了，太平道在遭受沉重打击后，逐渐销声匿迹。然而张角和他所创立的太平道组织和领导农民起义的辉煌业绩，却是永垂不朽、令人钦佩的。张道陵创立的五斗米道，经过其孙张鲁雄踞汉中近30年，以政教合一的形式，大力推广和不断完善，使之成为经典、醮仪、规诫齐全、组织完备的道教，张鲁归顺曹魏后，又得到了官方的承认。所以后世论及道教创立者，都认为是东汉的张道陵。

张鲁归降曹操后，曹操对道教采取笼络和取缔相结合的政策。一方面对张鲁家族给予优厚待遇，并与张鲁攀为儿女亲家；另一方面却又从组织上对道教加以肢解。道教祭酒以上的大人物大多被迁往洛阳、邺城定居，巴郡和汉中的一般道徒则被迁徙到关陇、长安、三辅地区。这样，就使巴郡和汉中这个五斗米道的大本营，从组织上彻底遭到破坏。蜀汉时期，境内残留的道徒亦都停止了活动。北迁道教祭酒与道徒虽然分别已将五斗米道传播于北方民间，但由于道教之祭酒与一般道徒分割两地，很难有所作为。建安二十一年（216），张鲁死后，其子张富，在曹操的控制下，袭职天师，继续在北方传道。后来张鲁的第四个儿子张盛，辞谢东都尉、散骑

侍郎之职，带着祖传印剑到了江西贵溪龙虎山，登坛受箓，传其道法。这样，五斗米道便以龙虎山为中心，在南方迅速传播开来。

张盛在龙虎山传道，大约始于西晋初年。晋惠帝时政局已趋于动乱。宫廷政变、八王之乱、流民起义、五胡兴兵，此起彼伏。至永嘉之世，战火纷飞，四海幅裂，血流成河，哀鸿遍野。西晋在中原统治的崩溃，衣冠士族便纷纷随晋室南渡，在江东重建政权，是为东晋，偏安江左。东晋的统治，更加腐朽。从西晋到东晋的150多年间，统治集团在激烈的内讧和相互厮杀中，往往朝不保夕，生死无常。他们对前途的失望、悲观，衍成了崇尚老庄、专务清谈的玄学风气。而早期五斗米道所信奉的经典则大多是从黄老哲学脱胎而来的，其中《老子五千文》更是道众必读之书。这种思想的接近使得道教在社会上层找到市场而获得了新的发展空间，由此也开始了天师道贵族化的进程。在下层社会，五斗米道极为流行，活动的区域扩至大江南北，并且巴蜀又成为道众的乐园。当时残酷的社会现实，逼迫这些道徒又像其先辈一样，用宗教组织群众，开展反压迫的斗争。

早在西晋时，门阀士族中已有人信奉五斗米道。到东晋时，在门阀士族中出现了很多信奉五斗米道的世家。据陈寅恪先生统计，当时北方的大士族如清河崔氏、范阳卢氏、冯翊寇氏、京兆韦氏、天水尹氏，南方的侨姓大士族琅琊王氏、高平郗氏、殷川庾氏、陈郡殷氏、阳夏谢氏、泰山羊氏、谯国桓氏、汝南击氏、晋王室司马氏，以及次等士族如琅琊孙氏、长乐冯氏、吴姓士族丹阳葛氏、许氏、陶氏、吴兴沈氏、晋陵华氏、会稽孔氏、钱唐杜氏、吴郡顾氏、陆氏、张氏、孙氏（孙吴后裔）等等，这些家族中都有人信奉道教。实际可能还不止此。这么多的门阀士族信道，表明五斗米道在东晋时在向上层的传播方面取得了很大成功。

琅琊王氏家族中的王羲之一门，是东晋最有代表性的文化士族，"世事张氏五斗米道"。王羲之去官后，与东土人士尽山水之游，弋钓为娱。又与道士许迈共修服食，采药石不远千里，遍游东中诸郡，穷诸名山，泛沧海。羲之诸子亦信五斗米道，羲之父子诸人皆为书法名家。王羲之为道士写《道德经》、《黄庭经》换取白鹅，为书林韵事。王献之亦写有五斗

米道符箓及神咒。与王羲之家世代通婚的高平郗氏也是东晋著名奉道世家。与王、郗二族同为一流侨姓士族，互相通婚的陈郡殷氏、颍川庾氏、阳夏谢氏等家族也奉五斗米道或与道士交往密切。

在今江苏茅山附近的丹阳、晋陵、吴郡一带，居住着一些著名的吴姓士族，像丹阳葛氏、陶氏、许氏，晋陵华氏，吴郡顾、陆、朱、张及孙吴后裔等等。他们多系吴地土著或晋以前较早南下的士族，彼此通婚，在孙吴时已形成强大的地方势力。西晋灭吴后，对江南士族采取歧视政策，东晋时他们又受侨姓士族压制，在仕途上很不顺利，不少人因而转向宗教中寻求安慰。东晋以后，因受北方南下五斗米道徒，尤其是天师道祭酒魏华存（西晋司徒魏舒之女）的影响，江南士族遂信天师道。在东晋南朝茅山上清派形成过程中有重要影响的高道，如葛洪、杨羲、许谧、许翙、葛巢甫、陆修静、顾欢、孙游岳、陶弘景等等，大多出自吴姓士族。

综上所述，两晋时期（265—420），五斗米道在北方和南方都得到了广泛的传播，甚至在门阀士族中也找到了市场，获得了新的发展空间。可以说，这是五斗米道的一个复兴时期。这种局面的形成，同张鲁的儿子张富特别是张盛的努力是分不开的。

四、五斗米道与道教改革

南北朝时期（420—589），南朝和北朝都对五斗米道进行了重大改革，完成了从民间宗教向官方正统宗教的演变过程，进一步扩大了道教对整个社会的影响，形成了与儒、释相鼎立的局面。但所有这些改革都是以五斗米道为基础展开的。

北朝对五斗米道的改革，略早于南朝。北朝的改革是由北魏的寇谦之进行的。

寇谦之（365—448），字辅真，冯翊（陕西大荔）人，生活在十六国后期至北魏初期，这正是少数民族南下建立割据政权的混战年代。他为适应鲜卑拓跋氏统治者和汉族门阀士族的需要，对流行于北方的五斗米道进行了改造，创立了新天师道，成为北方天师道的首领，实现了道教与封建

皇权的结合。

十六国时期，社会动荡不安，提供了宗教滋生的土壤。佛教、道教都空前兴盛。相比之下，道教的发展势头远不如佛教，但也有所传播。如后赵石虎、后秦姚兴统治时，曾爆发过称名"李弘"的农民起义，可以证明在北方一直有天师道组织活动于民间。此外，当时在北方还有许多方士因避乱而隐入山林，招聚徒众，修炼仙术。如十六国道士张忠，字巨和，河北中山人。"永嘉之乱，隐于泰山。恬静寡欲，清虚服气，餐芝饵石，修导养之法。"前秦时符坚遣使征忠至长安，欲命为"齐尚父"。征忠坚辞还山，归途中死于华山下，谥曰"安道先生"。

寇谦之出身于门阀士族家庭，自称乃东汉上谷昌平著姓寇恂第十三世孙。曹魏初年，寇氏家族迁到关中冯翊，又成为当地的名门大姓。谦之父寇修之在前秦符坚时为东莱太守，其兄寇赞在北魏初曾任南雍州刺史。可见寇家是十六国北朝时残留北方、服务于少数民族政权的汉族门阀地主。关中本是汉末大批五斗米道徒从汉中向北迁入的地区，也许寇家受环境影响，成了信奉天师道的世家。据《魏书·释老志》载："（寇谦之）早好仙道，有绝俗之心；少修张鲁之术，服食饵药，历年无效。"说明他自幼便喜好道教，但作为士族子弟，感兴趣的主要是道教服食成仙的方术。虽然多年服食无效，但据说"幽诚上达"，感动了仙人成公兴下凡，引导他入山修炼。七年之后，成公兴尸解飞升，留下寇谦之继续"守志嵩岳，精专不懈"。

动荡的社会，士族家庭出身，早年的修道经历，这些都对寇谦之后来以神仙道教的传统来改造民间道教，创立符合统治阶级利益的新天师道，有着重要的影响。

东晋十六国至南北朝时期，门阀士族道教徒对民间道教的改造，大多托称有天神降授新经典，或整理已有的道经，以创立新的教义。寇谦之也不例外。他曾两次托神造经。第一次是在后秦弘始十七年（415），第二次是北魏明元帝泰常八年（423）。通过这两次托神造经，寇谦之制作了大批经典，发展了教义方术，充实了教戒仪式，使五斗米道从许多无统属的民

间道团和分散的神仙方士组织集结为一个相对统一的教派，从而完成了由民间宗教向官方正统宗教的演变，成为适合鲜卑统治者与汉族门阀势力所需要的道教。很快便得到了官方的承认和支持，在北魏兴盛起来。托神造经的寇谦之终于达到了"为帝王师"的目的。

始光三年（426），太武帝欲乘夏主赫连勃勃新死之机出兵进击大夏，掌握兵权的太尉长孙嵩畏难不肯。太武帝"乃问幽微于谦之"，寇谦之答称："必克。陛下神武应期，天经下治，当以兵定九州，后文先武，以成太平真君。"自426年起，魏太武帝亲率鲜卑铁骑连年出击，横扫中原，相次剪灭大夏、北燕、北凉等割据政权，终于在439年最终结束了西晋以后五胡十六国的长期战乱分裂，完成了统一北方的宏图大业。

统一战争的胜利，是魏初诸帝加强皇权，力行改革，经济与军事力量发展壮大的结果，而与所谓符命并不相干。但在战争进程中，由于寇谦之随军赞画，故统一完成后太武帝也益发崇信道教，并将道教上升到官方正统宗教的地位，显盛于北朝。

在南方，从东晋末至南朝对五斗米道也进行了一系列重大变革，其主要代表就是陆修静和陶弘景。

陆修静（406—477），字元德，吴兴东迁（浙江吴兴）人。他生活在东晋末至南朝刘宋时代，是南朝前期著名的道士。他对道教的改革，略晚于北魏寇谦之的改革活动，主要表现为：对江南道教的组织整顿、对道教教义的充实和发展、对道教经典和斋醮科仪体系的建立和完善。他的这些改革同样是以原来的道教为基础展开的。唐《广弘明集》卷四指出："昔金陵道士陆修静者，道门之望，在宋齐两代。祖述三张，弘衍二葛。"

这里"三张"，指五斗米道创立者张道陵、张衡、张鲁。"祖述三张"，就是说他祖于五斗米道。也可以说，陆修静是以五斗米道为基础进行改革的。改革的目的，在于创立"意在王者遵奉"的官方道教。南朝宋泰始三年（467），陆修静奉诏至京都，宋明帝在华林园延贤馆召见了他。泰始七年（471），他又奉敕撰《三洞经书目录》献上。进而他又广制道教斋醮仪范，以为后世典式。他还亲自为宋明帝修建三元露斋，祈请治病。

他的这些活动，扩大了道教在统治阶级上层中的影响。陆修静之后，最著名的便是他的再传弟子陶弘景。

陶弘景（456—536），字通明，丹阳秣陵（江苏南京）人。是一位博学多才的士族文人，南朝道教改革的集大成者。其改革的集中表现便是以茅山为中心的上清道派的创立及其形成。从陶弘景开始，茅山实际上已成为道教上清派的中心。所以，上清派后来亦被称为"茅山宗"。

道教上清派是广泛传播于江南各地的教派。这一道派的形成，标志着自葛洪以来江南士族道教徒以神仙道教改造旧天师道团，创立官方化的正统道教的完成。作为南朝道教改革的集大成者和茅山教团的实际创建者，陶弘景在道教史上占有极其重要的地位。陶弘景之后，南北朝末至隋唐、两宋，茅山派历代宗师人才辈出，弘扬教法，在道教诸派中一直有着重要的影响。直至元以后，才与灵宝派一起并入江南正一派。

总之，在道教史上，东晋南北朝是一段重要的转折时期。在这一时期，道教由于门阀士族的改造，经历了一番重大的变革，从早期的五斗米道发展演变为完备成熟的宗教，从主要传播于民间的道团上升为官方承认的正统宗教。所有这些改革，都是以张道陵家族所创立的五斗米道为基础展开的。没有五斗米道，道教改革便是"无源之水，无本之木"。

五、道教的鼎盛与张天师的地位

隋唐时期，尤其是唐代，是我国道教全面发展的繁荣时期。隋皇朝建国之初，隋文帝利用道教编造"受命之符"，为他篡夺北周政权制造舆论，故隋文帝对道教加以扶植和崇奉，使道教有所发展。因隋文帝幼时由尼姑养育，自称"我兴由佛法"，对佛教尤为重视，规定三教的序位是佛教为先，道教次之，儒教为末，佛，道行立的序位是佛先道后，故道教与佛教相比，其发展在隋代较为缓慢。道教对以后的影响较小。

在唐皇朝近三百年的统治中，道教始终得到扶植和崇奉，道教的地位处于儒教和佛教之上，居三教之首。道教教主老子不仅被尊为唐宗室的"圣祖"，而且先后被册封为"玄元皇帝"和"大圣祖高上金阙玄元天皇大

帝"，事实上已成为道教的至高神和唐皇朝的护国神，道教也得到前所未有的尊崇。李唐皇朝利用老子姓李，攀附为同宗，尊老子为"圣祖"，自称是老子的"圣裔"，以利用老子在历史上的广泛影响来提高唐宗室的社会地位。

李唐王朝对道教的扶植和崇奉，促成了道教与皇权的结合，带来了道教发展的鼎盛时期。道教宫观，遍及各地。名山都邑的宫观规模，日益宏大。唐高宗曾召第12代天师张恒至京师，问以治国安民之道。对曰："能无为则天下治矣，上嘉之。"从此，唐高宗便将"清静无为"奉为治国之道，加以推行。这对唐代的繁荣和"开元之治"的出现，都起了一定的积极作用。天宝七年（748），唐玄宗册封祖天师张道陵为"太师"，并召见第15代天师张高，命他在京师置坛传箓，颁赐金钱玉帛，免除龙虎山的租税。唐肃宗时，又赐龙虎山香币，并在龙虎山建醮，又赐宸翰以赞祖天师像。唐德宗贞元年间（785—804），又赐金镀银香炉、香合、绯罗金帕及多种器物。会昌元年（841），唐武宗又召见了第20代天师张谌，赐传箓坛门额曰"真仙观"三个大字，还拟任命张谌官衔，张谌辞归不受。咸通时（860—872），唐懿宗又为第20代天师张谌建金箓大醮，赐金吊还山。

宋代皇帝大多崇奉老子而信道教，尤其是真宗与徽宗，几乎到了狂热的地步，各地遍置道观，以退职官吏统领，称为祠官，领取祠禄，这是历朝所没有的。政和四年（1114），又正式设立道官道职，置道阶，分为二十六级，其中先生最高，处士、八字、七字、四字、二字次之，官秩相当于中大夫至将仕郎一级。对于天师道，比之唐代更为礼待，自宋真宗大中祥符八年（1015）召见第24代天师张正随，从此开始，在京师正式设立了专门接待道教天师的授箓院。次年，赐号天师张正随为"真静先生"。张正随仙逝后，宋真宗还亲自为他写赞词。宋仁宗在位期间（1023—1063），天圣八年（1030），召见了第25代天师张翰曜。至和二年（1055），召见了第26代天师张嗣宗，并赐号"虚白先生"。张嗣宗仙逝后，仁宗为其赐赞云："汉天师26代孙张嗣宗，绍承家学，绰有祖风。"不久，又召见了第27代天师张象中，特赐紫衣，亲洒宸翰，又赐束帛金器等。熙宁年间

（1068—1077），宋神宗召见了第28代天师张敦复，命其设醮于内殿，赐号"葆光先生"。崇宁年间（1102—1106），宋徽宗曾4次召见第30代天师张继先，并赐号"虚靖先生"，同时追封第29代天师张景端为"葆真先生"。崇宁四年（1105）召见时，正值金兵南下威逼宋王朝之时，张继先又以"赤马红羊"之凶兆，劝徽宗修德治国，挽回颓势。5年期间，第30代天师张继先连续4次赴京拜见，说明龙虎山与宋王朝关系之密切。天师从神仙世界返回人间劝谏皇帝，说明道教与政治已再度结缘。政和六年（1116），宋徽宗宠信道士林灵素后，经过一番策划，群臣及道箓院上表册封宋徽宗为"教主道君皇帝"，自此，宋徽宗便成为人君、天神、教主三位一体的皇帝。唐玄宗、宋真宗都是利用"灵符"、"天书"来神化皇权和神化帝王的，而宋徽宗则更进一步，自称是天神下凡，是神、人合一，神权与君权合一的皇帝。当他成为金人的阶下囚时，依然身着紫道袍，头戴逍遥巾，一派道流打扮。由于"靖康之耻"应验了"赤马红羊"之兆，据说金兀术是红脸膛、赤胡须、山羊脸，攻克开封时骑一匹红色的火龙驹。更进一步提高了天师道的神圣性和权威性。端平三年（1236），宋理宗召见第35代天师张可大，赐钱重刊先朝箓板。嘉熙二年（1238），宋理宗加封张道陵为"正一静应显佑真君"。三年（1239）四月，复召张可大赴行都设醮退潮祷雨，灭蝗保边。同年七月，赐号"观妙先生"。理宗又下诏令由张可大提举三山（茅山上清宗、西山净明道、龙虎山天师正一宗）符箓并兼御前诸宫教门公事，又赐田免税，大修龙虎山，这样，便正式确立了龙虎山天师道在道门中的领导地位。南北朝时期的道教改革，为唐宋时期道教的发展和鼎盛打下了坚实的基础。在道教发展鼎盛时期，张天师的地位和影响也达到了它的顶点。

唐尧与祁姓刘氏

传说中的唐尧，是祁姓刘氏开宗立姓的源头始祖。祁姓刘氏，是唐尧后裔中人数最多、影响最大、最具有代表性的一支。探讨唐尧及其后裔在祁姓刘氏形成和发展过程中的地位与作用，揭示唐尧与祁姓刘氏这种源远流长、一脉相承的关系，是尧文化研究的一个重要内容。本文拟就这个问题略述己见。

一、祁姓刘氏的起源和演变

相传黄帝25子，得姓者14，分为12姓。尧是黄帝族的嫡系，属12姓中之祁姓。《尚书·尧典》记载，尧名放勋，他明达文雅，百姓昭明，万邦协和。《史记·五帝本纪》称赞尧曰："其仁如天，其知如神，就之如日，望之如云。富而不骄，贵而不舒。"尧，初居陶，后又封于唐，故称陶唐氏，亦称唐尧。后因被尊为五帝之一，又称帝尧。

唐代林宝《元和姓纂》云：

帝尧陶唐之后，受封于刘。裔孙刘累，事夏后孔甲。在夏为御龙氏，在商为豕韦氏，在周为唐杜氏。杜伯子隰叔奔晋为士氏，孙士会适秦，后归晋，其处者为刘氏。

《新唐书·宰相世系表》载：

刘氏出自祁姓。帝尧陶唐氏子孙生子有文在手曰"刘累"，因以为名。能扰龙，事夏为御龙氏，在商为豕韦氏，在周封为杜伯，亦称唐杜氏。至宣王，灭其国。其子隰叔奔晋为士师。生士蒍。蒍生成伯缺，缺生士会。会适秦，归晋，有子留于秦，自为刘氏。

以上两段大同小异的记载，概括了刘氏的起源和演变，内涵十分丰富。唐尧姓祁，其后裔中有一支被封于刘（今河北唐县），建立刘国，子孙以国为姓，是为刘氏。因出自祁姓，故称祁姓刘氏。此即为祁姓刘氏之起源，亦即祁姓刘氏"姓启刘国"之由来。

夏朝时，刘国有一家生了个儿子，因一生下来即有纹在手，所以取名刘累。据《左传》昭公二十九年记载，刘累曾拜豢龙氏为师，学得一手养龙的本领。其时，帝赐夏王孔甲乘龙，河、汉各二，各有雌雄；夏王孔甲遂用刘累驯养这四条龙，并封刘累为御龙氏。这是第一次改变姓氏。后来，死掉一条雌龙，御龙氏害怕夏王处罚，不敢上报。遂将这条死龙的肉，作成肉羹献给夏王，声称是奇珍异肉，请夏王品尝。夏王不知内情，品尝后觉得味道不错，还奖赏了他。夏王要看蛟龙表演，御龙氏每次只用两条龙出场。时间一长，夏王起了疑心，御龙氏知道再也隐瞒不下去了，于是便逃往鲁县（今河南鲁山县）定居。①

殷商时，商王武丁灭掉封于豕韦（今河南滑县南）的祝融氏之后裔，将逃居于鲁县的御龙氏后裔（即刘累后裔）封于豕韦。②刘累后裔被封于豕韦之地，以邑为氏，遂改称豕韦氏。所以自武丁始，称曰豕韦氏者已非祝融之后裔，而是刘累之后裔。这是祁姓刘氏演变过程中第二次改变姓氏。后来，豕韦氏又被改封于唐尧曾被封侯的唐地（今山西翼城西），建立唐国。周武王谢世后，其子即位，是为成王。因成王年少，武王弟周公旦辅

---

①见《史记》卷二《夏本纪》，中华书局1959年版。
②见《史记》卷二《夏本纪》，中华书局1959年版。

政，唐人不服，发动叛乱。周公率军平乱后，灭掉唐国。将唐国之地封给成王之弟叔虞，把豕韦氏所建唐国之后裔迁往杜邑（今陕西西安南），由侯国降级为伯国，以国为氏，是为唐杜氏。这是祁姓刘氏第三次改变姓氏。

周宣王时，杜国国君在朝中任大夫，人称杜伯。宣王有一宠妃，看上了英俊的杜伯，诱其上钩，杜伯严词拒绝。宠妃恼羞成怒，在宣王跟前诬陷杜伯。宣王听信谗言，杀死杜伯，灭掉杜国。杜伯子孙四处奔逃。留居杜邑的后裔，以国为氏，是为杜氏。秦朝大将军杜赫，即是其后裔。西汉初御史大夫杜周，即杜赫之曾孙，曾"以豪族徙茂陵"。杜周之子名延年，字幼公，官御史大夫，又由茂陵徙居杜陵（今西安东南），是为京兆杜氏之始迁祖。南北朝时期，京兆杜氏飞黄腾达，成为显赫异常的士族门阀。杜伯被害后，有一子名隰叔，亦称杜隰，逃到晋国。由于杜隰博学多才，受到重用，官至士师（古代司法官吏的通称），以职官为氏，是为士氏。此即晋国士姓之起源，同时也是祁姓刘氏第四次改变姓氏。

杜隰子名士蒍，晋献公时屡参大政，很有声望。晋献公十二年（前665），士蒍出任司空时，曾奉命重修曲沃、蒲（今隰县蒲城）、屈城垣，命申生守曲沃，重耳、夷吾守蒲与屈。士蒍生子士缺，士缺生子士会。士会，字季，晋国上卿。先封于随（今山西介休东南），后又封于范（河南范县）。所以亦称随会、随季或范会、范季。晋文公时，晋楚城濮之战士会随军出征，凯旋之日被提为晋文公的代理戎右（古代与国君同乘一辆战车，站在右边的武将官名戎右），成为一名勇猛的战将。晋襄公时，士会又出任大夫，参与政务，以足智多谋而知名当世。襄公七年（前621）春，赵盾为正卿，掌握了晋国的实权。同年八月，襄公死，赵盾召集诸大夫议立新君，诸大夫以太子夷皋年幼，议立客居秦国的襄公之弟名雍为嗣，遂派士会出使秦国迎公子雍回国继位。当士会出使秦国后，赵盾又迫于襄公夫人的哭诉，决定改立太子夷皋为君（即晋灵公）。当秦国派军护送士会陪同公子雍渡河入晋行至令狐（今山西临猗西南）时，晋国已立新君，遂发兵拒秦师前进，并先发制人，夜袭秦军，秦军大败。士会遂陪同公子雍返回秦国定居。令狐之战，秦晋旧怨新结，秦遂与楚联合，形成秦楚交攻晋国之势。

晋灵公六年（前615），秦晋河曲（今永济蒲州老城西南）之战，秦国用士会为谋士，分析晋军的利弊，设计引晋军出战，晋军将领赵穿"好勇而狂"，果然中计。在这千钧一发之际，赵盾将计就计，全军出战，勉强取胜。经过河曲之战，晋国深知士会留居秦国，乃是心腹之患。晋国六卿举行会议，议定计取士会返晋。先令魏寿余诈降于秦，引秦军来攻打魏邑。同时赵盾先捕士会在晋家属子女，接着又故意纵其逃往秦国，让秦国不怀疑寿余是伪降。秦军抵达黄河西岸后，命士会过河与寿余联系攻打魏邑之事。结果士会至东岸即被魏人俘去送给赵盾。这样，士会便重新返回晋国，但子女却留在了秦国。留居于秦国的士会后裔，不忘其根，遂恢复刘姓。此即祁姓刘氏"始姓秦国"之由来。这样，祁姓刘氏四易姓氏后终于在秦国恢复了原来的刘姓。

二、祁姓刘氏的发展与播迁

士会重返晋国后，备受重用。景公三年（前597）出任上军之将，屡立战功。景公七年，升为中军元帅兼太傅，执掌国政。其后，他审时度势，主动致仕，为保全晋国，让执政于郤克，深受人们赞誉。士会留居于秦国的子孙恢复刘姓后，瓜瓞绵绵，人丁兴旺。据《新唐书·宰相世系表》记载，这支后裔中，有刘明，刘明生刘远，刘远生刘阳。其十世孙，战国时为魏国大夫，秦灭魏后，徙居大梁（今河南开封），生子刘清。刘清辗转迁徙，定居于沛（今江苏沛县东）。刘清生刘仁，号丰公，刘仁生刘瑞，字执嘉。执嘉生四子：伯、仲、邦、交。邦，即汉高祖刘邦。刘邦称帝后，祁姓刘氏得到了迅猛的发展。

早在楚汉战争时，刘邦为了战胜项羽，曾先后封了一些异姓功臣为王。刘邦称帝后不久，便找各种借口剪除这些异姓诸侯王，与此同时，汉高祖又改封自己的兄弟子侄去接替这些空出来的王位。进而又杀马盟誓："非刘氏而王，天下共击之。"①从此，刘氏诸侯王日益增多。汉高祖生前

---

① 《史记》卷九《吕太后本纪》。

就将七个异姓诸侯王中的六个换成了刘姓。汉文帝时，刘氏诸侯王发展到二十多个，王国领地，跨州连郡，形成了尾大不掉之势。景帝三年（前154），终于爆发了"吴楚七国之乱。"这次叛乱被平息以后，诸侯王国的独立地位虽说被取消了，但王国依然存在。雄才大略的汉武帝，为了打击王国的割据势力，元朔二年（前127）颁布"推恩令"，规定除嫡长子继承诸侯王位以外，还可以将诸侯国的领地分封给嫡长子以外的诸弟，这样就从王国中又分出了许多小的侯国。"推恩"的结果是王国的领地越分越小，侯国的数目越来越多。因此，汉武帝在加强中央集权的过程中，又培植了一大批衣食租税的刘姓列侯，为祁姓刘氏的大发展奠定了广泛的社会基础。

西汉初年，汉高祖采纳娄敬的建议，以宗室女嫁给匈奴单于冒顿为妻。按匈奴习俗，凡尊贵者皆从母姓。所以汉宗室之女所生子女，均为刘姓。且这支刘姓是与西汉皇室一脉相承的，是具有皇族血统的。这样，祁姓刘氏便在匈奴贵族中生息繁衍起来。十六国时期，创建汉国的刘渊和改国号为赵的刘曜，就出自这支刘氏。此外，通过赐姓，祁姓刘氏又借助皇权在其他姓氏中滋生起来。据《汉书》记载，齐人娄敬在洛阳向刘邦献入关中建都之策被采纳后，被赐姓为刘，封关内侯，改称刘敬，其后裔均加入了刘氏行列。又项羽之伯父项伯，因在鸿门宴中保护刘邦有功，亦被赐姓为刘，封为射阳侯，并赐项氏家族改姓刘氏。其后，还有王、冠、龚、薛、何等姓被赐姓为刘者。

据《广韵》记载，刘氏郡望25个，其中著名者18个。这些著名郡望的开基始祖，绝大多数都是皇室后裔。诸如，彭城郡开基始祖是汉高祖刘邦之弟楚元王刘交后裔、汉宣帝之子楚孝王刘嚣，河间郡开基始祖是东汉章帝之子河间孝王刘开，中山郡开基始祖是汉景帝之子中山靖王刘胜，梁郡开基始祖是汉文帝之子刘武，南阳郡开基始祖是西汉长沙定王刘发，东平郡开基始祖是汉宣帝第四子东平王刘宇，高密国开基始祖是西汉广陵王之子刘弘，竟陵郡开基始祖是东汉鲁恭王后裔刘焉，尉氏县开基始祖是东汉章帝十一世孙刘通，广平郡开基始祖是西汉景帝之孙阴城思侯刘苍之后，

丹阳郡开基始祖是东汉光武帝刘秀七世孙琅琊内史刘会，临淮郡开基始祖是东汉光武帝刘秀六世孙晋永城令刘建，等等。此外，顿丘郡和河南郡的开基始祖虽然出自匈奴刘氏，但这支刘氏乃是与汉皇室通婚所生的后裔，亦属于皇族后裔。

两汉时期，刘氏主要是在北方发展的。东汉末年为避"董卓之乱"，中原刘氏陆续南迁。主要是向西南投奔蜀汉，向东南投奔东吴。魏晋南北朝时期，北方刘氏大举南下。东晋末，汉高祖之弟刘交之后裔刘裕，代晋称帝，建立宋国，史称南朝宋。其族在江南最为显赫，子孙封王者，遍及江南。刘姓入闽亦始于此时，大批入闽，则在唐末五代十国时期。

清同治十三年(1874)，刘锦球等修福建崇安潭溪《刘氏宗谱》记载，崇安县潭溪刘氏乃是彭城郡开基始祖楚元王之后裔。唐末战乱入闽定居潭溪。该谱以屏山公为一世祖。屏山，名子翚，字彦冲，宋资政大学士，封魏国公。闽中理学名儒，因居屏山之下，潜心治学，人称屏山先生。其兄名子羽，官少傅。子羽、屏山均与朱松友善。朱松临终时，托付子羽关照其家事，又叮嘱其子朱熹拜屏山为师，事之以父，朱熹遵嘱而行。后来朱熹在《屏山先生刘公墓表》中回顾其父的遗言时写道：

> 籍溪胡原仲，白水刘致中，屏山刘彦冲，此三人者，吾友也。其学皆有渊源，吾所敬畏。吾即死，汝往父事之，而惟其言之听，则吾死不恨矣。

这段话充分说明屏山先生与朱熹父子关系之深。屏山先生是以儒学与佛经相合的思想传授朱熹的，对朱熹思想影响很大。屏山之父名轮，屏山之侄名琪，其兄子羽以及淮东提刑刘领和邵武知县刘纯，均以抗金为己任，先后为国捐躯，被南宋王朝御封为闽中"刘氏五忠"。该谱的"五忠堂记"记载了他们宁死不屈的悲壮业绩。随着朱学统治地位的确立和朱熹地位的提高，刘屏山作为朱熹以父事之的启蒙老师，亦受到人们的尊敬。潭溪《刘氏宗谱》亦因以屏山先生为一世祖及载有朱熹撰写的《墓表》成为清代名谱。屏山先生丧妻不娶，以其兄次子汉坪为嗣。汉坪，字平甫，号七严，生有六子：学雅、学古、学博、学箕、学稼、学圃，其后子孙繁

衍，成为闽中望族。明末清初，其后裔有徙居台湾者，有徙居广东者，有徙居马来西亚、菲律宾、缅甸等国者。

据《崇安刘氏族谱》记载，唐末刘备后裔刘圭，官至浙江布政使，生有二子：长子名翱，官福建建州，徙居当地，谱称"西派"；次子名翔（又作祥），徙居福建宁化石壁，谱称"东派"。南宋嘉定年间(1208—1224)，刘翔裔孙刘开七，官授潮州总镇，遂居其地，为入粤始祖。开七之子名广傳，广傳生有14子，分家析产，定著14房。其第11房，在平远开基生息繁衍，人丁兴旺，后裔分衍江西、四川、香港、台湾等地以及东南亚一些国家。

三、唐尧在祁姓刘氏形成和发展过程中的地位与作用

木有本，水有源。唐尧姓祁，唐尧与出自祁姓的刘氏就是这种木本水源的关系。没有唐尧，祁姓刘氏就是无源之水、无本之木。唐尧在祁姓刘氏起源过程中的这种决定作用，是一目了然的。

祁姓刘氏开宗立姓后，传至刘累，因给夏王驯龙，被封为御龙氏，改变了刘姓。商王武丁又将御龙氏后裔（即刘累后裔）封于豕韦，故又改称豕韦氏。其后，豕韦氏又被改封于唐。周成王时，又被迁往杜邑，故称唐杜氏。周宣王杀害杜伯后，其子杜隰逃往晋国，改姓士氏。传至士会，士会留居秦国的子孙才又恢复了原来的刘姓。自刘国开宗立姓到在秦国恢复刘姓，经历了夏、商、西周至春秋，历时千年以上，又五易姓氏，正是唐尧后裔（即刘累后裔）这条主线，才将"姓启刘国"的刘氏与御龙氏、豕韦氏、唐氏、杜氏、士氏以及"始姓秦国"的刘氏贯穿起来，成为一脉相承的祁姓刘氏。没有唐尧后裔（即刘累后裔）这条主线，五个不同的姓氏是根本不可能联在一起的，从夏至春秋这一期间的演变历史亦将化为乌有。唐尧后裔（即刘累后裔）这条主线，在祁姓刘氏演变过程中的重要作用，同样是一目了然的。从刘邦称帝到南朝宋被齐取代的685年间，其中有315年是祁姓刘氏借助皇室正统和国家权力迅猛发展的时期。在此期间，唐尧又以帝业始祖的崇高形象，成为祁姓刘氏号令天下的一面旗帜。

《汉书》卷一《高帝纪》云：

汉帝本系，系自唐帝。降及于周，在秦作刘。涉魏而东遂为丰公。

又云：

汉承尧运，德祚已盛，断蛇著符，旗帜上赤，协于火德，自然之应，得天统矣。

这些记载说明，不仅高祖刘邦的世系出自唐尧，更重要的在于汉代的江山乃是汉高祖刘邦"承尧运"、"得天统"尔后才有的。即是说，"汉为尧后"；也可以说，汉王朝乃是唐尧帝业的继承者。汉王朝之所以能够继承唐尧的帝业，是汉高祖刘邦断蛇著符"得天统"的结果。这样一来，唐尧便被尊奉为汉王朝帝业之始祖，汉高祖刘邦便成了"应天顺民"、"居天下之正、合天下于一"的真龙天子。随着中央集权的不断加强，祁姓刘氏和汉高祖及其后裔的正统地位便确立了起来。在古文经学与今文经学的斗争中，"汉为尧后"又是古文经学家高高举起的一面旗帜。这时，唐尧不仅是汉王朝帝业之始祖，而且成了伦理道德的理想人格和治国平天下的君主楷模。唐尧被尊奉为帝业之始祖的崇高形象，进一步完善和强化起来。西汉末年，全国人口总数达到5000多万时，刘姓人口多达10余万，成为当时的天下大姓。

西汉传12帝、历232年后，被王莽所取代。其后经过多年战乱，是南阳人刘秀以"高祖九世孙"的名义打起"皇室正统"的旗帜，号令天下，削平群雄，统一全国，又重建汉朝的。东汉传12帝、历196年，被曹丕取代。涿郡刘备又以"汉景帝子中山靖王刘胜之后"的名义打起"皇室正统"的旗帜，为已故汉帝"发丧制服"，昭告皇天后土，讨伐曹丕弑君篡汉的滔天罪行。公元221年，刘备以继承汉室祖业的身份，在成都即帝位，国号曰汉，其意为汉王朝之继续，史称蜀汉。蜀汉时期，是祁姓刘氏大批向西南地区播迁和发展的时期，在西南地区的开发史上和祁姓刘氏的播迁史上都具有划时代的意义。

蜀汉传2帝、历43年，于公元263年被曹魏所灭。历经157年以后，彭城人刘裕，又以"汉高祖弟楚元王交之后"的名义，由长安东还建康，扩大势力，收买民心，东晋元熙二年(420)，便受晋禅，代晋称帝，是为武帝，定都建康，国号曰宋，改元永初。刘裕称帝后，下诏蠲免家乡租布，其诏云：

> 彭、沛、下邳三郡，首事所基，情义缱绻，事由情将，古今所同。彭城桑梓本乡，加隆攸在，优复之制，宜同丰、沛。其沛郡、下邳可复租布三十年。①

宋武帝刘裕的诏书说明，他首先蠲免的是汉高祖刘邦故里及首事之地的租布，关于他自己家乡租布之蠲免，"宜同丰、沛"，即比照丰、沛执行。由此可见，宋武帝刘裕是把自己视为汉高祖刘邦帝业的后继者的。宋武帝刘裕和宋文帝刘义隆统治的30多年间，是东晋南朝疆域最大、最强盛的时期，也是祁姓刘氏借助皇室正统和国家权力在江南地区广为播迁和发展的时期。经过南朝刘宋8传、59年的经营，楚元王刘交的后裔，遍及江南各地。

综上所述，就祁姓刘氏起源而言，唐尧乃是源头之所在；就祁姓刘氏的演变而言，唐尧后裔是贯穿始终的一条主线；就祁姓刘氏创建的封建王朝而言，唐尧又被尊为帝业之祖，成为维护正统、号令天下的一面旗帜。可以说，唐尧与祁姓刘氏的形成和发展是一脉相承、一以贯之的。

此外，从刘姓起源来说，除了祁姓刘氏以外，还有一支出自姬姓的刘氏，史称姬姓刘氏。宋人郑樵《通志·氏族略》云："成王封王季之子于刘邑，因以为氏。"刘邑，古邑名，在今河南偃师南。所以，姬姓刘氏亦称河南刘氏。姬姓乃黄帝之姓，周代就是姬姓的天下，姬姓诸侯，遍布各地。周文王姬昌、周武王姬发，同唐尧一样被尊为"圣人"。姬姓刘氏亦为帝王之胄，与祁姓刘氏同样尊贵。但自秦统一以后，姬姓刘氏则再也没有出

---

① 《宋书）卷三《武帝本纪》。

现闻名遐迩的显赫人物。记载世系源流的谱牒又残缺不全，迁徙始祖和家族世系若明若暗。所以有些姬姓刘氏后裔在追溯其远祖时，为了证明自己是皇室正统、刘氏正宗，自觉或不自觉地就把自己挂在了祁姓刘氏名下。随着时间的推移，这类现象越来越多，姬姓刘氏便逐渐融入了祁姓刘氏之中，致使从现存的史籍和族谱中再也无法理出姬姓刘氏的世系源流来。

四、余论

魏晋皇甫谧《帝王世纪》载："尧都平阳，于《诗》为唐国"[1]。平阳即今临汾。西晋时，又在平阳城南建筑了尧庙。自北魏始坐落在临汾的尧庙一直是皇家祭祀帝尧的主要场所。1980年陶寺遗址问世后，考古学者又以翔实而确凿的史料证明，这里就是远古时期唐尧部落活动的中心地域，从而印证了《帝王世纪》记载"尧都平阳"的正确性和修建尧庙的合理性。对于祁姓刘氏后裔来说，这里当然是他们最好的寻根谒祖圣地。因为唐尧不仅是祁姓刘氏开宗立姓的源头始祖，而且是祁姓刘氏所建王朝的帝业始祖，唐尧与祁姓刘氏这种一脉相承、一以贯之的关系，在姓氏发展史上是罕见的。祁姓刘氏对于唐尧的推崇和景仰，也是其他姓氏无法比拟的。

就姓氏起源而言，唐尧后裔除了刘氏以外还有其他姓氏。仅本文所涉及的就有：龙氏、豕韦氏、唐氏、杜氏、随氏、范氏、士氏，探讨唐尧与这些姓氏的关系，同样是尧文化研究的一个重要方面，也是扩大尧文化在海外影响的一条重要渠道。

（原载《中华谱牒研究》，上海科学技术文献出版社 2000 年 1 月出版）

---

[1]转引自《史记·五帝本纪》注集解。

血缘为本　可知为断

——读陈廷敬《洪洞刘氏宗谱序》

　　清康熙四十六年(1707)春，文渊阁大学士兼吏部尚书陈廷敬为《洪洞刘氏宗谱》写了篇序，序虽不长，但却反映了他的修谱主张和修谱原则，很值得重视。因流传不广，《午亭文编》未曾收录。

　　陈廷敬(1639—1712)，字子端，号说岩，晚号午亭山人，泽州阳城人。顺治十五年(1658)进士，十八年（1661）充会试同考官授秘书院检讨。同年，玄烨即位，时年8岁，改元康熙。康熙元年(1662)，陈廷敬假归。四年（1665），补原官，迁翰林院侍讲学士充日讲起居注官，成为康熙帝的老师。六年(1667)，康熙帝亲政。八年(1669)，拘禁鳌拜。九年(1670)，颁降圣谕十六条，其中第一条就是"敦孝弟以重人伦，笃宗族以昭雍睦"。从而把崇孝道、睦宗族、重教养、齐家政提到治国安邦的首要地位。十八年(1679)，浙江巡抚将圣谕十六条加以诠释，辑为直解，缮册呈进，康熙帝大加赞赏，并下令发至各府州县，一体遵行。同年四月，康熙帝又降旨，要求编修皇室玉牒（即皇家族谱），必须以敬祖宗、联族属为要旨。这些都说明康熙帝对于编修族谱是十分重视的。康熙帝的这些思想和主张同他的老师陈廷敬是分不开的。但陈廷敬却没有留下谱牒方面的论著，所以我们只能从他撰写的谱序中探讨他的修谱主张和修谱原则。《洪洞刘氏宗谱

序》恰好是一篇很有代表性的佳作。

《洪洞刘氏宗谱序》是陈廷敬应刘镇的请求而撰写的。刘镇(1657—1722)，字靖公，号敦斋，山西洪洞人。居亲丧以孝称。由廪贡授中书科中书，迁工部都水司员外郎，诰授光禄大夫刑部福建清吏司郎中，时多积案，冤狱有三年不雪者。刘镇到任后，秉公执法，平反冤狱，声威大震，有口皆碑。陈廷敬对于刘镇其人及他的政绩都是了如指掌的。《洪洞刘氏宗谱》就是刘镇与其兄刘志(1642—1722)共同主持编修的，刘志，字二苏，号箕山，山西洪洞人。监生考授州同，诰封奉直大夫工部营缮清吏司员外郎，晋赠中宪大夫刑部四川清吏司郎中，又赠资政大夫总督直隶全省河道水利、提督军务都察院佥都御史。由刘镇和刘志这样两个名声显赫的大人物主持编修的《洪洞刘氏宗谱》，自然是特别引人关注的。文渊阁大学士兼吏部尚书陈廷敬为之作序，也就可以理解了。从陈廷敬撰写的《洪洞刘氏宗谱序》的内容来看，他对《洪洞刘氏宗谱》关于两个问题的处理是非常满意的：其一是以血缘为本，不准异姓乱宗；其二是可知为断，不得攀附高门。

一、以血缘为本，不准异姓乱宗

陈廷敬在《洪洞刘氏宗谱序》中写道：

> 盖吾山右风俗，多有取他姓为嗣，其后子孙遂致混淆而无别。此非嗣之者罪也，罪由取他姓者。

山西位于太行山之右，故亦称山右。山西有的地方和宗族中流行的在无子继承的特殊条件下允许取他姓之人为嗣的风俗，与以血缘为本的修谱原则是格格不入的。按照编修族谱的通例，将嗣子名字写入族谱的特定位置，就确定了他与列祖列宗的传承关系，从而也就确定了他的亲族地位和血缘关系。如若取异姓之人为嗣，就破坏了原有的血统传承关系，因而叫做"异姓乱宗"。这是绝对不能允许的。针对取异姓为嗣且不加说明的情况，陈廷敬在同一谱序中又写道：

而不知血食自此而斩，子姓自此而淆，伪谬自此而不可禁，冒昧苟且以忘其先，其罪莫有甚于此者。

在实际生活中，这种取异姓之人为嗣的现象，不仅山西有，南方也有。编修族谱时如若遇到这种情况，有两种处理方法：一种是采取不承认主义，直书其为"绝"。例如，元代福建吴海所作的《吴氏世谱》明确规定，后世有无子为嗣不立宗人而以外姓为继者，不录。直书其下曰"绝"。并加注曰："谓其自绝于祖宗也"。另一种办法就是说明异姓为嗣者的来历，不使其乱宗。《洪洞刘氏宗谱》采用的是后一种办法。陈廷敬在谱序中写道：

其非刘氏而冒姓于刘者，盖亦以数十。员外君皆能指其所自来，今虽未能尽复，而后此可不至混淆也。

员外郎刘镇和刘志主持编写《洪洞刘氏宗谱》过程中，对于数十个非刘姓而冒姓于刘者，即数十个取异姓之人为嗣者，敢于冲破其陋俗的束缚，如实地书写每个异姓者来自何姓、何地、何年、何人取以为嗣，这就等于向族人宣布：某某不是洪洞刘姓血统传承者，而是异姓人，他与洪洞刘氏宗亲是枝不连、气不同、血脉不相贯，以异姓人为嗣，阳似续而阴实绝矣。陈廷敬对于员外君的这种处理办法，给予了充分的肯定和很高的评价。因为这种处理办法就堵塞了异姓乱宗的渠道，坚持了以血缘为本的修谱原则。

二、以可知为断，不得攀附高门

员外郎刘镇和刘志编修《洪洞刘氏宗谱》是以可知之世写起的。尽管刘姓迁居洪洞的年代已经非常久远，但由于前人未曾修谱，无据可依，所以该谱遂以洪洞刘氏坟茔始祖刘祥公为一世祖。刘祥葬于洪洞曹家谷口，洪洞刘氏坟茔自此而始。其子名惠，亦葬于曹家谷口坟茔。惠公有四子：长曰伯添、次曰伯恩、三曰伯川、四曰伯道，该谱即是以此分为四支，分

别进行编修的。因是第一次修谱，所以称为"洪洞刘氏宗谱初编"。陈廷敬对于《洪洞刘氏宗谱》以史实为凭、以可知为断，十分赞赏，他在序中写道：

> 而今工部员外郎刘君靖公，独取所存宗谱而极正之。非所谓能详且慎者欤。刘氏在洪洞既久，其有世次可考者十有三，有名字可纪者，凡数百人。

员外郎刘镇、刘志以史实为凭，以可知为断来编修《洪洞刘氏宗谱》，这在刘氏族谱中是很少见的。因为从现存的刘氏族谱来看，绝大多数都是汉高祖刘邦的后裔，亦即祁姓刘氏之后裔。造成这种状况的一个很重要的原因，就是很多刘氏族谱在追溯其远祖时，把自己挂在了汉高祖后裔的名下。

从刘姓起源来看，主要有两大支：其一出自祁姓，系唐尧之后裔，称曰祁姓刘；其二出自姬姓，系周文王之后裔，称曰姬姓刘。在祁姓刘中，又有许多衍派。后来在士会的后裔中，出了个汉高祖刘邦。刘邦称帝后，大封同姓诸侯，皇族后裔遍布各地。经过前后两汉历18世、24帝、425年的经营和发展，祁姓刘遂成为天下第一大姓，且被尊为刘姓之正宗。在刘姓25个郡望中，很多开基始祖都是汉高祖皇族的后裔。诸如：彭城郡开基始祖是刘邦少弟刘交的裔孙刘器，河涧郡开基始祖是东汉章帝之子刘开，中山郡开基始祖是汉景帝之子刘胜，梁郡开基始祖是汉文帝之子刘武，南阳郡开基始祖是西汉长沙定王刘发，东平郡开基始祖是汉宣帝之子刘宇，高密国开基始祖是西汉广陵王之子刘弘，竟陵郡开基始祖是后汉鲁恭王之后裔刘焉，尉氏县开基始祖是东汉章帝十一世孙刘通，广平郡开基始祖是西汉景帝之裔孙刘苍的后裔，丹阳郡开基始祖是东汉光武帝刘秀之裔孙刘会，临淮郡开基始祖亦是东汉光武帝刘秀之裔孙名叫刘建，等等。另外，顿丘郡和河南郡的开基始祖虽说出自匈奴族刘姓，而匈奴刘姓亦是汉皇族的后裔。因为西汉时，汉王朝对匈奴实行和亲政策，以公主嫁匈奴单于冒顿为妻，按匈奴习俗，凡尊贵者皆从母姓，所以冒顿的子孙均以刘为姓，

成为刘姓中的一支，实为皇族血统中的一支。这样一来，一方面是皇族刘姓，累世官宦，显赫异常；另一方面则是出自姬姓的刘氏既没有闻名遐迩的官宦凝聚族人，又缺乏连续不断的完整世系，这些姬姓刘氏后裔在追溯其远祖时，也就把自己挂在了皇族后裔名下。再加上皇帝的赐姓，诸如汉高祖刘邦赐齐人娄敬刘姓，封关内侯，改名刘敬；赐项伯及项氏家族刘姓，其后又有赐王、冠、龚、薛、何等姓人士为刘姓者，所以随着时间的推移，祁姓刘特别是皇族刘姓后裔便越来越多，以致成为天下大姓。

员外郎刘镇和刘志编修《洪洞刘氏宗谱》时，断自可知之世，以其十世祖刘祥为始祖，根本不涉及祁姓刘和姬姓刘的问题，更没有将洪洞刘氏挂在祁姓刘皇族后裔名下，这是十分难能可贵的。所以陈廷敬在序中称赞道：

> 吾闻东南士大夫遵东晋遗风，颇有能谈氏族者，然好援引急声气，往往取同姓有名于时者，通谱牒而列载其名，如是则与混淆无别者相去有几，而详慎之意亡矣。今观刘氏宗谱而嘉员外君之能不忘其先也。是为序。

陈廷敬认为，员外君刘镇编修《洪洞刘氏宗谱》，不攀附皇族，不虚美先人，达到了"真而不污，信而有征"的地步，这是对先人的尊重，也是不忘其先祖的具体表现。正因为如此，所以陈廷敬才乐于为其作序。

由上可知，以血缘为本，不准异姓乱宗；以可知为断，不得攀附高门，这就是陈廷敬的修谱主张和修谱原则。

（原载《陈廷敬与皇城相府》，　北京燕山出版社 2002 年出版）

美国收藏中国方志族谱访问记

1991年3月26日至4月16日，应邀赴美国参加亚洲学年会期间，对哈佛大学燕京图书馆、哥伦比亚大学东亚图书馆、美国国会图书馆以及犹他家谱学会收藏中国方志和族谱的情况进行了参观访问，现将采访记录梳理成文，仅供同行学者参考，并望批评指正。

3月27日上午，在美国独立战争的策源地——波士顿，参观了《独立宣言》作者的墓地，随后又到哈佛大学燕京图书馆参观访问。

哈佛大学燕京图书馆馆长吴文津教授热情地接待了我们，他给我们介绍了燕京图书馆的历史和现状，并带领我们参观了该馆所收藏的中国的方志、族谱及善本书。

哈佛大学燕京图书馆创建于1928年。其时称哈佛燕京学社汉和图书馆。1965年改今名。1976年转属哈佛大学图书馆系统，哈佛大学共有图书馆96个。哈佛大学燕京图书馆开办初期，收集范围仅限于中文和日文，后增加满文、蒙文、藏文及西文资料。1951年建立朝鲜文部，1973年建立越南文部。哈佛大学燕京图书馆现藏书籍总计64.12万册。其中中文计37.43万册，日文17.48万册，朝鲜文53 240万册，西文29 150万册。满、蒙、藏及越南文共计8700册。此外，尚存期刊10 600种，报纸314种，微卷18 000卷，微片4000张。哈佛大学燕京图书馆为今日西方世界大学中规模最大的东亚研究图书馆。

收藏中国地方志之多是该馆的一大特色。现收藏量共计3858种,计有70 550卷。该馆收集中国方志始于1930年,其时主要向北京、上海、广州、杭州等地书商直接购置。1949年以后,主要复制缩微胶卷。其资料来源为"东京内阁文库"、台北"国立中央图书馆"及美国国会图书馆(抗战时期北平图书馆托存美国国会图书馆之善本,后运往台湾,现存台北故宫博物院)。现藏方志已全部收入"哈佛大学燕京图书馆中日文目录"。馆藏方志均可在馆内使用,亦可供应缩微。

在世界文献宝库里,中国的方志是一份举世瞩目的瑰宝。而中国方志之收藏,以中华人民共和国为最丰富,其中又以北京图书馆之收藏居首位。据1978年《中国地方志联合目录》载,共收藏方志8343种,计118 687卷,其中以县志居多。北京图书馆方志藏量则为6066种,计93 000卷,占全国方志种数总藏量的72.7%,全国卷数总藏量的77.5%,而哈佛大学燕京图书馆所藏方志种数则占中国所藏种数的46%,卷数的59%,如与北京图书馆比较,种数则占64%,卷数则占76%。哈佛大学燕京图书馆所藏种数最多者为山东、山西、河南、陕西、江苏、浙江各省,最少者为吉林、西藏、青海、新疆。收藏量最大的是县志,占全馆方志总量的75%。

从纂修或刊行年代来看,哈佛大学燕京图书馆所藏方志(包括复印本及胶卷),清朝以前的共636种,其中宋代38种(复印本34种,胶卷4种),元代19种(复印本12种,胶卷7种),明代579种(包括复印本107种,胶卷411种,其余为原刊本);清朝纂修或刊行的2483种(包括胶卷10种,余为原刊本);清朝以后纂修或刊行的739种。馆藏本中最早者为《姑苏志》六十卷,明正德元年(1506)刊本。

中国方志的类型有主体与支流之分。主体类型主要是按行政区划编修的,如通志(省志)、府志、州志、县志等等。支流类型就自然对象而分,则有山志、水志、湖志、塘志、河闸志等等;就人文对象而分,则有书院志、古迹志、寺观志、游览志等等。哈佛大学燕京图书馆藏有支流类型的方志亦相当可观,其版本尤为珍贵。馆藏舆图即有明版十余种,诸如朱思本之《广舆图》(嘉靖四十至四十五年刊本)、张天复之《皇舆考》(嘉靖

三十六年刊本）及《广皇舆考》（天启六年刊本）；清代舆图中有蒋廷锡等撰《康熙内府分省分府图》（康熙内府刊，摺装本），黄澄孙绘制的《大清万年一统地理全图》（乾隆四十六年版），《乾隆京城全图》（乾隆十五年绘制，1940年北京兴亚院华北连络部复印），《湖南全省图》（清初彩绘本），《鄂省州县驿传全图》（光绪湖北官书局编制），《陕西全图》（清刊，墨印本），《南阳府南阳县图》（光绪彩绘本）。此外，尚有较为罕见的光绪间彩绘之四十余幅江西、浙江及江苏之厘卡图，图中除注明大卡、小卡、旱卡、水卡之位置外，还注明了各卡之间的距离以及各卡与附近城镇之间的距离，是很珍贵的研究资料。

另外，该馆藏有中国族谱1000多种，其中有相当一部分是清乾隆以前印刷的。这些族谱都装订成册，保存完好。此外，还收藏有清光绪三十年(1904)中国驻美国公使的函电、文牍10本，还有云南丽江地区苗族象形文字经书20多盒。

3月29日上午，前往哥伦比亚大学东亚图书馆参观访问。东亚图书馆馆长魏玛莎博士热情地向我们介绍了该馆的历史和现状，并带领我们参观了该馆收藏的中国的方志和族谱。

哥伦比亚大学东亚图书馆的前身是1901年设立的丁龙中文讲座。据说，此事的由来是哥伦比亚大学校长罗氏曾写了一封信给当时美国驻清廷公使康格，希望能在美国设立一个中国图书馆和一座中国博物馆，建议康格公使把他的意见转给中国政府。一年以后，慈禧太后赠送了一套《古今图书集成》给哥伦比亚大学作为礼物，此即该馆中文藏书之起源。其后，通过征集和购置，中文藏书大幅度上升。据1981年统计，该馆中文书籍已达21.5万余册。近年来又大批购置，目前已经超过30万册。

哥伦比亚大学东亚图书馆中文藏书以方志和族谱为最多。其中方志有1600余部，1700多册。是美国收藏中国方志第四个最多的单位（美国国会图书馆最多，哈佛大学燕京图书馆第二，芝加哥大学远东图书馆第三）。该馆收藏中国族谱共1050种。据该馆编目员汪爱地先生介绍，最早的是宋代张氏刊本，明代刊本亦有相当数量，清代刊本居多。由于时间关系，未

能全部翻阅，深感遗憾。据日本学者多贺秋五郎《宗谱之研究（资料篇）》（日本东洋文库1960年出版）一书著录，哥伦比亚大学东亚图书馆藏有中国族谱共926种，居世界之首（除中国以外）。可见，该馆收藏的中国族谱是十分可观的了。

此外，该馆的特藏资料是很值得注意的：一是《抗日战争史料拾遗》（共六册），是抗战初期八路军及根据地编印的部分油印件、宣传品，如（《八路军学兵队逐日休息时间表》、《随营抗日政治军事学校第一分校功课表》、《抗大四期第二大队课程表》，还有八路军东进抗日游击纵队政治部印的《抗日游击队组织条例》、《中国抗日军政大学同学为扩大母校劝募委员会捐册》、《阳谷县青年救国团工作纲领》、《农会工作纲领》以及八路军晋察冀军区抗敌报社编印的《抗敌报》。还有许多山西各县所印的传单、口号等文件以及陕甘宁边区政府、延安大学印的多种材料。二是"文化大革命"中出版的小报、传单、刊物、剪报，相当丰富，并编制有《红卫兵资料目录》。三是"文化大革命"中出的各种连环画近百册，内容多是样板戏、小英雄、阶级斗争及抗日战争故事等等。四是地图和金石照片，地图有多种，大本、小本都有，还有数十册照片，多为金石、钟鼎、甲骨，且有许多散页。

4月1日上午，参观访问了美国国会图书馆。该馆的居蜜女士向我们介绍了这里收藏中国方志和族谱的情况。

美国国会图书馆从1918年开始收集中国方志，其后倍加重视，曾委托骆克博士，访得西南各省方志，尤以四川省为多。1933年，买到高鸿裁所藏山东全省各种方志118种，其中稀本甚多。高氏所藏方志均盖有"潍高翰生收辑全省府州县志印记"。其他如"抱经楼"、"稽瑞楼"、"铁琴铜剑楼"等藏书中的一些方志亦流入美国国会图书馆。共收集到中国方志2939种，其中宋代23种，元代9种，明代68种，清代2376种，民国463种。就省份而论，以河北、山东、江苏、四川、山西为多。目前，该馆收藏中国方志已达4000多种，其中珍本约2000种，有四五万册。这些珍本在国内已不多见。如绍兴府《越中杂识》手抄本，国内已不存。1983年，浙江人

民出版社曾根据美国国会收藏本，进行标点排印，现已公诸于世。

美国国会图书馆收藏有中国族谱1500多种，其中有不少明代刊印的珍本，十分可贵。

4月3日，访问了美国犹他家谱学会。

美国犹他家谱学会是由摩门教组建的一个非盈利的组织，它创建于1894年，总部设在犹他州首府盐湖城东北街的一座二十八层的大楼内。学会办公楼和主图书馆的建筑面积为14 200平方英尺。另外，在距盐湖城约20公里的花岗岩山中建有一个专门保存胶卷的洞库。该洞库于1958年选址，从1961年开始大规模建设，到1965年底全部竣工。洞库大门重约15吨，可防原子武器。洞库面积为6.5万平方英尺，可存放35毫米的缩微胶卷600万卷。目前存放的胶卷约200万卷。洞库分6个大型库房。库房区设有3条通道。库房上面覆盖着700英尺厚的坚硬的花岗岩，洞库的墙是用8种标准规格的钢条和18英寸厚的混凝土浇灌成的，库房地面为双层混凝土面，中间有一层防水薄膜。库房的温度常年保持在摄氏14度至15度间，湿度保持在40%~50%之间。洞库还安装有空气调节机，保证库内空气的流通。送入库内的空气都要经过空气过滤器，以消除空气中的灰尘、烟雾、化学物质、放射微粒等。洞库内最适宜保存缩微胶卷，在这样的条件下，胶卷寿命可达百年以上。

犹他家谱学会之所以特别重视家谱，植根于摩门经。摩门经认为，人的前生是灵魂的存在。上帝创造了亚当和夏娃，使他们结为婚姻，并世代延续。现世的婚姻和家庭是由上帝安排就绪的，是永恒的存在。人死之后，其婚姻和家庭关系在来世依然不变。所以，人们必须弄清自己的家世。此即他们重视家谱之由来。起先他们主要收集教友的家谱，其后扩展到收集世界所有国家和民族的家谱。因为他们认为，全世界所有国家和民族的人，都是上帝创造的，他们的婚姻和家庭关系也都是由上帝安排就绪的，也是永恒的存在，在来世也都依然不变。所以全世界的人们都应该弄清他们的家世。

基于上述出发点，犹他家谱学会图书馆收藏的资料都是能证明个人历

史身份的原始材料，包括公民登记簿、人口统计调查表、教区记事录、遗嘱、税收案卷、公证人档案、家庭史、地方史等等。这些资料已拍摄成100多万卷缩微胶卷，相当于400万册每本300个页码的书籍。所收藏的口述历史的录音带可放500个小时，包括1200个不同的家系。学会图书馆所藏各国缩微胶卷的数量如下：5万卷以上的国家有丹麦、英国、瑞典、法国、墨西哥、美国、德国和荷兰，2万至5万卷的国家有比利时，1万至2万卷的国家有加拿大、芬兰和波兰，1000至1万卷的国家有阿根廷、危地马拉、日本、澳大利亚、匈牙利、朝鲜、奥地利、爱尔兰、挪威、智利、中国、意大利、瑞士，1000卷以下的有前苏联、西班牙等18个国家。

犹他家谱学会图书馆收藏的中国家谱的复制件，最早的是1960年拍摄的《兴宁刁氏族谱》（是1918年刊印的石印本的复制件）。目前，该馆收藏的缩微复制胶卷的家谱已达5000余种。其中部头最大的是《孔子世家谱》，1937年版，共4集，154册。此外，该馆还收藏有中国方志5193种，几乎包括了中国大陆以外的全部中国方志缩微本。其中有山西方志396种。如若加上正在从美国国会图书馆拍摄的29种，总计达425种之多。

学会图书馆现有工作人员400多人，其中编目人员50余人。所有的工作人员，多半都受过大学教育，能讲两国以上的语言。该馆设备齐全，检索方便。每天都有2000人以上的读者检阅资料，多时达6000余人。利用该馆的资料和设备，均不收费。分布在美国、墨西哥、加拿大、澳大利亚和新西兰的200多个分馆，平均每天接待读者1600余人。自1976年小说《根》发表以后，新老移民后裔纷纷寻求其祖先的足迹，查阅家谱的人员成倍增长。1978年在盐湖城召开的"第二次世界家谱记录大会"，邀请美国各州及世界30个国家和地区的人士参加，到会人数多达11 000余人。大会的主题是"保护我们祖传遗物"。其后，又于1982年冬，召开了"地方史区域研讨会"，主题是"族谱、方志、人物传记对地方史之应用与研究"。1983年1月，又在加州召开了"中国历史上的家庭与家族讨论会"。

这次参观访问时间虽然不长，但美国收藏中国方志和族谱之丰富，却给我留下了极为深刻的印象；逐步复制或交换这些方志和族谱中的孤本和

善本是我们义不容辞的责任。

（原载《海峡两岸地方史志比较研究文集》，天津社会科学院
出版社1998年出版）

山西的姓氏和郡望

姓氏和郡望是中华文化不可分割的一个组成部分。山西是中华民族和中华文化的发祥地之一。

早在180万年以前，我们的祖先就劳动、生息、繁衍在这块古老的黄土地上了。"尧都平阳"、"舜都蒲坂"、"禹都安邑"，都在山西。后稷教民稼穑于稷山，嫘祖养蚕于夏县，亦在山西。其后，很多姓氏又起源于山西，很多郡望也出在山西。因此，考察山西的姓氏和郡望，对于认识中华民族的向心力和凝聚力，对于了解中华文化，具有十分重要的意义。

（壹）姓氏

姓氏在我国已有五千年的悠久历史了，人们世代相传，沿用至今。见于历史文献记载的姓氏有5662个，而目前实际使用的汉字姓氏（不含少数民族的译音姓氏），约3000多个。今天的姓氏是历史上姓氏的一个发展，山西的姓氏亦不例外。考察山西的姓氏，也需要从姓氏的由来和演变谈起。

一、姓氏的由来和演变

姓与氏，皆有族号、宗号、家号之含义，同为维系血缘关系之目的而存在。姓起源于图腾，氏则由姓分衍而成。随着历史的发展，姓与氏又合

而为一，成为家或族之志号，以区别于其他家或其他族。

在原始社会里，原始人相信每个氏族都与某种动物、植物或无生物有着亲属或其他特殊关系，这种动物、植物或无生物便成为该氏族的图腾，亦即该氏族的保护者和象征。随着族外婚制的广泛推行，作为氏族之标志的图腾，引起了各个氏族的关注，这就是最原始的"姓"，亦即姓之由来和起源。其时，人们只知道生身母亲，血缘关系只能由母亲来确认。所以每个母系氏族，都是由同一个老祖母传流下来的。这时，"姓"作为氏族的标志或徽号，其功能就在于维持这一"姓"的全体氏族成员的共同世系，借以把不同的氏族区别开来。由原始社会的图腾演变为姓族组织，这是姓氏的首次演变，亦即姓的产生。从此，姓即成为血统世系所系之中心。

到了父系氏族社会，随着对偶婚制的确立，男子逐渐成为氏族的主宰，于是又出现了"氏"。"氏"字的本意为木本，即植物的根。用于姓氏的氏，取木之根本之意。氏，由姓分衍而来，但氏又与地缘有着密不可分的关系。随着时间的推移和姓族的膨胀，姓族中又形成许多分支。这些分居于各地的族属，若无族号标志，则无以维系其族属。在男子居于主导地位的对偶婚制度下，氏族便应运而生。随着父权制的确立和氏族的形成，母系氏族遂被父系氏族所取代，所有的血缘亲属关系，均由父系来确认。所以，姓族之解体和氏族的兴起，这是姓氏演变过程中的又一个重要的里程碑。

我国远古时代的父系氏族社会，以农业的出现与发展为契机，完成了从"野蛮"到"文明"的进化，步入了阶级社会。这样，便把远古时代的氏族组织和氏族习俗带入了阶级社会。血缘氏族制度衍化为宗族和宗法制度，氏族习俗则被提取、转化、升华而为系统的理论化的文化形态。

在父系制度下，若干具有近亲血缘关系的家庭，组成为家族；若干出于同一男性祖先的家族，又组织而为宗族。《尔雅·释亲》规定，由同一个高祖父传下来的四代（或四代以上）子孙，称为"宗族"。在宗族中，所谓"四世同堂"，成为一种典范形式。由远古父系氏族社会中的族长制亦称家长制，进入阶级社会后，演变为夏、商、西周时期的宗法制度，这是一个巨大而深刻的变化。

宗法制度是以宗族的亲缘关系为基础而形成的，其要点是：第一，在历史上，崇敬共同的祖先，以维系血统的亲情；第二，在家族内部，区分尊卑长幼，规定宗族成员的不同地位；第三，规定继承者的次序；第四，规定宗族成员的权利与义务的分配。

《说文解字》云："宗，尊祖庙也。"宗的本义就是祭祀祖先的场所——祖庙，亦称宗庙。在夏代，同一宗族的标记就是姓氏。同姓者，则有共同的宗庙，祭祀共同的祖先，死后葬于共同的墓地。嫡长子继承制是宗法制度的核心。"兄终弟及"的传位制，在商代后期已被废除。商代最后的四代帝王，即武乙、文丁、帝乙、帝辛，都是父死子继。帝乙的长子微子启，因生母为妾，庶出的长子不能继承正位，遂由较微子启岁数小但系正妻所生的纣继承王位。由此可见，以区别嫡庶为核心的宗法制度，在殷商末期已经形成。

商王对其祖先的祭祀记录，反映了商朝奴隶主贵族中的宗法制度的发展过程。根据甲骨卜辞，早在武丁时期的祭祀，便以自身所出的直系先王为"大示"，以旁系先王为"小示"。合祭大示的宗庙称为"大宗"，合祭小示的宗庙称为"小宗"，此即宗法制度中"大宗"与"小宗"的起源。

由祭祀仪式中形成的宗法制度，推而广之，也运用于商王与各级同姓贵族之间的关系。商王为"大宗"，各级同姓贵族相对商王而言，则为"小宗"。在各级同姓贵族中，又以同样的方法，来划分各自的"大宗"和"小宗"。在商代的甲骨卜辞中，常用"王族"、"多子族"等名称。"多子族"就是王族的同姓分支。在王族和贵族专有的青铜器上，往往铸有族徽铭文，称为"族铭"，这就是商代的姓氏。已发现的殷商族铭，共有600多个。

公元前11世纪，周武王灭商以后，沿袭并完善了商代的宗法制度。西周至春秋时的宗法制度的主要特点是：第一，严格区分嫡系与庶出，确立嫡长子继承制，彻底杜绝了殷商时代的"兄终弟及"现象；第二，在贵族内部，层层分封"大宗"、"小宗"。

在周代，由嫡长子继承君位，守祖庙。非嫡长子都奉"嫡长子"为大宗，自己称小宗。这些小宗称为"别子"，分出去另立支系，即所谓"别子为祖"。这些另立支系的别子，同样实行嫡长子继承制。别子的嫡长子继承别祖之位，非嫡长子和庶出子，被封为下一级的卿大夫，领有封邑采地，得到氏的称号，一般多以封邑的地名为氏。他们的嫡长子又奉他们为始祖，继承他们的封邑与氏号，被尊为"大宗"，而孙辈中的非嫡长子、庶出子，又相对地称为"小宗"。这些小宗又要分出去另立新系，受封为再下下级的士大夫，获得新的氏号。一般说来，国君的儿子称为"公子"，非嫡长子的公子，可封为卿大夫；公子的儿子称为"公孙"，非嫡子的公孙可封为士大夫。公孙的儿子，就不一定能够得到封邑和官职，于是他们便以其祖父或王父的"名"或"字"为氏了。此即以名为氏和以字为氏之由来。

在夏、商两代，虽然已经出现了一些"姓"和"氏"，但数量并不很多，一直传流下来的就更少了。西周初期的大分封，是我国姓氏的大量衍生时期。周初的大分封，史称"封邦建国"，实质上就是比较原始的部落移民。周公和其后的成王，在其征服的广大地区，先后建置了71个新的领地，称为"七十一国"。例如，武王弟管叔鲜，封于管国（今河南郑州），为管氏始祖；蔡叔度，封于蔡（今河南上蔡），为蔡氏始祖；曹叔振铎，封于曹（山东曹县），为曹氏始祖；霍叔处，封于霍（山西霍县），为霍氏始祖，等等。周王室的同姓封国，共得48氏，亦即48个姓的起源。此外，周王室还封了许多异姓封国。例如，封夏禹的后裔东楼公于雍丘（河南杞县），建立姒姓杞国；封虞舜的后裔胡公满于陈，建立妫姓陈国；封姜子牙于齐（山东淄博），建立姜姓齐国，等等。由异姓封国而得氏者，共约60个，此即约60个姓之起源。由此可见，周初大分封，实为我国姓氏发展过程中极为重要的一个时期。

从夏代到春秋，姓和氏都为奴隶主贵族所专有。一般女子称姓，男子称氏。姓用以别婚姻，氏用以别贵贱。郑樵《通志·序》云："生民之本，在于姓氏。男子称氏，所以别贵贱。女子称姓，所以别婚姻。"春秋战国之交，随着奴隶制的瓦解和分封制的废止，氏便失去了用以别贵贱的作用。在新兴的封建制度下，原来的奴隶和贱民都取得了人的地位，也有了

获得姓氏的权利，姓与氏的区别日益模糊起来。到西汉时，出现了"姓"即"氏"，"氏"即"姓"的状况。所以司马迁写《史记》时，便把"姓"与"氏"混而为一，都具有姓的含义。从此，姓名遂成为我国历史上每个社会成员的一个最为重要的识别符号。

在我国的汉字姓中，不只有单字姓，而且有双字姓、三字姓、四字姓。这些都是在姓氏演变过程中出现的。春秋时，各诸侯国在分封命氏过程中，原来使用的单音字氏号，出现了重复、混乱等情况，为了克服这种弊端，于是出现了双字姓。诸如：公冶氏、南宫氏、司马氏、公孙氏、叔仲氏，等等。我国是一个版图辽阔的多民族国家，各民族之间不断地交融汇合，相互影响。许多兄弟民族的姓氏，译音为汉字，又出现了大批的双字姓、三字姓、四字姓。例如：拓跋氏、独孤氏、贺赖氏、丘穆陵氏、步六孤氏、吐谷浑氏、胡古口引氏、自死独膊氏、井疆六斤氏，等等。北魏孝文帝在推行改革过程中，下令将各部落的双字姓和多字姓改为近音的单字姓，例如，改皇族拓跋氏为元氏，改达奚氏为奚氏，贺赖氏为贺氏，独孤氏为刘氏，丘穆陵氏为穆氏，步六孤氏为陆氏，等等，这样，双字姓和多字姓大大减少。姓氏单音化趋向，是同汉语本身的节律习惯相吻合的。中国人称呼姓名，通常都用两个字或三个字，偶尔也用四个字。除掉名字外，姓氏往往就取一个字了。所以明朝初年，政府曾匹令将双字姓改为单字姓，从此，单字姓遂成为我国姓氏的主体部分。

二、山西姓氏概况

根据1990年第四次全国人口普查统计，山西全省当前使用的汉字姓共有2363个。其中单字姓2281个，双字姓82个。全省12个地（市）使用的姓氏，都在600个以上。使用姓氏最多的太原市，达1424个；临汾地区，达1285个。从各个姓氏人口总数统计来看，达30万人以上的姓氏19个，计有：王、张、李、刘、赵、杨、郭、陈、高、马、任、韩、孙、武、贾、郝、阎、冯、梁；达20万至30万人的姓氏12个，计有：宋、吴、白、薛、崔、周、曹、侯、田、杜、董、胡；达10万至20万人的姓氏24个，计有：

牛、段、秦、郑、史、程、范、吕、徐、常、乔、许、贺、樊、朱、魏、石、姚、苏、孟、卫、申、黄、康。以上55个姓氏人口总计2349万人，占全省人口总数2876万的81.7%。此外，姓氏人口总数在1万至10万之间的，有129个姓氏；1000至1万之间的，计有210个姓氏；千人以下的计有1969个姓氏。其中仅有1个人的姓氏，有481个（见《山西人口姓氏大全》）。

据第四次全国人口普查，山西全省按姓氏人口统计，达100人以上者，有如下表：

山西省姓氏人口数

序号	姓氏	人数	序号	姓氏	人数	序号	姓氏	人数
1	王	2 927 402	26	曹	230 171	51	孟	126 993
2	张	2 818 765	27	侯	225 647	52	卫	118 289
3	李	2 645 270	28	田	222 145	53	申	116 747
4	刘	1 484 231	29	杜	221 025	54	黄	113 870
5	赵	1 077 586	30	董	205 038	55	康	101 220
6	杨	942 784	31	胡	204 357	56	温	95 716
7	郭	901 023	32	牛	193 123	57	安	94 121
8	陈	544 073	33	段	187 715	58	靳	86 632
9	高	518 694	34	秦	179 622	59	何	84 588
10	马	443 488	35	郑	174 406	60	原	82 822
11	任	357 040	36	史	174 340	61	邢	79 226
12	韩	351 940	37	程	172 558	62	柴	78 763
13	孙	334 862	38	范	167 219	63	袁	77 986
14	武	328 295	39	吕	167 044	64	于	77 311
15	贾	318 163	40	徐	159 789	65	焦	76 634
16	郝	308 295	41	常	156 013	66	裴	75 683
17	阎	307 781	42	乔	152 134	67	丁	75 424
18	冯	302 181	43	许	143 496	68	岳	74 750
19	梁	301 649	44	贺	138 398	69	翟	74 371
20	宋	298 817	45	樊	136 104	70	卢	74 363
21	吴	266 585	46	朱	134 932	71	霍	72 154
22	白	262 453	47	魏	131 850	72	谢	71 260
23	薛	244 490	48	石	129 643	73	傅	71 055
24	崔	238 603	49	姚	129 230	74	雷	68 255
25	周	230 634	50	苏	128 266	75	成	66 102

（续表一）

序号	姓氏	人数	序号	姓氏	人数	序号	姓氏	人数
76	尹	64 482	110	柳	27 500	144	仝	16 509
77	苗	59 617	111	文	27 435	145	曲	16 232
78	潘	56 621	112	荆	33 314	146	方	15 915
79	罗	56 456	113	米	26 226	147	亢	15 857
80	景	55 811	114	姬	26 163	148	兰	15 515
81	庞	55 160	115	栗	24 945	149	窦	15 479
82	邓	54 997	116	巩	23 755	150	鲁	15 281
83	尚	51 635	117	戴	23 057	151	桑	14 799
84	师	49 394	118	晋	22 142	152	寇	14 407
85	孔	48 370	119	弓	22 011	153	阴	14 214
86	姜	47 484	120	边	21 959	154	续	14 149
87	耿	47 192	121	车	21 849	155	肖	13 884
88	关	46 884	122	萧	21 295	156	蓝	13 829
89	宁	46 196	123	司	20 917	157	褚	13 746
90	路	44 401	124	蒋	20 835	158	陶	13 574
91	冀	41 980	125	沈	20 761	159	江	13 571
92	解	41 378	126	殷	20 625	160	鲍	13 212
93	吉	40 565	127	燕	20 458	161	陆	13 057
94	彭	39 909	128	谷	20 325	162	尉	13 020
95	齐	39 515	129	南	20 024	163	智	12 935
96	毛	39 417	130	金	19 737	164	荣	12 656
97	蔡	38 187	131	余	19 680	165	万	12 541
98	葛	36 679	132	党	19 350	166	蔺	12 478
99	聂	36 572	133	蔚	19 017	167	麻	12 432
100	辛	35 482	134	屈	18 906	168	宫	12 321
101	祁	35 128	135	廉	18 746	169	茹	11 747
102	席	34 427	136	郎	18 684	170	曾	11 688
103	穆	34 026	137	畅	18 256	171	邱	11 587
104	唐	31 921	138	和	18 236	172	平	11 583
105	毕	31 573	139	谭	17 847	173	房	11 233
106	连	31 183	140	叶	17 172	174	时	10 892
107	邵	30 489	141	严	17 163	175	逯	10 790
108	左	28 688	142	郗	17 009	176	索	10 670
109	林	27 586	143	夏	16 571	177	薄	10 668

序号	姓氏	人数	序号	姓氏	人数	序号	姓氏	人数
178	甄	10 585	212	仇	6 911	246	惠	4 698
179	纪	10 78	213	荀	6 902	247	晁	4 686
180	管	10 315	214	熊	6 781	248	令狐	4 652
181	渠	10 161	215	延	6 637	249	凌	4 637
182	钟	10 150	216	邹	6 609	250	弁	4 532
183	要	10 030	217	龙	6 569	251	向	4 519
184	邸	10 021	218	权	6 569	252	鹿	4 495
185	芦	9 807	219	盖	6 527	253	降	4 334
186	戎	9 637	220	臧	6 521	254	汤	4 256
187	元	9 635	221	韦	6 482	255	邬	4 210
188	烛	9 610	222	伊	6 350	256	娄	4 208
189	龚	9 451	223	强	6 279	257	付	4 206
190	郗	9 396	224	阮	6 172	258	梅	4 132
191	钱	9 179	225	来	6 093	259	钮	4 102
192	狄	9 164	226	班	6 044	260	商	4 094
193	卜	9 156	227	季	6 030	261	章	4 023
194	尤	9 092	228	呼	5 942	262	封	3 993
195	施	9 023	229	祝	5 886	263	行	3 990
196	顾	8 938	230	柏	5 883	264	光	3 961
197	支	8 905	231	符	5 862	265	巨	3 915
198	单	8 519	232	苑	5 838	266	代	3 897
199	古	8 395	233	宿	5 784	267	明	3 887
200	相	8 225	234	皇甫	5 529	268	詹	3 748
201	倪	8 176	235	费	5 422	269	粟	3 738
202	昝	8 128	236	宗	5 272	270	盛	3 738
203	母	7 993	237	籍	5 223	271	加	3 548
204	池	7 970	238	闫	5 113	272	项	3 505
205	潭	7 922	239	丘	5 108	273	宣	3 493
206	上官	7 915	240	刁	5 040	274	琚	3 449
207	游	7 775	241	药	4 914	275	靖	3 400
208	丰	7 773	242	陕	4 876	276	禹	3 324
209	汪	7 764	243	洪	4 740	277	艾	3 210
210	暴	7 152	244	都	4 724	278	银	3 189
211	雒	7 137	245	邌	4 713	279	郁	3 152

（续表三）

序号	姓氏	人数	序号	姓氏	人数	序号	姓氏	人数
280	康	3 149	314	苟	2 114	348	佟	1 609
281	颜	3 092	315	胥	2 101	349	全	1 593
282	廖	3 089	316	璩	2 054	350	眭	1 563
283	帅	3 084	317	钭	2 035	351	井	1 557
284	门	3 076	318	海	2 003	352	沙	1 554
285	庄	3 042	319	酒	2 003	353	易	1 516
286	华	3 016	320	俞	2 001	354	勾	1 484
287	蒙	3 008	321	甘	1 995	355	奥	1 473
288	滑	2 975	322	包	1 993	356	化	1 464
289	向	2 891	323	双	1 991	357	折	1 450
290	负	2 878	324	骆	1 986	358	同	1 414
291	冉	2 853	325	翁	1 984	359	牟	1 405
292	亓	2 837	326	郅	1 975	360	余	1 362
293	邰	2 774	327	家	1 974	361	国	1 342
294	卜	2 707	328	伍	1 961	362	宰	1 329
295	花	2 695	329	岑	1 941	363	计	1 327
296	仪	2 686	330	力	1 922	364	句	1 320
297	毋	2 644	331	介	1 905	365	黎	1 316
298	栾	2 614	332	淮	1 887	366	鱼	1 312
299	童	2 610	333	颉	1 882	367	卓	1 279
300	莫	2 551	334	蒲	1 853	368	项	1 277
301	赫	2 530	335	戈	1 846	369	祖	1 244
302	宇文	2 473	336	刺	1 786	370	买	1 217
303	富	2 447	337	缑	1 785	371	贡	1 204
304	公	2 361	338	落	1 783	372	邝	1 196
305	闻	2 354	339	戚	1 738	373	谈	1 188
306	楚	2 339	340	睢	1 730	374	骈	1 182
307	云	2 335	341	郄	1 692	375	午	1 171
308	檀	2 255	342	展	1 684	376	柯	1 156
309	营	2 213	343	覃	1 669	377	悦	1 154
310	桂	2 192	344	澹台	1 645	378	义	1 152
311	那	2 163	345	舒	1 630	379	狐	1 117
312	慕	2 129	346	幸	1 627	380	欧	1 115
313	滕	2 123	347	衡	1 615	381	郇	1 108

（续表四）

序号	姓氏	人数	序号	姓氏	人数	序号	姓氏	人数
382	宇	1086	416	宜	808	450	皇	564
383	竹	1085	417	�	802	451	查	558
384	杭	1083	418	剧	788	452	仙	556
385	乐	1081	419	踞	777	453	奚	554
386	黑	1080	420	蒯	768	454	阚	550
387	鞠	1067	421	仵	762	455	饶	547
388	次	1065	422	啜	754	456	渎	534
389	帖	1044	423	拜	751	457	巴	532
390	水	1025	424	达	749	458	简	528
391	信	1021	425	满	744	459	蒿	528
392	赖	1014	426	稽	743	460	訾	512
393	庚	1012	427	湛	736	461	弯	510
394	俎	998	428	糜	735	462	箫	509
395	布	993	429	縻	735	463	歧	506
396	由	969	430	铁	727	464	禾	503
397	斛	952	431	獌	718	465	闪	499
398	瞿	941	432	独	704	466	訚	496
399	戈	938	433	欧阳	704	467	瞧	495
400	呼延	935	434	岜	704	468	闵	495
401	仲	900	435	寻	692	469	应	493
402	普	898	436	虞	692	470	储	484
403	韵	890	437	嘉	690	471	侣	483
404	仁	884	438	迪	677	472	纽	479
405	敬	877	439	芮	649	473	依	468
406	李	871	440	员	614	474	屠	457
407	皮	860	441	洛	612	475	尉迟	451
408	攸	851	442	库	612	476	晏	450
409	扈	848	443	台	601	477	涂	448
410	柔	841	444	迟	590	478	土	446
411	楞	838	445	豆	579	479	塞	441
412	随	835	446	善	579	480	丛	439
413	隋	830	447	底	574	481	缪	438
414	冷	823	448	弟	574	482	库	436
415	居	811	449	剡	568	483	咸	433

（续表五）

序号	姓氏	人数	序号	姓氏	人数	序号	姓氏	人数
484	幺	431	518	院	316	552	鄢	242
485	京	424	519	阳	312	553	慎	236
486	赤	423	520	相里	309	554	愈	232
487	巢	420	521	厉	308	555	青	232
488	瓮	409	522	牧	306	556	匡	229
489	喻	407	523	公冶	302	557	遽	226
490	敖	405	524	印	302	558	於	225
491	广	403	525	练	297	559	法	223
492	撒	401	526	司马	297	560	才	221
493	宓	398	527	英	297	561	名	221
494	曳	396	528	诸	294	562	户	219
495	宛	395	529	东	292	563	摄	217
496	伏	391	530	陷	291	564	松	216
497	步	389	531	越	289	565	巫	215
498	赫连	381	532	自	289	566	太	215
499	藏	379	533	哈	284	567	种	215
500	刑	368	534	回	275	568	齐	214
501	秘	367	535	占	275	569	侍	213
502	衣	365	536	修	271	570	从	212
503	隆	359	537	因	269	571	油	212
504	年	359	538	官	264	572	洒	206
505	兀	345	539	多	263	573	西	204
506	伦	341	540	佐	261	574	雪	204
507	丹	340	541	果	258	575	弥	200
508	凤	339	542	泰	257	576	裘	200
509	拓	337	543	怀	255	577	仇	200
510	初	336	544	格	254	578	敦	199
511	镡	336	545	针	252	579	菜	197
512	鹤	333	546	补	247	580	默	197
513	未	332	547	忽	247	581	钞	192
514	岱	328	548	票	246	582	咎	187
515	昌	326	549	木	246	583	集	185
516	战	321	550	雍	243	584	塔	181
517	让	320	551	虎	242	585	鄂	181

（续表六）

序号	姓氏	人数	序号	姓氏	人数	序号	姓氏	人数
586	浦	180	608	脱	141	630	侣	115
587	鲜	180	609	日	140	631	逢	113
588	劣	177	610	朝	140	632	运	112
589	冶	174	611	经	140	633	楼	110
590	涉	171	612	缠	137	634	漆	110
591	秋	171	613	墨	137	635	过	108
592	麦	166	614	凡	134	636	寿	108
593	恩	165	615	轩	133	637	绳	108
594	朴	165	616	散	132	638	汲	107
595	禄	164	617	奕	131	639	合	107
596	潜	164	618	直	127	640	矫	107
597	芶	162	619	远	127	641	况	106
598	干	161	620	冠	126	642	廷	106
599	斗	159	621	蹇	126	643	乜	104
600	督	153	622	山	125	644	及	104
601	农	152	623	进	122	645	竺	104
602	苍	150	624	睦	122	646	摆	103
603	律	150	625	第	121	647	宦	103
604	芭	148	626	阿	121	648	继	103
605	玄	148	627	韶	119	649	卿	101
606	四	145	628	类	118	650	邝	100
607	湾	143	629	危	118			

注：此表引自秦耀普主编《山西人口姓氏大全》，山西经济出版社1991年版。

　　山西全省姓氏统计，人口总数达30万以上的19个姓氏，其地理分布如下表：

山西省30万人以上姓氏的地理分布

（单位：人）

地区别	王	张	李	刘	赵	杨	郭	陈	高
总　计	2927402	2818765	2645270	1484231	1077586	942784	901023	544073	518694
太原市	278839	277526	232836	142444	105159	76446	82378	53198	48288
大同市	123853	116392	121257	80426	45370	44471	30269	27186	21739
阳泉市	148584	106100	112435	61501	64196	33485	30541	14620	25121
长治市	326665	245939	330684	108981	105618	101739	128594	56957	21224
晋城市	208652	188503	203057	67509	84913	49818	79271	40492	8804
朔州市	64309	52044	64840	41825	31138	16132	16497	12418	14405
雁北地区	192229	187176	171629	128873	67747	66900	43374	34432	31536
忻州地区	261215	308073	215025	166128	115644	92633	83772	47528	61356
吕梁地区	286532	289819	267050	227430	81391	67567	103334	38939	135531
晋中地区	292956	273716	248222	121285	137281	83827	94108	51572	39717
临汾地区	313133	355987	318198	187874	97508	122865	127937	73304	58517
运城地区	430430	417490	360037	149955	141621	186901	80948	93427	52456

姓　氏

（续表） （单位：人）

地区别	马	任	韩	孙	武	贾	郝	阎	冯	梁
总计	443488	357040	351949	334862	328295	318163	308295	307718	302181	301649
大原市	42726	28799	36513	32811	49042	28594	40561	46389	22979	29390
大同市	26693	13021	14793	18434	14854	12145	9713	9788	12274	8899
阳泉市	11727	11680	24334	9728	13701	17621	16005	8368	15229	25803
长治市	51117	24817	44568	28811	23170	31085	31177	17564	35209	18996
晋城市	28582	11907	23916	12374	8524	15991	8822	20283	21156	12939
朔州市	10484	5398	7149	7106	7632	10194	4945	8577	4535	6368
雁北地区	37264	20655	22651	36751	19642	16234	16188	14350	17019	12165
忻州地区	29382	24029	38081	27554	27798	38257	38873	31868	21748	27115
吕梁地区	52620	85298	33945	29087	71871	23023	43424	39900	44136	38655
晋中地区	34956	44806	36141	24668	47834	27223	57166	45494	18511	48894
临汾地区	52057	35305	35249	41119	21441	56615	20413	33732	44174	40083
运城地区	65880	51325	34609	66419	22786	41181	21044	31468	45211	32342

姓氏

注：此表引自秦耀普主编《山西人口姓氏大全》，山西经济出版社1991年版。

三、起源山西姓氏举要

据1990年第四次人口普查统计，全省30万人以上的姓氏共有19个，其中起源于山西的姓氏就有8个，兹举要如下。

1. 王姓

王氏为姓，意指"王家之后"或"帝王之裔"。王姓历史悠久，支脉繁多。太原王氏系周灵王太子姬晋之后裔。《新唐书·宰相世系表》曰："周灵王太子以直谏废为庶人，其子宗敬为司徒，时人号曰'王家'，因以为氏。"宗敬死后，葬于晋阳城北，其墓地称"司徒冢"。秦朝大将军王翦，即宗敬之后裔。秦统一六国过程中，王翦征燕国，平楚地，下百越，战功显赫。秦始皇论功行赏，王翦与大将蒙恬共执牛耳。王姓遂与蒙姓同居天下之先。其后，太原王氏之后裔徙居各地，形成许多源于太原王氏之衍派。

秦二世时，夺大将蒙恬的兵权，令王翦之孙王离为大将军。钜鹿之战，王离败于项羽而亡。王离有二子，长曰王元，次曰王威。王元为避乱，徙居山东琅琊，是为琅琊王氏之祖。西汉昭宣时期，王元四世孙王吉，为谏议大夫、经学名家。王吉祖孙三代，禄位弥重，"有累世之美"，揭开了琅琊王氏显贵的先河。西晋时，王祥位居三公。东晋初，王导任丞相，居中秉政，形成了"王与马，共天下"的局面。这是琅琊王氏的黄金时代。

太原王氏后裔王祐，北宋时大名莘县人，字景叔。据《宋史·王旦传》载，景叔曾在庭院中亲自种植三株槐树，并预言"吾之后世，必有为三公者，此其所以志也"。后来他的次子王旦果然当了宰相，其孙王素又做了宋仁宗时的工部尚书，曾孙王巩文采出众，与苏轼友善，苏轼为之作"三槐堂铭"，从此三槐堂扬名天下，成为其子孙后代通用的堂名。

开闽王氏是东南沿海及海外侨胞中很有影响的一个王氏家族，闽、粤、港、台等地以及泰国、缅甸、新加坡、马来西亚等国的王氏家族，很多都自认他们是开闽王氏的后裔，都尊奉王审知为他们的始祖。其实，王

审知就是太原王氏王翦的后代。《十国春秋·闽国·忠懿王庙碑》载："审之，字详卿，姓王氏，本琅琊人。秦将翦三十四代孙。高祖晔，唐贞元中为光州定城宰，有善政以及民，因迁家于是郡，遂为固始人矣。"唐末战乱，王审知跟随其兄王潮率军入闽，王潮死后，王审知袭职。由于王审知在开发和治理福建方面作出了重要贡献，被尊为"开闽王氏之祖"。后来，其子建号称帝，建立闽国，王审知被追认为昭武孝皇帝，庙号太祖。宋太祖赵匡胤得天下后，因敬仰王审知的德政，御笔亲题"八闽人祖"四字庙额。从此，闽人对王审知更加推崇。民间崇拜王审知的建筑所在多有，视之如神。由福建徙居港台以及东南亚各地的王氏后裔，都尊奉周灵王太子姬晋，为他们开宗立姓之始祖，王审知为开闽王氏之祖。

王姓出于姬姓者，除周灵王太子晋之外，还有周文王第十五子毕公高之后裔和周考王之弟揭的后裔。此外，还有出自殷王子比干之后裔的子姓之王氏以及出自帝舜之后裔的妫姓之王氏。这些都不是起源于太原的王姓。

2. 张姓

关于张姓起源，流行较广的是始祖挥公说。唐代林宝撰《元和姓纂》云："黄帝第五子少昊青阳生挥，为弓正，观弧星始制弓矢，因姓张氏。"宋代欧阳修、宋祁撰《新唐书·宰相世系表》云："张氏出自姬姓。黄帝子少昊青阳氏第五子挥为弓正，始制弓矢，子孙赐姓张氏。"欧阳修（1007—1072）是著名的文学家、史学家和谱牒学家。他和苏洵（1009—1066）创立的编写族谱的体例，被尊为"欧苏谱例"，广为后世修谱所效法。挥公为张氏开宗立姓之始祖说，自宋代起伴随私修族谱的兴起和盛行，广泛流传开来。根据考古资料，最早的石箭镞是在山西朔州峙峪遗址和沁水下川遗址中发现的，约相当于旧石器时代晚期。黄帝时代已普遍出现了石箭镞，因此，挥在总结劳动人民实践经验基础上发明弓矢，是符合历史实际的，挥为张氏开宗立姓之始祖也是可信的。

挥公的封地在何处？很多张氏族谱和方志都记载在太原府太原县尹城里。明嘉靖年间，张宪、张阳辉主修的《张氏统宗世谱·本源纪》载：

"尹城派，始祖挥公，受封之国在山西太原府属之地。挥生昧，为玄冥师。昧生台骀，能业其官，宣汾洮，障大泽，以处太原，帝用嘉之，封诸汾川，掌水旱属疫之职，即山川之神也。世飨其祀，今太原县有庙存焉。"清乾隆《清河张氏宗谱·古今世表图》载："挥，封国尹城，在山西太原府。"清嘉庆《张氏合修家谱·宗庙》载："始赐姓张挥公，庙在山西太原府太原县尹城里。"清光绪《清河张氏宗谱·张氏古今通派分迁地舆图考》载："山西通派，尹城派，始祖挥公受封之国，昧公居之，在今太原府太原县。"光绪《旌阳张氏通修宗谱·本源宗支》载："尹城派始祖挥公，所居之地在山西太原府太原县，有庙存焉。"明万历《太原府志》卷八载："台骀泽，一名晋泽，太原县南十里。晋水下流，汇而为泽……其傍有昌宁公庙，即台骀神也。"清道光《太原县志》卷三载："汾水川祠即台骀神庙，在晋泽南王郭村。节度卢钧改今名。晋封昌宁公，宋封灵感元应公，赐额曰宣济庙，有掌禹锡所撰碑记。"经实地考察，今太原市南郊区王郭村确有台骀庙即张氏之祖庙存在。因此，张氏始祖挥公受封于太原尹城里，这是明清两代许多主持修谱者和纂修方志者一致的看法。

张氏起源于太原府太原县尹城里，其后迁往全国各地。《新唐书·宰相世系表》中，就列举了许多太原张氏之衍派。诸如："毗，晋散骑常侍，随元帝南迁，寓居江左"，是为江左张氏之始迁祖；毗的"六世孙隆，太常卿，复还河东，后徙洛阳"，是为洛阳张氏之始迁祖；"始兴张氏也出自晋司空华之后，随晋南迁，至君政，因官居于韶州曲江"，是为曲江张氏之始迁祖；"清河东武城张氏，本出汉留侯良裔孙司徒歆。歆弟协，字季期，卫尉，生魏太山太守岱，自河内徙清河"，是为清河张氏之始迁祖，等等。正因为史籍中有很多源于太原张氏始迁祖的记载，所以明嘉靖张宪、张阳辉主修张氏统宗世谱时，记载了直接和间接源于太原的衍派达117派之多。清光绪年间张廷辉等编修《清河张氏宗谱》时，记载源于太原迁往全国各地的衍派多达231派，较明嘉靖时增加了将近一倍。

当然，全国的张氏并非都起源于太原，但太原是张氏影响巨大而深远的起源地，则是毫无疑问的。

3. 赵姓

赵姓起源于山西赵城。《新唐书·宰相世系表》云："赵氏出自嬴姓。颛顼裔孙伯益，帝舜赐以嬴姓。十三世孙造父，周穆王封于赵城，因以为氏"。周代赵城，东汉为永安县地，隋为霍邑县地，故址在今洪洞县赵城镇一带。由于造父受封于赵城而得赵姓，下传六世至奄父，名公仲，为周宣王近御，因助"宣王中兴"有功，赵姓初兴。周宣王三十九年（前789），宣王下令伐姜戎，奄父认为条件不成熟，劝阻宣王出兵，宣王不听。结果战于千亩（今山西介休南），王师大败，宣王圣驾亦被打翻，在千钧一发之际，奄父之子叔带护驾突围。宣王为感谢叔带的救命之恩，任其为执政。从此，赵氏家族日益兴盛。宣王死后，周幽王继位，朝纲大坏，叔带被逼逃往晋国。晋文侯慕其才，任用叔带为国卿，叔带遂在晋国发展势力。叔带五世孙赵夙，事晋献公。献公十六年（前661），赵夙受命率晋军伐霍、魏、耿三国，因军功，献公赐赵夙耿地（故址在今山西河津县南）。赵夙之孙赵衰，字子余，随重耳出亡19年，终于将重耳扶上王位，是为晋文公。晋文公赐赵衰原伯地（故址在今山西沁水县西北），封为原大夫，任国政。赵衰谢世前两年，赵衰子赵盾已接任国政，为"晋正卿"。从此，赵盾独揽朝政达十余年之久，其时赵姓已成为一个人口众多、势力显赫的大族。

秦灭赵以后，赵姓分为天水和涿郡两大支。秦任用赵衰后裔赵公辅主西戎，号曰赵王，世居陇西天水西县。赵公辅十二世孙赵融，字长，后汉时官右扶风、大鸿胪。赵融七世孙赵瑶，为后魏河北太守。赵瑶之裔孙赵仁本，为唐高宗时宰相，赵氏遂成为天水望族。徙居涿郡之赵姓，至西汉时，赵广汉任京兆尹，京兆大治，政绩卓越，晋爵为关内侯，赵姓成为涿郡望族。赵广汉孙赵贡，亦为汉朝京兆尹，位同宰相。后晋时，有一代名士赵至；隋代有赵世模和赵元淑父子。世模随隋文帝建国，战死疆场，其子元淑袭承父官，授骠骑将军，后因功进位柱国。赵元淑之裔孙赵弘殷，即宋太祖赵匡胤之父。公元960年，陈桥驿兵变，赵匡胤黄袍加身，建立宋朝，涿郡赵姓成为天下之第一显姓。北宋灭亡后，赵构在南京应天府

（今河南商丘南）称帝，建立南宋。不久又迁都临安（今浙江杭州）。随着赵宋政治重心的南移，赵姓族人亦随之大举南迁。

4. 杨姓

杨，西周时姬姓侯国，其地在今山西洪洞县东南范村一带。春秋初被晋国兼并，子孙便以原国名为氏，是为杨姓。

有些史籍和杨氏族谱是以伯侨为始祖记载杨氏世系的。《新唐书·宰相世系表》载："晋武公子伯侨生文，文生突，羊舌大夫也。又云晋之公族食邑于羊舌，凡三县：一曰铜鞮，二曰杨氏，三曰平阳。突生职，职五子：赤、肸、鲋、虎、季夙。赤，字伯华，为铜鞮大夫，生子容。肸，字叔向，亦曰叔誉。鲋，字叔鱼。虎，字叔罴，号'羊舌四族'。叔向，晋太傅，食采杨氏，其地平阳杨氏县是也。"杨伯侨，又名文实，晋武公之子，献公之弟。周襄王念其先人功勋，乃封伯侨于杨，为杨侯，承继乃祖爵位，谥贤敬。伯侨长子名文，又名逊，袭侯爵。文生子名突，官拜羊舌大夫，食邑于羊舌，故又称羊舌突，辖铜鞮、杨氏、平阳三邑。突生职，职为晋悼公重臣，辅佐祁奚为中军尉。职生五子，有四子显贵，号称"羊舌四族"，即使楚国人亦称其为"强家"。晋悼公时，叔向以知识渊博，被任命为太子彪之傅，太子彪即位，是为晋平公，叔向以上大夫为太傅。此后，一直活跃在晋国政坛及各诸侯国之间，是春秋时期颇有见识并受到尊敬的政治家。叔向子名伯石，字食我，号曰杨石，任晋国上卿，因得罪晋贵族而遭迫害，子孙隐居华山仙谷避难，后居华阴，是为起源山西杨氏。

汉代设弘农郡，华阴隶属弘农。东汉时，杨震一家，"四世太尉，德业相继"，成为弘农望族。杨震裔孙杨骏、杨珧、杨济兄弟三人，辅佐西晋开国君主武帝司马炎，分掌军国大权，势倾天下，时人有"西晋三杨"之称。其后，杨震长子杨牧裔孙杨坚，取代北周，建立隋朝，完成统一大业，杨氏家族的权势和声望达到鼎盛时期。

据《新唐书》记载，有唐一代，杨伯侨之后裔任宰相者11人，即恭仁相高祖，师道相太宗，弘武相高宗，执柔相武后，再思相武后和中宗，国忠相玄宗，绾相代宗，炎相德宗，嗣复相文宗、武宗，收相懿宗，涉相哀

帝。其间，既有开国兴旺之喜，亦有亡国衰败之忧；既有名臣贤相之誉，又有专权误国之毁。特别是唐玄宗时期，杨家对朝政的影响是至关重要的。五代十国时期，吴国开创者杨行密(852—905)，角逐江淮，有力地推动了杨氏家族的南迁。在宋代，满门忠烈的杨家将，又为杨氏家族谱写了光辉的一页。

5. 郭姓

郭姓出自姬姓。周武王封文王弟虢叔于西虢，封虢仲于东虢。平王东迁，夺虢叔之地予郑武公。楚庄王不满，率军伐周，责平王灭虢。平王遂将虢叔裔孙序，封于阳曲（今太原市阳曲县），号曰郭公。"虢"谓之"郭"，声之转也，是为郭姓。

虢叔所封之西虢，东迁后分为两部分，徙居下阳（今属山西平陆县）者，因滨河之北，称为北虢，系宗庙社稷之所在；徙居上阳（今属河南陕县）者，称为南虢。公元前658年夏，晋献公假道于虞（虞，国名，故址在平陆县北，今称古城），以伐虢，克下阳，北虢亡。公元前655年，晋献公又假道虞国，克上阳，南虢亡。回师途中又灭虞，虞国亡。晋献公迁虢国和虞国之民于瓜衍（今汾阳孝义间），虢人聚居地，称曰虢城；虞人聚居地，称曰虞城。此即今汾阳县虢城与虞城之由来。《太平寰宇记》载："虞、虢二城，相传晋灭虞、虢，迁其民于此，筑城以居之。"如果说阳曲是郭姓得姓之地的话，那么虢城（今属汾阳）则是虢人聚居之地。阳曲和虢城的郭氏都是虢叔之后裔。

东汉末，大司农郭全，即世居阳曲之郭序的后裔。唐高宗时宰相郭待举，即郭全之后裔。唐睿宗时宰相郭元振，即东汉时郭泰之后裔。郭泰(128—169)，字林宗，世居介休。师事成皋屈伯彦，博通典籍，太学生首领，与李膺友善，名震京师。后归乡里，屡拒征召，深得人们敬仰。党锢之祸起，闭门讲学，弟子数千。后周游各地，扬名天下。死后，四方之士，皆来会葬。书法家蔡邕执笔书《郭有道碑》，流传至今，现存太原傅山碑林。明代罗伦撰《郭氏族谱序》云："郭得姓自周虢叔。林宗振汉，郭子仪鸣唐，太原、汾阳著望天下，上下数千年由二人而郭氏大焉。"

郭子仪（697—781），华州郑（今陕西华县）人，其先盖出周之虢叔，后转徙于华山之下。历事玄宗、肃宗、代宗、德宗，为肃、代、德三朝宰相，一身而系天下安危达二十余年。他驰骋疆场，武功卓著，是平息"安史之乱"的大将，"再造唐室"的勋臣；他出将入相，忠心护主，是反对分裂、维护统一的宰相；他襟杯坦白，不计荣辱，是安邦定国的名相。由于他功高盖世，深受皇族青睐。其子孙多与皇室联姻，有的被招为驸马，有的当了贵妃，有的成了皇太后。郭姓与皇室由患难的君臣，发展为割不断的联姻，直至唐亡。五代十国时期，郭氏后裔大批南迁，福建、台湾、广东、香港的郭姓，多为郭子仪的后代。今新加坡、泰国、马来西亚、菲律宾、缅甸等国的郭姓，很多也是郭子仪的后裔。

6. 贾姓

贾姓起源于山西临汾县贾乡一带。周康王封唐叔虞少子公明于贾地，为贾伯，建贾国。后被晋国所灭，公明子孙被遣散各地。公明后裔遂以原国号为姓，是为贾姓。此即源于姬姓之贾姓。后来，晋公族狐偃之子射姑，又食邑于贾。射姑，字季他，亦号贾季。其子孙亦以贾为姓，此即源于狐偃之贾姓。源于姬姓之贾和源于狐偃之贾，均起源于临汾县贾乡一带。

两汉时，贾姓是个人才辈出的名门大姓。贾谊（前200—前168年），洛阳人，时称贾生，是西汉著名的政论家、文学家。通诗书，善文章，被荐于文帝，任博士，迁太中大夫。屡次上疏，奏请改正朔，易服色，定官名，兴礼乐，令列侯就国。为大臣所排挤，被贬为长沙太傅，后为梁怀王太傅。他是与司马相如并称的文章家。他的《过秦论》、《陈政事疏》、《治安策》等都是不朽的名著。后人把社会秩序安宁称作"治安"即由他的《治安策》而来。贾姓的"治安堂"名，亦由此而来。其子贾瑶，为尚书中兵郎。其孙贾嘉，为宜春太守，好学，世其家。东汉贾逵（30—101），扶风平陵（陕西咸阳西北）人，即贾谊之九世孙。他精通五经，曾在北宫和南宫讲学。历任卫士令、左中郎将、侍中。著有经传义诂及诗、颂、书等，被后世称为通儒。唐德宗时宰相贾耽，亦为贾谊之后裔。

7. 郝姓

郝姓起于太原郝乡（今太原南城郝庄）。商朝帝乙之世，封子期于太原郝乡，因以为氏，是为郝姓。

子期裔孙郝宴，秦上卿。郝宴孙郝瑗，太原守。郝瑗生夔，汉匈奴中郎将。郝夔裔孙于晋末因官徙润州丹杨（今江苏镇江）。七世孙郝迥，自丹杨徙安陆（湖北安陆县北）。裔孙郝处俊(606—681)，安陆人，贞观进士，迁吏部侍郎，佐李世勣征高丽有功，入拜东台侍郎。唐高宗上元初，迁中书令，兼太子宾客，检校兵部尚书。时高宗多疾，欲逊位武后，处俊谏止，为武后忌恨。高宗开耀元年(681)卒。处俊自秉政，在帝前议论谆谆，必传经义，凡所规献，得大臣体。武后虽忌之，以其操履无玷，不能害。与舅许圉师同里，俱宦达；乡人田氏、彭氏以高资显。故江淮为语曰："贵如郝、许，富如田、彭。"其孙象贤，垂拱中，为太子通事舍人。因武后嫉恨处俊，故因事诛杀之。

郝经，字伯常，陵川（今山西陵川）人。元世祖即位前召他询问治国安民之道，他条陈数十事，世祖大悦。即位后，任其为翰林侍读学士。曾充国使使南宋，被扣留不屈，拘16年归。留宋期间，著述甚多，其文丰蔚豪宕。故其族人以"丰文"为堂名，此即郝姓"丰文堂"之由来。

8. 阎姓

阎姓起源有三：周武王封太伯曾孙仲弈于阎乡，因以为氏；又昭王少子生而手文曰"阎"，康王封于阎城，因以为氏；又唐叔虞之后晋成公子懿，食采于阎邑，晋灭，子孙散处河洛，以原封邑为氏，是为阎姓。《新唐书·宰相世系表》记载了懿之后裔世系，此即起源于晋之阎姓。阎懿之裔孙阎善，仕后魏，历任魏龙骧将军，云中镇守，因居云州盛乐（忻州市定襄）。阎善裔孙阎毗，为隋将作少监。阎毗长子阎立德，为唐太宗时的工部尚书，次子立行为少府监，三子立本，为唐高宗时宰相。阎毗及其子立德、立中，以擅长工程建筑、工艺、绘画而著称于隋唐时期。阎立本有"右相驰誉丹青"之称，以政治性题材的历史画和肖像画最为著称。他所画的《太宗像》、《秦府十八学士》、《凌烟阁功臣图》、《外国图》等称誉当时。为纪念阎立本这位著名画家，阎氏族人遂以"丹青"为堂名。此即阎氏丹青堂之由来。

此外，按第四次人口普查统计，山西全省30万人口以下的姓氏中，还有很多起源于山西的姓氏。诸如：

魏姓，起源于山西芮城。周文王第十五子名毕公高之裔孙毕万，春秋时仕晋，官至大夫。晋献公封毕万于魏（今山西芮城东北），称魏大夫。传至毕斯，建魏国，都安邑（山西夏县），后为秦所灭。原王族散居山西、河北等地，以国名为姓，是为魏姓。

傅姓，起源于山西平陆。殷高祖武丁的贤相傅说，原来是在傅岩（今平陆圣人涧）从事版筑的奴隶，后被任用为相，天下大治。傅说之后裔，以原居地为姓，是为傅姓。

尹姓，起源于山西隰县。少昊之子殷，被封于尹城（今山西隰县东北），时称尹殷。殷的后裔以封地取姓，是为尹姓。

祁姓，起源于山西祁县。春秋时，晋献公之孙名英，食采于祁（山西祁县），子孙以封邑取姓，是为祁姓，此祁姓之一支。

路姓，起源于山西潞城。黄帝时封炎帝支子于潞地（山西潞城）。春秋时有潞子婴儿，后代子孙以封地为姓，去掉三点水，是为路姓。此路姓之一支。

霍姓，起源于山西霍县。周文王第六子名叔处（又名叔武），与武王是同母兄弟。武王执政，封叔处于霍（今山西霍县），时称霍叔，与管叔、蔡叔监管殷代遗民，史称"三监"。后他们唆使武庚叛乱，叛乱被平息后，霍叔降为庶人，其后子孙以祖上原封地为姓，是为霍姓。

冀姓，起源于山西河津。西周时，周武王封先贤遗孙，把尧的裔孙封于冀（山西河津），建立冀国。春秋时，被晋国所灭。后代子孙以原国名为姓，是为冀姓。此冀姓之一支。

万姓，起源于山西芮城。西周初，有大夫封于芮（山西芮城），伯爵，史称芮伯，为诸侯国。传至芮伯万，其孙便以祖父之字为姓，是为万姓之一支。又晋大夫毕万，辅佐晋献公，封于魏地，是为魏国始祖。秦灭魏国

后，毕万后裔以祖字为姓，是为万姓。

解姓，起源于山西永济。西周时，唐叔虞少子名良，食采于解（山西永济虞乡），时称解良。其后裔以祖上食采地为姓，是为解姓。

裴姓，起源于山西闻喜。出自风姓。周孝王封伯益之后非子之支孙于〔裴〕（原是"非"字下为"邑"字）乡，因以为氏，今闻喜裴柏是也。六世孙陵，周僖王封为解邑君。乃去"邑"从"衣"，是为裴姓。裴陵裔孙盖，官汉水衡都尉、侍中。其九世孙遵，任敦煌太守，自云中从光武平陇、蜀，徙居河东安邑，安帝、顺帝之际，徙居闻喜。裴遵曾孙裴晔，任并州刺史、度辽将军，开裴姓显贵之先河。

荀姓，起源于山西临猗。周文王第十七子封于郇，为伯爵，建郇国，史称郇伯，后被晋国所灭。子孙遂以原国名为姓，去掉邑字加上草字头，是为荀姓。荀姓后又分为旬、程、知、智、辅姓。

芮姓，起源于山西芮城。周武王时封文王后裔姬良夫于芮（山西芮城），成王时改为诸侯国，为伯爵，称芮伯。春秋时，芮国被晋国所灭，芮伯之后裔便以原国名为姓，是为芮姓。

邬姓，起源于山西介休。黄帝裔孙陆终第四子名求言，封于邬邑（山西介休邬城店），子孙以封邑为姓，是为邬姓。另外，春秋时，晋公族祁盈有一同姓家臣名曰臧，因功封于邬（山西介休邬城店），世称邬臧。邬臧子孙以祖上封邑为姓，亦为邬姓。此邬姓之另一支。

蒲姓，起源于山西永济。相传夏代封古帝虞舜后裔于蒲（山西永济县蒲州），子孙以封邑为姓，是为蒲姓。又相传有扈氏的后代，世代为西羌酋长，因家池中生蒲草，长五丈，节如竹形，时人异之，称曰蒲家，遂以蒲为姓。此蒲姓之另一支。

耿姓，起源于山西河津。西周时封姬姓人于耿（山西河津东南王村一带），春秋时为晋国所灭，原耿国公族以国名为姓，是为耿姓。

唐姓，起源比较复杂，有出自祁姓之唐，是帝尧的后裔；有出自姬姓之唐，是唐叔虞的后裔。这两支唐姓都源于山西。传说中的帝尧，为祁姓，初封于陶，后封于唐，故称陶唐氏，亦称唐尧。帝舜封唐尧之子丹朱为唐侯，在今山西翼城一带建立唐国。西周初，唐国叛乱，周公平乱后，迁唐侯于杜（今属陕西），史称唐杜氏，其子孙以原国名为氏，是为祁姓唐氏。另外，周成王封其弟姬虞于唐，建立唐国，后迁晋阳（今太原），子孙以国为氏，是为姬姓唐氏。

临姓，起源于山西临县。春秋时，晋国有临邑（属山西临县），居其地者，有的以居地为姓，是为临姓。

壶姓，起源于山西长治。春秋时，晋国有大夫食采于壶邑（长治壶关），子孙便以食邑为姓，是为壶姓。

清姓，起源于山西稷山。春秋时，晋厉公封大夫沸魋于清（稷山东南），世称清沸魋，子孙遂以清为姓，是为清姓。

鄂姓，起源于山西乡宁。春秋时，晋哀侯曾居于鄂（乡宁鄂城），其支庶子孙以原食邑为姓，是为鄂姓。又，春秋时，晋国大夫顷父之子嘉父叛晋，奔鄂邑，晋人谓之鄂侯，子孙亦以鄂为姓，是为鄂姓。哀侯和嘉父均为姬姓，此即源于姬姓之鄂姓。

曲姓，起源于山西曲沃。春秋时，晋穆侯封其少子成师于曲沃（曲沃古城）。成师之后裔以封邑命氏，是为曲姓或曲沃复姓，故曲姓与曲沃复姓同宗，此为出自姬姓之曲姓。

虞姓，起源于山西平陆。周之先祖古公亶父，振兴周族，称太王。太王有三子：长曰太伯，次曰仲雍，三曰季历。太王欲立幼子季历接任王位，故太伯与仲雍奔江南。季历生姬昌，即周文王。武王执政后，封仲雍庶孙于虞（平陆古城），建立虞国。春秋时，虞国被晋献公所灭。虞国王族后裔以原国名为姓，是为虞姓。此为源于姬姓之虞姓。

侯姓，起源于春秋时晋国。春秋初，晋哀侯及其弟湣侯，被曲沃武公打败并捕杀。其后裔逃难他国，以祖上封爵为姓，是为侯姓。此系源于姬氏之侯姓。

籍姓，起源于春秋时晋国。春秋时，晋国大夫荀林父为中行（中军）伯，其孙伯黡，掌管晋国典籍文献。其后裔以职官为姓，形成典姓与籍姓两支。古时"籍"与"藉"通用，故籍姓亦作藉姓。

令狐姓，起源于山西临猗。春秋时，晋国大夫毕万之后裔名曰魏颗，因生擒秦国大将杜回之军功，封于令狐（临猗令狐城），其后子孙以祖上封邑为姓，是为令狐姓。

其实，起源于山西的姓氏远不止于此。因为山西是中华民族的发祥地之一，不少古姓起源于山西。例如，上古八大姓之一的姚姓，就起源于山西永济，传说中的舜，就居住在永济南的姚水旁，以居地命氏，是为姚姓。山西是晋国所在地，而晋国又是春秋时文明昌盛的大国，起源于晋国的姓氏很多，除以上列举的以外，还有一些。诸如，唐叔虞的后代，封于河内之温地（河南温县），是为温姓；又晋国有大夫郤郤至，亦食采温地，亦为温姓。晋国大夫嘉父之后裔，以字为氏，是为嘉姓。晋国大夫胥臣之后裔，以字为氏，是为胥姓。晋国翼侯居翼城（故址在翼城县东南），其后裔以居邑为氏，是为翼姓。晋靖侯孙名季夙，其后裔以名为姓，是为季夙姓。晋穆侯之庶子名楼季，其后裔以名为姓，是为楼季姓，等等。山西在历史上是汉族与少数民族交融杂居之地，许多少数民族的姓氏也起源于山西。例如，长孙姓，起源于代北鲜卑族，本为拓跋氏。北魏孝文帝时，以拓跋为魏皇族宗室之长门，故改姓为长孙氏。又如，尉迟姓，起源于鲜卑尉迟部，系鲜卑族的一支。后随孝文帝入中原，以原族名为氏，是为尉迟复姓，等等。如若把代北旧姓亦视为起源于山西的姓氏，还可列举200多个。正因为如此，以上所述仅为起源于山西姓氏的一部分，故曰举要。

（贰）郡望

在山西这块古老的黄土地上，不仅产生了很多姓氏，而且还是许多姓氏的郡望所在地。

一、郡望的由来和演变

郡，系行政区划；望，指名门望族。郡望系指地方上的名门望族。郡作为行政建置，发端于春秋时代的晋国。其时晋国在内地设县，在边远地

区置郡，均由国君直接统治。这是我国历史上郡县制的形成时期。韩、赵、魏"三家分晋"后，赵国在山西境内设有云中、雁门、太原、代、上党五郡。秦统一后，在山西境内设有河东、太原、雁门、代、上党五郡。西汉至隋统一期间，山西境内郡的建置变化很大。隋统一后，置郡14，计有：长平郡、上党郡、河东郡、绛郡、文城郡、临汾郡、龙泉郡、西河郡、离石郡、雁门郡、马邑郡、定襄郡、楼烦郡、太原郡。唐初依隋旧制，地方行政区划仍为州（郡）、县二级建制。高祖武德元年(618)，改郡为州；玄宗天宝元年(742)，复改州为郡；肃宗至德二年（757），再改郡为州。至此，郡作为一级行政建置，就不复存在了。从春秋末年至唐中叶这一千多年间，是郡作为行政建置的存在时期。但郡望作为地方上的名门望族的用语，一直延续了下来。

在我国历史上，魏晋南北朝时期，是谱学的鼎盛时期。早在东汉时，门第观念业已形成。名士之家，往往世代做大官。例如：弘农郡华阴杨氏，连续四代有四人位至三公；汝南郡汝阳袁氏，连续四代有五人位至三公；汝南郡平舆许氏，连续三代有三人位至三公，等等。于是弘农杨氏、汝南袁氏和许氏，皆为世人所羡慕，成为名门望族。魏晋时期，随着九品中正制的推行，只有地方上的名门望族，才有资格做官；只有门当户对，才能通婚。这样就形成了一种强大的门阀势力和士族制度。门阀，即门第、阀阅，特指祖先建立功勋者的家世，也就是名门望族。社会上出现了"上品无寒门，下品无士族"的现象。有些名门望族，在魏晋六朝时期，世代显赫。例如，琅琊郡临沂王氏，从汉代直至南朝陈，累计有十七代数百人位居高官，其中许多人官至丞相、尚书。又如，太原郡晋阳王氏，许多人世代做大官，成为具有重大影响的大家族。与此相伴，攀附名门、假托祖先、任意通谱、冒认同宗等奇特现象，亦广为流行。即或是卓有成就的社会名流，也都以攀附名门、血统高贵为荣。经过隋末农民战争的沉重打击，门阀势力才逐渐衰落下来。有唐一代，是士族地主和庶族地主双方力量此消彼长的时期，随着士族势力的衰落和科举制度的推行，门阀观念逐渐淡薄下来。唐末农民战争后，门阀势力才退出历史舞台。此后，名门

望族亦演变为泛指地方上或在政治方面或在经济方面或在文化方面，具有重大影响的姓氏和家族。

在我国历史上，很多姓氏特别是一些人口众多的大姓，分布极广，人才辈出，支派繁多，所以很多姓氏的郡望都不是一个，而是几个或几十个。《广韵》记载，王姓有21望，张姓有14望，刘姓有25望，李姓有12望，朱姓有9望，周姓有8望，赵姓有5望，等等。

郡望是一个历史的概念。这不只是由于郡作为一级行政建置仅仅存在于春秋至唐中叶这一历史时期，即或是这一时期郡的设置也是变化很大的。例如，山西的高平郡，北周时设置，隋开皇初废；唐天宝初，又改泽州为高平郡，乾元元年（758）复改为泽州。所以，高平郡的望族主要指北周至隋这一时期的望族。

由于郡望系指地方上的名门望族，所以一郡之中，在不同的朝代会出现不同的名门望族。这些不同朝代的名门望族汇总起来，就形成了一郡之中出现几个或几十个名门望族的现象。因此，史籍中记载的郡望，都是不同朝代的名门望族的汇总，而不是同一朝代并存的数十个名门望族。山西各郡的名门望族，也都如此。

二、《百家姓》中的山西郡望

《百家姓》是北宋以来，对儿童进行启蒙教育的主要读本之一，传播极广，影响极大。《百家姓》出自《兔园集》，系宋初钱塘无名老儒所作。其所以用"赵钱孙李"开头，是因为宋朝皇帝姓赵。钱姓是五代十国时吴越国的王姓。吴越国据有今浙江大部，是后梁开平元年(907)由钱镠创建的。传至其孙钱俶时，国力颇盛。后汉和后周时，累授吴越王钱俶为天下兵马大元帅。宋太祖时入朝。宋太宗太平兴国三年(978)，钱俶以所管十三州来献阙下，恩礼甚隆，累封邓王，卒谥忠懿。钱俶任太师尚书令兼国王凡40年，为元帅35年。在钱塘老儒心目中，是仅次于皇族的显姓，故排为第二。孙姓是钱俶之妃。李姓系南唐后主之姓，所以赵钱之后，排为孙、李二姓。然后才排其他姓氏。

流行于世的《百家姓》本，是明代定型的。其后曾出现过不少《百家姓》改编本，诸如，明末黄周星的《百家姓新笺》，清代以康熙皇帝名义编写的《御制百家姓》，咸丰时由丁宴改编的《百家姓三编》等等。但这些新编的《百家姓》本，都未能取代原本的《百家姓》本，可见原本《百家姓》生命力之强。原本《百家姓》不仅在汉民族中广泛传播，在兄弟民族中也有其注音译本，如《蒙古字母百家姓》、《女真字母百家姓》等。

流行甚广的原本《百家姓》，共收录姓氏438个。其中，单字姓408个，编为102句；双字姓30个，编为15句；最后是"百家姓终"一句，总计118句，472字。鉴于流传极广的原本《百家姓》收录姓氏较少，清代后期又出现了《增广百家姓》，即在原本《百家姓》的"司徒司空"之后，新增补了30个双字姓，36个单字外。加上原有的30个双字姓和408个单字姓，总计收录姓氏为504个。其中单字姓444个，双字姓60个。在这504个姓氏中，郡望在今山西境内者有82个，兹分述如下：

1. 太原郡（著望30姓）

殷商时为唐国，西周时为北唐，春秋时为晋阳邑，战国时属赵。秦庄襄王四年（前246），秦国攻克赵国之晋阳及周围大片领土后，始置太原郡。西汉初，改太原郡为国，后又复为郡。西晋时又改为国，北魏再复为郡。隋开皇三年（583）改为并州，大业三年(607)复为太原郡。唐初改为并州。

太原郡著望计有：王姓、郝姓、邬姓、祁姓、伏姓、祝姓、郭姓、霍姓、昝姓、弓姓、宫姓、武姓、韶姓、郁姓、能姓、阎姓、充姓、易姓、弘姓、沃姓、师姓、缑姓、亢姓、景姓、匡姓、越姓、尉迟姓、澹台姓、令狐姓、呼延姓。

2. 平阳郡（著望13姓）

平阳古为帝尧之都。春秋时为平阳邑。战国属韩。秦置平阳县，属河东郡。三国时魏正始元年（240），始置平阳郡。唐武德年间改为晋州，天宝元年(742)复为平阳郡，乾元元年（758），仍改置晋州。

平阳郡著望计有：汪姓、纪姓、解姓、邴姓、巫姓、仇姓、柴姓、步

姓、欧姓、勾姓、饶姓、晋姓、牟姓。

3. 河东郡（著望13姓）

河东郡始设于战国时期。战国中期，秦国夺取了魏国的西河和韩国的上党以后，魏国为加强防守，遂置河东郡。其辖境相当于今沁水县以西、霍山以南地区，这里原是魏国的国都安邑所在地。公元前290年，秦昭王任用魏冉为相，白起为将，在兼并战争中取得重大胜利。魏国被迫献出河东地四百里给秦，秦沿袭魏河东郡旧名，置河东郡。治所在安邑（今夏县西北禹王城），后移治临汾（今曲沃北）。两汉、三国魏晋南北朝至隋，亦多称河东郡，只是辖境有所不同而已。唐武德元年（618），改为蒲州；天宝元年(742)，又改为河东郡；乾元元年(758)，再次改为蒲州。

河东郡著望计有：卫姓、吕姓、柳姓、廉姓、薛姓、裴姓、陆姓、储姓、蒲姓、堵姓、满姓、聂姓、孟姓。

4. 西河郡（著望11姓）

西河郡始置于汉武帝元朔四年（前125），治所在平定（今内蒙古自治区东胜县境）。东汉永和五年（140），移治离石（今山西离石）。汉献帝末年废。三国魏黄初二年（221年）复置西河郡，治所在兹氏（今汾阳）。西晋时称西河国，永兴后废。北魏太和八年(484)复置郡，属汾州，北齐废郡，改为西汾州。隋大业初，复置西河郡。唐武德元年（618），改为浩州；三年（620），改为汾州；天宝初复为西河郡，后又改为汾州。

西河郡著望计有：卜姓、毛姓、林姓、靳姓、栾姓、卓姓、池姓、宰姓、通姓、相姓、爱姓。

5. 雁门郡（著望8姓）

雁门郡始置于战国时期。赵武灵王（前325—前299）改革军制，实行"胡服骑射"后，赵国成为仅次于秦的强国。为加强边防，置雁门郡，治所在今右玉县南。秦汉因之。北周改为肆州，隋开皇五年(585)改为代州，大业初复为雁门郡。唐武德元年(618)复为代州，天宝初又改为雁门郡，乾元初再复为代州。

雁门郡著望计有：童姓、田姓、幸姓、薄姓、农姓、鱼姓、衡姓、文姓。

6. 上党郡（著望5姓）

上党郡始置于战国时期。战国时韩国置上党郡，辖区在今山西沁河以东一带地区。韩国上党郡守冯亭，献17县给赵国。赵国亦置上党郡，与韩国之上党郡相接。公元前247年，秦攻取了韩的上党郡；公元前236年，秦又攻取了赵的上党郡。上党地区全部为秦占有，遂置统一的上党郡。秦汉魏晋因之。隋开皇初废，大业初复置。唐武德元年(618)改为潞州，天宝初复为上党郡，乾元元年(758)再次改为潞州。

上党郡著望计有：鲍姓、樊姓、包姓、尚姓、连姓。

7. 高平郡（著望2姓）

高平郡始置于北周。北周时，将北魏时的高都郡改为高平郡，治所在高都（今晋城东北），领有高都、高平二县。隋开皇初废。唐天宝初又以泽州改置高平郡，后又改为泽州。五代时，后唐又置高平郡，不久复废。

高平郡著望计有：范姓、巴姓。

以上是《百家姓》所载郡望在山西的姓氏。由于《百家姓》包括《增广百家姓》，所收录的姓氏很不完全，自然郡望在山西的姓氏也不可能完全。为了更多地了解山西历史上曾经出现过的郡望，有必要对《山西通志》中记载的山西郡望，再进行一些考察。

三、《山西通志》中的山西郡望

明成化十一年（1475）刻印的《山西通志》是山西的第一部省志。嘉靖四十三年（1564）编修刻印的嘉靖《山西通志》，设有"艺文"一目，著录三晋文献450余种，是最早的山西文献书目。万历四十四年（1616）修成。崇祯二年（1629）刻印的万历《山西通志》，出于军事防卫的需要，对边墙、边关、堡塞、隘口等地理形势记载特详。清代又修有康熙《山西通志》、雍正《山西通志》和光绪《山西通志》。光绪《山西通志》由曾国荃、王轩、杨笃等修。曾国荃，湖南湘乡人，于光绪三年（1877）任山西巡抚。王轩(1823—1887)，山西洪洞人，同治二年（1863）进士，精通古

籍，博学多才，曾主讲晋阳、令德两书院。光绪五年（1879），受聘为《山西通志》总纂，主持编修。杨笃（1834—1894年），山西乡宁人，同治举人，山西学界一代名流，清末著名的方志学家、金石学家。光绪十三年（1887），总纂王轩谢世，他力挑重担，总揽全局，光绪十八年（1892），《山西通志》终于问世，受到著名学者梁启超的赞誉。《续修四库全书提要》评价该志云："盖不独为《山西通志》之模范，且可为他省志书之准绳。"据光绪《山西通志》卷九记载，山西郡望（含北魏孝文帝迁洛著姓），以郡统计(同一姓氏著望两郡者，按两郡望计)，多达292个，其分布如下：

1. 太原郡（著望39姓）

计有：王、郝、祁、伏、祝、郭、霍、昝、弓、宫、武、温、阎、白、狄、乔、唐、邬、鄌、酉、祭、吞、韶、郁、易、弘、匼、沃、越、师、秦、元、蓼、毕、廖、令狐、鱼、仪、景。

2. 河东郡（著望43姓）

计有：裴、柳、薛、卫、吕、储、蒲、聂、骐、堵、展、啖、义、壹（本树姓改）、舜、辅、戈、廉、戴、庞、胡、袁、韩、关、罗、滕、周、董、赵、贾、宁、郅、翼、陈、古成（即苦成）、田丘、费、王、宫、景、任、孙、茹。

3. 上党郡（著望10姓）

计有：鲍、樊、包、尚、连、繁、尧、冯、续、上官。

4. 西河郡（著望18姓）

计有：卜、毛、宋、孙、栾、卓、池、宰、通、相、临、贯、理、析、仪、任、马、相里。

5. 雁门郡（著望16姓）

计有：田、薄、农、茹、居、衡、文、续、卑、曲、童、宿、苑、枝、鱼、解。

6. 平阳郡（著望23姓）

计有：汪、纪、解、巫、仇、柴、步、欧、饶、敬、来、乘、牟、囊、丙、路、晋、邓、员、仵城、霍、贾、马。

7. 高平郡（著望6姓）

计有：米、范、巴、翟、过、独孤。

8. 绛郡（著望6姓）

计有：先、侯、铎、郭、尹、卢。

9. 代北（著望131姓）

其中，旧单姓6，旧复姓83，旧三字姓39，旧四字姓3。

（1）旧单姓6。

计有：普氏，后改为周；侯氏，后改为亥氏；邢氏，庾氏，闾氏，茹氏。

（2）旧复姓83。

计有：

托跋氏，后改元氏；纥骨氏，后改胡氏；

拓拔氏，后改长孙氏；达奚氏，后改奚氏；

伊娄氏，后改伊氏；丘敦氏，后改丘氏；

乙旃氏，后改叔孙氏；车妮氏，后改车氏；

贺赖氏，后改贺氏；独孤氏，后改刘氏；

贺楼氏，后改楼氏；是连氏，后改连氏；

仆兰氏，后改仆氏；若干氏，后改苟氏；

拔列氏，后改梁氏；拨略氏，后改略氏；

叱罗氏，后改罗氏；贺葛氏，后改葛氏；

是贲氏，后改封氏；薄奚氏，后改薄氏；

乌丸氏，后改桓氏；素和氏，后改和氏；

贺若氏，依旧；谷浑氏，后改浑氏；

匹娄氏，后改娄氏；牒云氏，后改云氏；

是云氏，后改是氏；叱利氏，后改利氏；

副吕氏，后改副氏；如罗氏，后改如氏；

乞扶氏，后改扶氏；阿单氏，后改单氏；

俟几氏，后改几氏；贺儿氏，后改儿氏；

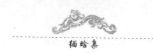

吐奚氏，后改古氏；出连氏，后改毕氏；

贺拔氏，后改何氏；叱吕氏，后改吕氏；

莫芦氏，后改芦氏；莫舆氏，后改舆氏；

纥干氏，后改干氏；是楼氏，后改高氏；

屈突氏，后改屈氏；沓卢氏，后改沓氏；

解枇氏，后改解氏；奇斤氏，后改奇氏；

须卜氏，后改卜氏；丘林氏，后改林氏；

尔绵氏，后改绵氏；盖楼氏，后改盖氏；

渴单氏，后改单氏；叱门氏，后改门氏；

秘邜氏，后改邜氏；土难氏，后改山氏；

乙弗氏，后改乙氏；茂眷氏，后改茂氏；

宥连氏，后改云氏；库狄氏，后改狄氏；

柯拔氏，后改柯氏；尉迟氏，后改尉氏；

叱干氏，后改薛氏；俟奴氏，后改俟氏；

展迟氏，后改展氏；费连氏，后改费氏；

綦连氏，后改綦氏；去斤氏，后改艾氏；

渴侯氏，后改缑氏；叱卢氏，后改祝氏；

和稽氏，后改缓氏；冤赖氏，后改就氏；

温孤氏，后改温氏；达勃氏，后改襃氏；

贺兰氏，依旧；纥奚氏，后改嵇氏；

越勒氏，后改越氏；叱奴氏，后改狼氏；

羽弗氏，后改羽氏；斛律氏，依旧；

斛斯氏，依旧；尔朱氏，依旧；

可达氏，依旧；吐万氏，依旧；

拓王氏，本姓王，后魏赐姓拓王氏。

（3）旧三字姓39。

计有：

丘穆陵氏，后改穆氏；步六孤氏，后改陆氏；

勿忸于氏，后改于氏；若口引氏，后改寇氏；

普陋茹氏，后改茹氏；阿伏干氏，后改阿氏；

可地延氏，后改延氏；阿鹿桓氏，后改桓氏；

他骆拔氏，后改骆氏；吐谷浑氏，依旧；

俟力代氏，后改鲍氏；吐伏卢氏，后改卢氏；

莫那娄氏，后改莫氏；奚斗卢氏，后改索卢氏；

步大汗氏，后改韩氏；没路真氏，后改路氏；

扈地干氏，后改扈氏；俟伏斤氏，后改伏氏；

嗢石兰氏，后改石氏；大莫干氏，后改郃氏；

壹斗眷氏，后改明氏；宿六斤氏，后改宿氏；

树洛干氏，后改树氏；纥豆陵氏，后改窦氏；

侯莫陈氏，后改陈氏；太洛稽氏，后改稽氏；

步鹿根氏，后改步氏；破多罗氏，后改潘氏；

独孤浑氏，后改杜氏；郁都甄氏，后改甄氏；

渴烛浑氏，后改味氏；库褥官氏，后改库氏；

乌洛兰氏，后改兰氏；一邢蒌氏，后改蒌氏；

叱伏列氏，依旧；破六韩氏，依旧；

可朱浑氏，依旧；莫胡卢氏，后改阳氏；

譬历辰氏，后改辰氏或张氏。

（4）旧四字姓3。

计有：

自死独膊氏；井疆六斤氏；胡古口引氏，后改侯氏。

以上是光绪《山西通志》记载的山西郡望。在中华文明史上，山西是很重要的郡望集中地之一。

四、郡望举例

在中国历史上，山西的很多名门望族都是影响极大、名扬天下的。兹举数例。

1. 太原王氏

太原王氏主要有祁县、晋阳两支。秦朝大将王翦裔孙王霸，定居太原，生有二子：长子王殷，东汉中山太守，食邑祁县，其后裔称祁县王氏；次子王咸，随父居晋阳，其后裔称晋阳王氏。

祁县王氏，自王允始，扬名天下。王允，字子师，太原祁人。少好大节，有志于立功，常习诵经传，朝夕试驰射。汉献帝初平元年（190），代杨彪为司徒、守尚书令。以董卓有不臣之心，潜结董卓部将吕布，刺杀董卓。董卓部将李傕、郭汜攻陷长安，吕布奔走，驻马青琐门外。吕布招王允去劝降，王允曰："若蒙社稷之灵，上安国家，吾之愿也。"其以国家为念，遂遇害，时年56岁。长子、次子及宗族十余人皆被诛害。唯兄子王晨、王凌，脱归乡里。天子感痛，百姓丧气。及朝廷平定李傕之乱，帝思王允之忠节，遣使奉策，改殡祭葬，封其孙为安乐亭侯，食邑300户。王允之侄王凌，既免于叔父之难，以才能为魏武帝曹操知遇，任中山太守，有治声，后官至太尉。时人称赞他"文武俱赡，当今无双"。司马懿诛除异己，有不臣之心。他在寿春（安徽寿县）举兵讨伐，后兵败被杀。时论评议他是"固忠于魏之社稷者"。王凌有四子，长子、次子、三子，均才武过人；四子王明山最知名，善书法，被时人视为楷模。后来四个儿子都被司马懿所杀。

王凌之后王玄谟是祁县王氏中影响很大的历史人物。南朝宋武帝时，南讨有功，封曲江侯。后迁平北将军、徐州刺史，加都督。宋文帝即位，王玄谟官至顾命大臣。明帝即位，四方反叛，以王玄谟为大统，领水军南讨。后为左光禄大夫、开府仪同三司。年八十二卒，谥曰庄公。其后，家世相传，显于南朝。王玄谟子王宽，光禄大夫。从弟王玄载，兖州刺史。王玄载弟王玄邈，雍州刺史。曾孙王茂，仕梁朝，为开国元勋。梁武帝以王佐许之，事无大小皆询焉。后徙江州刺史，不取俸，狱无滞囚，宴然有秩，死于州任。赠太尉，谥曰忠烈。与王玄谟同时，汉司徒王允之兄王懋的七世孙王懿亦显贵南朝。东晋末年，王懿自前秦出奔江南，时值宋武帝刘裕举兵时期，王懿被任为中兵参军，每战必克，后以战功显赫进镇北大

将军。卒，谥号桓侯。

南朝梁时，祁县王氏后裔王神念仕梁，为右卫将军，卒，谥号忠公。其子王僧辩，博学，有凌云之气。梁元帝时，为中兵参军，督诸道兵马，平定侯景之乱，功居第一，加侍中、尚书令，累迁大司马，成为出将入相、左右时局的大人物。后为取代梁朝的陈霸先所害。王僧辩长子王颙，在梁朝为侍中；次子王颁，仕周为汉中太守，拜同三司，隋朝时官居代州、齐州刺史。唐太宗时宰相王珪，即王颙之子。王珪卒，唐太宗素服哭别，赠吏部尚书，谥曰懿。后王珪子王崇基，官至主簿员外郎；次子王敬直，为驸马都尉，封南城县男。

祁县王氏迁居河东的一支，以博学多才著称于世。王通、王绩兄弟及其孙王勃，是其中的佼佼者。王通的六世祖王玄则，仕南朝宋，历太仆、国子博士，撰《时变论》六篇，言化俗推移之理；五世祖王涣，为江州刺史，著有《五经决录》五篇，言圣贤制述之意；四世祖王虬，于南齐高帝萧道成代宋后，奔北魏，任并州刺史，定居河汾，称晋阳穆公，著《政大论》八篇，言帝王之道；三世祖王彦，官至同州刺史，因悲永安惨案（胡太后杀明帝，尔朱荣沉胡太后和幼主钊于河，杀王公、官民2000余人），退居龙门，遂为河东龙门人，著《政小论》八篇，言王霸之业；祖父王杰（亦作王一），官济州刺史，谥曰安康献公，受田于龙门，著《皇极谠义》九篇，言三才之去就，并有《龙门禹庙碑》传世。父王隆，字伯高，隋开皇初，奏《兴衰要论》七篇，言六代之得失，文帝称善。后出任昌乐县令，再迁铜川县令，秩满归里。王通兄弟七人，王通排行第三，王绩排行第五。王通中秀才高第后，于仁寿三年(603)，西游长安。向隋文帝奏太平十二策，稽古验今，文帝大悦。但为公卿所嫉，未被重用。后王通任蜀郡司户书佐、蜀王侍读。大业末，弃官归里，著书立说，聚徒讲学。历九载完成其巨著《续六经》。卒后，被尊为"文中子"。王通以明王道为己任，重振孔子之学，提出了很多有价值的思想和主张，被后人称为隋唐时期儒学复兴的先驱。其孙王勃，才气横溢，文思出众，与杨炯、卢照邻、骆宾王齐名，被誉为"初唐四杰"。王通之弟王绩，字无功，唐代著名文学家，

有《王无功集》（又名《东皋子集》）传世。

太原王氏晋阳支，自东汉始，日益显贵。王咸裔孙王柔、王泽兄弟博学多才，得名士郭林宗品评而知名。后分别官至北中郎将和代郡太守，奠定了晋阳王氏显贵的基业。王柔子王机，仕魏，官至东郡太守；王泽子王昶，仕魏，官至司空，著有《治论》和《兵书》，魏末因助司马氏代魏有功，西晋建立后，子孙青云直上，登上了超级贵族之高位。王机子王沈，由叔父王昶收养，事昶如父，以佐命之功迁尚书令、散骑常侍，封博陵郡公。王沈之子王浚，官至大司马，父子皆登三公之位。王昶子王浑，晋武帝时率大军，灭孙吴，实现统一，以军功官司徒，赠封京陵侯爵为京陵郡公，食邑8000户。王浑子王济，被晋武帝招为驸马，官至骠骑将军。从西晋建立至永嘉之乱的40多年间，晋阳王氏，鼎贵一时，是其黄金时代。东晋时，晋阳王氏亦是继琅琊王氏、颍川庾氏、谯郡桓氏、陈郡谢氏之后，独霸东晋朝政达数年之久的显贵。东晋哀帝、简文帝和孝武帝的皇后，都是晋阳王氏之女。一门三后，其荣贵无双。王述，字怀祖，以门第显贵为司徒王导重用，官至散骑常侍、尚书令。其子王坦之，字文度，与谢安共辅幼主，迁中书令，领丹杨尹。卒，追赠安北将军，谥曰献。王坦之有四子，三子王国宝为安帝重用，参管朝政，威震内外，迁尚书左仆射，领选，加后将军、丹杨尹。自王述至国宝祖孙三世为相，权倾天下。其后因政局变动，连遭家祸。王慧龙渡江北奔，后入北魏，宰相崔浩之弟崔恬，妻之以女，王慧龙遂与北朝首族清河崔氏联姻。王慧龙在北魏被授安南大将军左长史，以军功为太武帝器重，从而奠定了其家族的显贵地位。北魏孝文帝定族姓时，纳慧龙孙王琼之女为妃嫔，从此又得到皇帝的扶持。由于有皇帝的扶持、大族的提携，王慧龙的后裔终于登上了北方一流大族的显贵地位，王氏遂与崔、卢、李、郑四姓，合称北朝五族，即所谓"世之言高华者，以五姓为首"。王琼后来官至征北将军、中书监、并州刺史，封长杜伯。王琼有四子：遵业、广业、延业、季和，并有时誉，各自分房立支，人称四房王氏。遵业为大房，子孙显贵于北朝至隋唐，十世孙王溥，为唐末昭宗时宰相；广业为二房，显贵略逊大房，后裔知名者有北齐

胶州刺史王野父，唐御史中丞王君儒，中书舍人王孝远，太常博士王仙客等人；延业为三房，季和为四房。三房和四房无后，故不显于世。晋阳王氏除王琼后裔外，还有多支显贵。如南朝齐，有王道宝，任晋安太守；道宝子王玮，为梁武陵王记室参军；王玮子王元规，为梁陈时名儒，陈文帝时任国子祭酒，入隋后，官至秦王府东阁祭酒。又如，北魏太武帝时，王景仁归魏，官至敦煌镇将；景仁子王公礼，任平城镇司马，因家于平城；公礼子王延，任兰陵郡守；王延子王士良，迁居河右，仕东魏、北齐，又仕北周、隋；士良子王德衡，北周末年任仪同大将军，等等。

唐代是门阀势力衰落、庶族地主兴盛的转折时期，尽管世代相传的豪门大族史不绝书，但是随着科举制度的推行，家世和门第不再作为选官的凭据，晋阳王氏亦随之而衰落了下来。从汉至唐，太原王氏一直是名声显赫、影响巨大的名门望族。有些本来属于其他衍派的王氏家族，由于本族世系记载不明，加之太原又是王氏开宗立姓之地，所以便将自己的家世直接归系于太原王氏之下。这样就使太原王氏越传越多，越滚越大，以致有"天下王姓出太原"之称。随着时间的推移，这种说法在海内外广为流传。

2. 河东裴氏

河东裴氏，自裴晔始显。裴晔有二子：长子裴羲，任桓帝时尚书令，封开国公；次子裴茂，字巨光，灵帝时历郡守、尚书，因率诸将平定李傕之乱有功，封阳吉平侯。裴茂有四子：徽、潜、辑、绾。其后分房立眷，各领风骚，成为名垂青史的名门望族。

裴茂长子徽，字文秀，魏冀州刺史、兰陵武公、金紫光禄大夫。后子孙多仕西凉，故号西眷，裴徽即为西眷之祖。裴徽有子四：黎、康、楷、绰。长子裴黎，字伯宗，游击将军、秘书监。裴黎有子二：粹、苞。裴粹，晋武威太守。粹孙名懂，徙居解县洗马川，号洗马裴，仕前秦，官至大鸿胪。裴懂乃洗马裴氏之祖。裴苞，晋秦州刺史、太子少师，封清河公，赠司空。四世孙裴邕，随晋室南渡，徙居襄阳，任晋州刺史。六世孙裴叔业，仕南齐，高帝时任骠骑行参军、广平太守；武帝时又任右军将军、东中郎将咨议参军；齐明帝很欣赏叔的才华，遂以叔业为给事黄门侍

郎，封武昌县开国伯，食邑500户。齐明帝驾崩，东昏侯萧宝卷继位，滥行杀戮，屡起事端。裴叔业遂北归，事北魏。魏世宗诏拜叔业为持节散骑常侍，都督豫、雍、兖、徐、司五州诸军事，征南将军，豫州刺史，封兰陵郡开国公，邑3000户。因叔业自江南北归，再加上又是驰骋沙场、屡建军功的大人物，叔业之后裔遂称为南来吴裴，叔业，即南来吴裴之祖。可见，洗马裴和南来吴裴，分别出自裴黎之长子和次子，都是裴黎的后裔，都源于西眷。

裴茂子潜，字文行，仕曹魏。他治军有方，为太祖所器重，入朝为散骑常侍。魏明帝继位后，官至尚书令，封清阳亭侯，食邑200户。死后又赠开国公，谥曰"贞侯"。其后裔多在中原做官，故归属中眷。裴茂子绾，东汉献帝时，任尚书令。本人显贵，但无后裔。其兄徽之裔孙裔，仕晋官至咨议参军、并州别驾，号曰中眷。裴裔，即中眷之祖。又裴孬系西眷之祖裴徽之后裔，可见中眷源于西眷，中眷和西眷均系裴徽之后裔。

裴茂第三子辑，东汉献帝时，任工部尚书，金紫光禄大夫，其后裔为宦者，多在京燕淮襄等处，故称东眷。裴辑，即东眷之祖。

起源于闻喜裴城即裴柏之裴氏，随着时间的推移，定著五房：一曰西眷裴，二曰洗马裴，三曰南来吴裴，四曰中眷裴，五曰东眷裴。尽管世远族分，但都源于裴柏，故有"天下无二裴"之说。

魏晋南北朝时期，正是裴氏家族定著五房的形成和确立时期，同时也是裴氏家族人才辈出、建功立业的时期。诸如，裴潜子裴秀，不仅官至黄门侍郎、散骑常侍，而且是我国古代杰出的地图学家，他提出的制图六体说，一直沿用到明朝末年。裴秀子颁，字逸民，颇有其父之遗风。不仅官至国子祭酒、尚书侍中，而且还是西晋时反对玄学的代表人物，他的《崇有论》，对玄学进行了系统批判，在中国思想史上占有重要地位。其子裴嵩，官至黄门中侍郎；次子裴该，被招为驸马，授散骑常侍。又如，裴松之，字世期，生于世宦之家，祖父裴昧，光禄大夫；父亲裴珪，官员外郎。本人自幼好学，博览典籍。20岁便任殿中将军，东晋孝武帝太元年间，朝廷招社会名流议政，裴松之以才当选，颇得同仁赏识，后拜员外散

骑侍郎。刘裕代晋称帝，更国号曰宋。宋文帝刘义隆很器重裴松之，故诏令他为《三国志》作注。他悉心搜寻，补缺漏，条异同，正谬误，论得失，历时三载，书成，注文超越《三国志》正文三倍，被尊为史学大家，成为史学史上史注体例的开创者。其子裴骃，继承家学，在史注体例的基础上，又创立了以荟萃众说为特点的集解、集注形式，撰《史记集解》八十卷，成为名垂青史的传世之作。其曾孙裴子野，亦以文著称，是我国历史上著名的史学家。再如，裴佗父子，以文学才华，扬名天下。裴佗五举秀才，再举孝廉。以秀才高第拜中书博士，迁赵郡太守。他为政有方，政绩显赫，后以病弃官还乡。生前遗令，死后不要朝廷赠谥，不受他人礼物。其后诸子均遵照执行。裴佗有四子：让之、诹之、谳之、谒之，他们都秉承父志，各有作为。魏晋南北朝时期，是裴氏家族群星灿烂、人才辈出的时期。公卿将相，比肩而立；文史成就，名垂青史。

隋唐时期旧的世家大族犹如江河日下，衰败了下来，然而裴氏家族却依然放射着灿烂的光辉，进入它的全盛时代。在隋代，裴政是一位杰出的法学家。他的高祖裴寿孙跟从宋武帝刘裕南下，迁居安徽寿县，后仕梁，官至卢江太守；他的祖父裴邃，戍守边关，忠心仕梁，战功显赫，不事二主，是驰骋疆场的英雄；他的父亲裴之礼，仕梁官黄门侍郎、少府卿。裴政一生经历梁、北周、隋三个王朝，他以长于政事、勇于攻战，又明典故，晓刑法，善断案，有政绩，受到三朝帝王的赏识。隋文帝时，他主持编修的《开皇律》是我国历史上第一部完整意义上的刑律，具有划时代的意义。裴矩，是隋朝杰出的外交家，在通西域方面作出了重大贡献。入唐后，又为联络西突厥出谋献策，取得预期效果。唐太宗继位后，被任为吏部尚书。他撰写的《西域图记》价值极高。原书虽已失传，但从《隋书·西域传》中还能找到它的影子。裴寂，隋大业年间任齐州司户参军、晋阳宫副监时，即与李渊、李世民父子友善，李渊父子起兵后，他运筹帷幄，为李唐王朝的建立和巩固立下了赫赫战功，高祖封他为司空、魏国公，又迁尚书员外郎。太宗继位，又加封裴寂1500户。有唐一代，裴氏家族的宰相就有17人之多，被欧阳修列为唐朝宰相世系表之首姓。以定著五房计，

西眷裴有裴寂、裴矩，洗马裴有裴谈、裴炎，南来吴裴有裴耀卿、裴行本、裴坦，中眷裴有裴光庭、裴遵庆、裴枢、裴贽，东眷裴有裴居道、裴休、裴澈、裴珀、裴冕、裴度。

从东汉时裴羲任尚书令始至唐哀帝时裴枢为宰相止，这一期间裴氏家族先后出宰相59人，大将军59人，尚书55人，侍郎44人，御史11人，刺史211人，太守77人。其中，封爵为公者，89人；为侯者，33人；为伯者，11人；为子者，18人；为男者，13人。有谥号者，59人。值得注意的是，裴氏家族中这些灿烂的群星，在隋唐时期很多人都是通过科举考试进入仕途的。据《裴氏世谱》记载，有进士68人，举人65人。正因为裴氏家族人才辈出，所以在旧的世家大族急骤衰败的唐代，依然谱写了光辉灿烂的一页。正如明末清初的思想家顾炎武在他撰写的《裴柏村记》中所说："观裴氏之兴，唐存亡亦略可见矣。"

3. 介休范氏

介休范氏是兴起于明末、鼎盛于清前期的大皇商。它与清廷有过特殊的关系，对清王朝用兵西北有过重要的贡献，对清王室的经济生活有过重大的影响。介休范氏乃是康熙和雍正皇帝的掌上明珠，盛极一时。

介休范氏兴起于范永斗，鼎盛于其孙范毓馪。明朝中叶，张家口已是边界贸易的重镇。介休的范至刚则是经常出入于张家口的商人。范至刚的八世孙范永斗主持范氏家族的商务时，范家已是张家口八大商家之一了。这八大商家都是山西籍人，他们操纵了整个张家口的贸易活动。明末张家口的贸易，具有特殊的重要意义。努尔哈赤在做明朝建州都督时，边界贸易是在明朝指定的抚顺、清河、宽甸、瑷阳四关进行的。皇太极称帝建立清朝后，与明朝处于敌对状态。此时清已据有辽东，交战地带迫近山海关，原来的四关贸易已无法继续进行了。然而，清朝的物资供应却依靠内地，所以张家口一跃而为清与关内贸易的基地。操纵着张家口贸易的八家大商，源源不断地为清朝输送各种物资，特别是军用物资，深受清廷青睐。由于他们经常往返于关内关外，在输送物资的同时，又为清廷提供了各种情报，包括某些军事动态。清廷对张家口八家大商的重要性是了如指掌的。所以，入关后，顺治皇帝在紫禁城便殿设宴，亲自召见这八家大商，封他们为"皇商"，隶籍内务府。范永斗还被任命主持贸易事务，并"赐产张家口为世业"。这样，范永斗又较其他七家略高一筹。此后，范永斗不但为皇家采办货物，而且还凭借皇家威势经营各种买卖，例如经营河东和长芦盐业，垄断东北乌苏里、绥芬等地的人参市场，被称为"参商"。转眼间，范永斗便成为百万之富的皇商，成为八大皇商中的佼佼者。

范永斗的儿子名曰三拔，字琼标，是其父的助手。他不仅协助其父经营边界贸易，而且还深入内地市场，进行绸布茶粮等各种贸易。他继承其父的家业后，经营规模和贸易范围都更加扩大，但他体弱多病，力不从心，不久便将家业交给颇有才华的三儿子范毓馪主持，毓馪时年仅二十多岁。范三拔生有五子：长曰毓馨、次曰毓馥、三曰毓馪、四曰毓覃、五曰毓奇，兄弟五人不仅经商有方，而且与清廷打得火热。在范毓馪的主持下，范氏的商务经营达到了登峰造极的地步。特别在运送军粮以及与日本进行铜业的贸易上，范氏大受清廷宠信，备受重用。

范毓馪是康熙四十年（1701）代其父范三拔主持家业的。康熙五十九年（1720），准噶尔部再度发生骚乱，清军远征，军粮供应便成为军机大事。康熙帝鉴于三十五年（1696）、三十六年（1697）御驾亲征准噶尔时，官运军粮一石，竟需120两白银，且尚难如期运到。范毓馪闻讯，依仗自己熟悉塞外之路的优势，便与其弟毓奇联名上奏康熙帝，请求承担运送军粮任务，且费用只需官运军粮的1/3。康熙帝阅奏大喜，遂准其请。结果范氏家族按照预定计划和用兵要求，出色地完成了运粮任务，为清廷节省了大笔开支。雍正五年(1727)，清廷再次用兵准噶尔时，范毓馪再次承担运送军粮任务，运送谷米百余万石，较之官运费用节省白银600余万两。雍正九年（1731）至十年（1732）间，又一次用兵准噶尔时，还是由范毓馪承担运粮任务，因北路中计，全军溃退，损失谷米13万余石。范毓馪辞谢了雍正帝准其"据实报销"的恩赐，其亏损由自己拿144万两白银补偿失数。不仅如此，范毓馪还慨然解囊，为各路运户补交白银262万余两。使军中将帅万分感激范氏兄弟，上奏清廷褒奖其功，雍正帝遂赐范毓馪为

太仆寺卿、用二品服，复赐为布政使参政。从此，范氏由皇商兼获高官，名声大振。乾隆年间，范毓馪还为清廷边远仓库运粮，如运粮4万石于鄂尔昆仓内存贮等。

　　与日本进行的铜的贸易，既是范氏大发横财的一项贸易业务，同时也是范氏家族走向没落的导火索。起初，由日本采买铜是沿海民商承办的。范三拔看到这桩生意有厚利可图，于是联络各家皇商，奏请包办，并提出减价交售清廷的竞争条件。康熙帝鉴于此举可为清廷节省大笔开支，遂于康熙三十八年（1699）准其所请。从此，由日本采买铜料业务逐渐被皇商包办。康熙四十年（1701），范毓馪代其父主持家业后，借助熟悉铜务和内外关系等优势，每次都能保质保量出色完成任务，深受清廷赏识。其时，范氏拥有贩铜船六七艘，是皇商中的大户。这时，随着商品经济的发展和政府铸造铜币的急骤增加，范氏家族大发横财。然而，好景并不长久。康熙五十三年（1714），日本政府颁布了限制铜料出口的政策，规定中国每年由日本采购铜料不得超过300万斤。而当时清朝每年从日本采购铜料高达六七百万斤。于是皇商包办的从日本采购铜料的任务不能完成。康熙五十五年（1716），清廷撤销了皇商采购铜料的包办权，交由江苏、安徽、江西、浙江、福建、湖北、湖南、广东八省督抚办理，范毓馪退出了从日本采购铜料的贸易。乾隆皇帝即位后，为扭转铜料短缺、不足鼓铸的局面，重新起用范毓馪办铜，规定每年从日本采买200万斤。范毓馪为报答皇恩，唯命是从。乾隆三年（1738），范毓馪毅然再度派船赴日办铜。正当范毓馪为清政府扭转铜料短缺全力拼搏之时，乾隆九年（1744），户部提出要范毓馪偿还拖欠旧债114万两白银的奏议，议定以每年办铜料130万斤来偿还，并限定从乾隆十年（1745）开始，分6年还清。由于日本限制铜料出口，再加上清廷不公平的待遇，直到乾隆十五年（1750）范毓馪谢世，这笔欠款也未还清。范毓馪谢世后，由其子范清注主持家业，继续承担赴日采铜任务。由于日本铜的产量锐减，价格上扬，而运往日本易铜的中国商品价又被日方一压再压，致使贩铜成本大为增高，而清廷却仍以原价收买，使得范氏入不敷出，亏欠日深。范清注于乾隆二十七年

（1762），郁郁而死。范清注死后，由其兄范清洪继续接办铜务。范清洪深知对日贩铜前景暗淡，拟"弃产变价，告退招商"，摆脱是业。但清廷不允。乾隆二十九年（1764），内务府奏请以范毓馪之侄范清济取代范清洪，继续接办铜务。范清济接办时，拖欠清廷白银总计已达到171.5万两之多。清廷责令于25年内以每年多交铜5万斤抵偿。范清济无可奈何，只好接受。尽管范清济为求转机，"日夜筹思，汗流心裂"，但也未能摆脱困境。清廷鉴于范氏家族已毫无用处，乾隆四十八年（1783），遂下令查抄范氏，没收家产，范清济便由昔日的皇商变成了乾隆皇帝的阶下囚。

介休范氏从范永斗、范三拔、范毓馪到范清注、范清洪、范清济兄弟，四代皇商，效忠清朝，称雄商界长达一个多世纪，是明清时期这一类名门望族的典型代表。

（原载《中华文化通志·晋文化志》，上海人民出版社 1998 年出版）

舜裔十姓　根在山西

山西是中华民族的发祥地之一。传说，黄帝轩辕氏就曾经活动于山西南部，神农教民稼穑于长子，后稷种植百谷于稷山，嫘祖养蚕于夏县，都在山西；尧都平阳，舜都蒲坂，禹都安邑，也都在山西。舜裔十姓，即舜的子孙后代所取的十个姓氏：虞、姚、胡、陈、田、袁、孙、车、陆、王，不论得姓于何时，也不论得姓于何地，追根溯源，他们都是舜的后裔，他们的祖根都在山西运城。当然，在这十个姓氏当中，凡不是起源于舜裔的另外的派系，诸如出自姬姓的虞氏、胡氏、孙氏等，他们的祖根就不在山西运城。

一、姚姓之由来

舜在当天子以前，尧把两个女儿嫁给他，并让他居住在姚水旁，其子孙以水名为姓，是为姚姓。《水经注》曰："历山，姚沩二水出焉，南曰姚水，北曰沩水。"姚水在今山西省永济县蒲州老城南,即今永济西北的涑水。姚姓是起源于山西永济的最古老的姓氏，是上古八大姓之一，山西永济就是姚姓的发祥地。

据《史记》记载，舜名重华，舜的家世甚为寒微，虽说是帝颛顼的后裔，但已五世为庶人，属于社会下层。舜的遭遇又十分不幸，父亲瞽叟是

个盲人，母亲去世很早。瞽叟续娶，继母生弟名叫象。舜生活在"父顽、母嚚、象傲"的家庭里，父亲心眼不好，继母两面三刀，弟弟桀骜不驯，他们经常联合加害于舜。但舜对父母仍不失孝子之道，对弟弟仍不失兄长之谊。多年如一日，从不懈怠。舜在家人加害他的时候，总是巧妙脱逃，随后便又回到他们身边。舜以如此非凡的品德善待家人，名声大振。舜在家中身处逆境，同时还要从事各种繁重的体力劳动。他在历山耕耘，在雷泽打鱼，在黄河之滨制造陶器，在寿丘制作家用器物，还要到负夏做生意，总之，为了养家糊口，四处奔波。相传，舜在30岁的时候，尧向四岳（四方诸侯之长）征询继承人选，四岳就推荐了舜。尧遂将自己的两个女儿娥皇和女英都嫁给舜，以便对他的品德和能力进行进一步的考察。舜不但能与二女和睦相处，而且在各个方面都表现出了卓越的才华和人格魅力。舜在历山耕耘，历山之人皆让畔；舜在雷泽打鱼，雷泽之人皆让居。他在哪里劳作，哪里便兴起礼让之风。他到黄河之滨制作陶器，在那里制作陶器的人们都跟着他认真操作，精益求精，从而杜绝了粗制滥造。尧得知这些情况后，非常高兴，于是便赏赐了舜许多礼品，还为他修筑了仓房。舜得到这些赏赐后，他的父亲和弟弟都急红了眼，于是便想害死舜，霸占这些财物。瞽叟借舜修补仓房屋顶之机，便在下面纵火烧仓房。舜用两只斗笠作翼，从房上跳下，才幸免于难。后来，瞽叟又让舜挖井，井已挖得很深了，瞽叟和象却在上面填土，企图将舜活埋在里边。多亏舜早有觉察，已在井筒旁边挖好了一条通道，才从通道逃出。对于这些加害于他的阴谋诡计，舜都不放在心上，一如既往，孝敬父母，友爱兄弟。

后来，尧让舜参与政事，管理百官，接待宾客，舜又经受了各种磨炼。舜任职期间，不但将政事处理得井井有条，而且在用人方面还揭开了崭新的一页。尧没有起用的"八元"、"八恺"，舜把他们全部起用了。高辛氏后裔有才子八人，谓之"八元"；高阳氏后裔有才子八人，谓之"八恺"。舜任命"八元"管土地，任命"八恺"管教化，又让契管民人，伯益管山川林泽，伯夷主管祭祀，皋陶作刑，等等。又将"四凶族"流放到边远之地。这些影响深远的重大措施，充分显示了舜的治国方略和政治才

华。经过多方面的考验，舜终于得到尧的认可。于是选择吉日，举行大典，尧终于让位给舜。

舜登上皇位后，定都蒲坂（今山西永济境内），开始了他的帝王生涯。史称他在位期间，选贤任能，远离小人，制礼作乐，德及四方，是少有的太平盛世。所以后人用"舜日尧年"来形容太平盛世。

舜是妫姓开宗立姓之始祖，那么，妫姓又是怎样演变为其他姓氏的呢？这里又有其各不相同的演变过程。

二、妫汭五姓：虞、姚、胡、陈、田

虞、姚、胡、陈、田五姓，同出自妫姓，遂有"妫汭五姓"之称。

虞，远古部落名，舜为其酋长，故习称虞舜。《史记》之《索引》曰："虞，国名，在河东大阳县"。《嘉庆重修一统志》曰："大阳故城，在平陆县东北十五里"，即今平陆县南八里茅津渡村东。因虞为远古部落名或曰国名，舜为其酋长，其后裔遂以虞为姓，是为虞氏。还有一种说法是，禹封舜的儿子商均于虞，其后裔以封邑为姓，是为虞氏。这两种说法都认为，舜即是虞氏开宗立姓之始祖。另有一支虞氏出自姬姓。据《左传》记载，周武王克商后，求太伯、仲雍之后裔，得虞仲，封于夏墟，是为虞公，建立虞国。僖公五年（前655），虞国被晋献公所灭，其后裔被迁往汾阳虞城定居。这支虞氏出自姬姓，就不是舜的后裔。

姚姓，源于帝舜。相传，舜是颛顼的后代，因出生在姚墟，以出生地为姓，是为姚氏。《新唐书·宰相世系表》载："姚姓，虞舜生于姚墟，因以为姓。"但姚墟位于何处，则有不同记载。《括地志》云："历山南有舜井，又有姚墟，生舜处也"。据此，姚墟在今山西永济境内，姚姓就起源于山西永济。另据《中国古今地名大词典》云，姚墟"在山东濮县南"。濮县于1956年撤销，并入范县，而范县又划归河南。所以，姚墟在今河南范县及山东郓城一带。又据《新唐书·宰相世系表》记载，西汉末，田敬仲的裔孙田丰，被王莽封为代睦侯，以继续帝舜的香火。田丰的儿子田恢，为避王莽之乱，过江居吴郡（江苏苏州），改姓为妫。田恢的五世

孙田敷，又改妫姓为姚姓，并迁居吴兴武康（浙江德清县西）。由于妫姓与姚姓同宗，且曾互用，所以，郑樵的《通志·氏族略》云："姚与妫二姓可通"。由此可见，姚姓来源有二：一是起源舜的出生地姚墟，一是由田姓所改，形成于东汉时期，但田姓又为陈姓所改，而陈姓又源于妫姓。所以，这两支姚姓，归根到底，都源于帝舜，都是帝舜的后裔。

胡姓和陈姓，都起源于西周时的妫姓，都是虞舜的后裔。夏王朝建立后，虞舜的后裔长期受到冷落。史籍记载，"夏后之时，或失或续"，很不得志。商汤灭夏后，舜的后裔才受到重视，被封于陈地，建立陈国，成为商王朝的一个诸侯国。这个陈国的所在地，就是上古时候陈丰氏部落活动的地方，即今河南宛丘附近。武王灭商之前，在陈国，舜的后裔已传至遏父，依然是商王朝的诸侯国。舜是上古时著名的制陶专家，他的后裔世代继承了这一技艺，擅长制陶，成为舜裔家族的传家宝。其时，遏父在陈地依然担任陶正，主管制陶。遏父人品淳厚，技术精湛，又不跟着商王淫乱，且与周族友善，深受当地民众的拥护。所以，周武王便把长女太姬（又作大姬或元妃）嫁给他，生子名满。其后，周武王又封妫满于陈地，重建陈国，并让妫满奉守帝舜的宗祀。这样，周初妫满所封的陈国便取代了商汤时所封的陈国，它们虽说是商代和周代先后分封的两个陈国，然而却是一脉相承的虞舜后代，是枝相连、气相投、血脉相贯的同祖同宗，都是妫姓的后代。再加上妫满又是周武王的外甥，周王室的姻亲，所以便被认为是虞舜的嫡系正统，妫姓之正宗。这样，妫满的正统地位便被确立了下来。在周代，妫满便成了备受人们尊敬的"圣贤"后裔。周成王在位期间，妫满谢世，谥号胡公，故亦称胡公满，其墓葬就在淮阳县柳湖旁。因城壕水注侵其址，故以铁锢之，俗称铁墓，至今犹存。

自妫满始，陈国经历了23个国君，历时600年。陈国王室世代为妫姓，在胡公满的后裔中，凡继承王位者，一律姓妫。在不继承王位的诸公子中，以胡公满的谥号为姓者，是为胡姓。所以，胡公满就是胡氏开宗立姓之始祖。据胡氏家谱记载，公子澄就是使用胡姓之第一人。妫满建立陈国后，陈国的王位传承，有父死子继者，亦有兄终弟及者。一般说来，在陈

桓公（前744—前707）以前，比较平稳。陈桓公以后，宗室子弟为争夺王位，不断发生内讧。据《史记》卷36《陈杞世家》、卷46《田敬仲世家》记载，陈桓公死后，其弟佗勾结舅父蔡侯，里应外合，杀太子免而自立，是为陈厉公。厉公好色，曾多次到蔡国寻欢。太子免的三个弟弟：跃、林、杵臼，为报杀兄之仇，同蔡国约定，乘厉公到蔡国寻欢之机，用美人计诛杀厉公，另立跃为国君，是为利公。利公在位仅5个月而卒，又立其弟林为君，是为庄公。庄公七年而卒，少弟杵臼立，是为宣公。陈宣公晚年欲立宠姬所生的儿子款为君，遂于公元前672年，杀害太子御寇。陈厉公的儿子名完，在陈国任大夫，同太子御寇有莫逆之交，为避免株连，遂逃往齐国。当妫完逃到齐国时，正值齐桓公网罗人才、励精图治之时。舜的后裔妫满又有祖传的制陶技艺，所以很快受到重用，被齐桓公任命为工正，负责管理百工匠艺。当时齐国有一个大臣名叫懿仲，特别器重妫满，并把自己的亲生女儿嫁给他。这样，妫满便在齐国的贵族中站稳了脚跟，其影响日益扩大。妫满为不忘其所出，遂以原国名为姓，是为陈氏。此即妫姓陈国建立在河南，而以国为姓的陈氏却起源于山东齐国的历史演变过程。

其后，陈完在齐国逐渐强大了起来，并改姓为田。陈完卒，谥号曰敬仲，故又称田敬仲。敬仲为何改姓田？史家说法不一。东汉应劭说："始食采地于田，由是改姓田氏"。但宋人郑樵、清人张澍经过考查认为，"齐无田邑"，故东汉应劭的说法难以成立。按照《史记》中《正义》与《索引》的解释，陈完改姓为田的原因是："敬仲既奔齐，不欲称本国故号，"又"陈、田二字声相近，遂以为田氏"。传至田完的七世孙田常时，已完全控制了齐国的政权。田常之孙田和，于公元前404年，终于废掉齐君，自立为国君。这样，姜姓的齐国便被田氏的齐国所取代，此即历史上所说的"田齐代姜齐"。"田齐"是战国七雄之一。传至第十五世孙田建时，齐国被秦国所灭。田齐家族被迁到河南共地（河南辉县）。齐王田建有三个儿子：升、桓、轸。升的儿子名安，被项羽封为济北王。刘邦取代项羽后，失去王位。其后裔为纪念先祖，遂以王为氏，是为王姓，号曰元城王氏，王莽即是其后裔。魏晋以后，北海、陈留王氏，也都是他的后裔。齐王建的次子田桓，其后裔亦改姓王氏。三子田轸徙居陈国故地颖川，故复姓为陈，此即名垂青史的颖川陈氏。可见，颖川陈氏乃是从山东齐国迁入河南之陈氏。

由于虞、姚、胡、陈、田五姓同出一源，遂称为"妫汭五姓"。

三、源于妫姓之五姓：袁、孙、车、陆、王

袁姓是出自祖字异写的姓。相传，妫满即胡公满的第十一世孙，有一个名叫诸，字伯爰。伯爰的孙子名叫涛涂，因功赐邑阳夏（今河南太康），涛涂以祖父的字为姓，是为爰姓。春秋时，爰姓世袭为陈国上卿。其时"爰"与"辕"同音，且通用，所以，爰涛涂又写作"辕涛涂"。涛涂的玄孙辕颇，徙居郑国，至秦末，辕颇的裔孙辕告，避难居于河、洛之间（河南洛阳、偃师一带）。辕告的小儿子辕政，于西汉初年去掉"车"字旁，开始以"袁"为姓。唐、宋时期的姓氏著作对此都有详细记载。如《古今姓氏书辩证》云："袁，出自妫姓，陈胡公满生申公犀侯，犀侯生靖庚，庚生季子惛，惛生仲牛甫，甫生圣伯顺，（顺）生伯他父，他父生戴伯，戴伯生郑叔，郑叔生郑仲金父，金父生庄伯，庄伯生诸，字伯爰，孙涛涂从齐桓公盟会，赐邑阳夏，以王父字为爰氏。爰、辕一也。涛涂字仲，谥宣，谓之辕宣仲，生选，选子声，声子惠，惠子雅，雅子颇，为司徒，奔郑。秦末，裔孙告避难居于河、洛之间，少子政，以袁为氏。"袁氏出自妫满，是帝舜的后裔，这是确凿无疑的。

孙姓是一个历史悠久、起源多元的姓氏。据《新唐书·宰相世系表》记载，就有出自姬姓的卫国孙氏，有出自芈姓的楚国孙氏，有出自妫姓的齐国孙氏三支。公元前672年，妫满的十世孙妫完逃到齐国，改姓为陈。传至陈桓子，改姓田氏。传至田常时，有兄弟二人。田常的弟弟叫田书，字子占，在齐国为大夫，因伐莒有功，被齐景公封于安乐（山东博兴北），赐姓孙氏，称曰孙书。孙书生凭，凭生武，因避乱奔吴（今江苏、浙江一带），此即起源于山东齐国妫姓之孙氏。《新唐书·宰相世系表》记载：孙

氏"出自妫姓。齐田完字敬仲，四世孙桓子无宇，无宇二子：恒、书。书字子占，齐大夫，伐莒有功，景公赐姓孙氏，食采于乐安。生凭，字齐卿。凭生武，字长卿，以田、鲍四族为乱，奔吴，为将军，三子：驰、明、敌。明食于富春，自是为富春人。明生膑，膑生胜，字国辅，秦将。"后来，齐国发生内乱，孙书的后人出奔到吴国（今江苏、浙江一带）。春秋末，吴国著名的军事家孙武、孙膑，皆是其后裔。

车姓是一个起源多元的姓氏。车姓初见于《世本》，上古黄帝有大臣名车区，专事占卜星气，此为车姓始祖。又车姓出自子车氏，春秋时秦国公族之后。时有子车仲行，为大夫，事秦穆公有政绩，称为贤良，与子车奄息、钳虎并称"三良"，穆公死，以"三良"殉葬。子车仲行、子车奄息的后代多省文改为"车"姓，此即出自子车氏之车姓。还有一支车姓，出自妫姓，是帝舜的后裔。据《元和姓纂》及《汉书》记载，这一支车姓，出自西汉时的田氏。汉武帝时，丞相田千秋(?—前77)，系战国田齐贵族后裔，汉初移居长陵（陕西咸阳东北）。初为高寝郎，负责护卫汉高祖的灵寝。汉武帝因听信佞臣江充的谗言，因巫蛊事件杀死太子刘据。田千秋便上书为太子刘据鸣冤，武帝览书，为之所动，遂召见田千秋。田千秋身高八尺，相貌魁伟，武帝见后，非常喜爱，并说："父子之间的事，外人难以说清，你却说清楚了。这恐怕是高祖有灵，特派你来指点吧！"于是立即任命田千秋为大鸿胪，秩中二千石，位列九卿。由高寝郎到大鸿胪，晋升了九级，此即所谓"千秋九迁"。后又提升为宰相，他为人持重老成而有智谋。汉昭帝时，见田千秋年老，且有功于汉室，特准乘车入朝，时人谓之"车丞相"。他的子孙便以引以为荣的特准乘车入朝之事为氏，是为车姓。这支车氏，其实就是田氏。田氏出自妫姓，是帝舜的后裔；出自田氏的车姓，自然同样出自妫姓，同样是帝舜的后裔。

陆姓起源于妫姓田氏，形成于战国时的齐国。春秋时，"田齐代姜齐"后，田齐政权传至齐宣王时，齐宣王把他的小儿子田通，字季达，封于平原县陆乡（今山东乐陵县西南），即原来帝颛顼的玄孙陆终受封之地，田通的子孙以封邑为氏，是为陆氏。《新唐书·宰相世系表》记载：陆氏

"出自妫姓。田完裔孙，齐宣王少子通，字季达，封于平原般县陆乡，即陆终故地，因以氏焉。"郑樵在《通志》的《氏族略》中说："陆氏，妫姓，田敬仲之后也。十一世齐宣王少子通，封于平原般县陆乡，即陆终之故地，因此为氏。"这一史实被许多史籍和族谱所记载。陆通遂被尊奉为开宗立姓之始祖。这一支陆氏，在陆氏家族史上，被称为陆姓正宗。许多陆氏族谱，例如，陆炜编修的《陆氏族谱》，陆鸣銮编修的《陆氏家史》，陆瑞星编修的《陆氏族谱》等，均以陆通为开宗立姓之始祖。

陆姓还有出自族名的一支。古代有一支允姓之戎，原居瓜州（甘肃敦煌境），后徙居阴地（河南卢氏县东北），称为阴戎。其后再迁于陆浑（河南嵩县东北），又称为陆浑之戎。周景王二十年（前525），为晋国所并。即《左传》昭公十七年（前525）所载，九月二十四日，晋国的中行穆子领兵从棘津徒步涉水，让祭史先用牲口祭祀洛水。乘陆浑毫无防备之机，九月二十七日，一举消灭陆浑。晋国之所以出兵消灭陆浑的理由是，因为陆浑与楚国相勾结。陆浑被消灭后，其公族子孙逃亡外地，为不忘其所出，遂以族名为姓，是为陆姓。

王姓起源中，有一支起源于妫姓的王氏，也是舜的后裔。周武王灭商后，大封诸侯，同时追封前代圣王后裔，舜的后人妫满被封于陈（河南开封东），建立陈国。妫满的十世孙妫完，出奔到齐国后，被桓公任命为工正。妫满不忘其所出，遂以原国名为氏，是为陈氏。其后，又改姓为田氏。于公元前404年，田齐取代姜齐后，"田齐"遂成为战国七雄之一。"田齐"传至十五世孙田建时，齐国被秦国所灭。田齐家族被迁到河南共地（河南辉县）。齐王田建有三个儿子：升、桓、轸。升的儿子名安，被项羽封为济北王。刘邦取代项羽后，失去王位。其后裔为纪念先祖，遂以王为氏，是为王姓，号曰元城王氏，王莽即是其后裔。《通志·氏族略》云："出于北海、陈留者，则曰舜之后也。其先，齐田为秦所灭，齐人号为王家，此为妫姓之王也。"北海，相当于今山东昌乐县东南；陈留即今河南开封。这两支王氏的开基始祖，都是齐王田建之孙田安，自然也都是帝舜的后裔。

四、帝舜遗迹，山西犹存

舜是传说中的圣王，山西作为舜的起源地，其遗迹和记载都是十分丰富的。在舜都故地，南北朝早期，就有祭祀舜的庙宇。《史记正义》引《宋永初山川记》云："蒲坂城中有舜庙，城外有舜宅及二妃坛。"据地方志记载，蒲坂城中的舜庙，历代曾有过多次维修。据乾隆《蒲州府志》记载，清顺治十七年（1660），蒲州知州马翰如就曾对舜庙进行过修葺；在蒲州的苍陵山谷，还有娥皇和女英二妃坛的遗迹。据《孟子》记载："舜生于诸冯，迁于负夏，耕于历山，渔于雷泽，卒于鸣条"。诸冯、负夏、历山、雷泽，都在今山西垣曲县境内，鸣条即今闻喜县、夏县、运城市境内的鸣条岗，亦在山西境内。运城北相镇曲马村，祭祀舜帝的陵庙恰好位于紧靠峨嵋岭的大小嶷山之阳。据碑刻记载，舜帝庙建于唐开元二十六年（738），元末毁于兵火。明正德年间（1506—1521）复建，嘉靖三十四年(1555)又毁于大地震，万历三十一年(1603)再建，清初曾多次增建，庙之规模日臻完善。嘉庆年间（1796—1820）再次毁于地震，随即重建，现存建筑基本保持了当时的建制。

舜帝陵坐北朝南，面积2.7万平方米，由外城、陵园、皇城三部分组成。外城南端原建有3个砖券拱门，上刻有"舜帝陵庙"，接下来的斜坡为舜陵神道。庙内的砖砌方型墓冢即是舜帝陵，高3米，长51米，正面立有明万历三十九年(1611)邢其任书写的"有虞帝舜陵"石碑，陵前嵌"有虞氏陵"石碣一方。享殿面宽三间，进深二间，前后檐敞朗，西山墙嵌"鸣条舜陵者略"石碑四通。后部为皇城，中轴线上布列戏台、献殿、正殿，两厢为配殿、钟鼓楼，主从有序，布局严谨。

献殿面宽五间，进深五椽，单檐硬山顶，前后檐敞朗。殿内前后槽均设金柱一列，梁枋简洁规整。脊檩下有清顺治十七年（1660）创建、嘉庆二十一年（1816）重修的题记。正殿与献殿台基相接，翼角重叠，是庙内的主体建筑，为明万历年间(1573—1620)遗构。面宽三间，进深四椽，重檐歇山顶，四周回廊，前檐檐柱砌入壁内，柱头科、平身科斗拱三踩，角科出45度斜昂，布灰筒板瓦覆盖，琉璃剪边。殿内原奉舜帝神像和文武大臣，已毁。正殿之后原建寝宫三间，内塑娥皇、女英二妃像，已毁于战乱。舜帝庙内现存明、清及民国时期重修碑刻七通，详细记载了庙宇的沿革变迁和修建情况。

1941年初，日本学者水野清一、日比野丈夫，在山西永济考察时，拍摄了许多珍贵的照片，抄录了许多珍贵的资料。1993年，山西古籍出版社出版的《山西古迹志》，将这些资料公诸于世，使人们对20世纪40年代帝舜遗迹的认识更加明确，更加具体。

据《山西古迹志》记载，帝舜村有帝舜庙。帝舜庙在县城以北十二里的帝舜村。村的正中央十字路口的边上，有一块高五六米的大碑，上书：

大孝有虞舜帝故里

奉直大夫知蒲州事加三级纪录肆次董仲敬立

康熙五十九年三月谷旦记

庙在村东头，四周围有土墙，门上挂有一块小匾额，上书"舜帝庙"三字。院内只有一座正殿，里面安放着舜帝的塑像。

正殿檐下，挂有一口铁钟，上面署有"康熙九年六月"字样。

殿前立有嘉庆十二年八月的重修碑记，碑记云：

东有陶窑坡，西有饮马道，南有帝祖茔。发祥之区，斑斑可考。且陶器瓮犹存。

陶窑坡和饮马泉，都是传说中与帝舜有关的地点。在庙前外西南角，有一处堆积土石的地方，据说这里原来是一口井，就是舜差一点被其父活埋的地方。

在村东口有一座庙，叫做"东大庙"。供奉药王、舜帝、关帝、药圣"四圣"。但已被小学所占用。在殿内的一个角落里，放着一个很大的素陶罐。据说，这是舜"陶河滨，河滨器皆不苦窳"的那些陶器中的一件。此罐原存舜帝庙内，后移至此。此罐可与嘉庆碑中的"陶器瓮犹存"相互印

证。此罐高三尺五寸左右，口径一尺五寸。放在一个很漂亮的台子上，上面刻有如下文字：

犁滨出瓷　　陶器犹新

不奇不窳　　想见圣人

　　　　雍正三年八月二十二日蒲州刺史楚郢龚廷飏熏沐敬题

　　陶罐壁较薄，有光泽，黝黑色，素陶，制作年代不详，有可能是出土的陶器。据《山西古迹志》记载，从陶城村直到南面的南陶城村一带，都是舜都陶城的遗址所在地。

　　王克林在《晋西南龙山文化与有虞氏》（《文物世界》2002年第1期）一文中，依据在夏县东下冯出土的考古文化遗存，对照文献记载，认为虞舜的起源地就在古河东，即今山西永济、芮城、夏县一带。文章根据《史记·五帝本纪》所载："舜，冀州之人也。舜耕历山，渔雷泽，陶河滨……就时于负夏……一年而所居成聚，二年成邑，三年成都"，分别作了深入而详细的探讨和考证。认为，"冀州"，即今山西南部；舜耕历山，渔雷泽，陶河滨，其中历山、雷泽、河滨都在山西晋西南。

　　首届世界舜裔国际大会于1982年在香港举办，盛况空前。后来分别由中国台湾和泰国、马来西亚、菲律宾及美洲各地轮流主办。1999年4月，世界舜裔宗亲联谊会第十三届国际大会在河南许昌、长葛、郑州隆重举行，这是该宗亲联谊会首次回到祖国故土认祖归宗。来自台湾的80余位舜裔以及来自中国香港、澳门地区和美国、泰国、马来西亚、菲律宾的舜裔共500余人参加了这一盛会，并进行了祭祖扫墓、旅游观光等活动。台湾世界至孝笃亲舜裔总会、世界陈氏宗亲总会、台湾省陈氏宗亲会、台中县陈氏宗亲会等四个陈氏社团联袂同来，他们身着黄色祭服，虔诚祭拜，格外引人注目。

　　2000年10月25日，世界舜裔宗亲联谊会第十四届国际大会在福建晋江举行。来自马来西亚、菲律宾、新加坡、印度尼西亚、泰国、日本、美洲、澳大利亚等国家以及香港、澳门、台湾地区的500多名舜裔代表与100多名

内地代表,在晋江集会,祭祀舜帝。这次大会的主题是："加强联谊,增进团结,推动合作,共谋发展"。

　　然而,就认祖归宗而言,这样的会议只有在山西的永济召开,才能说是找到了帝舜的居住地和妫姓的起源地,才能说是真正找到了祖根。因为舜的出生地姚墟在这里,舜耕耘的历山在这里(县城东南30里),舜打鱼的雷泽也在这里(县西南首阳山下)。这里还有妫姓开宗立姓的妫水,县南50里的历山中还有妫汭泉,县城东5里有舜的都城蒲坂遗址,还有舜庙、舜宅、舜井等多处遗址,这些丰富的遗迹再加上运城附近的纪念性建筑群,就可将帝舜的高大形象重新展现在人们面前。这对于舜裔十姓来说,当然是一件特别值得荣耀的盛事!

　　(原载《海峡两岸谱牒研讨会文集》,中国文史出版社2005年版,与刘宁合作)

赵氏在晋国的崛起、罹难、再兴与鼎盛

一、赵姓起源与叔带入晋

赵姓出自嬴姓，形成于西周时期，其先祖是伯益，开宗立姓始祖是造父。《新唐书》云："赵氏出自嬴姓，颛顼裔孙伯益，帝舜赐以嬴姓。十三世孙造父，周穆王封于赵城，因以为氏。"①颛顼，号高阳氏，是传说中的五帝之一，其裔孙伯益在舜时为东夷部落首领，因帮助禹治水有功，又为舜驯服鸟兽，遂得到舜的信任，被赐为嬴姓。十三世孙造父，是西周时驾驭车马的能手。他在桃林得到八匹骏马，调驯好以后，献给了周穆王，周穆王遂让造父为他驾驭车马。从此，周穆王经常让造父驾驭车马外出远行。有一次，西行至昆仑见到西王母，乐而忘归。这时传来东方徐国（今江苏境内）徐偃王造反的消息，周穆王心急如焚，造父驭车日行千里，周穆王迅速回到镐京，及时平息了徐偃王的叛乱。由于造父驭车立了大功，周穆王遂将赵城（今山西洪洞县北）赐给他，从此，造父家族遂以封地为氏，是为赵氏。周代的赵城，东汉时为永安县地，隋为霍邑县地，故址在今山西洪洞县赵城镇一带。

造父下传六世至奄父，号公仲，为周宣王近御。宣王三十九年（前

---

① 《新唐书》卷73《宰相世系表下》。

789)，下令攻伐姜戎，奄父认为条件尚不成熟，劝阻出兵，宣王不听。结果战于千亩（今山西介休南），王师大败，宣王圣驾亦被打翻，千钧一发之际，奄父护驾宣王突出重围，死里逃生，才保住性命。事后，宣王为感谢奄父的救命之恩，对其委以重任。从此，赵氏家族受到周王室的青睐，成为当朝重臣。

周宣王四十六年（前782），宣王死，幽王继位。周幽王昏庸残暴，民怨沸腾。他任用奸诈、狡猾的虢石父为卿，排挤、打击朝中的正直大臣，奸佞横行，是非颠倒。其时，连续发生了两大异常灾害：一是岐山(今陕西岐山)崩裂，二是泾水、渭水和洛水，"三川"断流。在严重自然灾害的袭击下，民不聊生，四处逃亡。而周幽王却整日寻欢作乐，不理朝政。他为了取得褒姒一笑，竟然上演了"烽火戏诸侯"的闹剧，致使民心丧尽，诸侯叛离，周王室面临着一触即发的灭顶之灾。

奄父有一儿子叫叔带，是个正直而忠实的大臣。面对周幽王的暴政和两大异常灾害的出现,叔带提醒周幽王："山崩川竭，显示人的血液枯干，肌肤消失，岐山乃是周创业之地，一旦塌陷，更非同小可。大王如果求贤辅政，还可能消弭天变。如果仍然一味找美女、觅艳妇，恐怕要生大乱。"叔带这一席击中时弊的规劝，周幽王不但不听，反而恼羞成怒，下令免去了叔带的官职，并将其放逐田野。叔带见周幽王昏庸到如此地步，心灰意冷，遂于周幽王元年（前781）举家离开幽王，投奔晋国。

叔带投奔晋国后，很快便站稳脚跟，受到重用。《史记》云："自叔带下，赵宗益兴，五世而至赵凤"。晋献公时，赵凤官至将军。其时晋国已成为当时强大的诸侯国。献公十六年(前661),晋国为扩张领土，发动了对周边三个小国：耿(今山西河津境内)、霍(今山西霍县境内)和魏(今山西芮城境内)的战争。在战争中，晋献公统领上军，太子申生统领下军，赵凤为大将。在攻伐霍国的战斗中，赵凤一马当先,冲锋陷阵，率领晋军所向披靡,霍国公闻风丧胆，逃奔齐国，霍国灭亡，晋国取得了完全的胜利。其时，耿国和魏国亦先后被晋国消灭。晋献公为了表彰赵凤的战功，就把

原来的耿国地(故址在今山西河津县南)作为封邑，封给了赵凤。①这样，赵凤就成了赵氏入晋后的第一个受封者。原耿国的地盘虽然不算很大，但却是赵氏家族世代相传的世袭领地。而这块世袭领地也就成了其后赵氏家族扩大地盘、发展势力的支撑点和根据地。

二、晋献公诛灭公族与起用异姓

叔带投奔晋国后，为什么会受到重用？这是由当时晋国特殊的历史条件决定的。

晋国原本是一个姬姓诸侯国。周成王时，剪桐叶为圭，封其弟叔虞于唐（今翼城附近），传九世至晋穆侯。晋穆侯生有二子，长子名仇，次子名成师。公元前781年，太子仇即位，是为晋文侯。前746年，文侯去世，其子昭侯即位，封其叔父成师于曲沃，人称"曲沃桓叔"。曲沃桓叔从当时的实力对比看出，以国君为代表的晋国的公族势力，正在迅速地走向衰落。于是，他便积极经营自己的封地——曲沃,并伺机发难，取代晋国政权。经过几代人的努力，传到曲沃武公时，终于一举灭掉了晋公室，杀死晋缗侯,并把所缴获的晋国的宝物献给周厘王，取得周厘王的认可，被周厘王正式册封为晋国国君。从此，晋国的政权就落入到曲沃武公家族之手。这就是晋国历史上著名的"曲沃代翼"。

曲沃武公代翼并被周天子正式册封为晋国国君，这个铁一般的既成事实，彻底打破了自西周以来所奉行的嫡长子继承君位的宗法制度，成为晋国君位继承史上的一个重大转折点。而这一个重大的转折点，就将晋国600多年的历史划分为两个大不相同的时期，致使人们对曲沃武公以前的十几个君主，都失去了研究兴趣，唯独曲沃武公才被视为值得关注的历史人物。

曲沃武公作了国君的第二年，便离开了人间，其子诡诸即位，是为晋献公。晋献公即位后，面临的形势十分严峻。从国内情况来看,刚刚结束

---

①《史记》卷39《晋世家》。

六七十年的内乱，百废待兴，政权很不稳固；从外部形势来看，东面的齐国，南部的楚国，西部的秦国，都在迅猛发展。从当时列国形势来说，晋国只不过是一个地小国弱的"偏侯"，在诸侯争霸的政治舞台上，可以说还没有晋国的席位。在这种形势下，要想振兴晋国，与诸侯争雄，就必须采取非常手段，巩固君权、加强国力、兼并小国、开拓疆域。

怎样巩固君权、确保国君的统治地位呢?晋献公从"曲沃代翼"事件中清醒地看到，当初晋昭侯封桓叔于曲沃，不但招致了杀身之祸，而且使晋国长期不得安宁，在这六七十年的内乱中，六代国君一个个走马灯似的更换着，国君一支的老公族也一批批地作了殉葬品。这是为什么呢?很显然，主要就是因为自己先辈桓庄一族的新公族势力十分强大，形成了公族逼君的局面。现在自己做了国君，对这种威胁，更有了亲身感受。当时，那些旧的公室贵族已经衰落下去，真正对自己君位构成威胁的，就是来自自己祖父辈的桓庄一族的新公室贵族。他们相对于国君而言是小宗，但他们却是掌握实权的显贵，唯有他们有能力与国君抗衡。因此，晋献公为了巩固君权，便下定决心，千方百计地剪除桓庄之族。

另外，从当时诸侯各国的形势来看，异姓士族在诸侯列国中虽然也屡屡弑君，但却都不能自立为君。与此相反，那些能够自立为国君者，都是同姓的公族。晋献公从诸侯列国的这些事实中，进一步领悟到，任用异姓贵族比任用同姓家族更有利于巩固自己的统治地位。于是晋献公就得出了这样的结论：只有起用异姓贵族来剪除其亲近的同姓公族，才能永保自己君位的巩固。

晋献公元年（前676），恰逢周惠王即位并成婚之年。晋献公经过一番策划，赴成周朝见周天子，并向周天子献上了超越一般诸侯所献的重礼。从而换得周天子以超过一般诸侯进见之礼，异常隆重地接见了晋献公。[1]这样，便极大地提高了晋献公在诸侯中的声誉，从而捞取了一笔政治资本。

接着，晋献公就起用异姓大夫士蒍，诛灭公族势力。

---

①《左传》庄公十八年。

士芬，乃是周宣王时杜国国君杜伯的后裔。周宣王时，杜国国君在朝中任大夫，人称杜伯。宣王有一宠妃看上了英俊的杜伯，诱其上钩,被杜伯严词拒绝。宠妃恼羞成怒，遂在宣王跟前诬陷杜伯。宣王听信谗言,杀死杜伯，并灭杜国。杜伯子孙四处奔逃，其中有一子名叫隰叔，亦称杜隰,逃到晋国，受到重用,官至士师(古代司法官吏的通称)，以职官为氏，是为士氏，此即晋国士姓之由来。隰叔之子，名士芬，足智多谋，受到晋献公的重用。

晋献公采纳士芬的建议，首先在公族中制造矛盾，使他们彼此猜忌，最终导致兵戎相见，晋献公坐收渔人之利。士芬先在桓庄之族与其谋士之间制造矛盾，使他们与自己的谋士产生隔阂，又乘机与桓庄之族的诸公子合谋，将所有谋士尽数驱逐，这样，诸公子就失去了自己的智囊团。接着，晋献公七年（前670），士芬又与诸公子合谋，杀死了"游氏二子"。第二年，即晋献公八年（前699），士芬再一次借助诸公子的力量，彻底消灭了"游氏之族"。这里的"游氏"，就是桓庄之族的远亲。最后，晋献公又用士芬的计谋，在今山西绛县东南部修建了聚邑之城，将桓庄之族的诸公子全部安置在城内。晋献公八年（前669）冬，晋献公突然发兵围攻聚邑之城，将诸公子全部杀死。[1]这就是晋国历史上的消灭公族事件。从此以后，晋国就成了一个没有公族的国家。晋献公以后的历代晋国国君都执行了国无公族的制度。

国无公族制度的实行，在客观上解除了公族对异姓大夫的压制，为异姓势力的兴起创造了极为宽松的环境。同时，也扩大了晋国统治集团的社会基础，为异姓士大夫中的优秀人才脱颖而出创造了条件。从此，晋献公便先后起用士芬、里克、郭偃、赵凤、毕万里等异姓卿族，治理国家。这些异姓人才既能全力辅佐晋献公，又不会对他的君位构成威胁，晋献公的君权得到彻底的巩固。

晋献公在整顿内政、巩固君权的基础上,又发动了对外的兼并战争。晋

①《左传》庄公二十五年。

献公在剪除国内公族势力时，靠的是异姓大夫、异姓势力；他在发动对外的兼并战争中，同样靠的是异姓大夫、异姓势力。正因为如此，异姓大夫、异姓势力，在对外的兼并战争中，便迅速地发展壮大起来。例如，异姓大夫赵凤，由于战功卓著，晋献公就把原来耿国之地作为封邑，封给赵凤，成为赵氏家族世代相传的世袭领地；又如，异姓大夫荀息，因灭虢袭虞立有大功，被任命为太傅，进而又拜为国相，主持国政，等等。晋献公经过发动攻灭霍、耿、芮、魏、虢、虞等周边小国的战争，连同晋武公时期灭掉的周边小国在内，曾经星罗棋布地分布于今天山西南部的十几个小诸侯国，便统统纳入了晋国的版图，不但大大扩大了晋国的疆域，同时也大大提高了晋国国威。从此，晋国遂由一个无足轻重的"偏侯"，一跃而成为一流强国，形成齐、楚、秦、晋，华夏四强的格局，从而为尔后晋文公称霸和晋国的百年基业，奠定了基础。

晋献公五年（前672），征伐骊戎时，俘获了骊姬，带回晋国后，献公十分宠爱，于是就把她立为夫人。后来骊姬生了一个儿子，名叫奚齐。此后，骊姬便与她身边的近臣施优等人，策划阴谋活动，千方百计地排挤晋献公的另外几个儿子，妄图为奚齐夺取继承国君的太子地位。

在晋献公的诸子中，最出名的当然是太子申生，其次就是公子重耳（后为晋文公）和公子夷吾（后为晋惠公）。骊姬首先设法说服晋献公，把太子申生封在曲沃（今山西闻喜东北），把公子重耳封在蒲（今山西隰县西北），把公子夷吾封在屈（包括南北二屈，北屈在今山西吉县东北，南屈在其南），而把奚齐则留在晋献公身边，为以后奚齐夺取申生的太子地位创造条件。

骊姬听从其谋士的策划，沉着稳重，并不急于动手。有一次，晋献公曾私下向她表示欲废太子并以奚齐取代的意思，骊姬泣曰："太子之立，诸侯皆已知之，而数将兵，百姓附之，奈何以贱妾之故废适立庶？君必行之，妾自杀也。"她表面上为太子申生说好话，背后却指使他人到晋献公面前给申生进谗言，离间他们父子之间的感情。晋献公二十一年（前656），骊姬认为时机成熟，便立刻采取行动陷害太子。她假托献公梦见了

申生故去的母亲，让申生赶快回曲沃的祖庙去祭祀。申生祭祀以后，把祭祀用过的酒肉礼品进奉给献公。献公当时在外游猎未归，骊姬就把酒肉留在宫中，并在里边下了毒药。献公回来后，厨师送上那些祭品，献公就要享用，骊姬当即拦住，说："胙所从来远，宜试之。"把酒洒在地上，地面隆起包；肉喂狗，狗死；让小臣饮酒，小臣死。骊姬泣曰："太子何忍也!其父而欲弑代之，况他人乎?且君老矣,旦暮之人,曾不能待而欲弑之!"直接把罪名加在太子申生头上。接着又对晋献公说："太子所以然者，不过以妾及奚齐之故。妾愿子母辟之他国，若早自杀;毋徒使母子为太子所鱼肉也。始君欲废之，妾犹恨之，至于今,妾殊自失于此。"[①]经骊姬这样一说，晋献公信以为真。太子申生知道后，直奔新城曲沃。晋献公怒，遂将太子之傅杜原款处死。申生身被恶名，自缢而死。

这时，公子重耳和夷吾正在绛都。骊姬便在晋献公面前，同时陷害他们二人。骊姬竟然说他们二人也都知道太子申生陷害献公的阴谋。两人听说后，先后急忙逃回自己的封地，保城自守。献公见他们二人不辞而别，以为他们果真参与了太子申生的阴谋,遂派兵去讨伐。重耳与夷吾先后逃亡到别的诸侯国。这次事件，史称"骊姬之乱"。"骊姬之乱"的结果是：奚齐被立为太子，原来的太子申生自杀，公子重耳和夷吾先后出走。骊姬的阴谋诡计完全得以实现。然而好景不长，没过几年，晋献公病死，大夫里克随即发难，杀死骊姬和奚齐，迎立公子夷吾回国继位，是为晋惠帝。

总观平定"骊姬之乱"以及迎立惠帝的整个历史过程，不难看出，在决定晋国命运的关键时刻，完全是由晋国的异姓大夫和异姓势力挺身而出维护晋献公子孙的君位继承权的。可以说，晋献公诛灭公族、起用异姓，确实保障了晋献公子孙的君位继承权。

三、赵衰侍奉重耳与赵氏家族的崛起

"骊姬之乱"的危急关头，赵衰护卫公子重耳出奔，从而为赵氏家族

---

① 《史记》卷39《晋世家》。

的崛起提供了千载难逢的历史机遇。

赵衰，即赵成子，字子余，亦称成季、孟子余。生年不详，卒于晋襄公六年（前622）。早年即有贤士名声，与少年时期的重耳（即后来的晋文公）相友善。"骊姬之乱"的危急关头，赵衰护卫公子重耳出奔，这是赵氏家族走向成功的决定性一步。其时，赵衰已是成家立业之人,他的妻子已为他生下了赵同、赵括(与纸上谈兵的赵括并非一人)和赵婴齐三个儿子。赵衰是在舍弃自己家室的情况下,护卫公子重耳踏上流亡之路的。

重耳一行出奔的第一站，就是重耳母亲的祖国——狄国。其时，狄国正逢打败咎如族,俘获了咎如族首领的两个女儿。狄国就把长女叔隗嫁给了重耳,把次女季隗许配给赵衰。其后，季隗为赵衰生子赵盾。重耳、赵衰等人在狄国一直住了12年。在这一期间，晋国国内发生了一系列变化，逃亡在外的公子夷吾在秦穆公的拥立下，被迎回晋国继承了君位,是为晋惠公。原本夷吾与重耳的关系很好，但是夷吾继位后，担心重耳夺取自己的君位，于是便派人去狄国暗杀重耳。重耳得知后，急忙离开狄国,投奔力量更为强大的齐国。当他到达齐国后,受到齐桓公的隆重接待。齐桓公送给重耳20乘车，并把宗室之女姜氏嫁给重耳为妻，新婚妻子姜氏既美丽又贤惠，致使重耳不再思念故国，甚至不愿离开齐国了。在这种情况下，即驻留齐国的第五个年头，赵衰等人在姜氏的积极配合下，用酒灌醉重耳，才将其载出临淄。等到重耳酒醒后，已是回头无路了。这样，重耳才又重新走上周游列国之路。

重新走上周游列国之路的重耳，在赵衰等人的护卫下，经过曹国、宋国、郑国、楚国，最后到达秦国。这时秦国仍然是秦穆公在位。秦穆公原来曾经帮助夷吾回国即位，是为晋惠公。但晋惠公即位后，对秦颇有背信弃义之举，所以秦穆公便把注意力转移到了仍在流亡中的重耳身上。所以重耳一到秦国，秦穆公便给予特别热情的接待,并把宗室女子送给重耳做妻子。在赵衰等人的机敏周旋下，重耳终于博得秦穆公的青睐，秦穆公并下定决心，帮助重耳回国继位。

公元前636年,重耳在秦国大军的护送下回国,杀死晋怀公，当上国君,

是为晋文公。赵衰也终于回到久别的故乡。19年的颠沛流离,19年的忠心护卫,19年的精心谋划,公子重耳终于回国继承了君位,赵衰也因此而被封为原(今河南济源)大夫,史称原季。赵衰护卫重耳回国继承君位的成功,就为赵氏家族的崛起奠定了基础。

晋文公即位之后,赵衰并没有因为功勋卓著,沾沾自喜;更没有躺在功勋簿上,坐享其成。而是全心全意地辅佐晋文公巩固君位,成就霸业。晋文公元年(前636),周室内乱,襄王弟昭叔(太叔带)伙同狄人伐周,占领洛邑。襄王避难于郑,同时派遣使者简师父、左鄢求救于晋、秦。文公二年(前635),晋正值大乱之后,百废待举,国力薄弱,晋文公对勤王一事,迟疑不决。赵衰与狐偃却以其敏锐的政治嗅觉和远见卓识,意识到这是晋成为诸侯盟主的天赐良机。当时,南方的楚国,不断向北方扩张领土,大有继齐桓公之后而称霸中原之势;西方的秦国,也不甘居偏安边陲的地位。只有南阻强楚,西扼强秦,晋国才能入主中原。而当时的晋国,在经济方面和军事方面都无力与秦、楚抗衡。为此,必须首先在政治上取得诸侯的信任,提高晋国的威望。而当时的秦国,已派兵驻扎在黄河边上,准备迎接襄王归国。在这种形势下,赵衰积极建议晋文公率先采取行动,派大军护送襄王回国。因为"尊王"是称霸的资本,是建立霸业的首要条件。如果在"尊王"方面落在秦国之后,失去号令天下的旗帜,再要想称霸那是根本不可能的。晋文公采纳赵衰的建议,全力护送襄王归国,这样一来,就极大地提高了晋国的地位,为其后的称霸奠定了基础。

赵衰是护卫晋文公流亡多年的肱股之臣,他在辅佐晋文公巩固君位、成就霸业方面,完全是从国家利益出发的,他从来不争权夺利,更不计较个人的地位和得失。晋文公执政后,把原来晋国的上、下两军,扩大为上、中、下三军。三军实行军政合一的制度。统率中军者指挥三军,称为中军元帅。中军元帅又兼任正卿,亦即最高行政长官。晋文公向赵衰询问谁可担任此职,赵衰推举了好学且有德行的郤谷。晋文公采纳了赵衰的意见。其后,晋文公任命赵衰为下军元帅,而赵衰却推辞说:"栾枝忠贞谨慎,先轸足智多谋,胥臣见闻广博,这三个人都可以担任此职,臣不如他们。"晋文公又采纳了赵衰的意见，任命栾枝统率下军,任命先轸为副将。随后，晋文公又让赵衰任上军统帅，赵衰又推辞道："用德行来治理人民，才有显著的成效。狐偃是最有德行的人,不可不用他。"晋文公正欲任命狐偃，而狐偃也推辞说："狐毛的智慧超过我，他的年龄又比我大。狐毛如果不在其位，我不敢接受此职。"晋文公于是任命狐毛统率上军，狐偃为副将。直到狐毛逝世后，晋文公又任命赵衰为上军统帅,赵衰推辞说："在城濮之战中，先轸之子先且居表现出色，在治军和征战中立下了大功，应该以他为上军统帅。"晋文公再次采纳赵衰的意见，任命先且居为上军统帅。赵衰三辞重要职务，推荐有真才实学之人担任,这是他诚心诚意地辅佐晋文公巩固君位、成就霸业的具体表现。晋文公慷慨地说："赵衰三次辞让，他所推荐的都是保卫国家的栋梁之才。国家有这么多的贤才，我还有什么可忧虑的呢!"①

大量的事实说明，不论在任何时候、任何情况下，也不论处于什么地位、担任什么职务，赵衰都是始终如一地护卫和辅佐晋文公的。在晋文公的政绩和霸业中，凝聚着赵衰的心血和智慧。在晋文公的心目中，赵衰乃是最知心、最忠实、最谦逊、最得力的大臣。后来，赵衰终于担任了上军主将，其后又升为中军佐，成为集军事与行政于一身的最高长官，赵氏家族也就成了晋国的显赫之家。

四、赵盾执政与"下宫之难"

赵衰死后，赵盾继承了其父的事业。赵盾，即赵宣子，谥号宣孟，亦称赵孟，官至晋国执政。赵盾与赵同、赵括、赵婴齐为同父异母兄弟。其父赵衰护卫重耳奔狄，赵衰娶叔隗为妻,生赵盾。赵衰多智、沉着、果断等特点，都遗传给了赵盾。当赵衰护佑重耳结束流亡生活、重返晋国之后,赵衰应原配夫人赵姬之请，将赵盾母子从狄国接回晋国。赵姬看到赵盾是个很有前途的贤才，又再三恳求晋文公和赵衰，把嫡妻的位置让给季

---

①《国语·晋语四》。

隗,自己屈居其下。这样,赵盾才取得继承赵衰爵位的权利。赵盾凭借其父传留下来的爵位,再加上自己的才华和努力,官至执政,掌握了晋国的军政大权,卓有成效地辅佐了晋襄公和晋灵公。

赵盾执政期间,大修政令,加强纲纪,彻底改变了人心涣散、弊端百出的局面。在修明内政的基础上,他又加强对外的社交和经营活动,成功地维持了晋国的霸主地位。赵盾治国有道,护霸有方,在晋国史上占有十分重要的地位。然而,就在赵盾叱咤风云的同时,也引起了他的政敌以及异姓家族的嫉恨,给他的家族带来了巨大的灾难和不幸。

赵盾任国政两年后,襄公七年(前621),晋襄公谢世。襄公临终前,嘱咐赵盾和大臣们以太子夷皋为国君。而当时夷皋年幼,让幼童为君,大臣们都觉得不妥,不如另立一位年长的宗室公子为君更稳妥。赵盾亦有同感。经过反复考虑,赵盾毅然决定立留在秦国的、晋文公与怀嬴所生的公子雍为君。接着,赵盾就派大夫先蔑和士会去秦国迎立公子雍回国继承君位。正当赵盾为迎立公子雍回国继承君位作准备的时候,晋襄公的夫人天天抱着太子在朝堂上面对大臣又哭又闹;散朝后,又抱着太子到赵盾家里哭闹。在这种情况下,赵盾被迫同意改立太子夷皋为君。当秦国派军护送公子雍及陪同士会入晋行至令狐(山西临猗西南)时,赵盾亲自统率军队,抵御护送公子雍回国的秦军,并先发制人,夜袭秦军。秦军毫无准备,大败而还。士会只好陪同公子雍,返回秦国定居。秦晋令狐之战,旧怨新结,秦遂与楚联合,形成秦楚联合交攻晋国之势。

灵公幼年即位,大权完全由赵盾掌握。到了晋灵公十四年,晋灵公刚刚懂事,却暴戾刁顽,不理政事,只知奢侈玩乐,作恶多端,没有一点国君的样子。他恶行甚多,例如:第一,征收重税,大兴土木;第二,喜欢恶作剧,他坐在高台之上用弹弓打人取乐;第三,他的厨师烹煮的熊掌没熟透,他就大发雷霆,把厨师当场杀死,然后令宫女抬着尸体让大臣观看。[1]这些举措,使赵盾心急如焚。他数次犯颜直谏,引起灵公对他的仇

---

① 《左传》宣公二年。

恨。一天凌晨，灵公遂派武士潜入赵盾家，刺杀赵盾。武士进入赵盾家，只见房门已经开着，赵盾穿着朝服正襟危坐，等待天明上朝。武士被赵盾的敬业精神所感动，立即退了出来，触槐而死。晋灵公派武士刺杀赵盾未遂，便孤注一掷，在朝堂上半公开地对赵盾进行谋杀。他假装请赵盾赴宴，却在殿堂里埋伏甲士。幸好有侍卫救护，赵盾才幸免于祸，逃往外地。

其时，赵盾的族侄赵穿掌握着晋国的军权，为挽救赵氏家族的执政地位，遂用计发动政变，在桃园杀死晋灵公后，又迎接赵盾回朝。灵公年少无后，赵盾派赵穿到周京迎接晋文公的小儿子黑臀回国，立为新君，是为成公。

成公即位，赵盾重新掌握晋国大权。可太史董狐记录灵公之死时写道："赵盾弑其君夷皋于桃园。"赵盾得知责问："杀死国君的是赵穿而不是我。当日我已出奔河东，离绛城有二百余里，岂知弑君之事？你将此事归于我身，真是冤诬。"董狐反驳道："你身为执政，逃亡未曾出境，回都又不惩办凶手。说此事不是你的主谋，谁会相信呢？"[1]赵盾的这个弑君恶名，使他的家族差点绝嗣!

赵氏家族的显赫以及赵盾长期独揽朝政，早就引起晋国一些大夫和大臣的嫉恨。晋灵公的宠臣屠岸贾，原是个千方百计纵容灵公寻欢作乐的奸臣。当他的恶行受到赵盾抑制后，屠岸贾就与晋灵公一起设计陷害赵盾。灵公死后，屠岸贾靠着一套吹捧术，又先后取得成公和景公的信任，竟然担任了晋国的司寇，掌管起了全国的刑狱、纠察之事。赵盾活着的时候，屠岸贾还有所畏惧，不敢贸然作乱。赵盾一死，他认为时机已到，就向赵氏家族开刀。

据《史记·赵世家》记载，晋景公三年(前597)，屠岸贾有意翻出陈年老账加罪于赵氏家族，他以山崩河塞为由，说是君主用刑不当所致。屠岸贾大声疾呼，当年赵盾桃园弑君，而今他的子孙遍布朝廷，并将谋反，要求

---

① 《左传》宣公二年。

立即剪除。此时，晋景公也担心赵氏势力过于强大，也想借机整一整。而其他显贵家族如栾氏，早已虎视眈眈，妄图削弱赵氏，取而代之。只有赵盾推荐并被提拔重用的晋军元帅韩厥，挺身而出，为赵盾打抱不平。韩厥曰："灵公遇贼，赵盾在外，吾先君以为无罪，故不诛。今诸君将诛其后，是非先君之意而今妄诛。妄诛谓之乱。臣有大事而君不闻，是无君也。"屠岸贾不听。韩厥见屠岸贾决意要灭绝赵氏，就暗中通报赵氏家族的当家人——赵盾的长子赵朔，要其率族逃难。可赵朔却不肯走。赵朔含泪托孤曰："子必不绝赵氏，朔死不恨。"韩厥许诺，称疾不出。①很快，屠岸贾率领甲士围攻赵氏家族的居所下宫，将赵朔以及其兄赵同、赵括、赵婴齐，各家的男女老少，全部斩尽杀绝。

赵朔的妻子庄姬是晋景公的姐姐，下宫之难时，她带着身孕逃入景公的宫中藏匿。不久生下一男孩，按赵朔被害前夫妻分别时所起的名，叫赵武。屠岸贾闻讯，便带兵到宫中搜查。赵朔生前有个门客叫公孙杵臼，听说了下宫之难后，赶来见赵朔的好友程婴，并问他为什么不和赵氏一起殉难。程婴回答道："朔之妇有遗腹，若幸而男，吾奉之；即女也，吾徐死耳。"屠岸贾带兵进宫搜查时，庄姬急中生智，把孩子用布裹紧，藏在自己的裤裆中，祈祷云："赵宗灭乎，若号；即不灭，若无声。"果然在搜索的过程中，孤儿未出一声，躲过了险关。

程婴和公孙杵臼担心屠岸贾再来搜查，便商量应对办法。公孙杵臼问道："立孤与死孰难？"程婴曰："死易，立孤难耳。"公孙杵臼曰："赵氏的先君遇子厚，子强为其难者，吾为其易者，请先死。"两人找来一婴，伪装成赵氏孤儿，由公孙杵臼抱着去首阳山藏匿。程婴则来到朝中，向屠岸贾告发说："婴不肖，不能立赵孤。谁能与我千金，吾告赵氏孤处。"屠岸贾大喜，答应事成之后赏给千金，然后率兵随程婴奔赴首阳山。当他们找到公孙杵臼和婴儿藏身的山洞时，公孙杵臼显出无比义愤的样子，指着程婴大骂道："小人哉程婴！昔下宫之难不能死，与我谋匿赵氏孤儿，今又卖

---

① 《史记》卷43《赵世家》。

我。纵不能立，而忍卖之乎！"遂抱婴儿呼喊："天乎天乎！赵氏孤儿何罪？请活之，独杀杵臼可也。"①屠岸贾哪里肯依，立即就把公孙杵臼和婴儿全都杀死。屠岸贾以为赵氏一族总算灭绝，斩草业已除根了，可他绝对没有料到，真正的赵氏孤儿并没有死，已经由程婴带着他隐居到盂县藏山去了（今山西盂县城北）。

五、赵氏家族的再兴与鼎盛

"下宫之难"后，赵氏家族一蹶不振，赵盾的正卿地位被栾书所取代。栾氏出自靖侯，靖侯庶孙栾宾曾做过曲沃桓叔的老师，栾宾的儿子栾成（栾共叔）事哀侯，有忠贞死节的令名。栾宾的孙子栾枝，佐晋文公为下军将，城濮之战，战功卓著。其子栾盾袭父爵，官至将下军。栾盾子栾书，生活俭朴，深得景公信任，遂被任命为正卿。其后，随着郤氏的崛起，又形成了栾、郤对峙的局面。不过这时的晋景公还是有很大号召力的。

晋景公十七年（前583），即程婴与赵氏孤儿在盂县藏山隐匿的第十五个年头，景公忽患大病，久治不愈。经占卜，是赵氏冤魂作祟所致。景公不解，遂问韩厥，而韩厥乃是当初曾经许诺赵朔要为赵氏复仇的大臣，也是当朝大臣中唯一的知情人。当景公问到韩厥时，韩厥敏锐地意识到这是为赵氏家族申冤复仇的极好时机，于是就向景公如实地陈述了屠岸贾陷害赵氏家族的全部情况。在韩厥的策划下，晋景公遂与韩厥一起，为赵氏家族平反昭雪。他们首先将赵氏孤儿召回宫中，接着又借助韩厥所掌握的兵权之力，说服诸将接受赵氏孤儿——赵武，并恢复赵氏的爵位和田产，正式起用赵武（公元前597—前541），这样，赵武就成了赵氏家族重新走上政治舞台的第一个代表人物。与此同时，诛杀陷害赵氏家族的屠岸贾，并诛灭屠岸贾全族。②

到了晋厉公时，厉公的宠臣都是郤氏的仇敌，栾书便借用厉公的力量

---

①《史记》卷43《赵世家》。
②《史记》卷43《赵世家》。

削弱并进而消灭了郤氏。接着，栾书又与荀氏合谋，发兵捕厉公下狱，并杀之，迎立襄公曾孙周即位，是为悼公。悼公在位15年间，卿大夫的势力迅速发展了起来。到晋平公即位时，就形成了"六卿专政"、"政在家门"的格局。

六卿，原本是晋国的统兵将领。曲沃武公时，晋国只有一个军（12 500人）。到晋献公时，扩张为两个军。晋文公时，扩编为上、中、下三军，各设军将一人、军佐一人，共6人。规定：中军统上军、上军统下军。三军的军将和军佐，称为"卿"，通称"六卿"，此即"六卿"之由来。中军为六卿之首，称为"正卿"。正卿出为三军统帅，入为一国执政，集军权、政权于一身，成为一人之下、万人之上的军政长官。从晋文公任用郤谷为正卿开始，晋国的中军统帅没有一个是由公族担当的。所有的中军统帅（即正卿或执政），都是以才能高低、军功大小任免的。但自晋悼公以后，情况发生了很大变化。不过晋平公十二年(前546)，赵武担任正卿主持国政时①，晋国的心脏地区即今晋中、晋南及晋东南的一部分，仍然控制在晋国公族手中，所以赵武这个正卿还是有相当大的实权的。

晋悼公时代（前572—前558），采纳魏绛的"和戎"之策，最终使各支戎狄先后朝晋，归属于晋国，从而扩大了晋国的版图，增强了晋国的国力。晋平公十二年（前546），赵武出任正卿后，又积极响应宋国大夫向戌提出的"弭兵之会"倡议，从而有效地维护了晋国的霸主地位。

赵武出任正卿后，在国内推行了偃武修文的政策。外交是内政的延续。赵武响应宋国大夫向戌的"弭兵之会"，正是他偃武修文内政的延续。正因为如此，晋国才联合楚国发起"弭兵之会"。

赵武代表晋国发起、出席并主持的"弭兵之会"，这是他执政期间最重要、最成功、最值得称道的一次外交活动。在会盟过程中，赵武积极阐明弭兵的必要性、可能性及其具体办法，在赵武"重信义，崇礼让"的推动下，弭兵活动取得了很大成效。出席这次弭兵大会的除晋、楚两个发起

①《史记》卷43《赵世家》。

国外，还有宋、鲁、蔡、卫、陈、郑、曹、许等国的代表，大会最后议定：晋、楚两国息兵停战，共作霸主。很显然，这样的结果对于矛盾重重、日益衰败的晋国来说，是十分有利的。赵武通过"弭兵之会"，不仅扩大了赵武在诸侯国之间的影响，而且巩固并提高了赵氏家族在国内的政治地位。"弭兵之会"在协调"六卿"的关系方面，也起到了积极的推动作用。为了维护"弭兵之会"的成果，赵武曾与诸侯国多次会盟。就在他去世的晋平公十七年（前541年），赵武还与楚、齐、宋、卫、陈、蔡、郑、许、曹等国在虢地会盟，重温在宋国会盟时达成的协议，借以维护各诸侯国之间的休战状态。

晋平公十七年（前541）赵武死，谥号文子。从晋平公十七年到晋昭公（前531—前526）末年，在晋国已经形成了范氏、中行氏、赵、韩、魏、智六家专权的局面。而其时赵氏的势力，依然不及范氏和中行氏。

赵武子名景叔，景叔之子名鞅，又名志父，号简子，又称赵孟。生年不详，卒于晋出公十七年（前458）。据《史记》记载，晋顷公九年（前517），"赵简子在位"。即是说，这一年赵简子已经做了晋国的执政。赵简子执政时期（前517—前458），赵氏家族步入了它的鼎盛时期，赵简子乃是赵氏家族东山再起的集中代表和核心人物。

赵简子执政的第四年，即晋顷公十三年（前513），就令晋国民各出功力，鼓石为铁，以铸刑鼎，将范宣子的刑书，刻于其上，公诸于世，妇孺皆知，史称"公布成文法"。成文法的公布，是春秋时期震撼朝野的一件大事。因为这一举措，彻底否定了旧的奴隶主贵族"刑不可知，威不可测"的黑暗政治。其后，李悝在总结赵简子"刑鼎"、子产"刑书"、邓析"竹刑"的基础上，编著成了《法经》，使法家学说日臻完善。赵简子虽说不是法家学说的代表人物，但他却是晋国第一个公布成文法典的执政。赵简子在推行"以法治国"方面所作出的历史性贡献，是名垂青史的。

赵简子执政期间，在建设领地、重奖军功、网罗人才等方面，都先后推行了卓有成效的开拓创新措施，建立了彪炳千古的不朽业绩。

公元前500年，赵简子围卫，得卫国进贡500户人口。其时就把这500

户人口暂时安置在了他的旁支宗族赵午的封地——邯郸。公元前497年七月，赵简子家臣董安于修筑晋阳城竣工后，为充实晋阳，赵简子遂向邯郸赵午索要暂时安置在他那里的500户人口，结果遭到拒绝。赵简子一怒之下，杀死了赵午。赵午子赵稷遂"以邯郸叛"。赵午是中行氏荀寅的外甥，而荀寅又与范氏有姻亲关系，所以赵稷很快便得到中行氏和范氏两家的支持。中行氏联合范氏，以晋君的名义出兵讨伐赵简子，赵简子招架不住，遂北奔晋阳。韩氏历来亲近赵氏，魏氏与范氏长期有隙，智氏又与范氏、中行氏不睦。所以赵简子顺理成章地争得了韩、魏、智的支持，韩、魏、智在国人的配合下，很快便打败了范氏和中行氏。范氏和中行氏失败后，退还朝歌，积蓄力量，准备再战。接着，韩、魏又得到晋定公的许可，从晋阳召回赵简子重新上台执政，加强协调、统一指挥。这个千载难逢的历史机遇，就为赵简子的迅速崛起创造了条件。智氏也看出了这一点，为了抑制赵氏，智氏遂要求赵简子必须处死家臣董安于。其时，董安于乃是赵简子的高参和智囊。赵简子为了争得智伯支持，竟然委曲求全，默许董安于自杀。随后，赵、韩、魏、智终于结成同盟，形成了交战的另一方。从此，赵、韩、魏、智与范氏和中行氏之间便展开了历时近8年的争夺战。公元前490年，这场争夺战以范氏和中行氏的失败而告终。邯郸、柏人（河北隆尧县西）被划为赵简子的领地，赵简子的势力迅速增强。范氏和中行氏的其他地方，尽归晋公室所有。这时，赵简子为了巩固其既得利益，避免与智氏矛盾的激化，就采取了转移国内视线的办法，所以，从哀公六年（前489）到哀公十七年（前478）间，先后发动了对卫、齐、鲁、鲜虞等国长达十多年的征讨，一直到晋出公十七年（前458）赵简子死去。赵简子谢世后，其子毋卹继位，是为赵襄子。

其时，虎视眈眈的智伯利用赵简子死去的机遇取代赵氏把持了朝政，成为四卿中最为强大的势力。智伯恃其强盛,向韩、魏要领地,韩、魏在万般无奈的情况下先后都答应了。智伯又向赵襄子要领地,赵襄子不给,智伯就联合韩、魏攻打赵襄子。赵襄子退守晋阳,智伯与韩、魏联军便围攻晋阳城。智伯与韩、魏联军久攻不下,于是便"决水灌城",淹城水面将近城墙之高,但晋阳城依然屹立如初。在这危急关头,赵襄子密派张孟谈连夜出城,说服韩宣子、魏桓子,订立赵、韩、魏联合反击智伯同盟。赵襄子军杀了智伯守堤官兵,韩、魏响应,活捉智伯,大败智伯军,接着赵、韩、魏三分智伯领地,这样,便形成了三足鼎立之势,奠定了"三分晋室"的基础。

由此可见,赵简子执政时期和赵襄子执政时期,是赵氏家族的鼎盛时期,赵简子和赵襄子就是赵氏家族鼎盛时期的集中代表。

从周幽王元年(前781)叔带举家投奔晋国起,到周威烈王二十三年(前403)赵、韩、魏"三家分晋"止,历时378年。这378年间,赵氏家族在晋国经历了崛起、罹难、再兴及鼎盛四个时期,最后终于瓜分晋室,建立了独立的诸侯国。赵、韩、魏三个诸侯国的建立,标志着春秋时代的结束和战国时代的开始。

(原载《晋阳文化研究》第2辑,山西古籍出版社2007年版,与张晨合作)

郭氏与阳曲

《新唐书·宰相世系表》记载："郭氏出自姬姓。周武王封文王弟虢叔于西虢，封虢仲于东虢。西虢地在虞、郑之间，平王东迁，夺虢叔之地与郑武公，楚庄王起陆浑之师伐周，责王灭虢。于是平王求虢叔裔孙序，封于阳曲，号曰郭公。'虢'谓之'郭'，声之转也,因以为氏。"这段关于郭氏起源的经典论述，有力地说明，虢序受封于阳曲，由"虢"转声为"郭"，就是郭氏的起源。其实，这种观点早在唐代就已相当流行，并为汾阳王郭子仪所认可。

唐代宗广德二年（764）十二月，当朝宰相、汾阳王郭子仪为其父郭敬之修建家庙时，请刑部尚书颜真卿（709—785）撰写的《郭公庙碑记》云："溯其先，盖出周之虢叔,虢或为郭,因而氏焉。代为太原著姓。"①该碑记落款书："金紫光禄大夫刑部尚书上柱国鲁国郡开国公颜真卿撰并书；男从武及第授左卫长上封汾阳王太尉中书令子仪立"。刑部尚书颜真卿在为其上级当朝宰相汾阳王郭子仪之父郭敬之撰写《郭公庙碑记》时，每一句话都是有充分根据的，是经过再三推敲的。其中关于追溯郭氏起源的记述，很可能是按照郭子仪及其家族的意见书写的，至少也是《郭公庙碑记》写成后，经过郭子仪及其家族审阅并同意的。否则，不会把这通碑

---

①《全唐文》卷339。

立在郭公家庙里，传留至今。现在这通碑依然保存在西安碑林博物馆第三室东侧。

北宋时，欧阳修和宋祁在《新唐书·宰相世系表》中关于郭氏起源的记载，实际上就是对唐代以来业已流行的这种看法的肯定，只不过是将这种看法更加具体化而已。正因为如此，《新唐书·宰相世系表》的记载，才能在郭氏族人中世代相传，得到郭氏族人的普遍认可，并为历代编修郭氏族谱所采纳。目前，阳曲县举办的郭氏纪念馆，也是按照这一记载陈列的。

郭氏在阳曲得姓之后，阳曲当然就是郭氏族人最早的聚居地。魏晋南北朝时期闻名于世的"太原郭氏"，就是由阳曲郭氏发展而来的。《新唐书·宰相世系表》载："后汉末，大司农郭全代居阳曲，生蕴。"就是说，后汉末年，大司农郭全代居阳曲，生子郭蕴。据《三国志·魏书》卷26注记载，"淮祖全，大司农，父蕴，雁门太守"。也就是说，郭淮乃是郭蕴之子，郭全之孙。又载："郭淮，字伯济，太原阳曲人也。"郭淮是为曹魏政权作出重要贡献的重臣。由于郭淮功勋卓著，魏嘉平二年（250），被封为阳曲侯。正元二年（255），郭淮谢世，其子郭统袭爵阳曲侯，官至荆州刺史。郭统死后，其子郭正袭其爵。魏咸熙年间（264—265），为重奖郭淮的功绩，改封郭淮之孙郭正为汾阳子。①

从郭全、郭蕴、郭淮、郭统到郭正，历代都世居阳曲；郭淮又被封为阳曲侯，其子郭统、孙郭正又都袭爵阳曲侯。而这支世居阳曲又被封为阳曲侯的郭氏，就是闻名于魏晋南北朝时期的太原郭氏。由此可见，这里所说的太原郭氏，实际上指的就是阳曲郭氏。这里所说的太原郭氏，并不是单纯指居住在太原地区的郭氏，而是指闻名于魏晋南北朝时期的太原郭氏衍派。《新唐书·宰相世系表》关于颍川郭氏出自太原，华阴郭氏出自太原、昌乐郭氏出自太原，都是从这个意义上说的，也就是指闻名于世的太原郭氏衍派而说的。

---

①见《三国志·魏书》卷26。

一、河南颍川郭氏出自太原

河南颍川郭氏出自太原。《新唐书·宰相世系表》记载："后汉末，大司农郭全代居阳曲，生蕴。蕴生淮、配、镇。镇，谒者仆射、昌平侯。裔孙徙颍川。"就是说，颍川郭氏乃是雁门太守郭蕴第三子郭镇的后代。到了三国时，颍川郭氏中出现了曹操谋士郭嘉这样的杰出人物。《三国志·魏书》卷14记载："郭嘉字奉孝，颍川阳翟（今河南禹县）人也"。也就是说，颍川郭氏乃是世居阳曲的后汉大司农郭全的后代。颍川郭氏出自阳曲，当无异议。

二、陕西华阴郭氏出自太原

《新唐书·宰相世系表》记载："华阴郭氏亦出自太原。汉有郭亭，亭曾孙光禄大夫广智，广智生冯翊太守孟儒，子孙自太原徙冯翊。后魏有同州司马徽，徽弟进"。

起源于周代的阳曲郭氏，发展到汉代出了个郭亭。据《汉书》卷16《高惠高后文功臣表第四》记载，郭亭是汉高祖刘邦时的功臣，封河陵顷侯。表中列有郭亭玄孙郭贤于元康四年（前62年）诏复家之事。郭孟儒是郭亭的又一个玄孙。郭孟儒当冯翊太守徙居冯翊，当与表中所列郭贤元康四年（前62年）之事相距不远。由此可以推算出，郭孟儒徙居冯翊的时间，当在汉元帝（前48—前33）时或稍晚。就是说，原先长期居住在阳曲的郭氏，经过若干代后才发展成为太原郭氏。传到郭亭的玄孙郭孟儒当了冯翊太守时，郭氏才从太原迁到冯翊（今陕西高陵）。郭子仪先祖最早的居住地——阳曲，当然也就是郭子仪的祖籍所在地。

由此可见，阳曲乃是郭氏得姓之地，是郭氏诸多衍派的发祥地，是汾阳王郭子仪的祖籍地。

郭鹤年家谱记载，徙居马来西亚的郭氏家族，其得姓始祖就是受封于阳曲的郭序，他们都是汾阳王郭子仪的后裔。郭鹤年的父亲是于1911年从福州郭宅乡徙居马来西亚的。当郭鹤年事业有成后，从上世纪70年代起，

就向香港和中国内地投资，相继在北京、上海、杭州、福州、厦门、深圳、广西、合肥、辽阳创建他的公司。1994年5月13日，他回山西寻根谒祖时，还亲自出席了香港嘉里集团与西山矿务局合资经营太原可口可乐饮料公司的签字仪式。从此，山西太原也有了他的公司。当记者问他为何要在山西投资时，他倾吐出了肺腑之言："我的祖先在山西，我的心在山西"。

台湾科技首富郭台铭的家谱记载，山西晋城南岭乡郭台铭家族的得姓始祖也是受封于阳曲的郭序，他们也是汾阳王郭子仪的后裔。当郭台铭成为台湾百大富豪排名首位后，2003年10月，他回到故乡山西，在太原投资10亿美金，创办了富士康科技工业园暨鸿富精密工业有限公司。2005年5月，又决定在故乡晋城投资5亿美金，创建富士康晋城科技工业园。据晋城南岭乡郭台铭的家谱记载，郭台铭先辈中的"德"字辈，就能与阳曲县保存的《郭氏族谱》中的"德"字辈相互对应上。这种状况，极大地拉近了郭台铭与阳曲县的距离，增进了郭台铭与阳曲县的感情。2006年10月19日，郭台铭回到阳曲考察后提出，拟在阳曲创建镁合金基地，作为对得姓之地的一种回报，十分令人钦佩！

由此可见，思念与建设发祥地的血缘情、桑梓情、爱国情，这是海外赤子的共同心愿和优良传统。这种共同心愿和优良传统，正是中华文化巨大的向心力和凝聚力的具体表现，也是中华文化亲和力和认同感的真实写照。

（原载《太原日报》2006 年 12 月 8 日）

郭子仪与山西汾阳

郭子仪，陕西华州郑县（今陕西华县）人，生于则天皇帝神功元年(697)，卒于德宗建中二年（781），享年85岁。郭子仪一生经历了则天皇帝、中宗（哲）、睿宗（旦）、玄宗（隆基）、肃宗（亨）、代宗（豫）、德宗（适）七朝。历事玄、肃、代、德四朝，以一身而系天下之安危达二十余年。郭子仪驰骋疆场，武功卓著，是平息"安史之乱"的主帅，"再造唐室"的勋臣；他出将入相，忠心护主，是反对分裂、维护统一的不贰之臣；他襟怀坦白，不计荣辱，是安邦定国的名相；他才华横溢，尤工狂草，为历代书家所赞许。

一、郭子仪的战功、食邑与山西

唐玄宗天宝十四载(755)十一月，安禄山举兵反唐。次年初，郭子仪奉命率朔方军平叛。四月，进军河东，收复云中（山西大同）、马邑（山西朔州），打开了东进河北的通道。郭子仪旗开得胜，唐玄宗升他为三品御史大夫。从此，郭子仪便与山西结下了不解之缘。

唐肃宗至德元年(756)，郭子仪以山西为基地率大军出井陉关，在嘉山（河北正定西）大败叛军。叛将史思明坠马逃窜，退守博陵（河北定县）。七月，肃宗诏令郭子仪率军勤王，任命郭子仪为兵部尚书、同中书门下平

372

章事。至德二年(757)，郭子仪派人潜入河东，联络内应。二月，又进军河东，叛将崔乾祐兵败逃走，河东平定，山西再次成为郭子仪的前进基地。进而又出兵潼关，其子郭旴，英勇奋战，于是役阵亡。但此役打开了关、陕通道，肃宗下诏晋升郭子仪为一品司空，关内、河东副元帅。同年八月，郭子仪光复长安，叛将安守忠逃出潼关。接着，郭子仪又率军东进，攻克东都洛阳，至此，河东、河西、河南州县悉

汾阳王郭子仪像（故宫南薰殿藏）

平。郭子仪以功加司徒，封代国公，食邑千户。肃宗曰："虽吾之国家，实由卿再造。"

唐代宗宝应元年(762)，河中（山西南部）军因粮饷不足，发生骚乱，节度使李国贞被部下处死；太原府尹邓景山亦为部将所杀。代宗担心这两支军队与叛军联合，遂任命郭子仪为朔方、河中、北庭、潞、绛、泽、沁等州节度行营兼兴平定国副元帅，进封汾阳王，屯兵绛州（山西新绛县）。在危难之际，郭子仪奉命再次来到山西。由于郭子仪长期转战山西，在山西军民中威望极高。所以，得到军民的大力支持，很快平息了河中、太原骚乱。

代宗广德元年(763)，诸镇兵乱再起。仆固怀恩屯兵汾州，阴召回纥、吐蕃寇西河。吐蕃军直抵奉先（陕西蒲城）、武功，京师告急。在千钧一发之际，代宗任命郭子仪为关内副元帅，镇守咸阳。邺城之败后，郭子仪兵权尽释，部曲离散。出任关内副元帅时，仅有骑兵数十，只得征集民间马匹，补充军营。郭子仪进驻咸阳时，吐蕃军已越过渭水，直抵长安，代宗已逃往陕州。郭子仪闻讯，急速返回长安。收编散兵，稳定军心，坚持抵抗，以智斗敌，击鼓喧山，迷惑敌人。吐蕃军素知郭子仪威名，遂连夜引兵出城，郭子仪再次光复长安，创建了战争史上的又一奇迹。代宗以军功任命郭子仪为京城留守，赐郭子仪崇功免罪之丹书铁券。

广德二年(764)，仆固怀恩屯兵汾州反唐，纵兵掠并、汾属县。代宗任命郭子仪兼河东副元帅、河中节度使，平定叛乱。仆固怀恩部下原是郭子仪旧部，对郭子仪极为尊敬。郭子仪一到山西，仆固怀恩部下很快倒向郭子仪一边。仆固怀恩的儿子仆固场驻扎榆次，亦为帐下所杀，其部迅速归附郭子仪。仆固怀恩仓皇逃往灵州，河东平定。但仆固怀恩西逃后再次诱骗吐蕃、回纥入侵长安。郭子仪自河中奉命入朝，屯兵奉先。代宗永泰元年(765)，仆固怀恩带领吐蕃、回纥联军，进入醴泉、奉先，京城大震。代宗令郭子仪驻扎泾阳。此时，郭子仪只有一万人马，敌军以30万之众包围泾阳。在这紧急关头，郭子仪单骑入回纥，动之以情，晓之以理，终于与回纥结成联合攻打吐蕃的同盟。吐蕃闻讯，引兵退去。唐王朝再次转危为安。代宗加郭子仪实封200户，次年，郭子仪还军河中（山西）。

郭子仪旗开得胜之地是山西；军民敬仰郭子仪、配合郭子仪，首推山西；郭子仪食封之地在山西；郭子仪单骑入回纥、化险为夷后，又还军山西。山西是郭子仪的根据地、大本营，是立功之凭借，食封之所在。

二、郭子仪的书法艺术与山西

郭子仪不仅是叱咤风云、战功盖世的武将，而且是酷爱艺术、尤工狂草的书法大家。代宗广德二年(764)秋，郭子仪出任河东副元帅、河中节度使，平定仆固怀恩屯兵汾州的叛乱后，戎马倥偬之余，挥笔书写了诸葛亮的《后出师表》。这是一幅气吞山河的狂草，深为书法名家所器重。后来被南唐李后主（煜）珍藏。

宋太祖开宝七年(974)，都监曹彬任统帅，奉命攻南唐。南唐李后主（煜）降，曹彬待以宾礼。曹彬虽为武将，但酷爱书画，每打胜仗后，他什么都不要，只要书画。南唐李后主是有名的收藏家，他当然更不放过。曹彬在说明郭子仪狂草真迹的由来时写道："余承命下江南，伪主李煜所藏晋、唐名迹颇多，目遴其最佳者得其数十。而此郭汾阳之迹亦与焉。"

曹彬的从母张氏是后周太祖郭威的贵妃。周祖受禅，召彬归京师，隶世宗（柴荣，郭威养子）帐下，后晋升为河中都监。所以曹彬对郭氏先辈郭子仪的手书真迹特别珍惜。据曹彬记载，范仲淹曾观此真迹于宝敕堂。

明初大臣刘基(1311—1375)，亦曾看过郭子仪的手书真迹，还写了一段非常精辟的评语曰："郭公为唐第一流人物，而书亦为第一。合作向藏天府，以基有凉德爱以宠锡什袭世守天恩与名迹，共垂不朽。"

刘基之所以得见郭子仪的真迹，与刘基的家世以及他本人的经历有关。刘基，字伯温，青田人。其曾祖刘濠原做过宋朝翰林掌书。而刘基本人又是明太祖的幕僚，他身居要职，所以有条件看到郭子仪的手书真迹。

到了明代中叶，诗人、书法家祝允明亦曾目睹郭子仪的手书真迹，他对郭子仪的书法赞叹不已。祝允明(1460—1526)，字希哲，因生枝指，自号枝生，又号枝指生。长洲（江苏苏州）人，弘治举人，与唐寅、文征明、徐贞卿并称"吴中四才子"。郭子仪的书法能使大书法家祝允明赞叹不已，可见郭子仪书法成就之高。祝允明的祖父祝显，为正统四年(1439)进士，曾出任山西参政，在山西颇有名气。祝允明是通过什么渠道看到郭子仪真迹的，因无记载，难以判断。但不能完全排除与他祖父做官山西的关系。现在郭子仪的手迹拓片依然收藏在山西民间。

郭子仪书法艺术代表作——狂草《后出师表》，从其书写、流传来看，都与山西这块热土息息相关。

三、汾阳王庙坐落于山西

郭子仪长期生活、战斗在山西，为山西的古代文明增添了灿烂的光辉。山西军民对郭子仪十分推崇，十分敬仰。明神宗万历十三年(1585)，汾州知州白夏（颍州人，万历十年任），在汾阳城北二十里之大相村改一佛寺为汾阳王庙，塑金身像于坛台之上。由于几经战乱，年久失修，现今只有遗迹留存，此遗迹即大相村崇胜寺汾阳王祠。

万历四十三年(1615)，第二座汾阳王庙又在汾阳县城南关落成，该庙是由汾州府同知杨伯柯倡议并主持修建的。

杨伯柯，南直淮安人，万历十四年(1586)丙戌进士，三十一年(癸卯1603)出任汾州府同知。同年冬，策马谒汾阳王庙，以为庙貌必有规制。

至则见一废寺中，旁有隙地一区，围墙一堵，庙内破屋三楹，中设一神桌，一木主，前有一磁炉而已。俯身一拜，潸然叹息。嗟呼！此何等功业，而今庙貌竟卑隘毁至此。非守土者之愧而谁愧！非守土者之责而谁责耶！乃建议建庙，请于抚台李公而允之，且发金以助其役，因买于南关之隙地一方，长十七丈有奇，广八丈有奇，上建大殿五间，塑王像于上，及官将像于两旁。瞻仰者肃然起敬，不复视昔之玩视矣！大约用银伍佰两有奇，除动支官帑伍拾两、抚台叁拾两外，皆本府捐奉为之，而各州、县亦量助焉；经始于乙巳（万历三十三年）七月，万历三十七年秋月大殿告完，庙貌整备。因北地山寒，冬季不便修筑，所有门廊物料皆俱。俟开春后继续修建，其时已完成十之八、九。柏柯以迁秩将行，未毕之工付之汾阳尹公，即汾阳知县尹觉民。尹觉民，北直冀州人，万历三十二年(1604)甲辰进士，三十三年出任汾阳知县。任职期间，廉干有能声，以利民善俗为务。出任汾阳知县之年，正值杨伯柯主持修建汾阳王庙开工之时，万历三十七年杨伯柯离任后，他主持了汾阳王庙的续建工程。碑之题额为篆字，由万历三十七年己酉举人矫九高书。该庙落成后，汾阳人又掀起了一次祭祀郭子仪的热潮。乾隆《汾州府志》录有"谒汾阳王庙"七律一首，作者辛显祖，全文如下：

> 维唐七叶山逢鬼，天子蒙尘狼噬尾。
> 令公手扶半壁天，克复两京绩何伟。
> 吐蕃突尔兵氛起，仓皇敕公一幅纸，
> 夺海内于群盗区，大河南北复姓李。
> 蓦地酋兵惊若雷，都訝令公天上来，
> 罗拜欢呼还起舞，灵台单骑捷音回。
> 呜呼！
> 补天裕日功如此，血食千秋应不死。
> 下马擎觞酹断碑，庙貌嵯峨俨仰企。

这座闻名天下的汾阳王庙，1942年，被日本侵略者毁掉了。但健在的老年人，都还能描绘出庙宇之威严和郭子仪之塑像形象。当年，庙门两侧的琉璃狮子，现在还完整地保存在汾阳县博物馆。住在汾阳王庙附近的老乡，把庙砖、庙石、琉璃瓦等物，都当做珍品保存下来。更为难得的是，南关一家郭氏后裔珍藏着一幅郭子仪的全身画像。画像长94公分，宽42.5公分，像的左侧书有"汾阳王郭子仪像"七个字。郭子仪身穿唐服，手持笏板，一派忠武风采。

四、郭氏之根在山西

据史籍记载，郭氏出自姬姓，起源于山西。华阴郭氏亦是由山西太原迁去的。郭氏是以分封国名转化而成的姓氏。在古代，"虢"与"郭"同，因以为氏。

据记载，虢的宗庙社稷在下阳（今山西平陆县境），史称北虢。周平王东迁时，西虢迁都于上阳（今河南陕县境），史称南虢。《左传》载，僖公二年(前658)夏，晋献公假道于虞以伐虢，克下阳。因下阳为宗庙社稷所在，故下阳亡而虢亡。北虢灭亡三年后，即公元前655年，晋献公又复假虞国，克上阳，南虢亡。晋献公回军途中，又灭虞。至此，虢、虞两国皆亡。

晋献公灭虢、虞两国后，迁两国之民于汾阳，此即今汾阳小虢城与大虢城（今属孝义）及虞城之由来，换言之，迁居小虢城、大虢城之郭氏，乃是郭氏开宗立姓始祖的群体后裔。《太平寰宇记》在谈到虞城与虢城之得名时写道："虞、虢二城，相传晋灭虞、虢，迁其人于此，筑城以居之。"

如果说，阳曲为虢叔之后裔虢序之封地的话，那么，汾阳之小虢城、大虢城，则是虢氏后裔聚居之地；如果说，阳曲是郭氏开宗得姓之地的话，那么，汾阳则是郭氏的根之所在。明代罗伦《郭氏族谱序》云：

郭得姓自周虢叔。林宗振汉，郭子仪鸣唐，太原、汾阳著望天下，上

下数千年由二人而郭氏大焉。

郭子仪的品德和业绩深为人们所敬仰。明朝万历二十三年(1595)，为顺乎民心，干脆以郭子仪的封号取名汾阳县。先有汾阳王，后有汾阳县，这就是汾阳的历史。所以郭子仪后裔中的很多人与山西多有联系。

郭子仪长子郭曜，封太原郡公。次子郭旰，随父由山西出发，攻克潼关，在攻打永丰仓（陕西华阴县境）时阵亡。四子郭呲（音破），封为清源县开国男。五子郭晤，封为乐平县开国男。六子郭暖与代宗之女升平公主结为夫妇，郭暖袭封为代国公，升平公主追赠为虢国大长公主。七子郭曙，追封为祁国公。八子郭映，封为寿阳县开国男。

郭子仪的侄子，郭晛（宪）封为晋阳县开国男，郭晌（音序）封为太原县开国男等等。

清乾隆《汾州府志》载，郭子仪的后裔郭企忠，字元弼，金太宗天会四年(1126)出任汾州知事。正值石州阎先生率众数万，围攻汾州。汾州官吏担心内变，提醒郭企忠注意。但企忠很有把握地说："吾于汾人有德，保无他"，遂率军民坚守，待援军赶到，里外合击，大破石州阎先生军。由此可见，郭子仪在汾州影响之深远。

不仅在汾阳，整个三晋大地都有关于郭子仪的足迹、传说和遗迹。从至德元年(756)初，郭子仪率军赴河东平叛收复云中、马邑，打开东进河北的通道开始，他多次赴河东、河中平叛，从北到南、从东到西，踏遍了三晋大地。山西历来是兵家必争之地，唐高祖李渊就是誓师晋阳，然后下汾晋，取关中，建立了李唐王朝的。山西是李唐王朝的发迹地，所以唐朝皇帝格外重视山西。在平定"安史之乱"过程中，主帅郭子仪"匡济之功，多出河东"。值得注意的是，唐太宗平叛的地方和留有遗迹的地方，郭子仪都倍加重视。唐高祖武德二年(619)，王行本据蒲州反叛，吕崇茂据夏县反叛，李世民奉旨率师讨伐。途次汾阴县（今万荣荣河北），曾在张瓮、解店（今万荣城）、古城三地屯兵，战事结束后，在上述三处各修建东岳庙一座，在解店、张瓮两处，又分别盖乐楼一座，此即万荣飞云楼之由

来。传说，郭子仪曾多次到解店东岳庙瞻仰，并登上飞云楼缅怀太宗皇帝"金戈铁马，气吞万里如虎"的雄伟战绩。

据史籍记载，在山西洪洞县城东北霍山南麓，东汉建和元年(147)创建一寺庙，取名俱卢舍寺。唐初，李世民下河东，曾在这里会战，战后写了一首雄浑豪放的诗，名曰《广胜寺赞》。所谓"广胜"，就是"广大于天，名胜于世"的意思。郭子仪曾瞻仰"俱卢舍寺"。代宗大历元年(766)，郭子仪奉命赴华州平定周智光谋叛。次年，在灵州又大败吐蕃军。大历三年(768)，郭子仪回到河中。大历四年（769），上疏代宗，奏请扩建重修俱卢舍寺。获准后，郭子仪亲自组织人员主持扩建重修工程，竣工后，郭子仪便以太宗皇帝《广胜寺赞》诗名，取名曰广胜寺。此即洪洞广胜寺之由来。时至今日，洪洞民间依然流传着很多郭子仪的故事。

在古代北虢宗庙社稷所在地下阳（今山西平陆县境），也有很多关于郭子仪的传说。在与平陆毗邻的芮城县博物馆，还收藏着一幅《郭子仪拜寿图》。此图高约1.6米，长3米许，是用金丝彩线绣成的立体图案，固定在屏风之上，名曰"堆卷"，是国家重点保护文物。

晋剧《打金枝》，更是山西家喻户晓、妇孺皆知的传统剧目。这是描写给郭子仪祝寿的一出戏。许多晋剧名角都长于唱《打金枝》，清同治九年(1870)，老十三旦侯峻山进京演出《打金枝》，名振朝廷，誉满京师。1948年春，毛泽东主席到晋绥，贺龙元帅也点名让演《打金枝》。1952年全国首次戏曲观摩演出，由著名晋剧表演艺术家丁果仙主演的晋剧《打金枝》又进入中南海。其后，几经加工，拍成影片，广为流传。

总之，郭子仪是以山西为基地，大败叛军，取得收复两京的显赫战功的。郭子仪的食封之地在山西，手书狂草复制件收藏于山西，子孙后代很多封邑亦在山西。郭氏凭借郭子仪的英名，誉满天下；汾阳凭借郭子仪的英名著望海内外。郭子仪与山西汾阳是铸为一体、永远分不开的。

（原载《海内外》1994年第2期）

郭子仪夫人王氏考述

——读《唐汾阳王夫人王氏碑记》

　　《旧唐书》和《新唐书》的《郭子仪传》中，都没有关于郭子仪夫人的记载。后人编修的《郭氏族谱》中，关于汾阳王郭子仪夫人的记载，差别很大。杨绾撰写的《唐汾阳王夫人王氏碑记》①，为探讨汾阳王郭子仪夫人王氏提供了最有力的证据。

　　杨绾，字公权，陕西华阴人，与郭子仪同乡。杨绾的祖父杨湿玉，是武则天执政时期的户部侍郎、国子祭酒。杨绾的父亲杨侃，是唐玄宗开元时的醴泉县令。天宝十三载（754），唐玄宗取辞藻宏丽科，时登科者3人，杨绾名列榜首，超授右拾遗。天宝末，安禄山反，肃宗即位于灵武，杨绾冒难赴行在，拜起居舍人、知制诰，累拜中书侍郎、同中书门下平章事、集贤殿崇文馆大学士。杨绾素以德行著称，扬名天下。其时，中书令郭子仪在邠州行营，闻绾拜相，热烈祝贺。杨绾，既是郭子仪的同乡，又是与郭子仪活动于同一时代的宰相，相互之间自然十分了解。杨绾撰写的碑

---

　　①杨绾撰：《唐汾阳王夫人王氏碑记》，见明万历《太原府志·艺文》1991年点校本，第357页。另外，《钦定全唐文》收有此碑文，见卷331《杨绾》，题为《汾阳王妻霍国夫人王氏神道碑》。

记，当然是最可靠、最具权威性的。

《碑记》云："秉一心而辅佐君子，则有夫人王氏，有唐元辅汾阳王之伉俪"。"伉俪"即夫妻、配偶。汾阳王郭子仪夫人为王氏，确凿无疑。王氏，本其盛族，著于太原。王氏高祖王长谐，是唐高祖李渊时的皇左武卫大将军、秦州都督、平原郡公，赠荆州大都督，死后陪葬唐高祖于献陵，在今陕西三原县25公里处。曾祖王玄德为银青光禄大夫、唐州刺史。祖父王士会，为河南府陆浑县令。父王守一，为宁王府掾，赠兖州大都督。王氏是唐代官宦之家的女子。

王氏是兖州府君之长女，敏晤生知，孝慈天性，诞含柔范，光超韶仪。女宗之美，灿然有光。"年既及笄，礼从纳币，言告师氏，归于汾阳"。按古制，贵族女子15岁举行加笄仪式。王氏及笄之年归于汾阳，就是说她15岁时即与郭子仪结为夫妻。《碑记》云："（王氏）享年七十三岁，以大历十二年（777）正月辛未，终于平康私第。"由此推算，王氏生于则天帝神龙元年（705）。王氏谢世后，汾阳王郭子仪悲痛欲绝，停灵柩5个月，于六月初二葬于万年县凤栖之原。

王氏与郭子仪结婚后，勤俭持家，尊老爱幼，家庭和睦，远近闻名。天宝末，郭子仪奉命东征，夫人王氏处于西土，三徙其居，导诸子以义方，规众女以典则。帝嘉其贤，尤所称重。郭子仪分镇河中，屡立战功，被封为代国公，进而又加封为汾阳郡王。夫贵妻尊。郭子仪夫人王氏，亦被加封为琅琊县君，进而又加封为太原郡君，最后又被敕封为霍国夫人。国夫人是皇帝对文武大臣配偶的最高封号。按照唐朝的命妇制度，文武大臣中唯有一品大官的配偶才能封为国夫人。汾阳王妻王氏被封为霍国夫人，这是当时最高的封号了。唐玄宗时杨贵妃得宠，只有杨氏三姐妹才被封为国夫人。

在唐代，从唐太宗李世民起，就把迎奉法门寺佛骨作为一项极其隆重的盛典。唐肃宗上元元年(760)五月，按惯例，又举行了一次迎奉佛骨的盛典。肃宗皇帝赠赐了大批金银宝物，朝廷上下，相互攀比，捐赠无数。汾阳王妻霍国夫人王氏，舍弃京西家产，奏置法雄寺，又于法云寺写藏经，

修塔院，置行经之室，立禅诵之堂。法云寺就座落在今山西长治城南12公里的西八义村。法云寺创建于唐代，宋、元、明各代均经重建。现存前殿就是宋代结构；后殿为明代重建，尚保存有元代风格；其余厢房配殿皆为明代重建。汾阳王夫人王氏，被封为太原郡君、霍国夫人，其地都在山西，所以，她在山西兴办佛事也是很自然的。

《碑记》云，王氏有子六人，有女八人。其六子是：曜、晞、晤、暖、曙、映；其八女姓名不详，分别嫁给了卢让金、吴仲孺、张浚、李洞清、郑浑、张邕、赵纵、王宰。这与《新唐书》、《旧唐书》的记载有些出入。

《旧唐书·郭子仪传》云："子曜、旰、晞、晀、晤、暖、曙、映等八人，婿七人，皆朝廷重官"。《新唐书·郭子仪传》云："八子七婿，皆贵显朝廷。"其八子姓名，与《旧唐书》相同。郭子仪有八个儿子，史籍和族谱均有明确记载，当无异议。杨绾《碑记》说，王夫人生有六子，这也是有明确记载的。另两个儿子，即二子郭旰，四子郭晀，肯定不是王夫人所生，而是其他夫人生的。有的族谱记载，汾阳王夫人为韩氏，可见，郭子仪除结发夫人王氏之外，还有其他夫人。至于王夫人生有八女的记载，也是完全可信的。唐书载，七婿为朝廷重官，只是说有七个女婿是朝廷重官，并不是说只有七个女婿，不是重官的女婿有几个，唐书没有明确记载。从汾阳王夫人王氏生有八女的记载来看，不是朝廷重官的女婿，至少还有一个。这也是合乎情理的。由此可见，杨绾《碑记》关于汾阳王夫人王氏生有六子、八女的记载，虽然与新旧唐书《郭子仪传》的记载有些出入，但仍然是可信的。

（原载《文史月刊》1996年第5期）

一部文史底蕴极其深厚的长篇历史小说

——读郭恩德著《郭子仪》随笔

长篇历史小说《郭子仪》，由郭恩德著，山西人民出版社2011年9月出版发行，共3卷，1180万字，是一部文史底蕴极其深厚，采用章回体写成的规模宏伟、设计精美、装帧典雅、故事鲜活、情节生动、引人入胜的长篇历史小说。

《郭子仪》卷一，从郭子仪的爷爷郭通惊梦写起，以超凡脱俗的手笔成功地将一个既鲜活又非凡的郭子仪和盘托出，并在当朝皇帝武则天的关注和过问下，开始了错综复杂、坎坷曲折的人生经历。接下来，郭子仪与华山的帝王之气，在张易之、张昌宗以及朱前疑的操弄下，制造了华山冤案。在叙述华山冤案过程中，既写出了郭敬之蒙冤受屈为郭子仪成长造成的障碍，同时也写出了武则天在处置华山冤案时所保持的理智态度，以及宰相狄人杰的胆量与卓识。这是完全符合历史实际的。因为武则天很重视人才的选拔和使用，尤其重视通过科举选拔官吏。据统计,唐太宗执政的23年中，共录取进士205人，而高宗和武则天执政的55年中，所取进士达1000余人，平均每年所取人数比唐太宗时增加一倍以上。天授元年(690)，二月，武则天还亲自策问贡士于洛阳，成为我国科举史上殿试之始。殿试制度的确立，进一步增加了考生的荣誉感与忠诚心。长安二年　(702)，

武则天又设武科，置武举。武科的设立，彻底改变了以往选文不选武的局面，为完善我国的科举制度作出了重要贡献。郭子仪正是通过武则天开创的武举考试进入仕途，成为名将的。唐玄宗时的名相姚崇、狄人杰、宋璟、张九龄等，也都是武则天提拔起来的。而这些人在郭子仪进入仕途并得到重用方面，起了十分重要的作用。

从郭子仪出生到他通过科举考试踏入仕途，他的帝王之气与武则天压抑帝王之气的矛盾斗争贯穿这一时期的始终。而在这一矛盾斗争中，武则天压抑帝王之气的言行，为郭子仪的健康成长以及科举入仕制造了许多障碍和困难。然而又是武则天重视人才选拔，特别是设武科、置武举的伟大创举，为郭子仪冲破各种罗网，通过武举考试踏入仕途创造了条件。这种错综复杂的矛盾斗争就是贯穿第一卷的一条主线。

郭子仪进入金吾卫后，许多事情极富有戏剧性，而作者正是通过这些戏剧性的故事，刻画出了郭子仪的非凡与成熟。并州发现帝王之气，玄宗北巡，姚崇坚决反对，然而劝阻无效。李林甫则投其所好，博得玄宗赏识，一跃而为黄门侍郎。李林甫与郭子仪的死对头姜云龙是表兄弟，咬住郭子仪夜逛青楼，进行攻击。郭子仪对于朝中钩心斗角的人事关系极为厌恶，因而请求赴边。唐玄宗批准了郭子仪的请求，但是派他到中原任职，并且要他每年返回京城宿卫一个月。其时，张九龄代张说为相，主持朝政。玄宗探视惠妃，被儿媳杨玉环美貌击中，从而展开唐玄宗宠爱杨玉环的故事。

《郭子仪》卷二，从玄宗天宝七载（748）写起，一直写到肃宗乾元二年（759），共11年。这11年，又可分为前七年和后四年两个时期，贯穿于这11年的有两条线：其一，从唐王朝来看，前七年是玄宗宠贵妃，奸佞乱政，安禄山献媚并得势时期；后四年是安禄山发动叛乱，唐王朝历经磨难时期。其二，从郭子仪来看，前七年他从担任朔方节度副使运送军粮起步，接着晋升为安北都护府横塞军使，进而又晋升为朔方兵马使兼九原太守，逐步掌握保卫边塞的军事大权时期；后四年则是郭子仪奉命平定"安史之乱"时期。至德元年（756），拔常山，克赵郡，正拟直捣范阳时，肃宗即位灵武，急欲收复两京，诏班师，命为兵部尚书同平章事。至德二年（757），又破贼于潼关，升任司空兼关内河东副元帅。其后，收复两京，再造唐室，加封司徒、代国公。乾元元年（758），擒安守忠，进位中书令（宰相）。上述两条线，相互交织，贯穿于卷二始终。在朝纲败坏、奸佞得势的形势下，郭子仪忠心耿耿，屡建战功，使濒于崩溃的李唐王朝转危为安，重获新生。尽管如此，上元二年（759）七月，宦官鱼朝恩屡进谗言，肃宗终于被骗，郭子仪还是被剥夺了兵权。同年九月，史思明占领东京，李唐王朝再次濒于崩溃边缘。

《郭子仪》卷三，从肃宗上元二年（759）九月写起，一直写到德宗建中二年（781），共22年。这22年间，前四年是郭子仪重新被起用，夺取平定"安史之乱"完全胜利的时期。代宗宝应元年（762）四月，肃宗去世，代宗即位。七月，任命郭子仪率兵攻洛阳。此时，宦官程元振专权，屡进谗言，郭子仪被迫请求解除军职，留居京师。

代宗广德元年（763），唐重兵在外，关中空虚，吐蕃乘机进逼关中。代宗无奈，匆忙任命郭子仪为副元帅，出镇咸阳。郭子仪临时募得20名骑兵，立即赶赴咸阳。吐蕃军则乘胜追击，直扑长安，代宗慌忙出逃，狼狈不堪。同年十一月，郭子仪进入长安，稳定政局后，才将代宗接回长安。代宗经历了这场磨难后，终于对郭子仪说："用卿不早，故及于此"，遂下令在凌烟阁悬挂郭子仪的画像。永泰元年（765），代宗又召郭子仪第六子郭暧为驸马，与升平公主结为夫妻。从此以后的16年间，郭子仪才名副其实地成为"权倾天下而朝不忌，功盖一代而主不疑"的功臣，有关郭子仪与李唐王朝的许多传说和佳话，主要出自这一时期。

作者在表现和刻画郭子仪内心世界和思想感情方面，泱姬是一个重要人物。据台湾历史学家柏杨考证，唐肃宗李亨有14个儿子、7个公主，其中有一个就叫和政公主。和政公主与太子李豫，乃是章敬皇后吴氏所生的同母兄妹；韦氏是唐肃宗李亨为忠王时，纳韦元珪之女为孺人，立章敬皇后吴氏所生的李豫为太子后，就将孺人韦氏降为妃。吴氏所生的和政公主，就是作者笔下泱姬的原型。源于史实，但又高于史实，而且还闪烁着

某些现代色彩，致使泆姬成为能够吸引现代读者特别是年青一代的历史人物，表现了艺术典型特有的品格和魅力。

长篇历史小说《郭子仪》像一幅多彩的历史画卷。作者通过一大批鲜活的人物和一系列具体生动的历史故事，描绘了郭子仪从出生、童年、青年、壮年直到老年，历经坎坷、遇险不惊、转危为安、悲喜交加的一生。关于郭子仪的生平事迹和显赫战功，又都是以文献记载为依据，广泛吸收民间传说特别是三晋大地上的民间传说提炼而成的。特别值得关注的是，作者在表现郭子仪的英勇善战、足智多谋、高贵品行以及思想感情方面，费了很多笔墨，下了很大工夫，把郭子仪这个盖世英雄的辉煌业绩和错综复杂的真情实感，通过跌宕起伏、鲜活生动的故事情节，活灵活现地展现在了读者面前。在作者笔下，郭子仪临危受命，屡战屡胜，战功卓著，化险为夷，是再造唐室的英雄；在作者笔下，郭子仪出镇绛州擒贼首，兵变平息，单骑退回纥，不战而胜，是化干戈为玉帛的统帅；在作者笔下，郭子仪言传身教，恪守家规，是教子有方的家长楷模；在作者笔下，郭子仪情感真挚而纯洁，常在河边站，就是不湿鞋，是历代女士企求的丈夫典范。儒家的立身之本"修身、齐家、治国、平天下"，汾阳王郭子仪全都做到了。因此，在作者笔下，汾阳王郭子仪就成了特别具有号召力、说服力、感染力和吸引力的"千古完人"，成为有唐一代的"和谐之圣"。反过来，正是汾阳王郭子仪这个"千古完人"与"和谐之圣"的崇高形象，集中体现了作者深厚的文史功底和与时俱进的创作才华，特别令人折服！地冻三尺非一日之寒。如果从上世纪90年代初，作者访问新加坡搜集郭子仪的资料算起，到2006年第一卷第八稿修改完毕，历时近15年；如果截止到2011年9月第三卷出版发行，历时近20年。因此，今天呈现给读者的这部长篇历史小说《郭子仪》，乃是作者近20年辛勤劳动的结晶。

（载《山西文化》2012年第1期）

《中华邹氏族谱》序

  《中华邹氏族谱》从1992年起步，至今已历时14年。自2001年成立《中华邹氏族谱》编委会和编辑部以来，修谱工作得到了15个省、市、自治区和台湾地区广大邹氏族人的积极参与和大力支持，形成了海峡两岸邹氏族人联合起来共同编修的动人局面，这是许多人始料不及的，使原先设计的《中华邹氏族谱》发展成为一部特大型的统宗世谱。这样一来，编修族谱的过程就成了海峡两岸邹氏族人建立联系、拉近距离、增进血浓于水的向心力和凝聚力的过程，其意义远远超出了编修族谱的范围。目前，第一卷即将付梓，第二卷正作最后审定，第三卷亦在编修和运作之中，一部海峡两岸邹氏族人合修的特大型《中华邹氏族谱》即将展现在世人面前。对此，我表示最衷心的祝贺和最崇高的敬意！

  邹氏自开族立姓以来，一直在百家姓中处于显著地位。北宋《百家姓》中，邹氏排名第35位。清康熙《御制百家姓》，邹氏排名第19位。即使在今天，在前100个姓氏中，邹姓仍居第67位。在历史发展的长河中，邹姓家族乃是人才辈出、光耀千秋，业绩显赫、扬名天下的名门望族。早在战国时，邹忌就曾以鼓琴游说齐威王，被任为相国，封于下邳（今江苏郊县西南），称成侯，他劝说威王奖励群臣吏民进谏，修订法律，选得力大臣坚守四境,从而使齐的国力大大加强。齐国临淄（今属山东）人邹衍，是我国历史上著名的哲学家，他的"五德终始"说，在我国历史上产生了巨大而深远的影响。

他曾游历魏、燕、赵等国，备受各诸侯的"尊礼"。秦汉时，从山东迁至范阳的一支邹氏家族，发展成了当地望族，其后邹氏族人遂以"范阳"为堂号，其治所就在今河北定兴县西南固城镇一带。后来，范阳邹氏逐渐南迁，至河南邹坊，繁衍成为一大聚落。汉代有名人邹廷，任襄阳（今属湖北）令，在当地安家落户。西晋时，有新野（今属河南）人邹湛，以才学知名，官至国子祭酒、少府，其子孙有一支徙居衡州（今湖南衡阳）。至东晋时，原襄阳邹廷后裔中有一支徙居雍州（治所在今陕西西安市西北）。东晋十六国时，由于战乱，中原士族大举南迁，邹氏家族随之渡江，定居于今江苏、浙江、安徽、江西一些地方。唐初，陈政、陈元光父子奉命入闽，其中亦有中原邹姓将佐随之前往，后来就在福建安家落户。据《十国春秋》载，光州固始（今属河南）人邹盘、邹勇夫于唐末从王审知入闽。又唐德宗贞元末年，邹垣自今安徽当涂卜居江西南昌新吴驾山，至唐懿宗咸通五年（864），因避乱举家入闽，其后子孙繁衍，分居邵武等县。南宋时，泰州（今属福建）人邹应龙，庆元进士，南宋理宗嘉熙（1237—1240）初，官参知政事，其子孙散居闽、粤各地。在广东者，主要分布于梅州、大埔、五华、蕉岭、兴宁等地，亦有自广东迁至广西平乐者。现在台湾邹姓族人及侨居新加坡等国的邹姓华侨，很多都是从广东、福建辗转迁徙过去的。元末，邹氏名人有红巾军将领邹普胜。明代，邹氏名人有学者邹守益、名儒邹亮，有以敢言著称的名臣邹元标。清代有科学家邹伯奇，他精通天文历算，所著《格术补》是一部相当完整的几何光学著作。近代和现代，邹氏名人更是如雷贯耳，妇孺皆知。比如民主革命烈士邹容，著名新闻记者、政论家、出版家邹韬奋，等等。

在整个邹氏家族发展史上，这些永垂不朽的闪光名字和催人奋进的辉煌业绩，不仅是邹氏家族的骄傲，而且是整个中华民族的骄傲。邹氏家族是对中华文化和中华文明做出了重大贡献的家族。海峡两岸邹氏族人联合起来共同编修这样一部特大型族谱，具有十分重要的意义。有感于此，信笔直书，是以为序。

首届中国谱牒学会副会长兼秘书长　张海瀛

2005 年 11 月 28 日于太原

一部海峡两岸合作编修的统宗世谱

——贺《中华邹氏族谱》第一卷出版

中华邹氏是历史悠久、名人辈出、影响巨大的一个姓氏，在中华姓氏发展史上占有十分重要的地位。今天，海峡两岸合作编修的《中华邹氏族谱》第一卷，由湖北省崇文书局出版发行了，这是邹氏家族发展史上的一件大事，一件喜事！从《中华邹氏族谱》第一卷的编修过程来看，它是海峡两岸邹氏宗亲密切合作、共同心血和智慧的结晶；从《中华邹氏族谱》第一卷的构成来看，谱牒世系与家族文化并重，整个谱系，斑斑可考，代代可数，昭穆字辈，一目了然，具有极高的可信度和通俗易懂的可读性；从家族文化来看，具体记载了历代光照千秋、业绩显赫的许多邹氏名人，生动地展现了邹氏家族对中华民族和中华文化的重大贡献。从第一卷的记述情况来看，搜罗宏富，审核精细；内容丰富，资料翔实；纲目清晰，言简意赅。从谋篇布局来看，彻底摆脱了旧的修谱框架的束缚，许多栏目的设置特别富于开拓创新精神，为探索新的修谱体例，迈出了可喜的一步。新修的《中华邹氏族谱》，是一部横盖全国、纵贯古今的大型统宗世谱。对于举办这样一部大型统宗世谱的新闻发布会，我表示最衷心的祝贺并致以最崇高的敬意！

一、横盖全国，勾通两岸，
是《中华邹氏族谱》的首要特点

从横的方面来看，《中华邹氏族谱》涵盖了全国各个省、市、自治区，包括香港、澳门和台湾，可以说是一部完全意义上的《中华邹氏族谱》，这是一件了不起的伟大创举。而这样一部《中华邹氏族谱》，乃是由海峡两岸共同编修的。《中华邹氏族谱》的编修过程，就是全国邹氏族人建立联系、拉近距离、接续家谱、增进血浓于水的血缘情和宗族情的过程，其意义十分重大。

《中华邹氏族谱》的编修是从1992年湖北黄冈邹氏18人发出致族人合修族谱倡议书开始的。在此期间，以湖北黄冈为联络点，同本省乃至全国邹氏族人逐步建立了联系，拉近了距离，增进了血浓于水的血缘情和宗族情。2000年7月和2001年3月，先后在福建举办了"纪念邹应龙诞辰828周年大会"；在广东揭西召开了邹氏历史文化研讨会。通过这两次会议，扩大了影响，得到了旅居马来西亚宗亲邹顺达先生的积极支持。远在台北的中华邹氏宗亲会理事长邹忠彬先生获悉后，直接给湖北邹木生发传真、打电话，建议召开全国性的邹氏宗亲代表大会，讨论修谱事宜，并再三承诺会议所需经费全部由他负担。在邹忠彬宗亲的推动下，2001年6月，在武昌召开了邹氏宗亲代表大会。出席这次大会的有大陆15个省、市、自治区的代表，有台湾省的代表，还有韩国的代表，共98位。在这次代表大会上，成立了由海峡两岸共同组成的中华邹氏族谱编纂委员会，台湾代表邹忠彬宗亲开始被推举为名誉主任，其后又接任主任。接着又成立了邹氏族谱编辑部，创办了《邹谱编纂简讯》，每季一期，分发给海内外2000多位宗亲代表；开通了面向全世界的"邹谱网站"。这样一来，许多信息、许多活动、许多磋商、许多交流，通过《邹谱编纂简讯》和"邹谱网站"就能迅速传递给族人，从而有力地推动并极大地加快了海内外邹氏族人建立联系、拉近距离、接续家谱、增进血缘情和宗族情的过程。截至2004年12月，来自台湾和大陆20多个省、市、自治区的邹氏宗亲来信，多达1000余封，电话和电子邮件，更是数不胜数，主动寄来汇款多达40余万元（人民币），先后有1200多个邹氏宗支要求参加合修《中华邹氏族谱》的工作。这样，一部气度不凡、工程浩大的编修中华邹氏统宗世谱的文化工程，在编辑部的坚强领导和海峡两岸邹氏族人的大力支持与积极参与下，便迅速开展了起来。经过几年的努力，第一卷终于正式出版，第二卷和第三卷也在加紧修改和定稿中，不久亦将问世。

二、纵贯古今，一脉相承，尊祖收族，认祖归宗，是贯穿全书的一条主线

从纵的方面来看，《中华邹氏族谱》从先秦时代邹姓开宗立姓记起，记载了历代邹氏家族的播迁与流衍。早在汉代，范阳邹氏就已是扬名天下的当地望族。西晋时，新野（今属河南）人邹湛，以才学知名，官至国子祭酒、少府，其子孙徙居湖南衡州（今湖南衡阳）。东晋十六国时，邹氏家族大举南迁。唐末五代，光州固始（今属河南）人邹盘、邹勇夫，随王审知入闽，落籍福建。南宋时，泰州（今属福建）人邹应龙，官至参知政事，其子孙散居闽、粤各地。现在台湾邹姓族人及侨居新加坡等国的邹姓华侨，很多都是从福建和广东辗转迁徙过去的。新修的《中华邹氏族谱》是一部统帅遍及全国乃至侨居国外所有邹氏宗族的统宗世谱。许多"以血缘为凭"、"以可知为断"编修的族谱，都是以始迁祖为一世祖编修的，许多宗祠祭祀的也都是他们的始迁祖。这种情况，仅仅是尊奉和祭祀开宗立姓始祖与尊奉和祭祀播迁各地之始迁祖的区别，二者并不矛盾。新修的《中华邹氏族谱》对于这种情况，留下了很大的回旋空间。邹氏是一个起源多元说的姓氏。但是无论是出自殷商后裔的邹氏，还是出自颛顼后裔的邹氏，也还是出自其他古姓后裔的邹氏，他们都是黄帝的子孙。万宗一祖，万派一源。《中华邹氏族谱》将海内外邹氏族人联为一家，乃是追根溯源、寻根问祖的必然结果。凡是认真阅读《中华邹氏族谱》的邹氏子孙，不论他们属于哪一个支派，也不论他身居何地、从事什么职业，血浓

于水的血缘情和宗族情，都会油然而生。崇孝悌，辨昭穆，重教养，睦宗族，尊祖收族，认祖归宗，就是贯穿于全书的一条主线。

三、血缘情，宗族情，是合作修谱的深厚基础

遍布全国各地以及香港、澳门和台湾的邹氏族人，原本互不相识，没有交往。然而在联系合修《中华邹氏族谱》的过程中，一旦建立联系，续上家谱，马上就拉近了距离，犹如似曾相识的老朋友一样，进而就会成为无话不谈的亲兄弟。为何如此呢？就是因为邹氏族人之间有一种血浓于水的血缘情和宗族情，原本互不相识的邹氏族人建立联系、拉近距离的过程，就是邹氏族人增进血缘情和宗族情的过程。正是这种血缘情和宗族情，使得遍布全国乃至世界各地的邹氏族人，都成了枝相连、气相通、血脉相贯的一家人；成了根连祖籍、情系始祖的邹氏大家族中的一员。这就是海峡两岸原本互不相识、没有交往的邹氏族人之所以能够走到一起，组成一个编辑部，圆满完成《中华邹氏族谱》编纂任务最深刻的原因所在。邹氏家族如此，每一个中华姓氏也都是如此。中华民族巨大的向心力、凝聚力以及为国争光的伟大的爱国主义精神，正是植根于每一个中华姓氏的血缘情和宗族情的深厚基础之上的。而这种血缘情和宗族情是批不倒、割不断的。这就是中华民族的向心力、凝聚力以及伟大的爱国主义精神，世代相传、历久不衰的根本原因所在。

（原载《杨国桢教授治史五十年纪念文集》，江西教育出版社 2009年出版）

《南谷春秋》序

　　"范阳门第，南谷家声"，这是海内外邹应龙后裔祠堂、祖庙专用传统楹联。"范阳"，邹氏郡望，是为门第楷模；"南谷"，是南宋理宗皇帝亲笔手书赐予邹应龙、表示朝廷对他优崇的独特用语，其后既是他生前的居住地名，又是他谢世后陵墓所在地名。"南谷家声"，就是邹应龙勤政爱民、清正廉洁、刚直不阿、是非分明的高尚品德以及力主抗金保国、洗雪国耻、独立自主的爱国精神。邹应龙的这些高尚品德和爱国精神，代表了中华文化的精华，在中华文化的发展史上占有十分重要的地位，是应当继承和发扬的优良传统。因此，编辑出版旨在研究与弘扬"南谷家声"的《南谷春秋》，既是海内外邹应龙后裔的共同心愿，同时也是继承和发扬中华文化精华的迫切需要。

　　编辑出版《南谷春秋》，对于接续海内外邹应龙后裔的家谱，也是十分必要的。接续家谱，当以血缘为凭、以可知为断。而以血缘为凭，就是要理清后裔与一世祖的世代传承关系。也就是说，海内外邹应龙后裔要编修自己的家谱，就必须理清自己与一世祖邹应龙的世代传承关系。只有这样，才能编修出枝相连、气相投、血脉相贯的邹应龙后裔家谱。这既是对先祖的尊重，也是维护与保持邹氏家族血缘关系世代相传所必需的慎重态度。

　　邹应龙，南宋福建泰宁人，生于孝宗乾道八年(1172)农历六月二十二日,卒于淳祐四年(1244)四月二十三日，享年七十有三。宋宁宗庆元二年

(1196)进士,廷试第一，状元及第，擢秘书郎，出知南安军。召为正字，迁校书郎兼实录院检讨。嘉泰元年(1201)，遭父丧，服阕,仍任校书郎，改著作郎兼资善堂直学士侍讲。开禧元年(1205)，兼资善堂直讲，迁起居舍人兼玉牒检讨，韩侂胄秉政，用兵开边,公与议不合，遂以龙图阁直学士出知赣州。开禧三年（1207），韩侂胄诛，擢中书舍人兼太子左庶子。嘉定元年(1208)，假户部尚书，使金，贺金主生辰，不卑不亢，大义凛然。嘉定九年(1216)，进直焕章阁直学士，经略广西知静安。嘉定十三年(1220)，任敷文阁学士，荆湖南路安抚使，知潭州。理宗宝庆元年(1225),除工部尚书兼同修国史实录院同修撰。九月入见,论金人利害,帝称善,迁刑部尚书。端平元年(1234)，除显谟阁学士,起知太平州。端平二年(1235)，召拜礼部尚书兼侍读学士。同年十一月元灭金后，元兵大举南下，理宗诏侍从、两省、台谏诸官各陈方略。公提出治国安邦十策，理宗纳之，并于嘉熙元年(1237)二月，拜端明殿学士,签书枢密院事,权参知政事。居职四月，匡赞忠勤，上方倚为相,但因史弥远专权,事多掣肘，遂去职还乡。上遣中使谕止，不听，乃授资政殿学士,知庆元府兼沿海制置使,亦不拜而归,时年66岁。公性乐山林，归家后得一丘曰南谷，理宗亲书"南谷"二字赐之，追维辅相之德，特加太子少保、光禄大夫、赐紫金鱼袋，封鲁国公，食邑三千九百户，追赠曾、祖、考三代，淳祐四年（1244）卒，讣闻，上为辍朝，赠少保太尉公，谥文清，葬原籍。其后，子孙散居闽、粤各地。在广东者，主要分布于梅州、大埔、五华、蕉岭、兴宁等地，亦有自广东迁至广西平乐者。现在台湾邹姓族人以及侨居新加坡等国的邹姓华侨，很多都是从广东迁徙过去的。因此，由中转集散地的集中代表——广州，牵头创办旨在研究与弘扬"南谷家声"的《南谷春秋》，定会得到海内外邹氏族人的积极响应和大力支持，也一定会取得巨大成功。

首届中国谱牒学会副会长兼秘书长　张海瀛

2007年6月25日于太原

（载《南谷春秋》，中国文化出版社（香港）有限公司2007年12月出版发行）

关于家谱的收集整理与研究利用

　　家谱亦称族谱，现存的族谱，主要是北宋以来民间编修的，是以特殊形式记载一姓世系和人物事迹的历史图籍。由于时代、地域或记载范围的不同，又有族谱、宗谱、家乘、通谱、统宗世谱、房谱、支谱等称谓。家之有谱，犹县之有志、国之有史。家谱、方志和正史，构成了史籍大厦的三大支柱，就数量而言，家谱独占鳌头。

　　隋唐时期随着科举制度的推行和九品中正制度的废除，科举取士成为选用官员的基本途径。这样就改变了魏晋南北朝以来由血缘关系决定政治地位和社会地位的格局，清除了笼罩在血缘宗族关系上的政治阴影，从而唤醒了人们的骨肉之情。自北宋起，许多文人学士挺身而出带头修谱。诸如，欧阳修有《欧阳氏谱图》，苏洵有《苏氏族谱》，曾肇有《曾氏谱图》，朱熹有《茶院朱氏族谱》等等，其中欧阳修和苏洵所创立的编修体例，对后世影响很大，史称"欧苏谱例"。欧苏谱例重在图表之创新，都是五世则迁的小宗谱法。每图只谱五世，上自高祖，下至玄孙。五世以后，格尽另起。其实，早在宋代，许多家谱的编修就突破了这种五世一图的格式。到了明代，不受欧苏谱例束缚的大宗谱日益流行，随着修谱规模的扩大和宗族人口的繁衍，这种大宗谱越修规模越大，覆盖范围越广。这种以血缘世系为纽带编修的家谱，就成了"尊祖收族"、联络宗支和族人的主要形式，由同一家谱联络起来的宗支和族人，就成了枝相连、气相投、血脉相

贯的一家人。这样一来,族谱也就成了族人特别是徙居他乡和国外的族人寻根谒祖的基本依据,并且世代相传,沿袭至今,中华儿女血浓于水的向心力和凝聚力正是在这一基础上形成和发展起来的。

一、调查统计与家谱目录、提要和集成的编修出版

党的十一届三中全会后,1980年初,国家档案局对23个省(市)、自治区的档案馆、图书馆、博物馆等单位收藏家谱情况作了调查,据不完全统计,就有4000多部。1983年,南开大学历史系对北京几家公共图书馆和大学图书馆收藏家谱情况进行了统计,其数量亦相当可观。所以1984年春,国家档案局二处、南开大学历史系、中国社会科学院历史研究所图书馆通力合作,决定在此基础上进一步扩大调查统计,联合编纂覆盖全国的《中国家谱综合目录》。为此,国家档案局会同文化部、教育部联名向全国各图书馆、博物馆、文管会、文化馆、档案馆发出《关于协助编好〈中国家谱综合目录〉的通知》。《通知》下达后,有400多个单位报送了他们收藏的家谱目录或本地区个人收藏的家谱目录,共有一万余条。再加上台湾以及日本、美国出版的家谱目录中的有关部分,总共收录家谱条目14 719条。每个条目下依次著录顺序号、书名、卷数、编纂时代、编纂者、版本、收藏单位、备注等项,书后附有"地区索引"和"报送目录单位名单"①,使用起来相当方便。《中国家谱综合目录》本来定稿很早,但由于种种原因,一直拖延到1997年9月,才由中华书局出版发行。

新中国成立后的第一部中国家谱目录,是由山西省社会科学院编辑出版的。因为山西省社会科学院从1984年起,就围绕整理点校《山西通志》收集复制了一批家谱。中国谱牒学会成立后,收集复制更加顺利,成效十分显著。截止到1991年底,收集复制家谱已达2000余部,引起外界的重视,被邀请出席在香港举办的"中华族谱特展"。山西省社会科学院为准备参加"中华族谱特展",于1992年2月将已收集复制的家谱整理编目,由

---

①《中国家谱综合目录·前言》,中华书局1997年9月版。

山西人民出版社出版发行。此即山西省社会科学院编修出版《中国家谱目录》之由来。该《目录》收录姓氏251个,收录家谱2565部。按家谱数量多少排序依次为:王氏,255部;陈氏,126部;张氏,114部;李氏,85部;吴氏,77部;刘氏,75部;黄氏,69部;徐氏,63部;朱氏,60部。就分布地域而言,除台湾、西藏、新疆、吉林外,其他省、市、自治区均有收藏。收藏量在200种以上者计有:江苏、浙江、福建、湖南、安徽。该《目录》完全按姓氏笔画排列,每条目录下著有谱名、卷数、编纂时代、编纂者、版本、册数、页数、所属省份、缩微胶卷编号、备注等项,书后附有"山西省社会科学院家谱资料研究中心藏家谱目录统计表",对所藏家谱的分布情况以及部数、册数、页数,都作了统计。[①]该《目录》虽然收录姓氏很不完全、收录家谱数量也不算多,还是一个省级出版社出版发行的,但它却是1949年以后中国大陆正式出版的第一部中国家谱目录,而且所收目录全部是山西省社会科学院"家谱资料研究中心"一个单位收藏的。所以,1992年4月17日在香港"中华族谱特展"会上一经展出,就引起了轰动,再加上现场复制品的陈列和演示,自然就成了关注的热点和议论的中心。因为香港许多专家学者都以为经过"土地改革"和"文化大革命",大陆家谱早已荡然无存,没想到山西省社会科学院竟然收藏有这么多的家谱,而且很多都是大部头、高质量的。对此,香港《快报》、《华侨日报》都作了报道。上海《社会科学报》1992年6月11日,刊登了题为《大陆家谱展令港人大吃一惊》的通讯,报道了这次展出。

当然,就家谱的收藏与抢救而言,上海图书馆是闻名全国的龙头老大。早在30年代,上海图书馆以顾廷龙先生为首的老一辈图书馆学家就为抢救与收藏家谱作出了历史性的重要贡献,是他们从造纸厂的废纸堆里抢救出大批家谱,奠定了上海图书馆收藏家谱之基础的。其后又陆续收购了许多,再加上社会各界的捐赠,上海图书馆收藏家谱达1万余种。但由于历史的原因,这批珍贵文化遗产长期被封存一隅,从来没有进行过整理,亦无

---

①《中国家谱目录》,山西人民出版社1992年2月出版。

准确数据。所以，1984年，国家档案局会同有关部门在全国范围内调查统计家谱收藏情况时，上海仅报了562部。直到1997年，上海图书馆成立"谱牒研究中心"后，整理、开发与研究馆藏家谱才被列入议事日程。上海图书馆虽说起步较晚，但他们却是按照开发与研究的实际需要，邀请复旦大学历史系、华东师大古籍所、安徽社科院历史所等单位十余位专家学者与上海图书馆"谱牒研究中心"人员一起，按照统一体例要求，编写了目录提要。提要内容包括：始祖、始迁祖、迁徙路线、卷次内容以及有价值的资料等项，书后还附有"分省地名索引"、"堂号索引"、"人名索引"、"常见古今地名对照表"。可以说，他们对于馆藏家谱的整理是高起点、高品位、高档次的。经过两年的努力，《上海图书馆馆藏家谱提要》终于脱稿，于2000年5月，由上海古籍出版社出版发行。该《提要》收录1949年前编印的旧家谱约11 700种、近10万册。家谱分布覆盖全国20多个省市，收录姓氏达328个，明代刊本及稿本、纂修底本有200馀部，《提要》总计200余万字。①该《提要》的出版，为查阅和研究家谱提供了极大的方便。

2000年10月，浙江人民出版社出版了《浙江家谱总目提要》。该《总目提要》收录浙江家谱1.2万余种。其中有一半收藏于省内，另外一半为省外及海外收藏。从修谱时间跨度来看，上自明代，下迄21世纪初，收录中华人民共和国成立以来编印的家谱1300余种。从版本形态来看，有木刻本、木活字本、石印本、铅印本、电脑打印本、油印本、稿本、抄本等。收录姓氏总计为299个，除汉族外，还有回族、畲族等少数民族的姓氏。该《总目提要》针对家谱特点，对宗族堂号、始修时间、修谱次数、卷目内容、始祖及始迁祖、字辈排行、名人业绩、珍贵史料等，均作了著录。书末附有"浙江家谱存目"、"堂号索引"、"谱籍索引"和"收藏单位名称对照表"②，查阅起来非常方便。

①《上海图书馆馆藏家谱提要·前言》，上海古籍出版社2000年5月出版。
②《浙江家谱总目提要·序》，浙江人民出版社2005年10月出版。

　　家谱目录，只能为读者提供一些基本情况。家谱目录提要，虽说提供了比较详细的情况，但要了解其具体内容或研究或引用，就必须阅读原文。因此，即或是非常详细的目录提要，也远远不能满足查阅和研究的需要。山西省社会科学院"家谱资料研究中心"在为海外侨胞寻根谒祖提供咨询服务的过程中，深深感到编辑出版家谱集成是当务之急。所以，1992年初，遂与四川巴蜀书社联合向"国家古籍整理出版规划小组"呈送了编纂出版《中华族谱集成》申请报告。经专家评审，被列入国家古籍整理出版规划，并给予专项补贴。《中华族谱集成》由张海瀛、武新立、林万青任主编，首批收录李、王、张、刘、陈五姓，共93部家谱。在每个姓氏前，均有编选说明，对每部家谱都做了比较全面系统的介绍。经过三年多的努力，《中华族谱集成》终于脱稿。1995年12月，由巴蜀书社出版发行。该书为16开双栏影印精装本，外加锦盒函套包装，首批100册，每册900页,限量印制，编号发行，装帧典雅，印制精美，百册并立，异常宏伟。每套定价89000元，主要销售于国内外各大图书馆。①该书问世后，成为巴蜀书社陈列部、上海图书馆"谱牒研究中心"、北京中国书店门市部等部门陈列的门面书。2003年2月，中央电视台10台播出的百家姓系列专题片，在介绍上海图书馆"谱牒研究中心"时，陈列的门面书也是这部《中华族谱集成》。可以说，《中华族谱集成》是上世纪90年代族谱整理出版的集中代表。

二、谱牒学研究会的成立与家谱研究的开展

　　中国谱牒学研究会的成立，揭开了家谱研究的新篇章。然而，中国谱牒学研究会这样一个全国性的学术团体，却是由山西省社会科学院发起成立的。造成这种状况的原因有二：其一是国家档案局虽说会同有关方面对全国家谱收藏情况进行了调查统计，但在当时的历史条件下，由国家机关牵头开展家谱研究是否妥当，依然存有疑虑；其二是山西从省政府到社会

---

　　①《中华族谱集成》，巴蜀书社1995年12月出版。

科学院领导，对家谱研究都特别重视。引起山西重视家谱的直接原因是两封海外来信。1985年6月，"缅甸太原王氏家族会"致函太原市王茂林市长，要求查找开族始祖王子乔的资料；1986年，国务院侨办又转给太原市一封"泰国王氏宗亲会"来信，说他们的始祖有南京和太原两说（其实是始祖与始迁祖的区别而已），要求帮助查证哪一说可靠。这两封来信引起了山西省和太原市领导的重视，为回复这两封来信，组织了专门班子，收集资料，调查研究。这样，收集与研究家谱遂被列入议事日程。其时，山西省社会科学院已经收集了一批家谱，而且与国家档案局、中国社科院、中华书局都取得了联系。在这种情况下，各方代表于1988年3月在太原举行了筹备会，会议商定由山西省社会科学院发起并主办中国谱牒学研讨会。经过酝酿准备，首届中国谱牒学研讨会于1988年7月11日至14日在五台山举行。来自北京、上海、天津、西安、广州、成都、沈阳、保定等高等院校、科研院所的数十名专家学者出席了会议。山西省白清才副省长出席了开幕式。出席会议的还有美国犹他家谱学会会长斯考特先生、亚太地区负责人沙其敏先生，有澳门学者赵文房先生等海外贵宾，台湾学者陈大络教授还为大会发来了贺词。会议通过民主选举，成立了中国谱牒学研究会。山西省社会科学院刘贯文院长当选为会长，山西省社会科学院张海瀛副院长当选为副会长兼秘书长，南开大学历史系冯尔康教授当选为副会长，武新立当选为常务理事并兼任《谱牒学研究》主编。其后，按程序办理了挂靠中国社会科学院的相关手续，并呈报民政部审批。1991年8月19日，民政部颁发了有部长崔乃夫签名的《中华人民共和国社会团体登记证》，1991年10月5日《人民日报》刊出《中华人民共和国民政部社会团体登记公告》第4号，正式向社会公布，编号为"0473"。① 《光明日报》1988年9月21日刊出中国谱牒学研究会成立的消息后，在国内外学者中引起了强烈反响。澳大利亚侨胞马纪行致函中国谱牒学研究会说："于9月21日《光明日报》上看到'首届中国家谱研讨会'的报道，不胜欢耀！家谱对于我

---

① 《人民日报》1991年10月5日第7版。

们华裔来说，非常重要。……考我华族移民澳洲已有百多年之历史。最高峰时期，华人曾占居民总数1/4。今日之澳洲人其实许多人是有我中国人血统的，可惜多不自知。有些知道自己有中国血统的人，对我华裔特别好感，亦反对种族歧视。"1990年7月29日，泰国的"泰华研究会"致函中国谱牒学研究会说："我们成立'泰华研究会'的目的是深入研究泰华族谱，增强泰华人民的亲密友谊。"

中国谱牒学研究会成立后，1989年12月，编辑出版了《谱牒学研究》第1辑，刊登文章19篇，由北京书目文献出版社出版。《光明日报》(1991年1月2日) 和上海《社会科学报》(1992年2月13日)先后发表了张锡禄和方冶的评介文章,认为，《谱牒学研究》的编辑出版，把国内外的谱牒研究者和爱好者联络了起来,有力地推动了谱牒学研究的深入发展。1991年8月,山西省社会科学院又在太原召开了中国谱牒学研究会第二届学术研讨会，会议收到论文40 多篇。研究的深度和广度同第一届相比,有了很大的提高。其突出的特点是把谱牒学作为一门独立的学科,展开了研究。会后，将这些论文编入《谱牒学研究》第2辑，出版后很快就被一抢而空,在当时国内图书市场疲软的情况下,这种现象是十分罕见的。1992年12月及1995年5月，又分别编辑出版了《谱牒学研究》第3辑、第4辑，对谱牒学的形成发展，按历史顺序进行了深入研究。进入新世纪后,山西省社会科学院"家谱资料研究中心"于2006年8月,编辑出版了《谱牒学论丛》第1辑；2007年12月，编辑出版了《谱牒学论丛》第2辑,又为国内外谱牒爱好者和研究者增添了一个切磋和交流学术成果的阵地。

此外，1991年12月，河南省社会科学院发起并主办了"中国谢氏源流首次学术讨论会"，对谢氏的起源进行了研讨,会后到南阳县金华乡东谢营村进行了实地考察。①此后，全国许多地方都先后召开了谱牒学或姓氏学研讨会,家谱、姓氏研究逐渐升温,在全国范围内形成了方兴未艾的大好形势。

①《光明日报》1991年12月8日。

1998年11月18日至20日,上海图书馆与上海海峡两岸学术文化交流促进会联合召开了"全国谱牒开发与利用学术研讨会"。在这次会上,来自全国各地的谱牒学家对家谱的开发与研究展开了深入而广泛的探讨,并交流了各地收集整理与研究家谱的情况。会后,从提交大会的论文中遴选出36篇,集为"全国谱牒开发与利用学术研讨会论文集"——《中国谱牒研究》,由上海古籍出版社于1999年10月出版。

2000年5月8日至12日,上海图书馆发起并主办了迈入新世纪的"中国族谱国际学术研讨会"。来自国内各省市和台湾、香港地区以及美国、日本、新加坡、加拿大、越南等国的专家学者,就迈入新世纪后关于家谱的开发与研究等问题进行了深入而广泛的探讨。会议议定,由上海图书馆牵头,在已出版的《上海图书馆馆藏家谱提要》的基础上,联合国内外家谱收藏单位,规定统一体例,编修一部收罗宏富的特大型《中国家谱总目提要》。这样,一项囊括国内外中国家谱收藏单位的浩大工程,便拉开了帷幕。

迈入新世纪后,中国国家图书馆于2004年和2007年召开的两次"地方文献国际研讨会",都将谱牒作为一个重要方面,从地方文献学科建设的高度进行了卓有成效的探讨,有力地推动了谱牒研究的深入发展。

三、寻根谒祖与家谱的开发利用

山西关于家谱的收集整理和研究始终是与开发利用结合在一起的,是在为海外侨胞寻根谒祖提供咨询服务过程中进行的。1987年底,根据家谱记载和研究结果向泰国王氏宗亲会复函后,1988年11月26日,泰国王氏宗亲会以王济达为团长的19人考察团,就回到太原寻根谒祖。这样,家谱的收集整理和研究就收到了立竿见影的应用效果,从而进一步引起省、市领导的重视。接着,为回答缅甸"太原王氏家族会"提出的关于开闽王氏的问题,山西省社会科学院副院长张海瀛又依据《开闽忠懿王氏族谱》记载,撰写了《试述开闽王及其源流》一文,1989年4月在香港"亚太地方文献研讨会"上宣讲后,在与会代表特别是台湾地区和东南亚国家的王姓代表中引起很大反响，进一步扩大了太原王氏的影响。会后，台湾学者特意从山西省社会科学院全文复制了《开闽忠懿王氏族谱》，共计11册，并视为珍宝，潜心研究。《试述开闽王及其源流》一文，亦被全文收入林天蔚主编的《亚太地方文献研究论文集》。①

1988年，泰国王氏宗亲代表团回到太原王氏发祥地寻根谒祖时，又碰到了这样的问题：到哪里祭祖？由谁来接待？为解决这两大难题，太原市领导决定，将坐落在晋祠内的王琼读书处——"晋溪书院"改造为太原王氏始祖王子乔祠；成立"海外太原王氏联谊后援会"，负责接待寻根谒祖的宗亲代表及其团体。在改建太原王氏始祖王子乔祠过程中，"海外太原王氏联谊后援会"决定邀请海外太原王氏宗亲代表举行一次"海外太原王氏联谊筹备会"。为开好这次筹备会，山西省社科院"家谱资料研究中心"又承担了编写《太原王氏源流》和《太原王氏历史名人传》两本小册子以及拍摄《太原王氏》电视专题片的任务。1992年8月6日至8日，"海外太原王氏联谊筹备会"如期举行。当海外太原王氏宗亲代表聚集一堂，一边观看《太原王氏》电视片，一边翻阅《太原王氏源流》和《太原王氏历史名人传》时，显得格外高兴。其后，他们又参观了山西省社会科学院"家谱资料研究中心"。这次筹备会议的召开，保证了1993年6月"世界王氏恳亲联谊暨经贸洽谈会"的顺利举行。通过这两次会议，引进外资达250万美元②，有力地推动了太原市和山西省的改革开放。

1991年8月，山西省社会科学院"家谱资料研究中心"又接受了为新加坡郭氏公会查寻汾阳王郭子仪遗迹的任务。1992年12月，当我们向新加坡通报了进展情况后，郭氏公会会长郭明星、秘书长郭祖荫立刻赶到太原，要求同我们一起到汾阳进行考察。当他们在汾阳亲眼看到明万历年间修建的"汾阳王庙"遗址并通过访问了解了1942年日本兵为修炮台拆毁"汾阳王庙"时，心情十分沉重。次日，他们又在山西省社会科学院"家

①《亚太地方文献研究论文集》，香港大学亚洲研究中心1991年版。
②《太原日报》1993年6月9日。

谱资料研究中心"查到了他们的先祖"郭仲远"的名字，高兴地跳了起来，并说："你们的资料太珍贵了，真棒！"随后，他们要求把有关资料汇编成册，寄给郭氏公会。我们与汾阳县合作，录制了《汾阳与汾阳王》录像带，编印了《汾阳与汾阳王考证资料汇编》，并于1993年春寄给新加坡郭氏公会。新加坡郭氏公会收到这些资料后，又将这些资料转交给海外郭氏宗亲社团传阅，最后他们议定：1993年12月在新加坡召开"世界郭氏宗亲团体联谊会"，特邀山西省社科院"家谱资料研究中心"组团赴会报告查证情况。1993年12月18日，代表团团长张海瀛在新加坡"世界郭氏宗亲团体联谊会"上的论证报告，受到与会代表的认可和赞许，他们议定：以"世界郭氏宗亲团体联谊会"的名义，组织世界各国郭氏宗亲社团于1994年10月回山西寻根谒祖。

当马来西亚富豪华裔郭鹤年先生得知山西有汾阳王郭子仪的遗迹后，十分兴奋。1994年5月13日，亲自回山西寻根谒祖，他还以香港嘉里集团董事长的身份出席了与西山矿务局合资经营太原可口可乐饮料公司的签字仪式。当记者问他为何要在山西投资时，他说："我的祖先在山西，我的心在山西。"①他父亲是1911年才从福州郭宅乡徙居到马来西亚的，所以当他事业有成后，从上世纪70年代起，就向香港和中国大陆投资，这次在山西太原创建公司，是顺理成章的。

1994年秋，为迎接世界各国郭氏宗亲团体的到来，山西省社科院"家谱资料研究中心"将三年来的研究成果编写成《汾阳王郭子仪谱传》一书，由山西人民出版社出版发行，赠送各国郭氏宗亲社团后，深受他们的欢迎。他们反映该书中有三件珍品吸引力极大。其一是故宫南薰殿珍藏的"唐郭子仪像"影印件，这是唐代宗赐绘、凌烟阁所珍藏的故物，到了清代为南薰殿所珍藏；其二是郭子仪的墨宝——"唐郭汾阳书诸葛亮后出师表"影印件；其三是唐朝宰相杨绾为汾阳王妻霍国夫人王氏撰写的神道碑全文。这三件珍品，海外郭氏都是第一次见到，因而倍感珍贵。《汾阳王

①《山西日报》1994年5月16日。

郭子仪谱传》的馈赠，极大地增强了海外郭氏与山西的深厚感情。1997年是汾阳王郭子仪诞辰1300周年，为迎接汾阳王郭子仪国际学术研讨会的召开，由李吉和马志超执笔，综合七年来的研究成果撰写了《郭氏史略》一书，由山西古籍出版社1997年8月出版发行，赠送与会代表后，受到他们的赞赏和好评。

进入21世纪后，台湾科技首富郭台铭亦回山西寻根谒祖。据家谱记载，郭台铭先生是山西晋城南岭乡人，是汾阳王郭子仪的后裔。2003年10月，郭台铭先生回到故乡山西，在太原创办了富士康科技工业园暨鸿富精密工业有限公司。2005年5月，他又在故乡晋城创建了富士康晋城科技工业园。据晋城南岭乡郭台铭的家谱记载，郭台铭先辈中的"德"字辈，恰好与阳曲县保存的《郭氏族谱》中的"德"字辈相对应。这样一来，又极大地拉近了郭台铭与阳曲县的距离，增进了与阳曲县的感情。2006年10月19日，郭台铭到阳曲考察后，提出拟在阳曲创建镁合金基地，作为对得姓之地的一种回报，目前正在策划与落实之中。

山西省社科院"家谱资料研究中心"是面向国内外提供咨询服务的机构，到"中心"查阅资料，一律免费；复制资料，酌情收费。该"中心"为海外宗亲团体寻根谒祖卓有成效的咨询服务，引起了社会的关注。1992年8月4日，《人民日报》海外版以《联系海外侨胞的一条纽带》为题，发表了记者采访山西省社科院"家谱资料研究中心"的报道。美国侨胞李极冰看了报道后来信说："昨天从《人民日报》海外版得知成立了'家谱资料研究中心'，特致此函。"又说："我是山西人，祖籍大同县嘛峪口村。"要求查证始祖资料。当我们将查证的始祖资料寄给他后，他特别高兴。从此与"中心"书信不断，1996年8月12日，李极冰终于回到大同县嘛峪口村，实现了他梦寐以求的寻根祭祖的夙愿。1993年4月27日，法国侨胞时波来信说："我是旅法华人，去年8月4日《人民日报》海外版报道贵'中心'备有大量资料供华人寻根，甚幸。"他要求查证时姓起源及其分布，并希望与时姓族人建立联系。当我们将查证情况及时姓分布复信后，法国侨胞时波与山西省社会科学联合会的时新先生，建立了书信往

来。此外，宋庆龄创办的《今日中国》1995年第9期，还刊登了题为《华胄归宗，寻根有路》访问记，用英、法、德、西班牙、阿拉伯五种文字，向全世界介绍了山西省社会科学院"家谱资料研究中心"家谱收藏整理以及为海外侨胞寻根谒祖提供服务等情况。从此，"家谱资料研究中心"遂扬名海外，并与美国、法国、泰国、澳大利亚、新加坡、马来西亚、日本、韩国、加拿大等国的侨胞以及专家学者，建立起了广泛的联系。

（载《地方文献论文集》，"萧山·地方文献国际学术研讨会"，三晋出版社2010年7月出版）

附录一

联系海外侨胞的一条纽带

——记山西"家谱资料研究中心"

胡太春

1992 年4月，在香港举办的"中华族谱特展"会上，山西省社会科学院"家谱资料研究中心"丰富的展品引起了海内外观众的轰动。许多海外侨胞、华人、华裔争相阅读由该中心编纂、中国大陆出版的第一部《中国家谱目录》，激动地说："要寻根问祖，还得到大陆查阅资料。山西'家谱资料研究中心'就是一个极好的资料库！"

山西"家谱资料研究中心"是在改革开放国策推动下成立的一个学术机构。早在1985年，缅甸太原王氏宗亲会就致函太原市长，索要有关太原王氏开族立姓始祖的资料。1986年，泰国王氏宗亲会也通过侨办部门要求提供寻根问祖的有关资料。对此，山西省社会科学院极为重视，他们以此为契机，积极开展家谱的征集、复制和整理，积数年的努力，终于搜集整理出了8亿多字的中国家谱，成立了家谱资料研究中心，于1991年3月起正式开放，对海内外提供服务。

山西省社会科学院副院长、家谱资料研究中心负责人张海瀛向记者介

绍说：中国谱牒源远流长，早在西周时代就广泛流传，在长期的历史发展过程中，它对巩固发展中华民族的向心力和凝聚力发挥了巨大的作用。目前研究谱牒，对于团结海外炎黄子孙、增进相互了解、建立共识，对振兴中华、加速祖国四化建设都具有巨大意义。泰国泰华谱牒学会来函说，他们将"深入研究泰华谱牒，增强泰华人民的亲密友谊"，就是一个很好的例证。

张海瀛还说：家谱是一个资料库，它为研究历史学、社会学、人口学、人才学、经济学、民族学提供了独特的史料。正如方志学家瞿宣颖指出的那样，通过族谱，把两汉以来，北方强宗巨室迁徙、分合、盛衰的历史与文化传播、升降的关系辨别清楚，将是历史研究的一大伟绩。同时，家族主义是中国传统文化的一大特色，家谱资料又是研究中国家族制度形成发展、基本特点、作用意义以及深入探讨古代中国家庭功能、家庭管理、家庭伦理的主要依据。

近年来，山西家谱资料研究中心的学术活动享誉海内外，港澳台学者以及美国、日本、新加坡、泰国、马来西亚、澳大利亚等国的同行都与这个中心建立了广泛的联系。1991年4月，这个中心的代表访问了美国"新英格兰历史家谱学会"、"美国国家家谱学会"、"美国犹他家谱学会"，进行了国际学术交流，受到热情欢迎。这些学会都热切地希望该中心能为美国华侨"寻根"提供服务。

（《人民日报》（海外版）1992 年 8 月 4 日）

华胄归宗　寻根有路

——访山西"家谱资料研究中心"

夏春平

认祖归宗是人类的天性。只要推开这"天性"的大门，随之看到的将是一部生生不已的生命史。

1976 年，美国作家费利克斯的《根》风行于世。随之世界范围内兴起一场"寻根热"。居住在世界各地的新老移民及其后裔纷纷加入了这场血浓于水的寻根热潮。生活在世界各地的炎黄子孙对自己祖先和故土的眷念更甚于他族。于是位于太原山西省社会科学院办公大楼内的"家谱资料研究中心"（下称"中心"）成了众多急切寻根认祖的海外华人注目的地方。

一、郭鹤年认祖

1991 年8月，"中心"接到了新加坡郭氏宗亲会寻根的要求。"中心"研究人员用了一年多的时间，以家谱资料为主，配合史书及方志，整理出了山西汾阳王郭子仪的世系源流及播迁海外的轮廓线索。第二年年底，新加坡郭氏宗亲会会长郭明星专程到"中心"听取查证报告，当他在"中

心"资料库查寻到其先祖仲远公姓名,并确认自己是汾阳王郭子仪的后代时,高兴得手舞足蹈。郭明星回国后,于1993年底在新加坡召开了首届世界郭氏宗亲团体联谊会。"亚洲糖王"郭鹤年闻讯也派代表参加。当郭鹤年从其族亲郭明星处得知自己是"再造唐室,功盖天下"的唐代汾阳王郭子仪的嫡传后裔时,欣喜万分,遂于1994年5月13日专程来到山西寻根。在同日山西省政府为他举行的欢迎宴上,郭裕怀副省长向他赠送了拓印的长达14米的郭子仪手书《后出师表》及郭子仪肖像画。郭鹤年得其先祖遗像和书法后,连声称谢,并说他回马来西亚后,要在其宅邸内专门辟出厅堂,供奉这两件书画珍品。

二、中国最完善的家谱资料研究机构

"家谱资料研究中心"是由山西省社会科学院和中国谱牒研究会于1987年共同筹建,于1990年正式成立并向社会开放的。

据该"中心"主任、省社科院副院长张海瀛教授和副主任武新立研究员称,几千年来,中国人都很重视自己的"来源",每个乡村都有祠堂,几乎每个家庭都保存着祖先留下来的家谱。可是由于天灾人祸或离乡背井,许多家谱失散,尤其是1966~1976年的"文化大革命"期间,家谱资料损失尤为严重。

"中心"筹建伊始,就首先组织人力进行家谱资料的追踪、搜集和拍摄工作。他们跋山涉水,奔波于全国各地。有些人不愿意把家谱外借,只好携带摄影器材到他们家里拍摄,并且还得给对方钱以换取拍摄家谱的权利。这项基础性工作从1987年开始,至1990年才告完成。

目前该中心已收藏家谱3000种,约3万余册。并全部将其制成缩微胶卷,共830多盘。每盘3000个画幅,6000个页码,总字数达8亿字以上。如此丰富的家谱资料目前在中国仅此一家,该"中心"著录姓氏270多个,收藏姓氏最多的依次为王、张、李、吴、刘、黄、徐、朱。就地域分布而言,除台湾、西藏、新疆等少数省(区)外,全国各省市的家谱该"中心"均有收藏。此外,该"中心"对所收藏的浩如烟海的家谱资料进行了系统的整理复制，现已将整理编目的家谱编纂成书——《中国家谱目录》。

该"中心"不仅拥有家谱资料，还有目前世界上一流的仪器设备，诸如缩微拍摄机、拷贝机、超声波接片机、缩微还原阅读复印机等。该"中心"的技术人员刘晋生、刘西并、刘宁都是经过世界著名的美国犹他家谱学会专家培训的。有这套先进的设备，读者在阅读过程中可以根据自己的需要，随时将资料还原复印，为寻根者和家谱学研究者提供了极大的方便。

三、填补空白的《中华族谱集成》

张教授称，中国家谱源远流长。一般的家谱都记载着一个家族自始祖以来的繁衍生息、分支迁徙、不断拓展的艰辛历程，是一个家族一代一代血肉之躯紧扣的生命链条。血脉贯通、宗亲相连是其显著特点，于是这一部生生不已的生命史也就成了联系一个家族的血缘纽带，中华民族的凝聚力也正源于此。

在大陆，家谱学的研究在相当长的一段时期内是一个禁区和冷门。只是在近七八年来家谱学的研究才初成气候。据张教授介绍，该"中心"是全国知名度较高的谱学研究机构。"中心"创办了中国第一本谱学专业性丛刊——《谱牒学研究》，现已出版四期。几年来，该"中心"研究人员张海瀛、武新立、李吉、尹协理、马志超等出版发表了谱学研究的专著5本，发表论文近百篇，总计100万字以上。

值得一提的是，由该中心承担的填补中国古籍整理出版一大空白的《中华族谱集成》一书，也在今年12月即将由四川巴蜀书社推出。

张教授称，由于该书工程浩大，计划分批出版，第一批推出100册，分类为通谱、张氏谱、王氏谱、李氏谱、刘氏谱、陈氏谱六卷，约8000万字。

四、山西：天下姓氏主要起源地之一

地处黄土高原的三晋大地，是华夏文明的重要发祥地之一，也是中国许多姓氏的发源地。无论是女娲补天、愚公移山的神话，还是嫘祖养蚕、

尧舜禅让、大禹治水的传说以及黄帝开创农耕文明的伟大壮举，都诞生在山西这片丰腴的黄土地上。

据家谱资料研究中心的学者介绍，中国姓氏大都是源于今黄河流域的陕西、山西、河南三省。《百家姓》上记载的姓氏400多个，其中起源于山西的就有大几十个。在中国五大姓氏张、王、李、赵、刘当中，张、王、赵三大姓便源于山西，祁姓刘氏也与山西息息相关；郭、孙、杨、魏等姓也源自山西，而其他源于山西的姓氏还有很多。

五、名扬海外，福泽四方

山不在高，有仙则灵。"中心"自成立以来，接待和承办了许多海外华人寻根、修谱、咨询等事项。

1987年，该"中心"筹建之前，许多海外王氏宗亲的来函索要有关太原王氏开族立姓始祖的资料。该"中心"成立后，主持编写了《太原王氏源流》和《太原王氏历史名人传》两书，根据考证的史料和历代谱系的记载，系统地展示了太原王氏开族立姓、繁衍、播迁以及世代承传的脉络，并以图表的形式说明太原王、琅琊王、开闽王、三槐王和琼崖王等海内外众多王氏分支之始祖都是周灵王太子晋。后来，泰国、缅甸、马来西亚、菲律宾的王氏后裔纷纷组团回太原访祖。"中心"还协同山西省有关部门在1993年举行了海外王氏宗亲联谊活动，其间海外王氏后裔几百人从东南亚各国回太原隆重祭祖，其场面情浓意深。

1994年10月30日至11月4日，由世界郭氏宗亲联谊会出面组织的新加坡、马来西亚、泰国、老挝、加拿大等国家和台湾、香港地区郭氏宗亲近百人联谊访问团，来山西汾阳举行首次世界郭氏恳亲联谊祭祖活动。

六、续谱认宗有根据

笔者在"中心"采访时，其研究人员称，续谱认宗是一件科学、严肃的事情，一定要做到续之有根，认之有据。

他们介绍，每位寻根者一定要提供必要的家谱资料和线索（比如你是

哪一代从何地迁到海外的等），然后"中心"利用其姓氏、史书、家谱资料书籍比较齐全的条件，以家谱资料为主，结合正史、方志书籍，并到必要的地方进行实地调查和查阅一些地方文献，弄清该姓氏的源流、分支、迁徙轮廓，然后查找多种同姓的家谱资料，直至本人提供的家谱的上限和"中心"掌握的同姓家谱的下限完全吻合，这样一部完整的家谱才算续上。对海外乡亲续家谱的要求，"中心"采取能续上的尽力续上，一时因资料线索有限不能完整续上的就采取能续到哪段算哪段的态度，决不牵强附会。

　　1991 年，香港工商巨子霍英东先生找到山西省三晋文化研究会，请求帮助其续谱认祖。三晋文化研究会又将此项任务交付"中心"。"中心"研究人员经过认真地查找所存霍氏家谱资料及到多处实地考察印证，认定霍英东的霍姓起源于山西霍县，汉代名将霍去病即为其先祖，霍英东家族的这支霍姓是从山西迁徙到河南，而后再从河南播迁到广东番禺的。把霍英东家族的这支霍姓从山西至河南、河南至番禺这段时期的霍氏家谱续上了。而从番禺迁至香港这一段谱系，工作人员虽三去番禺查找，终因资料有限，成为空白。对此，"中心"研究人员称："接不上就接不上，不能无根据地给人乱安祖宗。"

　　(《今日中国》1995 年第 9 期。该刊用汉文及英、法、德、西班牙、阿拉伯等五种外文出版)

为海外游子圆梦

——记中国谱牒学研究会副会长张海瀛教授

赵成建

美国黑人作家亚历克斯·哈利的著名小说《根》于1976年问世后，引发了一场世界范围内的"寻根热"。

四海漂泊梦，海外游子心。居住在海外的炎黄子孙，对自己祖先和故土的眷念更甚于他族。

山西省社科院原副院长、中国谱牒学研究会副会长兼秘书长张海瀛教授主持创建的"中国家谱资料研究中心"，使海外游子寻根问祖的梦想成为现实。

在并州南路社科院办公大楼堆满书籍的415房间，我见到了张海瀛教授。清秀的面容，亲切的乡音，朴素的衣着，没有一点学者的"派头"，一下拉近了我们之间的距离，我们聊了整整一下午。

张海瀛教授是盂县人。当年他以优异的成绩从平定师范学校考入首都师大历史系，后为明史专家吴晗的研究生。名师出高徒。导师严格的要求和自己的聪慧好学，为他日后事业的发展和建树奠定了坚实的基础。

还在当研究生其间，他就发表了《应当正确理解和引用马克思主义经

典著作》（《光明日报》1964年8月12日）的文章，点名批评了上海罗思鼎主要代表朱永嘉等人歪曲马列原著的实用主义学风，在学术界和社会上引起很大反响。

曾留校任教十余年的张海瀛教授，1978年调入山西省社科所（后改为院）。他在明清史与谱牒学的研究方面取得了丰硕的成果。其代表专著《张居正改革与山西万历清丈研究》（山西人民出版社1993年3月出版），首次详细论述了张居正改革是由军事改革入手的观点，进而又从皇权与相权矛盾斗争的高度，阐明了张居正改革的成败之道。他以目前国内仅有的万历十年二月编制的《山西丈地简明文册》为依据，叙述了山西万历清丈概况，是以省为单位全面研究万历清丈的最新成果。

他主编的书稿有很多部。《傅山全书》七巨册，是原《霜红龛集》的20余倍，国务院古籍整理出版规划报道称："《傅山全书》的整理出版，确为我国学术界一件盛事，它为我国文化遗产宝库又增添了一部巨著，是对我国学术事业的一大贡献。"

张海瀛教授在长期致力于史学研究的过程中，对家谱十分感兴趣，并留意收集积累。他说，我国的史学大厦是由正史、方志、家谱以及其他古籍组成的。如果说官修正史是一个国家文献历史的主干，那么府县方志就是这主干的枝，而家谱资料就是这枝上的叶。因此，完备的中华文献历史是由正史、方志、家谱这三大部分组成。

家谱在我国源远流长，从先秦开始，到魏晋南北朝达到高峰，经宋、元、明、清又有不断的发展和演变。它以特殊形式记载构成社会的基本单元——家庭、宗族祖祖辈辈创业的艰辛历程和辉煌成就，折射着中华民族灿烂的文化之光。规模宏富的家谱资料是研究历史学、方志学、考古学、经济学、民俗学、人口学、民族学、遗传学等资料宝库。在我国历史上，家谱对于增强和巩固中华民族的凝聚力和向心力，对于促进统一的多民族国家的形成和发展发挥了不可忽视的作用。遗憾的是，数十年来，因种种缘故，这门学科不仅被冷落了，甚至被视为禁区。

1988年，张海瀛教授首先打破禁区，在院长刘贯文的支持下，多方求

助，联络国内学者，发起成立了中国谱牒学研究会，并出版了《谱牒学研究》。

山不在高，有仙则名。1990年，《光明日报》、《人民日报》（海外版）报道了中国最大的家谱资料研究中心正式成立并向社会开放后，新加坡郭氏宗亲会会长郭明星来了，被称为"亚洲糖王"的郭鹤年来了，香港工商界巨子霍英东来了……张海瀛教授为他们圆梦付出了艰辛的劳动。

1991年8月，张海瀛教授接到新加坡郭氏宗亲会要求寻根的要求，他和同伴们用一年左右的时间，理出了汾阳王郭子仪的世系源流及播迁海外的轮廓线索。第二年，郭明星专程来太原听取了查证报告，当他查找到其先祖仲远公姓名时，激动万分。他回国后，于1993年底在新加坡召开了首届世界郭氏宗亲团体联谊会，并邀请张海瀛教授率团赴会，进行大会论证。会后，郭明星又组织了郭氏宗亲近百人联谊访问团来山西汾阳举行祭祖活动。这些活动，对我省扩大对外友好往来，引进外资，起到了至关重要的作用。

目前该"中心"收藏家谱3000种，约3万余册，并全部制成缩微胶卷，共830余盘，每盘3000个画幅，6000页码，总字数达8亿以上。著录姓氏270多个，收藏姓氏较多的依次为：王、张、李、吴、刘、黄、徐、朱等。就地域分布而言，除台湾、西藏、新疆等少数省（区）外，全国各省市的家谱该"中心"均有收藏。如此丰富的家谱资料目前在中国也仅此一家。

张教授还将收藏的家谱资料进行了系统的整理复制，出版了《中国家谱目录》；另一部填补我国古籍整理出版一大空白的《中华族谱集成》，由巴蜀书社独家出版。此书首批推出100册，收录李、王、张、刘、陈，五姓族谱共93部。1992年4月，张海瀛教授还应邀赴香港参加了"中华族谱特展"，并多次出国讲学和进行学术交流。同港、澳、台等地以及日本、美国、法国、新加坡、泰国、印尼、马来西亚、澳大利亚等国的学者建立了广泛的联系。他顺应时代的潮流，为海外炎黄子孙寻根问祖搭起了一座金色的桥梁。

（1996年3月15日《山西政协报》第4版）

附录二

海外王氏来信及《会议纪要》

海外王氏来信一

太原市人民政府、王茂林市长：

我们缅甸太原王氏家族会谨以同宗的亲挚情谊向您问好！并致以崇高的敬意！

我们想要了解我王氏开族始祖的历史沿革，请您协助征集历史资料。我们缅甸太原王氏家族会在缅创立至今已有七十多年，会员达数千人，原籍包括闽、粤、滇等各省市，现在虽然多数已成为当地公民，但仍是王氏的后裔，都是炎黄的子孙，我们没有忘记祖先，我们的会所供奉王氏始祖——王子乔公的塑像，每年农历九月十二日为始祖诞生纪念日，我们举行王氏宗亲联欢宴会，一连三天，热烈庆祝。根据史料记载，王氏始祖是距今2557年前周灵王的太子晋（子乔），周灵王原姓姬，他的儿孙在避乱中改姬姓为王姓。我们希望知道始祖王子乔的诞生日子（新加坡王氏宗亲会也供奉始祖王子乔，但诞辰纪念日为农历八月十二日）以及王子乔的生平经历。由于年代久远，现有的材料有些是属于传说，而不是确实的史实。我们缅甸的王氏后裔大多是福建人，是五代时闽王王审知（860—925）的后代，王审知是从河南固始县来到福建。我们希望知道王氏祖先传布的概况。

　　太原是我王氏宗族的发祥地，我们希望今后有条件时能赴太原寻根谒祖。现在，我们请您惠赐协助，转达有关部门，提供王氏开族立姓及传布情况的历史资料，如有始祖王子乔塑像的图片，更加欢迎。来件请以航空挂号信寄交本会，或由中国驻缅甸大使馆转交均可。盼即回信。

　　　　　　　　　　　　谨致

族亲敬礼！

缅甸太原王氏家族会

1985年6月1日于仰光

海外王氏来信二

国务院侨办、全国侨联：

您们好！泰国王氏宗亲总会通过一家旅行社，询问他们王氏祖祠在何地，以便组织宗亲会团到祖祠祭祖。据他们找的资料，他们的祖祠一称在太原一带，一称在南京，有的说不是在这两地。因此，望贵处协助查询。获悉后，请急告我社，以便使他们尽快组团去。

又悉，若他们获他们的祖祠确切地点，王氏宗亲会理事长王捷枝先生，将亲自带团去。

望协助查询。谢谢！

　　　　顺致

　　安好！

泰国王氏宗亲总会

1986年5月21日

《会议纪要》一

《海外太原王氏联谊筹备会会议纪要》

1992年8月8日至8月10日，海外太原王氏联谊筹备会在中国山西太原的晋祠举行。这次会议是由山西太原的海外太原王氏联谊后援会和泰国王氏宗亲总会共同发起，并征求了新加坡太原王氏公会等海外王氏社团的意见，由海外太原王氏联谊后援会具体承办的。

一

近年来，海外王氏后裔不断来山西太原寻根问祖，特别是东南亚一带的王氏社团，曾多次来人、来函，探寻王氏开族立姓的历史渊源，并向中国政府及山西省、太原市的有关部门提出要求，希望对此提供帮助。应海外王氏的要求，山西、太原有关方面特组织专家、学者进行了专门考察，证明太原确系海内外王氏的发祥地。鉴于此情况，为了广泛联系海外王氏族人宗谊，为给海外王氏同胞回家乡寻根祭祖、恳亲访友、商贸洽谈、经济合作、旅游参观等提供活动场所和其他良好的服务，山西、太原特成立了海外太原王氏联谊后援会，并从省、市有关方面筹集资金100余万元（人民币），在太原风景秀丽的国内规模最大的帝王家庙——晋祠内，筹建太原王氏系姓始祖王子乔公的祠堂。由于"子乔祠"的建设及将来落成庆

典等，皆是涉及王氏宗族之大事，理应征询海外王氏族人的意见，

故而举行了这次海外太原王氏联谊筹备会，同时为以后后援会和海外各王氏社团的联系和合作奠定一个良好的基础。

二

这次会议，曾向泰国、新加坡、菲律宾、马来西亚、印度尼西亚、缅甸、越南等国家和台湾、香港等地区的30多个（位）王氏社团组织及王氏名流发出邀请函。由于6月中旬发函，8月初开会，其间隔过短，一些海外王氏社团和王氏个人可能难以安排时间，加之其他事务羁身等原因，不可能全部赴会乃意料中之事。其中，新加坡太原王氏公会因适逢新加坡国庆庆典活动，不能派团，会长王金祥先生特来函致意；菲律宾太原王氏宗亲总会因筹办今年10月纪念活动，不能来人，特来函致贺，并邀请海外太原王氏联谊后援会派人参加他们的10月活动；新加坡开闽王氏总会、马亚西亚槟城王氏太原堂、森美兰王氏公会、香港东莞王氏公会都来电祝贺大会顺利成功，并表示将对海外王氏联谊活动鼎力支持；新加坡东南亚教育研究中心主席、开闽王氏总会顾问王秀南先生来函，表示因年事已高歉难赴会……这些海外王氏社团和个人一致要求将会议成果告诉他们，并表示了明年参加联谊活动的意愿。各海外王氏社团及王氏名流，虽不能亲来赴会，但对本次会议的殷切期望和与会人士的心情是一样的。这里需要提到的是，泰国王氏宗亲总会理事长王捷枝先生，因身体原因不能亲自赴会，但总会派出了以先生名义为团长、包括3位副理事长和总干事等12名成员的代表团前来参会，总会还为子乔祠捐资150万元（泰币）；首家独资承办太原——娘子关高速公路建设的香港王浩先生，在紧张进行公路投资事务的同时，不仅为筹备此次会议出谋出力，而且亲自赴会，王先生以个人名义为子乔祠和后援会捐资30万元（人民币）及中巴车一辆，并表示还将从香港有关方面再筹资30万元（人民币）。此情此义，着实令人感奋。

山西、太原方面，出席本次会议的有：山西省人大常委会主任、海外太原王氏联谊后援会名誉会长王庭栋先生，后援会顾问、太原市对外文化

交流协会名誉会长赵振亮先生，后援会会长、山西省人民政府外事办公室主任景新汉先生，后援会常务副会长、太原市对外文化交流协会会长李雁红先生，后援会副会长、山西省人民政府侨务办公室主任康瑜先生，后援会副会长、山西省文物局局长张希舜先生，后援会秘书长、太原市对外文化交流协会常务副会长牛辉林先生，以及后援会副秘书长王昌盛、郑益鑫、郑安洁、平连生、马志先生等。山西省人民政府省长助理郝思恭先生出席会议并讲了话。

三

会议期间，山西省省长王森浩，山西省副省长吴达才，山西省省长助理郝思恭，中共山西省委宣传部副部长申存良，太原市市长孟立正，中共太原市委常务副书记吴慧琴（女），中共太原市委常务副书记赵振亮，中共太原市委常委、宣传部长李雁红，太原市副市长王昕（女）等，接见了出席会议的中外来宾，并进行了座谈。省、市领导对会议的召开表示祝贺，希望更多的海外朋友来山西、太原做客，进行文化、科技交流和经济贸易合作。

四

本次会议取得了以下六个方面的具体成果：

一、实地考察了"子乔祠"的建设情况。会议认为，子乔祠设立在晋祠内意义深远，而且其建筑风格和设计布局完全符合中国的传统文化要求，会议对工程的进展表示满意。

二、讨论了"子乔像"的设计方案。会议认为，出于尊重历史的考虑，子乔祠内，子乔公的塑像以年轻形象为好，既符合历史的真实，又有百代绵延、青春勃发的气势。

三、讨论了"子乔祠"竣工后的有关事宜。今年10月，子乔祠竣工时，海外太原王氏联谊后援会将为此举行一定规模的竣工典礼。届时海外王氏社团组织可派代表参加。

四、会议议定，凡在"子乔祠"兴建过程中捐资出力的海内外团体和个人，将在祠内树碑铭文，以示纪念；凡是为家乡山西和太原的经济文化发展做出贡献的海外王氏团体和个人，也将在祠内为其树碑立传。

五、会议初步议定，1993年5月，将在太原举行大规模的海外太原王氏联谊活动。其主要内容有三：（1）在子乔祠举行祭祖庆典仪式；（2）进行贸易与经济洽谈；（3）开展中外民间文化交流。届时将邀请全世界范围内的海外王氏社团组织和人士前来参会。

六、会议期间，还就经济合作、贸易往来、科技文化交流等事宜进行了磋商。

七、会议对刚刚成立不久的海外太原王氏联谊后援会的工作表示满意。会议认为，海外太原王氏联谊后援会是联系祖国和家乡同海外王氏各社团组织和王氏族人的纽带和桥梁，在今后同世界各地的经济、文化、科技交往中将发挥其独特的重要作用。

五

海外太原王氏联谊筹备会的成功举行，标志着中国、山西、太原同海外王氏族人及海外侨胞的友谊和联系，已经发展到一个新阶段，上了一个新台阶。会议相信，随着后援会与海外王氏社团、人士的联系的进一步加强和多方合作，我们一定能够为人类的进步与社会的发展做出新的贡献。

1992年8月9日于太原

《会议纪要》二

《太原'93世界王氏恳亲联谊暨经贸洽谈会会议纪要》

（大会主席团第二次会议1993年6月7日通过）

太原'93世界王氏恳亲联谊暨经贸洽谈会，1993年6月6日至6月8日在中国山西太原举行。这次大会由山西太原的"海外太原王氏联谊后援会"（以下简称后援会）和泰国王氏宗亲总会、马来西亚槟城王氏太原堂、新加坡太原王氏公会、菲律宾太原王氏宗亲总会共同发起，后援会具体承办。在参会人员的共同努力下，在山西省、太原市人民政府的大力帮助下，会议取得了圆满成功。

一

近些年来，海外王氏后裔，特别是东南亚一带的王氏社团不断来山西太原寻根问祖，探寻王氏开族立姓的历史渊源，希望山西省、太原市的有关部门就此提供帮助。应海外王氏的要求，山西、太原有关方面特组织专家、学者进行了专门考察，证明太原确实系海内外王氏的发祥地。为了广泛联系海外王氏族人宗谊，为给海外王氏同胞回乡寻根谒祖、恳亲访友、经济合作、文化交流、观光旅游等提供必要条件和良好服务，山西、太原

于1992年6月成立了后援会，承担海外王氏来太原联谊的有关事宜。首先，着手在国内历史最久、规模最大的帝王家祠——太原晋祠内，重修为明代重臣王琼所建的晋溪书院，筹建太原王氏系姓始祖王子乔公祠堂——子乔祠。1992年8月8日至10日，后援会与泰国王氏宗亲总会共同发起，召开了海外太原王氏联谊筹备会，商讨了兴建子乔祠的有关事宜。初步议定，1993年6月6日至8日，在子乔祠落成典礼的同时，举行"太原'93世界王氏恳亲联谊暨经贸洽谈会"。为了筹备好这次大会，后援会编写了《太原王氏源流》、《太原王氏历史名人传》，拍摄了电视专题片《太原王氏》。并先后派出了顾问赵振亮、常务副会长李雁红、副会长张希舜为首的3个出访团，分别访问了泰国、新加坡、马来西亚、菲律宾等国和香港地区的王氏社团。并向泰国、新加坡、菲律宾、马来西亚、印度尼西亚、缅甸等国家和台湾、香港等地区的20多个王氏社团组织及王氏名流发出邀请函。邀集海外王氏华人来太原参加这次盛会，并得到他们的一致赞同。在海内外各界的共同努力下，成功地举行了"太原'93世界王氏恳亲联谊暨经贸洽谈会"。

二

出席这次盛会的有海内外各界人士400余人。泰国、新加坡、马来西亚、缅甸5个国家12个王氏社团的203人出席了会议。其中，王济达先生率泰国王氏宗亲总会29人；王赐荣先生率菲律宾太原王氏宗亲总会59人；王金祥先生率新加坡王公会及琼崖王氏祠28人；王福金先生率马来西亚槟城王氏太原堂，王福荣先生率马来西亚雪隆王氏公会，王振祥先生率马来西亚威省王氏太原堂，王春山先生率马来西亚武吉淡汶王氏太原堂，王亚土先生率马来西亚吡叻王氏太原堂，王玖先生率马来西亚森美兰王氏公会，王耀松先生率马来西亚雪兰莪吉旦王氏公会共75人；王良华先生率缅甸仰光太原王氏家族会6人。山西省、太原市及有关部门的领导出席了本次会议。

全国人大常委会副委员长王光英向大会发来了贺信，祝贺会议的召

开。

6月6日上午，在太原、晋祠新落成的晋溪书院、子乔祠举行了隆重的庆典仪式和祭祖活动。

6月7日、8日进行了经贸洽谈，海外王氏社团与山西太原的200多家厂商参加了洽谈活动。

会议期间，中共山西省委书记、省政协主席王茂林，省长胡富国，省人大主任卢功勋，中共太原市委书记王云龙、市长张泽宇等省、市领导接见了海外王氏社团的全体来宾，进行了亲切的座谈，并合影留念。省、市政府为海外来宾举行了盛大的招待会。

会议组织海外来宾游览了晋祠、永祚寺，参观了太原城市建设前景展览和农村新貌，还观看了省、市文艺团体表演的代表三晋乡土特色的文艺节目。

在晋溪书院、子乔祠的兴建过程中，后援会向社会各界筹措人民币200余万元。为资助子乔祠的兴建，泰国王氏宗亲总会捐款人民币30万元。在这次会议上，新加坡、菲律宾、马来西亚、缅甸等国的王氏社团又竞相为子乔祠建设捐款。计，新加坡太原王氏公会30万元，菲律宾太原王氏宗亲总会30万元，马来西亚槟城王氏太原堂10万元，马来西亚雪隆王氏公会1.6万元马币，缅甸仰光太原王氏家族会3.4万元，马来西亚威省王氏太原堂、马来西亚威南武吉淡汶太原堂2万元，马来西亚吡叻王氏太原堂3500元马币，马来西亚雪兰莪吉旦王氏公会1万元。后援会向海外王氏社团颁发了捐款证书，对兴建子乔祠捐资出力的海内外社团、个人和社会各界将在祠内树碑铭文。

三

大会议定：

（一）世界王氏恳亲联谊活动，每隔一年（2年）举办一届，每隔一届（4年）在祖地太原举行一次。经常性的在太原恳亲谒祖活动由后援会提供服务。

（二）原则同意菲律宾王氏宗亲总会提出的建议，成立"世界王氏恳亲联谊会"。有关具体事宜由后援会负责联络、协商。

（三）1994年的世界王氏恳亲联谊活动在菲律宾或泰国举办。

四

与会代表一致认为，"太原'93世界王氏恳亲联谊暨经贸洽谈会"的成功举行，是世界太原王氏联谊史上的一大盛事，进一步加强了世界王氏族人的联系，增强了友谊和了解。标志着中国、山西、太原同海外王氏族人及广大海外华人、华侨的友谊和联系，发展到了一个新阶段。会议相信，通过这项活动更加广泛、深入的开展，将会进一步联系海内外华人、华侨的亲谊，加强相互之间的交流与合作，共同为家乡山西和祖地太原的繁荣昌盛做出更大的努力。